自下而上的变革

中国的市场化转型

〔美〕倪志伟（Victor Nee） 〔德〕欧索菲（Sonja Opper） 著

阎海峰 尤树洋 译

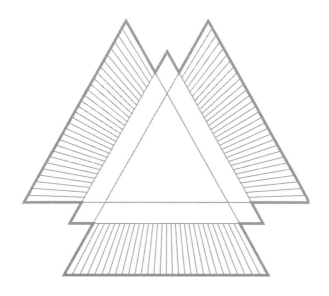

Capitalism from Below

Markers and Institutional Change in China

著作权合同登记号 图字：01-2015-6658

图书在版编目(CIP)数据

自下而上的变革：中国的市场化转型/（美）倪志伟（Victor Nee），（德）欧索菲（Sonja Opper）著；阎海峰，尤树洋译. —北京：北京大学出版社，2016.7
（IACMR组织与管理书系）
ISBN 978-7-301-27155-1

Ⅰ.①自… Ⅱ.①倪… ②欧… ③阎… ④尤… Ⅲ.①中国经济－研究 Ⅳ.①F12

中国版本图书馆CIP数据核字（2016）第113810号

CAPITALISM FROM BELOW: Markets and Institutional Change in China
by Victor Nee and Sonja Opper
Copyright © 2012 by the President and Fellows of Harvard College
Published by arrangement with Harvard University Press
through Bardon-Chinese Media Agency
Simplified Chinese translation copyright © 2016
by Peking University Press
ALL RIGHTS RESERVED

书　　　名	自下而上的变革：中国的市场化转型 ZIXIAERSHANG DE BIANGE
著作责任者	（美）倪志伟（Victor Nee）　（德）欧索菲（Sonja Opper）著 阎海峰　尤树洋　译
策划编辑	徐　冰
责任编辑	黄炜婷
标准书号	ISBN 978-7-301-27155-1
出版发行	北京大学出版社
地　　　址	北京市海淀区成府路205号　100871
网　　　址	http://www.pup.cn
电子信箱	em@pup.cn　QQ:552063295
新浪微博	@北京大学出版社　@北京大学出版社经管图书
电　　　话	邮购部 62752015　发行部 62750672　编辑部 62752926
印　刷　者	北京中科印刷有限公司
经　销　者	新华书店
	730毫米×1020毫米　16开本　25.25印张　388千字 2016年7月第1版　2017年9月第2次印刷
册　　　数	4001—7000册
定　　　价	79.00元

未经许可，不得以任何方式复制或抄袭本书之部分或全部内容。
版权所有，侵权必究
举报电话：010-62752024　电子信箱：fd@pup.pku.edu.cn
图书如有印装质量问题，请与出版部联系，电话：010-62756370

译者序
PREFACE

尽管整个过程并非一帆风顺，但肇始于 20 世纪 80 年代的改革开放，还是在短短三十多年的时间里创造出令世人震惊的经济奇迹：它不仅让超过 6.3 亿的中国人摆脱了贫困，还令中国人的生活发生了翻天覆地的变化。而伴随这一人类历史上罕有经济奇迹的，还有中国民营经济的蓬勃发展。那么，在旧体制的重重阻碍面前，中国的民营企业是如何一步一步地克服了各种障碍，从初始的星星之火发展为后来的燎原之势，并成为中国经济奇迹的"发动机"？这一问题可称为"中国经济奇迹之谜"。多年来，这一谜团吸引了全球相当数量、不同学科学者的目光，人们不断地尝试着从各自视角予以解答。

本书由美国康奈尔大学社会学系倪志伟（Victor Nee）教授和瑞典隆德大学经济学系欧索菲（Sonja Opper）教授合著，堪称目前众多尝试的扛鼎之作。正如斯坦福大学教授鲍威尔（Walter Powell）所言，这既是一本"充满新观点和重要洞见"的"非常精彩的著作"，也是一本"显然应该受到多个学科欢迎的鸿篇巨制"。本书不仅融合了社会学、经济学等学科的各种理论，包含着大量第一手调查数据在内的各类实证数据，还融合了历史、产业分析、社群分析和比较区域分析等多种方法，以及数以百计的访谈，"工程浩大，完美呈现"（鲍威尔语）。

芝加哥大学教授罗纳德·伯特（Ronald Burt）称赞说，本书不仅"内容丰富、令人瞩目"，而且其可读性也非常强。它讲述的是在一个转型经济体，"当个体被容许在夹缝中追求自身利益时，作为这一追求过程的副产品——一个富有效力的经济制度——是如何兴起的。"伯特断言，"本书将具有长久的参考意义。"

这项历时六年（2005—2011年）的研究对长江三角洲地区超过700家制造业企业进行了调查，两位作者发现：中国的民营经济是从底层的民间生长、发育、成长起来的。在这个由微及著的发展壮大过程中，中国的"草根"企业家们冒着各类风险，不断试错，在传统经济体制的夹缝中进行着各种类型的制度创新，使得他们得以从已有的经济秩序中脱离出来，建立和发展起小型的民营制造企业。此间，为了克服各种进入壁垒的限制，他们逐渐建立起自己的供应商和经销商网络，并通过由声誉和非正式制裁主导的合作性网络的运行，在自组织的产业集群中形成了独特的治理机制，最终发展形成令人不可小觑的民营经济竞争优势。正是这些在创业方面志趣相投的人们，相互提供融资和建立商业规范，逐步汇集和形成了紧密的群体，共同促成了中国民营企业的兴起和壮大，并在很大程度上创造了中国经济的繁荣。作者发现，这些快速成长的民营经济群体在沿海地区迅速扩散，并且经由一系列的引爆点，在遍布国有企业的市场夹缝中发展壮大起来。

本书从多个不同的理论视角，运用统计数据、调查数据及案例访谈等多种证据来源，详尽地分析市场、创业者、产业集群、劳动力市场、创新机制等，揭示了在政府政策等正式制度缺失的条件下，由社会底层创业者自发地发展出的规范和网络，如何有效地促进了经济的发展。作者系统地阐释了中国经济的转型奇迹，揭开了他们所发现的中国经济奇迹的谜底：自下而上的制度创新与变革，创造了中国的转型经济奇迹。也就是说，底层创业者在夹缝市场中不间断的冒险性尝试和创新性行动，特别是非正式的制度创新，不仅创造了大量的财富和就业岗位，同时也作为经济增长的新引擎推动了中国经济的高速增长，并最终在正式制度层面促进了中国社会的变革。

正如华盛顿大学和悉尼大学教授玛格丽特·利维（Margret Levi）所说

的，上述结论挑战了有关以国家为中心的正式制度是经济绩效和经济成长的必要条件这一传统观点，为其他传统制度理论无法解释的中国案例提供了新的解释。

上述国际著名学者对本书的赞誉应足以帮助读者掂量其分量，译者再说恐怕就有续貂之嫌了。况且，尽管译者逐字逐句地阅读了原著，但我们都不是社会学学者，对本书精髓的领悟和把握有限。所以，这里就不再赘言，一切留待读者自赏、自鉴。

我们接下这样一桩不甚讨好但甚费力的活，用元稹的话说，大抵是"半缘修道半缘君"。"半缘修道"有两层含义：第一层含义自是将这项工作视为学习的绝好机会；第二层含义则是为中国管理研究国际学会（IACMR）做义工。学会创立至今，泽被广大，我们也是受惠者，理应回报。此书获IACMR创会主席徐淑英教授力荐，承蒙托付，自然不能懈怠，此即为"半缘君"。

本书的翻译工作由华东理工大学商学院阎海峰主持，东北财经大学尤树洋博士翻译了第1、4、5、6、10章，华东理工大学商学院博士生周海波翻译了第2章和部分注释，王启虎翻译了第3章和附件中的调查问卷，硕士生雷勉和李桐翻译了第7章，秦一琼老师翻译了第8章，李桐和李雨蒙翻译了第9章，李桐还翻译了部分注释。阎海峰对全部译稿进行了审校。值得一提的是，大家听闻是为IACMR做义工，没有任何推辞且竭尽全力，力求"卓越"。北京大学出版社的责任编辑黄炜婷老师，以严谨扎实的咬文嚼字之功，为这本译著增色不少。

本书获国家自然科学基金青年项目"集群企业间知识交换的行为过程、影响因素及其作用机理研究"（批准号：71502025）的资助。希望我们的工作能不负所托，更令读者满意。如有问题，责任当由主持者承担。

阎海峰

于2016年6月1日

致谢
ACKNOWLEDGEMENTS

探索、解释引发新经济秩序的制度变革是一件复杂且充满挑战的事情，本书报告的这项为期六年（2005—2011 年）的研究结果，目标恰恰在此。这项贡献来自一个多方构成的国际化研究团队的努力，我们为此而欠下的"知识债"既深且广，借此机会诚挚地感谢这些年来为本研究做出贡献的学者、研究人员和工作人员。上海社会科学院社会学研究所的戴维·苏、卢汉龙和其他研究人员，在整个过程中的每一环节都与我们分享了他们的经验与建议。如果没有 Sun Bocheng 及其市场调查研究所（Market Survey Research Institute）全体同仁的付出和努力，我们在长江三角洲地区的企业调研将无法完成。我们的中国同事史晋川、林毅夫、袁岳等提供了巨大的帮助。

约翰·邓普顿基金会（John Templeton Foundation）为本项目提供了主要的研究资金。我们特别感谢 Barnaby Marsh，他对本项目的帮助始终如一；我们还要感谢瑞典研究理事会（Swedish Research Council）、康奈尔大学艺术与科学学院、利乐公司，以及克拉福德基金会（Crafoord Foundation）对本项研究的资金支持。

我们感谢哈佛大学出版社的编辑们。Michael Aronson 在每个阶段的支持和对原稿的编辑输入，以及 Rachel Davis 对原稿的出色编辑，使得我们的观点更加清晰；同样也要感谢制作编辑 Barbara Goodhouse。

我们衷心感谢担任本研究助理的康奈尔大学社会学系研究生们的帮助，他们是：Yujun Wang、Ningxi Zhang、Zun Tang、Christopher Yenkey、Li Ma、Mark Jacobs 及 Paul Lee。

许多同事都通读了原稿并提出了详细的意见和批评，做出这些贡献的同事有：William Parish、Michael Macy、Walter Powell、Benjamin Cornwell、Lisa Keister 及 Frank Young。一些学者对原稿的部分内容提出了有益建议，他们是：Howard Aldrich、Fredrik Andersson、Wm.Theodore de Bary、Matthew Bothner、Susan Buck-Morss、Ronald Burt、Franco Cerase、Robert Ellickson、Joseph Galaskiewicz、Christer Gunnarsson、Ravi Ramamurti、Eric Siggia、Iván Szelényi 及 Markus Taube。Glenn Carroll、Michael Hannan、Douglas Heckathorn、Håkan Holm、Jesper Sørensen、David Strang、Richard Swedberg、Anne Tsui 和 Rafael Wittek 在本研究的不同阶段也提出了有益的建议。

欧索菲感谢隆德大学经济系的大力支持，后者在关键阶段给予了一年（2009年）的免教，以支持其研究及写作。她也感谢在隆德大学（2010年）、康奈尔大学（2007年和2011年）、复旦大学（2007年和2011年）、杜伊斯堡－埃森大学（2008年和2010年）、鹿特丹伊拉斯谟大学（2009年）、特里尔大学（2008年）举办的研讨会上生动且有价值的讨论。此外，她对来自国际新制度经济学会年会（2011年）、隆德大学举办的内生制度变迁会议（2011年）、中国管理研究国际学会年会（2010年）、美国管理学会年会（2008年），以及欧洲经济学会年会（2008年）上参会者的宝贵意见表示感谢。多年来，学生们源源不断地提出了各种反馈意见；更重要的是，隆德大学"中国经济"研究生课程上的学生最先听闻了我们的观点，并参与讨论了本书的一些关键思想。最后，朋友和家人也给予了宝贵的支持。欧索菲特别感谢 Björn Meyer 许多富有成效的讨论、对原稿中部分内容的高屋建瓴的评论，以及他的坚定支持和鼓励。

倪志伟感谢 Brett de Bary 不倦的关心和支持,及其自始至终所给予的反馈。在中国的浙江省、上海及南京,她和制片人 Safaa Fathy 加入我们当中,拍摄和记录了现场访谈与企业考察。约翰－西蒙－古根海姆奖助金(2007—2008 年)和学术休假(2008—2009 年)为研究和写作提供了必要的资金与时间。本研究在纽约大学斯特恩商学院(2011 年)、芝加哥大学布斯商学院(2011 年)、哈佛商学院(2011 年)、中国社会科学院(2011 年)、康奈尔大学(2010 年)、清华大学(2010 年)、班贝克大学(2009 年)、社会研究新学院(2009 年)、约翰·霍普金斯大学(2009 年)及复旦大学(2008 年)做报告后收获了有益的评论。倪志伟还感谢在加利福尼亚大学欧文分校举办的"1989 年:后 20 年"会议(2009 年)、巴黎大学在佛罗伦萨主办的"制造业市场"研讨会(2009 年),以及意大利社会学协会在撒丁岛举办的经济社会学家会议(2009 年)上报告本研究的过程中,那些提出探究性问题和评论的学者。

康奈尔大学的经济和社会研究中心为整个项目提供了智力与行政支持。每周的经济与社会实验室会议参与者为本书的基本观点提供了一个持续不断的论坛。在主题报告会上,康奈尔大学的一些研究生阅读了初稿并进行了有益的讨论。

本书的第 2 章和第 9 章分别借鉴了已经发表的文章。我们感谢出版者许可我们改编和使用下列受版权保护文章中的部分内容:Victor Nee, "The New Institutionalism in Economics and Sociology," *The Handbook of Economic Sociology*, ed: Neil J. Smelser and Richard Swedberg (Princeton and New York: Princeton University Press and Russell Sage Foundation, 2005), 49-74; 以及 Victor Nee and Sonja Opper, "Political Capital in a Market Economy," *Social Forces* 88(2010): 2105—2135。

# 目录 / CONTENTS

01　经济体制从何而来 / 001
国家重塑经济体制 / 003

国家中心论的局限性 / 004

经济制度内生性的产生机制 / 007

本书结构安排 / 009

02　市场和内生制度变革 / 011
社会规范的作用 / 012

本书框架 / 015

维系社会规范 / 018

社会规范和制度变革 / 020

自下而上的民营资本 / 028

结　论 / 033

03　自下而上的民营经济中心 / 035
长三角地区的空间区位和经济地理 / 040

长三角地区企业家和企业调查 / 044

样　本 / 054

调查设计 / 056

补充调查 / 058

结　论 / 059

04　创业者与制度创新 / 061

创业行为的自我构建过程 / 064

从农民到企业家 / 067

企业家格外能够承担风险吗 / 070

合作的社会规范 / 073

企业的资金运作 / 084

结　论 / 094

05　合法性与组织变革 / 097

作为制度变革机制的同构化 / 101

组织结构的神话和现实 / 107

内部结构如何适应变化的制度环境 / 112

结　论 / 117

06　产业集群及其竞争优势 / 119

产业集群的社会结构 / 122

规范服从和冲突处理 / 131

民营经济的自主性 / 137

大舞台上的竞争优势 / 143

结　论 / 146

07 劳动力市场的发展 / 149

劳动力市场的出现 / 152

工人与工作匹配 / 155

就业条件的趋同化 / 163

人力资源政策 / 174

结　论 / 181

08 创新的机制 / 183

创新的社会结构 / 187

民营经济和主流经济的比较 / 207

结　论 / 209

09 政治经济学的视角 / 213

适应中的国家 / 214

社会主义市场经济的发展前景 / 219

制度背景下的政治资本 / 220

政治资本能否解释经济上的成功 / 232

国家的视角 / 237

结　论 / 240

10 总　论 / 243

附录1　企业调查 / 249

  2006年企业调查总经理（所有者或职业经理）访谈问卷 / 249

  2006年企业调查首席财务官访谈问卷 / 272

  2009年企业调查总经理（所有者或职业经理）访谈问卷 / 279

  2009年企业调查首席财务官访谈问卷 / 308

附录2　访谈名单 / 315

注释汇览 / 319

参考文献 / 365

01

经济体制从何而来

中国民营经济的出现和稳步增长，出乎政治家们的预期。1978年开始实行改革开放的最初动机，实际上是要在当时的中国社会主义体制框架内完善中央计划经济。政治家们支持改革政策，是为了刺激和提高被连年经济滞后压垮的计划经济的生产力。随着持续强调公有体制，后毛泽东时代的改革无疑是一项在不幸的政治动荡年代过后，巩固和稳定国有经济体制的浩大工程。与其他转型经济中激进和彻底的变革方式相比，中国的改革似乎过于保守，它致力于恢复原有的体制而非创造性的革新。然而，与西方经济学家的预期相反，中国的经济改革却带来了繁荣的市场经济。

为什么具有活力的民营经济和市场经济体制会在中国出现呢？创业者是如何突破由政府施加的强大市场进入障碍？在仍然由国有企业占主导地位的转型经济中，是什么制度允许民营经济行为主体之间的竞争与合作？市场经济体制从何而来？标准的经济学理论并没有为解释中国市场经济发展路径，给出一个既有的答案。

在推动党的改革政策中，中央政府通过分权和减少国家对经济行为的控制方式来增强动力。在农业领域，改革者通过土地租赁制，将产品分散到个体农民的手中，推动了农村市场渐进式的自由化进程。在工业方面，通过保留企业利润和给予企业更高的自由度，改革措施加强了对企业管理者和工人的物质激励。与此同时，国家推进了外国直接投资（FDI），以缓解资本限制并加速国家的技术追赶进程。通过收入共享方式，改革的领导者推行财政放权，以加强对省级和地方政府的经济激励。尽管低一层级政府有义务向上级政府按照一个固定比例上缴财政收入，但是它们也可以按照自己的预算保留一部分盈余。[1]

在东欧和苏联，随着东欧剧变和苏联解体，代表各个国际经济组织的经济学家们齐聚在首都所在城市，向新政府的政治家们提出关于如何设计和建立资本主义经济制度的建议。通过自上而下的改革措施，政治家们公布了由国际货币基金组织和世界银行推荐的资本市场的正式规则与政策。这种激进式的改革，强调快速和大规模的私有化、价格自由化和货币改革，其背后的逻辑建立在中央计划体制是一种稳定的经济秩序的假设之上。在很多西方经济学家的眼中，只有通过激进式改革，才能打破中央计划体制强有力和根深蒂固的利益及其对几乎所有领域的支配，进而迅速地构建出一个合法性框架作为市场经济的制度基础。[2] 他们认为，中国的渐进式改革注定会失败；而东欧和苏联大胆的改革措施，会通过快速转型为其建立起自由市场的资本主义制度。

然而，在过去的三十多年中，尽管人口数量在增长，以现价计算的中国人均GDP（国内生产总值）提高了30多倍。从改革初期名义人均GDP 150美元——那时世界排名第131，到2010年，中国以人均GDP 4 603美元跻身于中上等收入国家行列。[3] 社会和经济福利效应也很显著。自经济改革开始到2009年，中国人的平均寿命延长了5年，为73岁，甚至都超过了中上等收入国家。[4] 在经历了改革初期的下降后，收入不平等的状况快速上升。即便如此，经济改革还是使所有人受益。[5] 1981—2005年，按每天1.25美元的消费标准计算，超过6.3亿的中国人脱离了绝对贫困行列，使贫困人口的比例从81.6%降至10.4%，创造了人类历史上摆脱贫困的纪录。[6]

民营制造经济的兴起对财富创造起到了关键性作用，并且戏剧性地改变了中国工业的整体面貌。截至 2009 年，国内生产的工业总产值中，仅 20% 左右是由国有企业和集体企业创造的，41% 来自以合伙制、有限责任公司或股份公司等形式注册的民营企业，25% 来自混合所有制的有限责任公司，13% 来自混合所有制的股份公司（包括上市公司）。[7] 民营企业创造了 40% 的产业利润，并且承担了 47% 的由国内资本投入的劳动就业。[8]

被认为旨在恢复计划经济体制的中国经济改革，在促进市场导向的结构转变和经济增长方面，为什么要比采用激进式改革、严格遵循世界货币基金组织和世界银行建议的东欧与苏联更有效呢？在改革初期处于如此不利地位的民营经济，为什么在中国市场化转型过程中不仅存活了下来，而且还得以蓬勃发展呢？

国家重塑经济体制

许多观察者指出，迄今为止，在中国四十多年成功市场转型的经济增长过程中，中央和地方政府起到了重要的作用。不论是用政府援助、地方政府的社团主义还是发展型国家来刻画这个观点，总是含有一个潜在的观念：在创造和形成用以保障与激励中国经济奇迹的制度方面，政府起到了决定性的作用。[9] 一般认为，中国的发展主要依赖于国家主导的制度变革过程，政治精英们创造了提升效率的规则和政策。[10] 尽管经济改革的试错性特征被广泛认可，但是对中国市场转型成功和失败的分析与解释，仍然聚焦在中央和地方政府的政治家们身上。很多研究描述了地方政府官员是如何运用治理手段和财政权力，并通过加大地方基础设施投资，或者建立地方产业园区、科技园区的方式，成功地推动了地方经济的发展。[11] 即使是对适应性制度变革的区域分析中，也鲜有强调创业者和企业的主动性作用，而主要突出了地方政府的作用，包括弥补国家层面的立法缺失，制定临时性政策以保护民营企业不被地方政府征用。例如，温州作为浙江省的一个沿海城市，改革开放前的工业基础薄弱，作为对当地商业行为的响应，在1987年就实施了地方性的民营企业政策，这比中央政府发布第一份官方的民营企业治理文件早了一年。[12] 同时，温州的地方官员还制定了简化税收体系等地方性政策，引导和促进创业行为。温州或其他区域的地方性政策形成了"适应性的非正式制度"，这表明，这些地方政府的默认态度通常起到了支持性的作用：尽管在这些地方缺乏保护私有产权的正式制度，但处于边缘地位的民营经济仍然可以快速成长。[13]

以政治团体——游戏规则的制定者和实施者——是"经济绩效主要来源"的观点为基础，国家中心论的研究强调了政治活动参与者的作用。[14] "政治家们扮演着重要的角色"，这样的观点既是在实际上不可否认的，也是从直觉上让人感兴趣的。凭借着使用合法强制手段的专权，国家享有制度变革的实质性成本优势；相反，为了建立和实施游戏规则而发起的集体行动会产生成本，而"搭便车"问题限制了经济活动参与者承担这些成本的能力。政治家们从税收中求得最大化的利益，这驱使他们提供公共物品以获得税收；反过来，这又与他们发起的正式制度变革——以促进经济增长——的利益相一致。[15]

在这种观点下，要脱离中央计划体制，自然要先将市场经济的正式规则制度化，因为政治团体几乎可以在一夜之间改变正式规则。而非正式的制度不但变化得慢，而且是政治精英们力所不及的。[16] 这些非正式制度，被认为与政治家们所推行的制度变革目的相反。[17]

国家中心论的局限性

然而，国家中心论的问题在于，它并不能解释中国的民营经济是如何出现并不断增强的，直至现在成为中国制造业经济的核心部分。在经济改革的第一个10年里，尽管中央政府是鼓励家庭作坊（个体户）的，但还是明显地限制私人性质的商业行为，使之成为边缘性角色。就民营企业合法化的政策而言，政府抱着容忍的态度，做出必要性的让步：允许社会的边缘性团体——农村的个体户，无业的、失业的和退休的工人——进行小规模的生产。但是，政府并不提供积极的扶持措施，也没有创建一个公平的竞争环境。如果政治精英们依照他们的行事方式，那么当时由改革政策播下的市场化种子，就会为限制民营企业——民营企业的规模不可以超出个体户的产量——的国家政策所扼杀，民营经济也就只会停留在为市场提供小规模商品的传统模式上。现代资本主义出现之前的西方社会中存在着包买制（putting out system），与其相似，家庭式的个体作坊模式在所有前工业化社会都很盛行。卡尔·马克思（Karl Marx）和马克斯·韦伯（Max Weber）都指出，传统经济组织模式具有自我限制的特征。[18] 在他们的解释中，现代资本主义企业并不是从传统的个体作坊模式发展而来的。[19]

20世纪80年代初，政治家们把个体户企业视为促进自我雇用的组织模式，作为国营企业占主导地位的社会中的边缘性经济成分。地方政府免费为那些向城市市场、传统商人、手工业者、小商小贩提供产品的农民提供经营许可，帮助他们建立个体户模式的私营企业，并且教育久居乡下、多年后回到城市的年轻人。出乎这些政治精英们的意料，大量新创立的个体户，会快速成长为规模化的制造型企业，这种情况甚至发生在1988年——政府正式允许注册私营公司——之前。

在很多地区，政治家们默许规模较大的私营企业注册成为合法的、形式上由地方政府所有的集体企业，即便这些企业的创业资本是个人的，而且政府并没有参与企业的实际运营和管理。例如，这类"红顶"企业给温州民营经济的蓬勃发展奠定了基础。[20] 通常，作为回报，地方政府会按照企业税后利润的一定比率收取管理费用。其他创业者则把他们的企业依附在集体企业或国营单位中，即所谓的"挂靠"。在这种制度下，企业家支付一定的费用，即可使用在册国营企业的名称、办公用品和银行账号。[21] 但是，这种模式容易受到地方政府的威胁。比如，可能会以税收等强制性方式侵占农民企业家的财富和资产，这使私人产权不安全的问题日益突出。[22]

1988年，经济改革发起的第一个10年之后，才终于出台第一个《宪法》修订案（第十一条），肯定了私营企业的合法性地位，而那时的民营经济已经在迅速发展了。但是，相应的国家法规——《私营企业暂行条例》（1988年7月）[23]——规定了私营企业不能招用多于7名领薪工人。这实际上依然体现了政府的意图：限制民营经济的发展，即便不是把民营经济当做低层次的经济成分，那也是将其作为附属性的经济成分。在正式场合，民营经济被视为社会主义公有制经济的补充形式。[24]

《宪法》对私营企业合法性的认同，对于创业者获取社会合法性和安全的财产权来说，是远远不够的。中央政府未出台相关的政策，为促进和创建私营企业提供便利；恰恰相反，私营企业进入市场仍然具有很高的成本。例如，北京的工商行政管理局（私营企业的正规监管部门）对注册私营企业有443项审批条款。[25] 税收体制也加剧了民营经济的竞争劣势。对集体企业的最大税收比率为55%，而私营企业相对应的比率则为86%。[26] 一般而言，国家会给予新创立的公有制企业减免税政策优惠，但通常不会给予私营企业。[27] 与公有制竞争对手不同，私营企业没有能够获取由政府担保的创业资本的渠道。总之，私营企业的正式地位仍然不稳定，并且受到地方政策的干扰。社会歧视随处可见，尤其是在涉及出口许可申请、批准国际出行、获取产品原材料和合格的技术工人等方面。最多高达80种的不同收费名目，给私营企业增加了沉重的负担。私营企业经常要面对的是，这些收费会不合法地临时性增加；而如果不支付，那么企业的原材料或产品就要被没收充公。最后，政策还以限定产品份额和限制税后利润分配的形式，制约着私有部门的创业行为。[28]

如果民营经济是在国家精心规划的制度框架下发展的话，那么它就可能被限制在小规模的产品生产和"假的"私营性质的集体企业——实质是由地方政府拥有——的范畴之内。在这种情形下，民营经济只能发展成为占主导地位的国营经济的辅助和备用成分。地方政府对于私营企业所造成的竞争压力的反应，是保护地方政府所有的企业。[29] 20世纪90年代，中央政府制定政策，巩固和发展大型国有企业。这个时期，以乡镇企业形式进行合法化注册的私营企业大范围地倒闭。整个20世纪90年代，中央政府的政策一直在试图限制民营经济，并将其作为中国经济的边缘化和补充成分。[30] 直到1997年，时任中国共产党中央委员会总书记江泽民仍然强调:"国有和集体资产必须坚持占据主导和优势地位……对于主体经济构成,国有经济成分必须处于主导和控制地位。"[31]

2004年,政府修订《宪法》,赋予私营企业和国有企业同等地位,并且正式承诺和保证要"保护民营经济的合法权益"。尽管如此,私人产权仍然处于容易受到侵害的状态。有关创造、转移和拥有产权的政策,只能在中国《物权法》的框架内得以实施——而后者,是在经历了多年政治争论后的2007年才颁布的。持批评观点的人认为,将国有企业和私营企业同等对待,违反了中国作为社会主义国家的基本原则。即使是在对私营企业具有平等权利的正式规定出台之后,对立法改革能否提供实质性利益,很多企业家仍然持有怀疑和谨慎的态度。地方法院仍然服从地方性的政治利益,维护中国共产党的优先权益。即使企业在案件中胜诉(通常指控的对象是地方政府),法院裁决的执行也具有不确定性,这种情况在欠发达的内陆省份尤为突出。近期数据表明,涉及国内企业的案件中,只有53%的法院裁决被真正执行。[32]企业家面临的这种不确定性,可以用跨国产权安全指数来比较:中国与安哥拉、白俄罗斯、阿塞拜疆等国家相当,略低于俄罗斯。[33]这个评估与世界银行对全球商业政策的评估结果一致。2011年,中国的创业容易度排第151位,而在投资者保护方面排第93位。整体而言,中国的监管质量排第79位。[34]

中国改革的政治逻辑旨在保护和促进公有制经济,而国家中心论在解释充满活力的民营经济制度的来源时,是不具有适用性的。聚焦于分析国家政策,对于理解内生性制度变革的动态机理是没有用的。[35]

经济制度内生性的产生机制

为解释中国市场经济的发展,我们不强调国家政策的作用,而是把经济活动参与者视为制度创新的主体。我们承认,政治家们在发起资源市场配置方式的转型方面起到了重要作用。但是,我们认为,中国市场经济体制的兴起，依赖于自下而上的创业行为。保障、激励和引导初创企业的非正式制度安排，为中国市场经济秩序的出现，提供了制度性基础。

但是，创业者们是如何自下而上地建立起用于保护经济转型的经济体制的呢？他们如何克服集体行动的问题？在弱产权的制度环境中，他们如何解决创业期不确定性和成长期的投资问题？他们如何与那些在国家产业政策下享有最优待遇的政府所有企业竞争？

这里，我们运用解释内生性制度变革的理论，将分析的焦点落在嵌入网络中的社会性机制上。本书对长江三角洲（简称"长三角"）地区民营企业的创立过程和创业行为的研究，检验了促使经济制度出现的微观机制。这些经济制度，是由具有紧密关系的商业社群中的非正式社会规范和社会网络所支撑的。

因为中国政府要在分权化的市场中寻求新的盈利机会，所以当第一波创业浪潮从原有的生产体系中分离出来时，政府既没有发起金融改革以创造更广泛的社会参与，也没有制定相关的产权保护政策以说明公司注册和负债问题。实际上，发展和使用创造性的非正式制度安排——这些非正式制度安排嵌入由相似心智模式的经济活动参与者构成的社会网络中，为创业者提供了必要的资金和可靠的商业规范。创业者通过试错方式设计制度安排，以保障他们创建和发展私营的制造企业。市场限入迫使并激励企业家们建立自己的供应和分销网络；并且在国家之外，利用由生产商、供应商和销售商自发组织的产业集群，创造竞争优势。虽然没有正式规则保护企业的产权，但是在微观层面发展出来并扩散的合作性规范，保障了企业家们认同民营经济，并使其在国有制造业体制之外存活了下来。

因此，在经济改革期间，自下而上的制度创新，在保障和激励市场经济发展的过程中起到了关键性的作用。这样的制度安排有效地保证了民营经济能够应对市场的变化，进而从民营经济内部影响市场经济制度的出现。从这个视角来看，游戏规则本身就是经济活动参与者不断交流和互动之后的产物。

起初，个人性质的创业行为并不是一个国家层面上的大范围运动。中国的创业发展是局限于一定的空间的,并通过创业者的活动呈现出持久的爆发式成长。这一点,与熊彼特在其他类似的社会动荡时期所观察到的"创造性破坏浪潮"表现一致。[36] 特别地,长三角地区作为创业经济行为的核心区域,成为研究市场经济体制形成的自然试验场。

通过自下而上的因果互动过程,稚嫩的民营经济在长三角地区和其他沿海区域内扩散并成长。很多小企业加入脱离国家控制的地方性产业集群,并迅速发展壮大;同时,其他创业者也不断加入其中。在这些区域内,大量民营制造业企业削弱了集体企业的主导地位。这些企业并不是国家许可的小规模个体户,而是一种新的组织模式:私人拥有资本的企业(私营企业)。20 世纪 90 年代,国家出台了很多政策,试图巩固国有及国家控制的制造业并使其现代化。[37] 尽管如此,民营经济迅速成长,逐渐占据了政府所有企业的市场份额。

本书结构安排

第 2 章提出了整合新制度主义的理论框架。其中,介绍了我们有关市场经济制度内生性产生的理论,并提出了一个制度变革的多层次因果模型。在我们的模型中,制度在两个方向均表现出动态性特征:从嵌入宏观结构中的制度机制到微观行为;从微观行为到宏观的制度变革过程。

其余各章节中,我们在企业家行为相关的组织场域中,应用上述制度变革的多层次因果模型,说明在缺乏可靠和有效的正式制度环境中,非正式规范和经济制度是如何出现与运行的。通过分析,我们希望阐明,使中国企业家能够成功脱离已有社会制度体系的微观作用机理。第 3 章描述了长三角地区的空间和经济地理特征、七个城市样本、研究设计、量化问卷研究,以及我们所采用的面对面访谈方法。第 4 章探究了民营企业的成立过程,以及解释民营企业群体快速成长所对应的社会规范。企业家如何获取最初的创业资本?在没有健全的产权保护和对私营企业合法性缺乏认同的环境中,企家们如何运作以创立和扩张他们的事业？他们从哪里获取开设和经营业务的"软技术"？第 5 章讨论了一个密切相关的议题：为了减少个人从社会化生产方式中脱离出来而产生的成本，企业家们所采用的特殊组织战略。第 6 章详细地描述了类似的微观机制，即如何引导个人组织的供应商和分销商网络发展起来，并超出了国家的控制范畴。第 7 章讨论了劳动力市场的发展。在公共生产模式长期主导劳动力配置和保护的环境中，是什么机制保障了企业家们能够接触并获得技术工人？是什么机制帮助民营企业逐渐发展出社会规范和劳动标准，以保障它们与公有制企业和外资企业在获取有经验的专业人员方面展开竞争？第 8 章将分析的焦点转到一个关键问题，企业家网络中日常规范的发展，能否兼顾到企业的动态性发展和创造性行为？正式的产权保护措施仅仅处于初始的发展阶段，即便如此，嵌入企业家网络中的非正式制度安排，是否真的能够保障民营企业在技术的阶梯中向上移动？或者，我们仅仅只是目睹了一种强调模仿而非创新的投机性经济模式的兴起，而这种经济模式并没有准备好与公有制经济（拥有国家研发政策支持的政府资助）展开竞争？

如果回避政治关联在民营经济兴起中所起到的作用，那么对于中国经济行为——由国家控制的经济体制——的分析就是不全面的。第 9 章，我们把国家的作用纳入分析框架中，考察政府的角色和政治关联能够在多大程度上促进民营企业的创立与经济绩效。作为总论，第 10 章回顾了全书的理论和实证研究结果。

02

市场和内生制度变革

改革开放以来,尽管保护私有财产的正式制度依旧相当薄弱,但是民营经济已成为经济发展中最具活力的部门。截至 2008 年,民营经济吸收的就业人数超过 1 亿,大致是国有经济就业人数的 2 倍。通过自下而上的不懈努力,民营企业家们创造了一个注册资金超过 1.3 万亿美元、企业数量超过 550 万家的庞大经济体。[1] 由于不是来自现有国有经济结构,这些企业家在面对不利条件或者不存在游戏规则的情境下,表现出很强的奋斗精神,克服了市场进入的障碍和国家的不利政策。

这些民营企业是如何在较短时间内茁壮成长起来的呢?市场的出现是创业行为产生的关键因素。首先,市场机制逐步取代行政分配,有利于权力向生产者而不是资源再分配者倾斜。[2] 更重要的是,市场经济的出现给了生产者更大的选择权。他们能够发展新的组织和所有权形式,通过非正式制度安排来完成合作,并在现有分配体制外完成交换。在这种制度环境自我改良机制的作用下,国有企业损失了市场份额并让渡给了民营企业。[3] 其次,由于市场回报取决于企业绩效而不再是政府关系,市场经济成了最好的激励手段。激励创业创新最有效的方法是,减少对低生产效率的奖励或者打破寻租行为,同时增加对提高生产效率行为的支持。[4] 最后，市场经济有助于识别和评估新机遇。通过市场配置，资源得到有效利用并创造了大量的机会。市场机制本身为经济活动参与者提供了从创业行为角度评估潜在机会以及投资失败的机会成本的方法。[5] 由此，市场经济的出现，为企业家们创造了更多的开拓新市场、获取收益的机会。

总之，市场经济带来的自由度，给企业家们创造了一种非正式的制度安排；在这种制度安排下，民营经济从无到有，迅速发展壮大。

令人意外的是，对于雇用人数超过7人、没有注册成为"红顶商人"的民营经济的相应法律法规的缺失，并没有限制其发展。相反，中国的经验表明，"民营经济的市场行为不会因为政府没有足够的法律配套支持而停止。因为一旦停止，太多的潜在价值将无法实现。所以，如果能构建与之相适应的组织形式，满足相应经济结构治理的需要，此类企业和整个社会都将由此受益。"[6] 从这种新兴市场机会中产生的激励因素不容小觑。[7] "那个时期，下海创业的人都赚到钱了""如果你看到机会就要把握住"，这些是中国市场经济转轨早期的真实写照。在健全的法律体系下，人际交往中的准则激励和引导着社会的经济交换活动；而当市场主体无法依赖现有法律体系来解决产权和合同纠纷时，促进经济活动的非正式规则应运而生。在转型经济体中，非正式规则似乎比法律更为公平、有效地运行，在激发民营经济增长的过程中扮演着极具渗透力和重要性的角色。正如浙江省一家化工公司的老总所说："法律在执行方面的问题太多，还不如与一群能互相通气的朋友做生意。如果谁做了坏事，其他人很快就都会知道。"[8]

社会规范的作用

改革开放头十年，那些试图为其个体家庭生产（个体户）突破不能雇用超过7人规定的民营企业家们，不但冒着被当地政府剥夺财产的风险，而且承受着以罚款、税收和支持政府"慈善捐赠"项目等名目的各种负担。即使是中央政府在 1988 年承认雇用超过 7 人的民营企业的合法性后,这些企业的经营范围依然受限。当地政府对于民营企业的准入,依然设置障碍限制民营企业获取市场份额,以此保护本地的集体所有制企业。[9] 20 世纪 90 年代初期,民营企业如果从事货物的长途运输,就会有被诉投机倒把或走私的风险。[10] 然而,即便没有保护民营企业产权的法律制度,合同的正式约束力也不强,存在被征用的风险,中国的民营企业还是经历了爆发式增长。

很难解释如此广泛的、受到基于人与人互动产生的内生经济组织支持的创业行为。众所周知,在小范围群体中,社会控制是日常互动的副产品。"大量社会行为的控制不是来自外部环境,而是来自社会关系本身。因为如果一方对待另一方的行为发生改变,双方都将变得更差。"[11] 即便如此,随着群体和社区的变大,通过社会规范而平衡越发困难。[12] 如果监督和执行非正式规则有成本,那么只有当收益超过所负担的成本时,市场参与主体才会承担这样的成本。而且,"必须有人为选择性激励埋单,而且这个埋单行为本身就是一个集体行为;在这个集体行为中,不仅是埋单的人,而是所有对这个集体商品感兴趣的人都将获益。"[13] 由此,在一套复杂的设计原则下,稳定的合作关系将产生。在管理公共资源中,社会规范可以使得紧密结合的社区成功避免"公地悲剧"(tragedy of the commons)问题。[14] 这样的治理结构更多地依赖于长期社会关系和社区制裁而非外部权威,以解决公共资源枯竭威胁的集体行动问题。

各类社会学科的研究一致表明,非正式制度安排主要在经济活动各方关系密切时发挥作用。这类紧密经济关系主要指部落和农耕社会,或者现代工业社会中只有有限市场参与者从事反复交互行为的、高度专业化的市场。详尽的案例研究突出了这种紧密关系网络中的动机变化和私下交易机制。比如,钻石交易者经常以钻石行业中的特殊风险性为由,拒绝接受正式规则;他们转而依靠包括由行业协会执行的仲裁措施等在内的、一套复杂而又超越法律系统的约定制度,行业协会的设立主要是为了提供成员的商业信誉信息。[15] 而解决美国北加利福尼亚州养牛场场主冲突的案例研究则表明了解决问题的非标准化程序。尽管有分歧，加利福尼亚州沙斯塔县的农场主们还是本着和平共处的精神，互不干扰，共同生活。只要相互间的关系从总体而言还是平衡的，有争议各方就能私下解决问题。[16]

如果合作的总收益超过成本，非正式规则下的私人订单就能为各方提供一个持续重复交易的稳定框架。中国转型经济体制下的企业家们正是利用他们关系网中的这种非正式规则，在竞争性经济环境中赢得信任、获取信息、实现合作共赢。尽管官僚作风盛行、私有财产保护制度缺失，企业家们依旧成立了大量新企业，并在没有国家层面合同法指导商业行为的情境下，通过社会关系建立起相关业务。他们用来自亲朋好友的小额借款作为启动资金，在国家现有分销渠道之外开发供应和销售网络，通过非正式的监督和中介机构解决商务争端。令民营企业经济持续增长的运作模式，包括：同一利基市场企业间互惠的准则；成功的企业家应该通过直接资金支持或间接的专业建议和在岗培训，帮助亲戚、朋友和员工创立他们自己公司的期望；已创业的企业家不应该再从亲朋好友处筹款，而应该依靠商业贷款和自身积累支持新的投资项目的准则。这些准则成为内生经济的支柱，给在激烈竞争市场中的企业家们的合作带来了便利。

我们试图运用新制度经济学中的因果决定（causal priority）概念解释市场经济的兴起。[17] 但是用因果决定概念解释非正式经济组织的结构，并不意味着我们不重视国家运用正式制度保护私有财产合法性所做出的努力。非正式财产权利的主张基于实际拥有，与法律赋予的权利相比更脆弱、更具不确定性。[18] 当有财产争议时，实际拥有总是隶属于法律赋予的权利。因此，随着交易范围的扩大和交易价值的增加，企业家寻求生产性资产在法律上的合法权利的动力不断增长。我们认为，这种自下而上的内生经济制度与国家授权政策制度相比，因果决定更能解释中国民营企业经济的崛起。只有当民营企业经济蓬勃发展成为经济增长势不可挡的强劲动力时，国家才开始着手制定正式的规章制度，并逐步赋予民营企业合法性、正式的法律权利和平等性。

这个过程与西方社会政治和经济制度兴起的因果顺序不谋而合。规则演变成法律，这个过程只有当"规则更加稳固"和"通过颁布法律使其正式化的呼声高涨"时才能实现。民主社会的基石——民权是这样解释的："只有当足够多的人们愿意接受分歧并保护那些持异议者时，法律制度才能保护言论自由。"[19] 因此法律制度和非正式规则的一致性，正是法律支持、维系并拓展那些被视为恰当而正义的社会规范的结果。就政治体制而言，经济法通常基于现有并被广为接受的商业规则。全球第一个股票市场和第一家上市公司（成立于1602年的东印度公司）诞生于荷兰的阿姆斯特丹。当时几乎没有正式的股东权益法，甚至很多的交易是法律禁止的，证券交易完全取决于自身利益和自主实施。[20] 但是截至17世纪30年代，荷兰已成为一个"拥有完善的、创新的金融市场和成熟投资人的高度商业化国家"[21]；而直到1851年，组织和管理股票交易的阿姆斯特丹股票交易协会才成立。同样，早在1698年，伦敦证券交易所就开始了有组织的证券交易，而其第一部正式编纂的法规出台于1812年。1935年之前，布鲁塞尔证券交易所在最少政府管制的状态下已经运作了一百多年。全球范围内，股票市场建立时通常没有国家的正式制度以保障股东权益。买卖公司股票是非正式的，交易基于君子协定，通常在当地咖啡屋或集市上完成。"主要以公司形式存在的、基于共同兴趣和自我管理的组织，对欧洲中世纪晚期和当代经济社会的发展至关重要。"[22] 良好的正式制度通常是经济发展的产物，而不是其推动者。[23]

本书框架

近年来，经济学向"社会学转变"的现象，导致了对国家在创新制度变革中主要作用的重新评估。"起源于并将制度视为规则的补充"的社会制度学，将制度定义为更加宽泛的系统，包括"规则、信仰、规范及组织，共同组成社会的行为准则。"[24] 同理，社会学中关于转型经济的文献，力图将研究与围绕国家层面政治领袖的现状脱离。通过深度访谈、自然环境观察和问卷调查，实地调研已经发现了来自社会的内生制度变革。"由于这种变革是一党制国家指导和控制外的重要社会行为,这种对来自工厂、农村和社区日常生活自发过程的密切关注非但不是小事,而且引发了关于社会变革来源的重大理论问题。"[25] 经济学中的社会学转变与社会学中的新制度主义是相辅相成的;以上视角为解释内生制度变革提供了丰富的理论基础。[26]

这里使用的制度定义,融合了社会学的结构视角和经济学的委托代理理论。我们将制度定义为由客户、习俗、规范、信仰和规则等正式、非正式相关元素组成的系统。这个系统控制着社会关系,而社会关系正是人们追求和维系合法权益的边界。这是允许、激励与指导参与者利益,以及强化委托代理关系作为集体行为的中介而形成的自我再生产的社会结构。这也符合我们关于根本性制度变革并不仅仅是政治家重新制定正式规章,而是需要对利益、规范和权利重新分配的思想。我们的定义将合同协议的有效性分析,转变为委托和代理人之间交易的内生社会机制分析。

社会学家们一直认为,市场是一种能自我调节的社会结构,买卖双方在市场上完成交易。"然而,难点常常是如何解释市场具有的详细特征",市场制度"至少是被经济学忽视的、最合适的东西——个人或团体为组成正式社会结构而形成相对持久的关系"。[27] 经济学家们普遍认为,即使在以便捷和可靠为特征的非个体交换市场中,重复交换也是很普遍的。例如,市场被定义为实施"自由交换,任意一方既可否决也可(在符合市场规则的条件下)同意所有的条款的平台"。[28] 在此类定义下,"市场"与通常意义所指的商品买卖的具体物理场所,或者网络场所的"市场"概念不同,"这里的市场是指抽象概念上的"。[29] 但是,经济学家们仍然需要找到更好的方法,以描述企业组成市场的结构和过程。正如哈里森·怀特(Harrison White)所说:"因为市场是与经济学家们所熟知的分析工具不同的有形社会组织结构,而社会学家在这方面也没有过多地涉及,所以市场依旧是一个谜。"[30] 在谈及如何描述市场自我再生产的社会结构的特征时怀特建议,融合信号理论,将"经济学的新古典理论与社会学的市场观点有机地结合起来"。[31] 在他的模型中,企业如同一个生态系统中寻求利基的有机体。市场随着企业观察其竞争对手发出的信号，并为获得利基重新定位所形成的内生制度性结构而形成。

解释市场的挑战，要求进一步审视非正式社会交易过程中的规范和国家授权并执行的规章之间的关系。许多经济学家现在已经接受了这样的观点，即在解释经济行为中社会规范所发挥的作用比想象的更大。[32] 事实上，构成制度环境的正式规章及社会关系中的非正式规范，共同形成了市场中的经济行为。

在一个简化的多层次因果模型中（见图2.1），通过高层级和更紧密的结构，自上而下的意志塑造着包括约束型和强权型在内的低层级的结构与行为。然而，"同时，反向过程也同样存在，低层级的参与者不断改变他们操作的内容"。自上而下和自下而上的过程不断相互交织，"共同影响制度变革"。[33] 因果机制双向发挥作用，不单从宏观到微观层面，还从微观到宏观层面。[34] 因此，国家机构不仅制定企业和个人的正式规章，而且也对自下而上的诉求做出相应调整。经济活动参与者可以通过集体行为来改变制度环境。从社会机构发出的那些向下的箭头表示限制社会行为的正式规章及保障措施，而向上的箭头则意味着社会行为可以组成并改变宏观环境。这个过程涉及利用诸如游说等与正式规章相符合的途径进行疏通或谈判，有时候也涉及集体违规和伴随性内生创新。

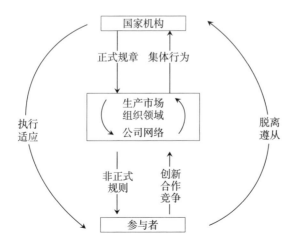

图 2.1　制度变革的一个多层次因果模型

只有当个体偏好及利益与根植于制度环境的激励手段完全匹配时，它们才会通过自我监督和双向强化更加遵守正式规章；否则，一旦个体利益与国家法律不相符，就会出现脱离现有制度的行为。[35] 一旦决定脱离现有正式规章框架的参与者足够多，内生的反规范新体系就会随之产生。随着越来越多的参与者认定脱离现有正式规章是理性行为，非正式规范就越发彰显其重要性。[36] 经济活动参与者的集体行为无形中给政府施加了压力，促使其首先采取加大执行现有法律法规体系的措施。但是，一旦集体行为达到一定量，演变为自我强化，国家就无法再实施有效控制。如果与国家规章不符的数量达到一定水平，国家统治者就会意识到调整相应正式规章制度的必要性，新的规范最终将改变现有的正式规章。通过这种方式，社会规范和群体行为不再是依附于文化过滤器的被动角色，而是发挥主动参与内生制度变革的作用。

中国这种自下而上民营经济的出现，基于以下几个原因：其一，市场竞争的出现为经济活动参与者提供了动力，这种动力确保其提出自下而上的制度安排并从新兴的机会结构中获利；其二，创业行为产生制度创新，经过试错过程后，成功的解决方案在当地经济中扩散开来；其三，由志同道合的参与者组成的交叉网络中的相互监督和执行，强化了这种新型的行为策略与规范；其四，大量的跟随者通过模仿进入市场，一旦超过临界水平，就会出现一种自我增强的社会变动趋势，并由此产生合力，改变了正式规章，使其继续能够与非正式规范保持一致。此时，行业协会与游说者作为代理人代表着社会利益。当权者最终对自下而上的创新做出回应，通过改变正式规章来适应、监管新经济行为。

维系社会规范

解释经济行为的过程中，社会关系结构至关重要。但在社会关系中，究竟什么能够解释信任的动机和杜绝／限制机会主义呢？与陌生人之间的交易相比，为什么在此类关系中更容易找到信任的因素？

答案在于明确社会关系的固有机制。这里的社会关系包括发展和维系合作行为，允许参与者参加集体行为并达成集体目标。这些机制是社会交换及维护规范方面的奖励和惩罚：共同的信仰和恰当行为的预期。

非正式规则源自人类在解决问题的过程中努力提高成功率的行为，即通过合作获得奖励。基本准则是，如果试错后预期表现的结果是成功的，就会被团队成员接受。换言之，"一个志同道合的组织中，成员会发展和维系那些能使他们从日常工作关系中获得总福利最大化的规范。"[37] 因此，规范的出现涉及一系列的学习过程。在这个过程中，成员通过不同策略获得经验，并逐渐认识到哪些是更加有效的策略。[38] 现有的规范在之前也经历过类似的社会学习过程。[39]

大量研究已经证实了社会奖惩在群体规范中激励信任行为，以及杜绝／限制机会主义的效用。[40] 当符合行为标准就会得到奖励、不符合就会受到惩罚时，这些恰当行为的非正式标准得以维系。团队中的成员经常通过授予社会认同和地位，对遵守规范的行为予以奖励。同样，他们通过社会指责甚至最终以出局的形式，对不遵守规范的行为予以惩罚。因此，对于规范的监督是社会交往的副产品。通过反复交往，社会成员之间有了足够的接触，了解成员的品行不再有难度，从而降低了监督的成本。[41] 当参与者从长远关系的角度考虑未来的因素时，反复交换中的奖惩行为就会促进合作。当交易不经常发生时，社区制裁（community sanctions）可作为双边反应的补充。总之，在长期关系中，作为对社会奖惩的理性反应，以信任和可靠为表现形式的合作行为应运而生。[42]

一个由 1 名上司、16 名业务员和 1 名办公室职员组成的工作小组的详尽交流过程，说明了个人的自利行为如何自发通过社会交换形成社会等级（pecking order）。业务员向其同行咨询与业务相关的法律问题，而不是向评价其工作的上司提出。[43] 这个过程包括获得和付出，就如同市场交换：

> 咨询可被视为一种价值交换；咨询双方获得一些东西，也都需要为此有所付出。提问方可以比原来干得更出色，没有向上司暴露自己的困

境。通过咨询，他间接地对同事的工作能力表示了尊敬。这种对自身能力不足的承认是获取帮助的成本。作为自身工作被打断并提供相关咨询的回报，被咨询方获得了声望。1名业务员的表述证明了这一点："我乐意给出建议。如果其他人倚重你的意见，我觉得这种感觉非常棒。"[44]

社会结构规范准则中社会奖励（如身份地位）及惩罚的重要性，在此得到了充分的体现。

由于社会群体成员的利益和社会地位均与群体的成功相关，成员们就会合作，共同遵守社会规范。[45]理性选择理论强调声誉对社会行为的影响；但在遵守规范方面，内嵌在社会身份中的恰当行为原则也同等重要。[46]例如，很多场合下并没有人密切监督，但人们还是遵守与他们社会身份相符的系列规范。这是因为社会身份和利益，能够很好地解释在竞争环境中的合作意愿。[47]

常规性社会交换尤其是重复性交易，与社区制裁一起组成了自下而上的制度安排，这种内生的安排维持着长期的经济合作关系。这种包括信息流、稀缺资源的获取、技术开发的企业间合作、独立于国有体系的民营供应网络等相互依赖的关系，进一步增强了不依赖于第三方的长期稳定的合同关系。

引领网络和产业集群内企业行为的社会机制，与影响紧密型团体中个人的行为策略相似。当面临高风险的不确定性决策时，理性行动者通过效仿其他成功者及合理推测他们成功的原因来处理这类情况。组织倾向于模仿那些它们认为成功的类似组织的行为。特别是在制造业，通过模仿可以在边干边学中，将主要竞争对手的技术和组织方面的成功因素学到手。

社会规范和制度变革

经济活动参与者的行为经常与政府正式规章所允许的合法行为不符。事实上，基于个体联系的社会群体，根据体现民营经济期望和个人利益的非正式规范来组织市场导向的经济行为。[48]他们经常与政客的目标不一致。

在政府规章体系下的规范,既可以限制也可以促进经济行为。一方面,当个体参与者勾结起来确保政府资源落入他们手中时,脱离这些正式制度会导致资源的低效率分配,最终结果是结构刚性和经济萧条。[49]在俄罗斯,黑社会性质的商业网络极大地阻碍了叶利钦构建市场经济的努力。另一方面,通过提供一个信誉和群体行为的框架,脱离现有规范也能促进经济发展。在中国,改革开放初期,非正式民营化和本地制度安排,为20年的经济发展提供了强劲的动力。

考虑到正式规章和社会规范间多种交互的可能性,如何更好地理解这两种关系的理论发展成为了中心任务。在何种条件下规范将演变为自我加强型反规范,而后又会削弱正式规章的有效性呢?反规范(opposition norms)指与现有政府规章背离,允许、鼓励和引导群体行为的信条。反规范存在于所有的社会形态,涵盖的活动范围广泛,可以是美国和欧洲的少数族裔青年,或者是现有市场经济中以非正式经济形式存在的买卖双方间不缴税的交易行为。尤其是在规范形成的初期,反规范行为通常包括既未引起国家制度注意,也不为执法者所关注的"地下"行为。[50]它们可以一直这样而不引起关注;但在某一拐点,反规范爆发而广为人知,并允许、鼓励和引导群体行为,迫使政客做出回应。政治家可以采取一系列手段作为响应,包括增强执法保卫现有制度,以及强制推行制度变革改变现状。

为了更好地理解反规范和内生制度变革之间的关系,关键是探究在改进社会子群体成员的福祉地位时,私立秩序所发挥的作用,即便国家不愿或不能保护他们的交易。显然,根据社会群体利益取向与政治家或组织领导者期望的差异程度,非正式规范和组织实践最终会发展到打破正式规章的"铁笼"的那一步。至于规范分离的发生是否要求特定条件,是否会发展成自我强化型反规范并导致内生制度变革,取决于是否有足够多的相关社会参与者参与进来。[51]在所有制计划经济体中,为解决计划经济带来的资源短缺问题,企业和个人进行黑市交易与易货贸易是很常见的。[52]这种行为也是违反正式规章的,却没有带来内生制度的变革。尽管企业高管们为了应对不可预期的短缺会囤积货品和备用零件，但是此类行为的范围还是相当有限的。回过来看，当初零星发生的黑市交易和易货贸易可能起到了稳定体系的作用，帮助企业更好地应对临时短缺的状况。黑市交易还可能缓解了社会不满。我们可以进行一项思维试验，设想这样一幅场景：考虑到黑市交易和易货贸易带来的好处，越来越多的经济活动参与者将他们的部分产品投入黑市交易。随着非正式经济不断扩张，对应的计划产量和公共营收则不断减少。当达到特定的爆发点时，正式经济制度轰然崩塌。

社会主义经济体中的黑市交易和易货贸易没有演变为自我强化型反规范的原因是显而易见的。制度和组织层面的处罚措施有效地抑制了上述活动。由于监管严、发现率高及处罚重，黑市交易的风险和成本都变得很高。上面设想的场景，只有当越来越多的参与者可以便利地、低成本模仿那些违法行为而不用担心受罚时，才可能真正实现。

对于规范发展的估计的不同造成了以上两种场景的差异。想要理解由正式规范与非正式规范冲突导致的不同结果，研究经济活动参与者面临的个人选择问题是关键，使得个人效用期望成了研究的中心。关键问题转变为找出在什么条件下，那些选择脱离现有政府规章的个人总数能达到临界点，导致自我强化型反规范的发生。在此种情形下，即使没有正式的协调者，非正式规范亦可被视为引发制度变革的单独力量。

个人选择遵循还是脱离政府规章，可用谢林图（Schelling diagram）表示。该图将预期个人效用与社会总体可测偏好相结合。[53] 谢林的核心观点是，影响个人行为的效用通常取决于社区或者同群体中他人的可观察行为。例如，当一个人知道所有的邻居都在雇用女佣而不缴纳社会安全税时，他也会这么做。一旦避税成为惯例，缴税自律性就会急剧下降。当然，个人与群体行为之间的联系不限于法律冲突，还广泛存在于日常生活中。比如，一个晚宴参加者如果发现其他人都穿牛仔裤、运动外套赴宴时，他就会乐意如此穿着；而当其他人都身穿晚礼服时，他的上述装扮带来的满足感就大大降低了。

现在假设一个人 i 面临一项选择：（1）遵守政府规章；（2）脱离并遵循另

一种非正式规范。假设在任一社会中总有一部分人不遵守现有规章。不遵守现有规章的常见例子包括在公共场合抽烟、高速路上飙车、逃税等，理由则从说不清楚的随机行为突变，到在一个小的社会群体中因理念转变而进行的理性计算。通过口口相传或观察，人们如果发现上述特定行为有利可图就会竞相模仿。由于"描述行为的规章……不影响行为本身，除非人们有遵守它们的动力"[54]，由此也可以进一步假设：个体参与者的特定行为选择价值会随着遵守同一规章或规范的人数的上升而增加。换言之，社会群体规范的一致性提供了行为价值并形成一种资本。[55]个体遵守政府规章或非正式规范的收益，随着其他相同做法的人数的上升而增加。

在接下来的图（图2.2—图2.4）中，C表示个人遵守政府规章可获得的效用u_i，D表示如果个人行为受到反规范影响的效用。为简化分析而又不失普适性，我们假定两条效用曲线均为线性。在现实中，一旦遵守规范的人数达到一定比例，效用曲线的边际效应是下降的，直到呈平稳状态；但是，不会出现负边际效应。横轴取值为0到N，表示社会上脱离现有规范的"其他人"数量。由此，当取值在最左端0时，社会上所有其他人都遵守政府规章；取值在最右端时，则表示N人不遵守政府规章。

场景Ⅰ（见图2.2）呈现了新制度经济学中经典的法律中立的传统场景。与个人如何选择无关，遵守政府规章总能比不遵守获得较高效用。D的初始值小于零是基于以下两个原因：其一，如果个人的行为选择得不到社会其他任何人的认同，就不会有任何正效用；其二，尽管政府监管会有漏洞，考虑到完全法制社会的高曝光风险（如他人告发），违规行为还是很有可能受到惩戒。图上没有任何一处不遵守的效用会大于遵守规章的。即使社会上所有人（N）都选择不遵守（曲线D与右侧纵轴相交处），不遵守的个人预期效用仍小于遵守的（曲线C与右侧纵轴相交处）。本场景与政府是制度变革关键决定者的假设一致。按照此观点，当不遵守规章带来个人利益时，不遵守者（X）与遵守者（N-X）之间不可能有交集，这就解释了为什么制度变革不是由下而来的。其中原因可能有多种：一方面，政府机构处罚的有效性，能部分解释不遵守规章的效用减小；另一方面，从与遵守规范相关的群体行为问题的角度也能够解释。无论何种情况，在预期效用作用下，任何理性个人 i 都会屈从。

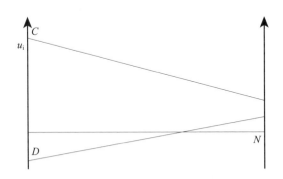

图 2.2　场景 I：正式规章为主

场景 II（见图 2.3）呈现了相反的状况。不遵守规章的个人一直比遵守政府规章的个人享有更高的回报，并与选择遵守与否的人数无关。哪怕 N 中只有另外一个人 i 选择不遵守，不遵守的效用还是比遵守的效用高并不断增加（$D > C$）。此类情景存在于两种状况：政府规章不经济（遵守规章没有正回报）；政府没有经济和行政手段（或政治意愿）有效地执行政府规章。然而，在现实中，除非出现政权动荡而濒临崩溃，否则此类状况不太可能出现。

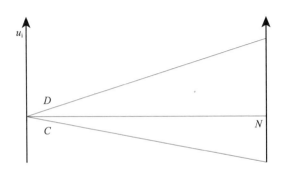

图 2.3　场景 II：不经济和无法实施的政府规章

场景 III（见图 2.4）呈现了最有意思的状况，考虑反规范的潜在增长并体现了自我发展驱动的制度变革的范围条件。在这种状况下，C 和 D 有交叉。在交点（其他不遵守政府规章的 X 和遵守的 $N\text{-}X$ 交叉处），两者的个人效用相等。交点 X 是鞍点均衡（saddle equilibrium），哪怕不遵守方 X 再增加 1 人，不遵守的预期效用就会大于遵守的。此后，会出现一个自我强化过程，吸引更多的人加入。[56] 由此，($X+1$) 成为一个爆发点，不遵守的个人由此转为自我强化的反规范。

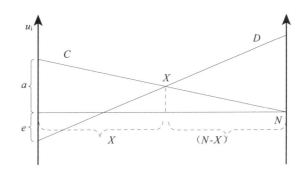

图 2.4　场景 III：自下而上的制度变革

根据以上场景，比较容易识别何种状况下脱离社会规范可成为制度变革的独立影响因素。我们假设 a 为其他社会成员都遵守社会规范时的个体预期效用；b 为随着每一个额外的"个体"选择不遵守社会规范而带来的边际效用下降；X 表示选择不遵守的个体数量，那么任意个体 i 遵守规范的预期效用则为 $a\text{-}bX$。

现在假设 $e \leqslant 0$，表示如果没有其他人效仿时不遵守的负效用（成本）。尽管成本会随着本地司法制度的不同而变动，但破案率（detection rate）和预期处罚水平（包括法律成本和社会制裁成本）决定了最终成本水平。e 取负值表明，如果整体 N 中没有其他人也随之不遵守规范，那么任何一个体 i 都无法从不遵守中获得正效用。如果不被一群人接受甚至称不上是规范，因此没有预期效果（指仅一个人不遵守）；此外，如果其他人都遵守国家的规章而你没有，此时违规惩罚将是相当严厉的。在现实中，由于各地行政管理部门的能力和诉求不同，对于国家正式规章执行的保障也可能因地而异。在预算中的不同地位及政治意识形态的不同，都会影响执法的质量。因此，图2.4表明的是有限制条件的区域和地方而不是整个社会的状况；如果是后者，你就会发现多个不同取值的 e。e 值的变动在转型和发展中国家尤为显著，因为这些国家在其首都和偏远地区的行政管理能力差别巨大。

斜率 f 表示随着同群体中不遵守行为的人数不断增加个体效用的边际增加量，不遵守的预期效用 D 可表示为 $e+fX$。这里表示的是净效用，即共同遵守一项规章的总效用减去克服集体行为问题所需的组织成本。与 e 值一样，斜率 f 代表的也是当地而非全国的信任与合作状况。f 的不同取值反映了不同的合作意愿及与此相关的组织成本，而该成本在推崇群体文化信仰的高信任度社会和个人主义社会中的差异明显。[57] 同理，拥有相同宗教信仰、民族、本地传统和文化的同质社区，会比异质社区享有更高的信任度和更低的组织成本（斜率 f 更为陡峭）。[58]

当符合（1）式时，两条曲线有交叉点

$$(a-e)/(b+f)=X<n \qquad (1)$$

显然，尽管违反的预期效用很低（交点左侧部分），在任何社会中总有一些人还是会违反正式规章。有时候，这可能反映的是随机的行为突变，或者违规者的某些性格特征。在其他状况下，违规者可能被社会或经济边缘化了，无法参与一些社会团体或经济活动。因此，最左端0的位置，即所有其他社会成员都遵守国家规章在事实上不可能实现。然而，一开始一小部分人的违反行为是否能够最终带动足够多的跟随者，并由此触发一场自我强化的改革行为，取决于个体从遵守到违反所能预期的净效用。也就是说，当多一个个体选择违反时，遵守规范获得的收益应小于违反而得的预期效益。由此，只有当（2）式成立时，自我强化的反规范行为才会出现

$$a-bX<e+f(X+1) \quad \text{或} \quad X>(a-e-f)/(b+f) \qquad (2)$$

为方便见，考虑到与现有国家规章相符，我们进一步假设固定收益 a

和边际递减收益 b。此时，e 和 f 便成为解释脱离现有正式规范的行为是否导致反规范的关键因素。我们从（2）式中可得出：不遵守的固定成本（e）越小，个体效用边际值（f）越大，自我强化反规范发生所需的临界值（$X+1$）就越小。

这说明了什么？首先，不遵守的低固定成本（e）表明，当局缺乏监督和惩罚违法者的组织能力或政治意愿。[59] 这或许能够解释，为什么大多数的转型经济国家在其改革初期总有政治分歧，并受制于行政体制改革和能力重建，进而经历一定程度的打破规范和自下而上的制度变革。其次，在违法者中只需少量的协调成本就能增加 f 值。这表明，反规范经常首先发生在那些社会成员关系紧密、高度互信的地区或社会群体中。

通过以上图表和理论分析，我们可以得出，国家作为制度变革的一位必要仲裁者的假设是建立在一系列条件的基础上的。其核心是，假定对脱离规范是一个相对劣势的奖励结构。克服群体行为问题畸高的组织成本（减小斜率 f），被普遍认为阻碍了个体自我组织的能力。[60] 然而，这也可能是一种过于悲观的看法。有许多可以促进社会群体间合作的其他有效机制，包括经常性的互动关系、合同双方的双边监测、社区声誉和制裁等。[61] 此类机制也能解释为什么非正式规范在一定组织成本下，反规范可从国家规章脱离，并最终以一种推动制度变革的独立力量形式而存在。

此类规范创新不受地域限制。根据特殊的网络拓扑结构，本地创新可快速在区域经济中蔓延并引发同效应。动态博弈研究表明，网络拓扑结构的特征是小型自治却相互关联社会群体中的当地人集群，它可实质性地加速本地创新的扩散。[62] 最近，在公共场所吸烟习惯的改变证明了新规范可被快速推广。

我们的模型不单预测一个自我强化过程可导致本地制度的变革，同样也解释了在何种状况下违反规范不会导致自我强化。如果不遵守的固定成本（e）足够大，组织成本足够高（f 变小），反规范就不会到达爆发点。这种状况就像欧洲和东亚转型经济国家启动市场自由化改革前相当稳定的政治与经济局面。尽管很多人不同程度地介入黑市交易和易货贸易，但是不遵守现有规章的成本相当之高，以至于还无法引发一场走向市场经济的社会变革运动。由于大规模动员运动的有效性、意识形态的力量,以及权威领导的共同利益,因此潜在违反者面临高昂的违法成本。此外,市场机制的缺失大幅提高了协调和组织成本,使得在体制外生存的可能性几乎为零。

自下而上的民营资本

中国民营资本的出现,遵循了制度变迁的内源性经济行为者交易的规律。中国改革者采取的渐进式市场化改革,使得参与者们通过不断试错逐渐建立起属于自己的商业模式;而这些早期商业领导者的成功模式,很快又被后来者竞相模仿。中国的许多制度变革,不是由自上而下的国家意志驱动的。民营经济正式法律地位的确立,是建立在真实经济变革需要的基础上的事后确认。无论是农业、工业还是金融业,自下而上的自发制度变革,在影响中国改革战略的发展过程中起到了关键作用。在安徽省,20 世纪 70 年代末期,农民自发组织了人民公社的去集体化活动。为了提高农业生产效率,他们将集体土地按户重新分配,并形成了联产承包责任制。而只有当其他地区也竞相效仿类似做法、农业生产效率大幅提高得到确认后,解散人民公社的全国性政策才正式出台。类似的过程也发生在金融市场。1990 年,当中央政府最终开设全国第一家证券交易市场以夺回金融市场增长的控制权时,那些无法获取银行贷款的公司经理人和所有者,早已通过非正式的公司股票和债券交易等独立发展的外部金融模式来获取资金。[63]

当中国经济改革政策正式确立市场交换与计划经济在资源配置中起同等作用的地位后,计划经济配置资源的比重快速下降,从 1980 年的 70% 降到 1991 年的 14%。制造业产品方面,由非市场途径分配的种类,从 1980 年的 120 类降到 1988 年的 50 类,仅占同期工业增加值的 16.2%。截至 1991 年,受计划调控的种类进一步降到 21 类。与此同时,国有流通体系销售的商品数,从 1980 年的 256 种降到 1989 年的 19 种。[64] 这种大幅脱离中央计划的行为,大幅削弱了中央政府扮演的资源再分配角色的地位。尽管国家仍然限定关键工业和农业产品的价格，但到20世纪90年代初期，国家管制已不再是确定产品和服务的价格的主导机制。1991年交易市场的数量（74 675）比1978年（33 302）翻了一番多。与早期小型农村自由市场相比，发生在这些市场中的交易额增长得更为惊人（超过20倍）。[65] 截至20世纪90年代，中国形成了各类市场，包括各类商品交易市场、劳动力市场、不动产市场、金融市场和借贷市场等。

随着市场的不断扩张，企业家通过市场交换获取利润的机会也越来越多，各种生产和所有权新模式的试验获得允许。1978年改革开放前，中国工业部门只有两种企业类型：国有企业和集体企业。30年后，中国国家统计局的官方统计资料中关于城市工业部门的记录有10种企业类型，涵盖从在中国公开市场交易的上市公司到现代股份制公司（民营企业），一部分已跃居为福布斯榜大型企业。

起初，对于新市场机会做出反应的主要是小企业所有者。脱离公有制和中央劳动分配体系，对他们利大于弊。他们通常是农民或工人出身、背景普通、大部分仅接受过初等教育，在国有企业中就业的机会本来就不多，也不介意从事民营商业而掉身价。由于家庭积蓄有限，农民们往往从农产品销售、建筑材料、农用机械修理，或小规模贸易公司等家庭式作坊起步。随着开始生产那些长久以来一直被国有经济忽视的小商品，民营乡镇企业迅速发展壮大。机器设备都是二手的，厂房则租用废弃的工厂或建筑，很多人起家之初的本金非常少（仅相当于几百美金），而且大多来自家庭或亲戚朋友的储蓄。熬过创业初期阶段的企业家，短时间内就可将年收入翻好几番。这些企业家和他们的企业成为楷模，吸引了大量后来者放弃计划经济模式，竞相效仿。农村的民营企业星火燎原，正如邓小平所描述的，"凭空拉出了一支特殊的队伍"。[66]

随着本地企业家们的不断努力，促进本地生产网络内商业行为的非官方规则和制度安排不断涌现。由于这些企业家无法拿到国有银行体系的信贷支持，也无法进入国有供销体系，企业间相互支持的各种措施出现了。民营生产企业共同建立非国有的供销点。比如，温州的企业家们联合建立起专门的销售队伍，向全国推销温州产品。其他地方的小企业管理者们将单个订单集中起来采购，以便从大规模采购的成本节约中获益。相互间的短期信贷使得企业家们能进一步扩大经营业务，经常性的私人商业贷款既不需要合同，也不需要利息。

商业准则为相互间合作奠定了坚实基础。基于长远利益的考虑，亲戚朋友们积极协助。每个人都清楚地知道，如果没有相互协助，"生意将很难做下去""靠一个人自己没法做生意"。一次握手就是一次交易，礼物（免费产品或服务）代表个人的感激之情。商界的合作基础是商人的信誉。在如此紧密结合的群体中，贷款鲜有违约的。"只要有一次贷款违约，就会毁掉整个声誉"，一位生产和销售特种钢材的企业家如是说，"只要有超过三个人说他坏话，哪怕砍掉我的脑袋，我也不和那个人做生意。"[67]建立在这种关系网和商业模式下的民营企业茁壮成长，尽管当时国家指导下的经济改革重点还是在公有制企业。

随着时间的流逝和企业家们的进一步努力，新兴商品市场的商业模式日趋成熟，那些脱离国家正式规章者的收益迅速增长。早期的企业家们还经历过一段既没有清晰规则也没有被普遍接受的行为准则的日子，但后来者的经营环境已大为宽松，资金、原材料、技术和商业信息都有成熟的提供者。更为重要的是，这些供应商都依循统一的当地商业模式。很显然，这样的企业家群体越大，他们的收益也越大。一旦这类行为触及爆发点，加之合适的本地商业模式（如图2.4的 X 点），这种市场扩展的连锁反应将进一步导致自我强化的制度变革。在很多地区，民营生产企业成了新设企业的主流。不但企业家间的非正式安排和合作规范有助于克服制度环境中的不确定性，而且本地民营企业加工区的兴起也促进了相关知识的获取。因为，后来者在区内可通过相互观察和模仿而获益。[68]学习他人如何挖掘和实现市场机会是创业的重要一环，而这一环深受市场参与者之间频繁的交流互动影响。讨论行业内其他参与者的经验，分析创新行为的成功与失败之处，成为了企业家们经常做的事。"如果他们能做到，我肯定也能"，成为了创业者们不断追求个人回报的普遍信念，进而成为促成本地产业集群的强大动力。亲戚朋友和员工们以成功的企业家们为榜样,不断积累成功创业的经验,时机成熟就开始创业。随着类似企业不断涌现,民营经济的非正式商业模式和临时制度安排,变成了更加制度化和理所当然的东西。[69] 事实上,伴随民营企业经营成本的下降和企业比例的不断上升,当地的创业行为孵化了民营企业组织形态。一家计算机设备贸易公司的老板将其前任老板的公司描述为"派生出来"的新公司。企业的员工一旦掌握了经营企业的基本技能和模式,就会另起炉灶,自行创业。[70]

然而,这种创业圈子的扩大并不是发生在全中国,而仅限于部分地区。在那些对创业没有严厉惩罚举措,以及当地政府对创业行为采取"睁一只眼闭一只眼"态度的地方(如图 2.4 中 e 取较小值),创业行为发展迅速。经济欠发达地区的政府,受公共资金紧张和支持公有企业发展资本匮乏的双重影响,更倾向于支持民营经济的发展。[71] 长江流域的民营经济发展尤为快速,逐渐向其他地区扩散,并开始吸引其他阶层的人加入。1992 年之前,37% 的创业者不是农民就是工人;1993—1996 年,这个比例降到了 7%。与此同时,民营企业(私营企业)成为一种合法的组织形式后,创业者平均受教育年数大幅提升。1980 年,大概只有 40% 的创业者拥有初中以上学历;但是到 1988 年,这个比例上升到了 59%;到 2002 年,88% 的创业者拥有高中以上学历。[72]

正是通过这种内生制度变革的自我强化过程,民营企业从无到有、从小到大、从非法到完全合法化,最终成为经济的重要组成部分。只有当民营企业已成为重要的生产部门,并开始形成不同类型的行业协会时[73],中央政府才最终完成立法程序,于 2007 年通过了中国第一部《物权法》,正式保护私有财产不受国家征用和挪用。此时,民营经济无论是从税收角度还是从非农就业角度来讲,早已成为中国经济的重要支柱。随着民营经济地位的提高,配套改革随之推进。2001 年,中国取消了民营企业家加入中国共产党的禁令(该禁令从 1989 年开始实施)。由此,政治家拓宽了合法化的范围,支持和促进民营经济发展的反规范做法变得完全合法化,并成为标准的商业实践。一份 2007 年的政府文件甚至公开承认,"民营企业家、个体工商户和民营或外资企业的管理层人员"与农民、工人和军人一起，可被视为一个新的社会阶层。[74]

显然，得益于近期的正式合法化和立法，民营经济进一步发展，并为市场经济的建立铺平了道路。1989—2007年民营企业的动态发展情况，支持了我们基于市场化而得出的解释。关于资本转移，该解释认为脱离现有规范和相应反规范的兴起，促进了制度变革的形成。20世纪90年代初是民营企业注册增长最快的时期（见图2.5），那时，政府承诺进一步推进市场机制的作用；但是，彼时私人财产权既没有得到正式承认，也不受法律保护。

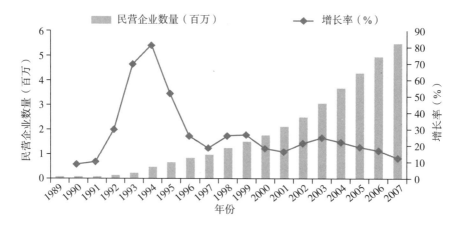

图2.5　1989—2007年民营企业的发展状况

资料来源：各年度《中国统计年鉴》（北京：中国统计出版社）。

1978年，民营经济在中国GDP中的比重仅为0.02%；但是到了2009年，这个比例已经超过了40%，明显高于同期传统国有及国有控股企业的产值。[75] 到2007年，民营经济的出口额已超过国有企业（前者为2 470亿美元，后者为2 250亿美元），充分说明了民营企业的全球竞争力。[76] 持怀疑态度的人可能会指出，与大型国有及国有控股企业相比，民营企业的平均规模较小。然而，2006年中国大型民营企业的平均资本回报率为6.08%，而大型国有及国有控股企业的平均资本回报率仅为1.4%。越来越多的民营企业出现在中国500

强企业名单中也就不足为奇了。[77] 与发达国家的同行相比，中国民营企业并不小。例如，在美国，78%的企业雇员不足10人，10—100名雇员的企业仅有8.8%，雇员超过500人的企业仅占企业总数的0.3%。[78] 由此可见，中国民营经济的组织结构特征与其他工业国家相仿。

结 论

将一个贫困的社会主义经济体转变为一个充满活力的全球经济强国，是中国经济改革所取得的令人瞩目的成就；但引起世人关注的远不止于此。按照经济学观点，"中国经济改革所取得的巨大成就……似乎与传统理论相悖"[79]，因此必须重新理解制度变革的经济学含义。中国的经验对经济学的某些核心观点提出了挑战。比如，"如果没有恰当的制度配套，就无法实现市场经济"[80] 的假设，以及"因为政治体制决定和保障经济规则，所以政治体制决定经济表现"[81] 的假设。

中国民营企业和民营资本的兴起，既不是设计出来的，也不是执政党所预期的。1978年开始实施改革开放的初衷是，恢复国有工业和商业经济的活力。然而，市场配置资源模式的转移，打开了机会的大门，创业者们开始创立民营企业。在改革开放头十年，作为一种低级组织形式的民营企业，不但面临强大的由地方政府设置的市场进入障碍，而且面临国有企业的竞争性排斥。尽管有正式的规定要将民营企业的规模限制在传统家庭式作坊之内，但是得益于市场高度分散化的民营经济发展迅猛。为了绕开关于民营企业的制度性障碍，有些企业家将他们的企业注册为"假冒"的集体企业；然而，很多人还是坚持民营企业的性质。在自行组织起来的市场中，企业家们建立起了在国有企业占主导地位的传统经济中进行竞争和合作所需的经济制度。通过自下而上的企业家行为，民营经济规模不断扩大。截至2000年，集中于沿海省份的民营经济已成为中国市场经济的中坚力量。

关于市场经济转型的文献，试图从以国家为中心的视角解释中国的改革经验。一部分文献强调中央政府财政制度安排的作用，另一部分文献聚焦于地方政府的支持作用。[82] 这些研究对于为什么地方政府没有完全取缔民营企业的问题，只提供了部分答案。然而，它们忽略了一个同等重要的问题，即在缺乏有效的法律保障时，是什么样的制度框架，允许、鼓励和指导企业家们开创出欣欣向荣的民营企业经济。[83]

我们的理论提出了一个制度变革的多层次因果模型。在此模型中，因果力量在宏观结构到微观行为的制度机制，以及从微观动机和行为到宏观层面两方面均发挥作用。我们已用谢林图表示了反规范出现的模型，加上制度变革多层次因果模型，可以勾勒出私人资本产生的因果关系。始于1978年的经济改革，逐步确定了市场配置资源的法律地位，从而支持了在分散的市场中创造并获取利润的行为的自我增长，鼓励了企业家们脱离现有经济秩序并创立民营企业。在微观层面，尽管还没有正式法律保护企业的私有财产权，但新商业模式的出现和扩散，允许、鼓励和指导企业家们创造了民营经济。谢林图演示了随着越来越多的企业家创立民营企业，以及在紧密联系的社区中开展重复交易所带来的个体收益变化的动态模式与民营非正式经济制度的形成过程。根植于网络的规范可提供确保经济交易安全的有效机制。如果配以恰当的情境条件，这些规范也可被快速扩散，并由此成为内生制度变革的源泉。

03

自下而上的民营经济中心

如果说在改革后期,民营经济有一个地理中心的话,那就是浙江省。这里正是企业家们最早开创当时还是违反法律的民营企业并迅速扩大的地方,也正是现今一些最富庶城市的所在地;而且,这里也是国内外观察家们首次感受到一种独特创业精神兴起的地方。浙江人,特别是被视为民营企业发展中心(通常被称为"温州模式")的温州人的进取性格,享誉全国。

有关炽热的创业行为和私人财富积累的描述,在这里司空见惯;而且,讲述的基本上都是熟悉的白手起家的故事。创业初期的个人记忆往往包含着贫困和恶劣的工作条件,譬如那时每天工作16个小时是常见的事,而且经常不得不睡在办公室的地板上。浙江省一位成功的家具厂所有者回忆道,1988年高中毕业后,虽然他已经通过了大学的入学考试,但是他的父母没钱送他上大学。在他的村庄,农业上的收入仅能够勉强维持最低生活水平,而且大城市的劳动力市场仍对农民工关闭。对他而言,摆脱农村贫困生活的唯一可行选择是成为一名流动推销员。他向朋友和亲戚借了不到1 000元(当时不到120美元)购买了纺织品,带着这些纺织品,乘坐火车前往位于浙江省西南约1 100英里的昆明(云南省省会),开始了他的首次贸易之旅。在一年内,通过省际间的贸易往返，他从中赚了 1 万元利润。这使得他有了一定的资本，从而在一个国有百货商店租了一个小摊位，销售衣服和纺织品。但 1989 年政治风波后经济大萧条等原因，使得生意变得不景气。于是，他决定放弃销售摊位，以避免更大的损失。有了第一次成功的自信，他再次做回流动推销员的工作以筹得新的启动资本。这次他决定做运动鞋生意，在福建采购商品然后卖到云南。经过一年火车往返于福建省与云南省之间的贸易，他挣了 4 万元，之后在浙江省绍兴开始经营纺织品。1994 年生意失败后，他从与其保持长期私人关系的本地供应商处借得 12 万元，并创建了一家纺织厂。由于错误的决策及产品质量低劣，工厂损失惨重，损失总计高达 50 万元，仅两年后就停业了。还清债务后，他再次从朋友和亲戚处融资，进行第三次创业。他的成功故事便从此开始。他与他的兄长合伙注册了一家家具公司，从只有二手机器和 9 名工人的一个小车间起步，逐步发展成为一家拥有 5 000 多名员工的知名家具和室内设计公司。公司主要业务是为杭州地区新富阶层的消费者，提供家具生产、销售和室内装修设计的一条龙服务。[1]

这些白手起家的故事甚至得到了全球认可。例如，出生于杭州的一个普通家庭、当过英语老师的马云，于 1999 年创立了 B2B 平台——Alibaba.com。2007 年，阿里巴巴成为继谷歌之后的全球第二大互联网上市公司。被问及他的成功经验时，马云描述了企业家创业时的情景，"我们没有钱，也没有技术，更没有计划"。[2] 浙江人独特的创业特征是不会为这些所阻碍；相反，他们会想尽一切办法朝前走。

企业家们的不同个人经历，详细地勾勒了创业的多种路径，以及创业生涯中的各种意外事件。这些叙述不约而同地强调了摆脱农村贫困生活与确保挣到钱之间的关联动机，就如同坊间传闻的那些有关某人起先要做点小生意，结果偶然发了财一样。一名初访者不免想了解，该地区能够源源不断孕育白手起家的企业家的背后有多少夸张的成分。

浙江省这种蓬勃发展的民营经济的崛起及其在长三角地区的快速扩散，很难被预测到。[3] 尽管此前长三角地区手工业的商业化水平曾达到媲美工业革命

03 自下而上的民营经济中心

前英国的程度,但是直到改革开放前当地政府主导农村工业化时,长三角地区才经历转型经济发展。回顾长三角地区1350—1988年的经济发展史,这种自上而下的工业增长与英国"自下而上、从乡村手工业到小镇手工艺品制造"的资本主义经济发展进程,形成了鲜明对比。[4] 在改革后期,由当地政府所属乡镇企业主导,中国的工业化和城市现代化似乎有可能继续这种自上而下的发展进程。毕竟,在1986年这些企业的产值占到了上海市和江苏省乡镇工业总收入的88%,而民营企业则局限在很小的规模内,产值仅占地区工业产值非常小的比例。尽管温州企业家依靠市场建立了一个自由的民营经济,但是"根据当前的中国现状,温州发展模式的潜力不应被夸大……即使在浙江省,温州也是独一无二的"。全省的情况与上海和江苏省类似,集体企业占主导地位,提供了83.5%的乡镇工业总收入。"最重要的是,我们必须记住,集体企业在长三角等地区农村工业化成功经验中所发挥的绝对主体作用。"[5]

20世纪30年代,浙江省已经成为现代工业生产的区域中心,长三角地区生产了高达57%的全国工业品。该地区的生活水平比全国平均水平高出55%。[6] 但是改革开放前,浙江省被视为一个紧靠台湾海峡、容易受到攻击的边境地区,中央政府在大型工业和基础设施项目上的投资,很大程度上忽略了该省(除了它的省会城市杭州)。中央政府几十年的忽略,使这个自宋代(960—1279年)以来就以繁荣、文化和商业传统而著称的省份的经济陷入一片混乱,生活水平已下降到内陆贫困省份(甘肃省、湖北省、河北省、内蒙古)的水平,人均工业产值仅为全国平均值的10%。[7] 基础设施投资的匮乏,使得许多位于山谷中的内陆城镇和小城市无法与铁路及现代公路系统连接,从而增加了与周边省份的贸易成本。面对省内大部分是山岭地区、沿海又易受洪涝灾害,以及自然资源匮乏的现实,浙江省显然无法提供出口导向型经济发展所需的理想启动条件。于是,中央政府将改革领头羊的期望,寄托在了毗邻中国香港的南方省份——广东。

尽管不具备良好的初始条件,如今以民营企业为主体的经济活动的快速增长,给这个多山区省份(即使处于偏远地区)的人,留下了深刻印象。小村庄已变为重要的商业城镇；拥有港口和全球各大航线；新高速公路和铁路网的沿海城市附近，工厂星罗棋布；住宅和商用高层建筑的工地上，起重机随处可见，并不断向为城市供给蔬菜和水产品的城郊农田扩散。扩张速度更快的是郊区工业中心，新工厂集群的建立进一步凸显了飞速发展的浙江经济，全国大多数轻工产品出自于此。这些企业群仅用简单的生产工艺、有限的初始资本，便制造出了大量的廉价日用品。

自下而上的创业需要从实践和模仿中学习。通常，第一家工厂培训出第一批技术人员和销售人员，为新产品提供基础技术支持和营销策略。通过产品模仿和改进，小规模生产者集群迅速发展起来。竞争优势的获得是通过将个体企业作为主要制造企业的分包商和供应商，从而形成一个复杂的产业集群网络。这有助于降低技术进入壁垒和资本要求，因为复杂的生产过程可以被逐步分解。随着利基市场上新竞争对手接二连三地出现，市场上新产品的模仿和现有技术的改进，通常会加快专业化生产的积累。整个城镇或乡村集中生产一种消费品的情形并不少见，这种现象被称为"一镇一品"（一个城镇，一种产品）或"一村一品"（一个乡村，一种产品）。

据政府的不完全统计，浙江省有超过 500 个产业集群，覆盖 175 个不同的行业，每个行业的总产值超过 1 亿元。在这些产业集群中，总计有超过 24 万家制造企业，产值占全省总产值的 50% 以上。[8] 这种产业集群成为浙江省工业生产的主要组织形式。全球 70% 的打火机出自温州的 500 多家企业，温州的桥头镇，生产 60% 以上的全球服装纽扣和 80% 以上的拉链；柳市镇生产全国 40% 以上的低压开关；而诸暨市的大唐镇是全球最大的袜子生产基地，8 000 多家公司拥有 10 多万台缝纫机，产量占全球的 1/3。类似的轻工制造业集群还有制鞋业、玩具业及滚珠轴承业。在一些地区，一家本地营销公司作为整个网络的组织者和分销商。这样，即使是一个单一的小生产企业，也能参与市场竞争。

在温州，当地产品自由交易市场的数量从 1979 年的 117 个，猛增至 1985 年的 417 个。[9] 如今，成千上万的销售代理商在全中国奔波，销售温州的产品。

温州商人甚至在全国建立了连锁酒店，为该地区的销售代理提供住宿。浙江中国小商品城集团股份有限公司位于世界最大的小商品自由市场所在地——义乌，拥有超过 2 800 万平方英尺的展览空间，为轻工业品工厂提供展位。在 20 个专业市场中，超过 65 000 个摊位同时展示产品；平均每天有 1 100 个集装箱离开义乌，累计贸易额每年超过 400 亿元；平均每天有 20 万商人涌进义乌。国内外的客户群，包括来自沃尔玛和家乐福的全球分销商，联合国代表，以及来自中东和撒哈拉沙漠以南非洲地区的采购代理商。他们乘坐从北京、汕头、潍坊、广州和深圳出发的飞机或从上海出发的火车，到温州与本地的生产商洽谈合同。由此，本地的企业家们有充分的理由宣称，他们已经消除内陆地理区位上的竞争劣势。

这种民营企业家自主创业的自立精神，在远离长三角主要大中城市的浙江省西南部山区体现得尤为明显。尽管相距遥远，尽管被丘陵和山地阻隔，但企业家们认为与之配套的分包商、供应商和经销商等密集网络为其提供的竞争优势，超过了沿海大城市的企业。专业化生产所需要的一切，在一个类似第三意大利（third Italy-like）次区域制造经济中很容易获得。

民营企业很快在整个长三角地区扩张，逐渐进入以集体和国有生产形式为主的江苏省和上海。改革初期，江苏省南部地势低洼的肥沃平原是农村产业和地方政府主导的经济发展中心。从安徽省向东一直延伸到黄海，这一长江下游的南部地区是中国历史上最富庶的商业地区之一。由于运河和天然河流网络遍布，铁路和高速公路交通系统完善，苏南地区为上海和南京的重工业发展提供了扩张空间。然而，这种相同的地理和基础设施优势，也会支持民营企业的发展。随着与浙江省商业往来的深入，通过模仿和借鉴浙江企业家成功的组织和制度创新经验，江苏省的企业家开始创办自己的民营企业。

在我们的研究开始前的 2004 年，全国民营企业的分布高度不均，而长三角地区显然处于独特的地位。以每万居民中的民营企业数量计，浙江省连同周边的江苏省和上海，显然排在前 1/5。全国只有另外两个地区的民营企业数量达到类似的水平；然而，这两个地区都有特殊的原因，不足以成为自下而上民营资本发展的典型代表。南方的广东省珠江三角洲（简称"珠三角"）地区，由于毗邻香港和澳门特别行政区，制造业主要由外资和华侨主导。[10] 北方的北京和天津地区，直到20世纪90年代末，民营企业才开始加速发展，因此不能反映中国早期民营资本的兴起。

长三角地区的空间区位和经济地理

长三角地区民营企业的高密度发展，为研究中国民营资本兴起的基础和内在机制提供了天然土壤；然而，这并不意味着该地区有着独特的长三角文化或同质的商业模式。长三角地区还不能与硅谷那样的区域产业集群同日而语。硅谷是一块仅有620平方英里的相对狭小的地理区位，位于旧金山和圣何塞之间。较之硅谷，长三角地区的产业不趋同，专业技术技能也不是集中分布的；相反，长三角地区在地理和生态环境上呈现出多样性的特点。长三角地区16个城市的面积总和超过54 000平方英里，略大于希腊；总人口规模达到8 700万（占中国总人口的15%），超过德国的总人口数。地貌上，长三角地区从冲积平原一直延伸至广阔的丘陵和山区，还包括3 000多个海岸沿线的小岛。

长三角生态系统由北面流入黄海的长江形成的碗状冲积盆地，以及南面流入杭州湾的钱塘江形成的杭州湾组成。几千年来，通过长江泥沙沉积形成的太湖与海平面基本持平；其他低地海拔从10英尺到16英尺不等。"两种自然力量塑造了长三角的地貌：长江和海洋潮汐的交互作用形成脊状边缘盆地；8—12世纪的某个时间，部分中部土地下沉和被淹。"[11] 长三角生态系统的范围从江苏省南部一直延伸至浙江省北部。杭州以南为长三角的山地边缘区，从浙江省南部一直延伸至江西省和福建省的边界。

9世纪以来，长三角一直是中国人口最多、文化和经济最发达的地区之一。然而，改革开放前，经济政策引发了很大的地区间差异。有着得天独厚地理优势的地区（如资源丰富的江苏省）获得了大量的国家投资，助其成为一个重工业基地。而浙江省南部不易进入的丘陵地区则被无情忽视，欠缺基础设施和产业投资。没有足够的非农就业支持，土地劳动力比不断下降，从而导致了高的农业就业不足率。

这些不同的投资策略有着深远的影响，也解释了20世纪80年代初各地不同的发展模式。[12] 在国有工业基地和集体企业相对发达、地方财政收入稳定的江苏省南部，地方政府具有动力并采取财政手段鼓励集体经济模式，即优先发展农村集体企业（TVEs）。这种通常被描述为地方国有的苏南模式，符合国家领导人的改革初衷，即通过国有企业和集体企业的积累与扩张，鼓励农村经济的增长和工业化建设的发展。[13] 由于这些国有企业和集体企业享有金融资本和国际市场的政策支持，它们得到了当地政府大量的财政投资和农村信用合作社提供的优惠贷款。[14] 邻近沿海港口、便利的交通、比内陆省份更优良的基础设施，以及触手可及的全球航线和国际市场等有利条件，刺激了农村工业化，并且有助于数以百万计未能充分就业的农民转移到非农产业。江苏省的许多农村集体企业，充分利用乡镇企业的灵活性和低成本的劳动力优势，在改革后期扩张成为上海和南京的国有企业的分包商。这样做有助于稳定销售和降低内在市场风险。经过20世纪80年代的迅速成长，许多集体企业达到了中型国有企业的规模。

地理优势、传统文化和技术遗产及商业传统，为这一长三角区域的出口导向型发展提供了有利的初始条件。同时，对本地民营企业的歧视性政策（如对获取土地和营业执照的严格控制等），保护了这些政府所有企业免遭民营企业的竞争。[15]

特别是在改革开放的头10年，农村集体企业蓬勃发展，截至1987年，高达90%的江苏省农村工业生产来自此类企业。[16] 尽管如此，但随着市场化水平的不断提高，这些集体企业逐渐失去了资源获取特权和当地政府支持等原始竞争优势。集体企业开始出现低效率；而同时，民营企业开始发展。1993—2002年，全国范围的农村集体企业数从169万下降到73万，农村集体企业的就业总人数从近5 800万减少至3 800万。苏南地区的大部分农村集体企业改制为民营企业或股份制公司。[17] 农村集体企业的改制使地方政府的利益与民营企业的绩效达到一致，进而为自下而上的创业活动提供了更大的空间。

在改革开放早期，江苏省地方政府一直深入地介入经济发展的相关事务，且在保护当地集体企业免遭民营企业的竞争上发挥了积极作用。而不具备工业基础的浙江省山区和沿海地区的地方政府别无选择，只能依赖自发创业活动的发展和自力更生。正如温州一位企业家所说，"在这里，民营企业家从未被人瞧不起。地方政府清楚地知道，民营企业有助于地方经济的发展。"[18] 个人主义的创业精神加地方政府默许下的"温州模式"，迅速在整个浙江省扩散开来。

对国有大企业集团和大型外资企业格外重视的上海，则代表了另一种发展模式。在上海，外国直接投资的进入和大型跨国企业的集聚，较早地引入了竞争和民营化概念；但是，由于这些早已在国际市场功成名就的外资企业拥有技术和规模优势，国内民营初创企业只能在夹缝中求生存。因此，上海民营企业的发展甚至比江苏省更晚。20世纪80年代末，当浙江省和江苏省已有超过10 000家正式注册的民营企业时，上海只有1 000家。上海对国有企业和合资企业的重视，有效地抑制了民营企业的发展，直到20世纪90年代初，民营企业才得以加速发展。

来自工商部门的官方注册资料清楚地表明了在改革开放初期的14年里，长三角这三个地区民营企业发展的不同阶段（见图3.1）。20世纪80年代，浙江省的民营企业增长最快、数量最多；而同一时期，以国有企业为主的上海没有提供民营企业的注册数据。

20世纪90年代初，民营企业浪潮席卷到了上海。上海每万人的民营企业注册数量很快超过了浙江省和江苏省，并在过去的20年中持续大幅上升（见图3.2）。然而，上海民营企业的规模一直特别小，2008年平均只有9名员工，大部分企业的规模仅略大于家庭作坊。相反，浙江省和江苏省民营企业的规模更大，平均有16—17名员工，显然已不同于家庭作坊。[19] 尽管官方就业数据的漏报可能导致平均就业统计人数偏低，但是较少的平均员工数还是表明民营企业规模仍然小于其他类型企业，如农村集体企业的全国平均水平为50名员工。

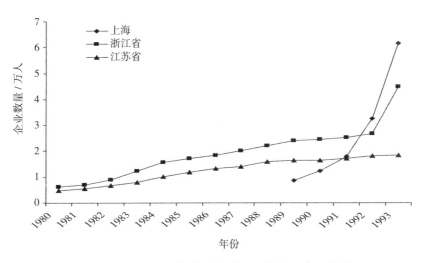

图 3.1　1980—1993 年长三角地区民营企业注册数量

资料来源：各地工商局。

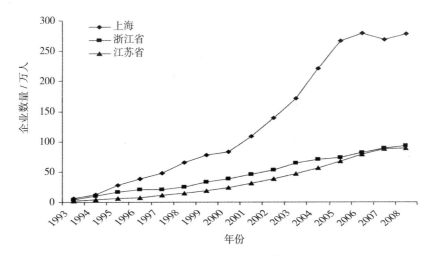

图 3.2　1993—2008 年长三角地区民营企业注册数量

资料来源：各地工商局。

不同的地域特征和历史上的不同产业结构，加剧了地区间经济的多样性。如今，高科技产业集群与劳动密集型、低附加值生产集群比邻而居。走过长三角这些人口密集的工业区，就如同经历了一整部工业发展历史。在普通车间和旧仓库里生产的小型制鞋或纽扣企业集群不远处，就是专注于计算机技术、"本地版硅谷"的现代高科技工业园区。同时，组织形式也呈现出多样性，既有简单的家庭作坊式，也有雇用来自全国和全世界最好大学的高质量毕业生、模仿西方公司治理理念建立起来的现代企业模式。

长三角地区企业家和企业调查

鉴于这种多样性，任何尝试系统地研究长三角地区民营资本兴起背后的制度基础和机制的努力，既不能建立在个案研究上，也不能只关注一个独立的行业部门或特定产业集群。为了探究在地区发展过程中，不同地理条件及结构和制度因素的潜在影响，我们从长三角地区16个城市中选取了7个（见图3.3）。这些城市是本地区的经济中心，也是当地发展模式多样性的典型代表。

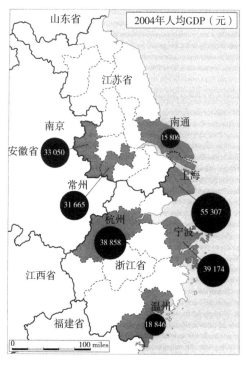

图3.3 7个被调查城市

资料来源：《中国城市统计年鉴2005》，中国数据在线（密歇根大学，www.chinadataonline.org）。

被调查城市的选取充分地反映了改革初期不同的历史背景、政治和经济的初始条件,具体包括:有长期民营商业文化的城市,早在20世纪80年代初,这些地方的民营企业就已兴起,如浙江省的温州和宁波;传统上强烈地依赖公有制企业的城市,如浙江省的杭州、江苏省的南京和常州;拥有大规模国外直接投资流入和大型国有企业的城市,如江苏省的南通,以及上海。

具有民营商业文化的城市

距东海18英里的温州是一个港口城市,位于瓯江南岸,通过瓯江水路可达浙江省南部的内陆山区。温州陆地面积有4 550平方英里,其行政区域占浙江省的10%以上,全市96%被划定为农村,超过60%的居民生活在村庄和乡镇。温州的商贸文化历史可以追溯到宋代(960—1279年),当时温州专业从事各种农产品和手工艺品的生产,商人们精于长途贸易。[20]1867年,温州成为通商口岸,开始出现对外贸易。

然而,改革开放前,这个曾经繁荣的商贸城市出现了意料不到的经济衰退。中央政府的政策有意忽视了温州。由于靠近台湾,易受潜在战争的威胁,温州基本没有得到公共投资资金的支持。改革开放前,尽管这里居住着全省15%的人口,但温州只获得了1%的浙江省固定投资。[21]1949—1981年,温州总计获得的公共投资约为6.55亿元,还不及同期宁波所获投资的25%。结果就不令人意外了:改革开放初期,温州的经济发展水平远低于全国平均水平。与全国平均人均收入165元相比,温州的人均收入只有55元。[22]

面对地理位置不佳、贫穷、有限的公共资金支持,温州人民只能依赖本地资源,以自助的方式改变命运。甚至在1978年改革开放之前,中华人民共和国成立前的商贸模式再次出现。在计划经济外,广泛存在着个体经济活动、黑市交易、长途贸易和活跃的易货贸易,越来越多的私人种植、家庭作坊、地下工厂逐步取代了集体企业的消费品生产。[23]据估计,1979年该地区活跃的小微企业已有1 844家。[24]面对1978年人均财政收入仅有区区23元的窘境,当地政府几乎无法维持其核心职能,只好无奈地接受并支持民营企业的活动。²⁵ 尤其是，在这个过程中，地方政府建设了当地的交易市场，帮助这种自下而上的自助行为。²⁶ 1986年，温州正式成为试验区后，出现了更多的地方改革试验活动。甚至在1988年中央政府首次给予民营经济合法化地位之前，温州在1987年就出台了一个类似的市级临时规定，承认当地民营企业的经营方式。而此时，民营企业这种经营方式已在当地盛行多年，早在1984年家庭企业（个体户）数量已高达10多万户。²⁷

当1990年温州开设第一个出口加工区（龙湾出口工业区）时，中央政府进一步加强了对温州发展的支持力度。2000年，122 775家工业企业中有120 555家是民营的，这个比例相当于温州每5个家庭中，就有1个在某类民营企业持有部分或全部所有权。正如前面提到的，许多生产是由高度集中的产业集群完成的。中国20%的鞋、60%的剃须刀、90%的打火机和80%的太阳镜均来自温州。²⁸

宁波，一个承载着550多万居民的城市，位于长江口以南浙江省沿海的宁绍平原。由于地理位置优越，宁波悠久的海上贸易史可追溯到秦朝（公元前221—207年）。11世纪时，宁波是当时中国沿海最重要的对外贸易中心。即使是在明朝（1368—1644年），海上贸易被禁时期，宁波仍保持了作为一个贸易中心的重要地位。这一时期，宁波作为进奉朝廷贡品的唯一进入口岸，由此保持了该市的对外贸易关系。到了清初，随着海洋贸易解禁，宁波重振并进一步扩大了国际贸易，航线从日本一直延伸至东南亚地区。在半殖民地半封建时期，殖民主义帝国将宁波作为主要进口港。今天，宁波的建筑仍有当时葡萄牙、荷兰和英国商人进行商业活动的痕迹，这些建筑在当时作为现代银行和贸易场所帮助宁波成为最早的通商港口之一。

改革开放前，宁波失去了贸易港口的地位。与温州一样，因为国家没有将宁波作为工业发展的投资重点，其制造业基本处于休眠状态。²⁹ 然而，1984年被列入沿海开放城市之一后，宁波迅速重新振兴了商贸传统。截至2009年，宁波是中国第二大、也是世界第四大集装箱港口，同时也经手上海很大一部分的外贸量。³⁰ 杭州湾大桥的落成，使两地间的距离缩短了 75 英里，由此带来的交通便捷，进一步加强了两地间原本就十分密切的商贸联系。

宁波的产业结构已很好地适应了全球贸易的需求。民营企业大都专注于低附加值产品的生产出口，特别是纺织品、小商品和家用电器。许多宁波民营企业作为国际大公司的分包商，为其提供零部件和初加工产品。在大多数人的眼里，宁波是一个适合商务旅行的城市。造访宁波时，外国商人需考虑的问题包括计划做什么贸易以及在接触当地不熟悉的供应商时是否需要帮助等。宁波在出口上的成功着实令人印象深刻。2005 年，中国 190 个最重要的出口品牌中，有 20 个出自宁波。³¹

宁波地方政府一直努力支持经济发展，并尽量避免官僚作风，以促进商贸活动和国际贸易。例如，2000 年，需要政府行政审批的项目数量从 647 项减少到 227 项。又如，同年"阳光政务投诉中心"的成立，进一步强调了政府应提高行政服务能力和透明度，促进企业的发展。³²

不具有民营商业文化的城市

杭州，一个承载着 660 万居民的城市，位于上海以西约 110 英里。杭州被群山环绕，坐落于西子湖畔、京杭大运河之南。它是中国最古老的聚居地之一，有着近 5 000 年的历史，而中心城区建于约 2 200 年前的秦朝时期。13 世纪末，杭州的人口规模可能已经超过 100 万，由此成为当时世界上最大的城市。³³

改革开放前，杭州作为浙江省省会，得到了中央政府强有力的支持，从而造就了杭州经济中国有和集体工业部门一枝独大的局面。改革开放后，杭州市政府起初试图维持并扩大原有的国有和集体工业部门。因此，其民营企业的发展晚于温州和宁波两地，并遭遇更强大的阻力和歧视。杭州市政府构建了民营企业的进入壁垒，不让其获得土地租赁和厂房。此外，还向民营企业收取高额水电费，使其进一步处于弱势地位。20 世纪 90 年代中末期，即使在国有企业的民营化改革已成为中央政府的重要议事日程后，民营企业在杭州的进展依然缓慢。当时，不断被公开曝光的杭州地方政府官员渎职和贪污案件，可以从侧面说明这一点。[34]

20世纪90年代末，杭州面临越来越多的来自长三角地区其他城市的激烈竞争。这些城市更加支持民营企业的发展，因而杭州的经济发展局面始终处于劣势。区域竞争上的失利，最终迫使杭州领导层采取了更为友好的民营经济政策。从此，杭州政府做了大量努力以改善整体经营环境，并大力简化政府办事流程。在本地商业环境现代化建设的过程中，政府办事流程的更高透明化和投诉热线的设立，发挥了突出作用。35所大学和学院位于杭州，有这样强大的教育支持作为后盾，新战略很快取得了成功。早在2004年，"福布斯中国大陆最佳商业城市"排行榜中，杭州就已列居首位，并且已连续五年保持这一名次。[35]

南京，如今承载着750万居民，位于长江下游，且由宁镇山脉环绕，距上海以西大约180英里。南京是中国最伟大的历史遗址之一，它是六朝古都和"中华民国"的首都。经济上，南京拥有丰富的自然资源禀赋。在南京及周边地区发现了40多种不同的矿物质，其中铁、硫的储量最大。明朝（1368—1644年）时期，南京在经济和政治上的发展达到顶峰，成为东亚的纺织、印刷和造船等商贸中心。约1400年，南京是中国乃至全球最繁荣的城市之一；其人口规模也超过了杭州，成为当时世界上最大的城市。

中华人民共和国成立后，南京成为江苏省省会。在接下来的几年里，大量的投资将南京建设成了一个重工业基地。工业建设的重点是电力、机械、化工和钢铁生产，这使南京成为国家的重工业中心。如今，大型国有企业（如熊猫电子、金城摩托和南京钢铁）仍然是南京的主要工业基地。南京市政府不愿采纳和推行市场化改革，而且长久以来形成了严重的官僚作风。[36]当长三角其他地区的高速公路旁，到处充斥着玻璃和钢筋结构的现代化高楼大厦的高新技术产业开发区时，南京的郊区仍以大型石化和钢铁集团为主，表明该市长期以来一直偏重于重工业。虽然南京市政府已设立了四个大型工业园区以吸引非国有企业，但仍无法与更早引入民营资本与外国直接投资的苏州和无锡竞争。国有企业产量规模下降及其带来的裁员,对南京的社会经济发展来说是一个沉重的负担。

总体而言,南京仍然是一个富有传统气息的二线城市。[37] 南京,如同江苏省的其他大城市,满足高端客户需求的城市居住小区的快速发展,可以证明其富庶程度。南京、苏州、无锡、常州的人均 GDP 处于中国的最高水平。这些城市的街道两旁配备太阳能热水器和其他现代化设施的公寓及联排别墅整齐划一;连接省内各地、部分民营的现代化高速公路系统,无论是分布密度还是设计标准,都足以与主要工业发达国家相媲美;搭乘往返于南京和上海的高铁列车,可轻松实现一小时通勤。

常州,是一个承载着 350 多万居民的地级市,位于江苏省南部,东面与南京接壤。常州的经济史可追溯到公元 609 年,当时常州发展为大运河上的一个中转站和农贸商业中心,主要产品有大米、鱼、茶和丝绸。20 世纪 20 年代,棉花产业开始成长,随后常州成为纺织品生产中心。中华人民共和国成立后,常州增加了工程和机械行业。

20 世纪 80 年代至 90 年代初,依靠乡镇集体企业的发展,常州在消除农村贫困的问题上曾一度非常成功。改革开放后,地方政府经营的大型集体企业为经济增长提供了原动力。对集体企业发展的关注,限制了民营企业的发展空间。民营企业不受欢迎,而且普遍受到政府管理上的轻视。只有当 20 世纪 90 年代市场化改革进一步深化,集体企业以混合组织形式逐渐失去其相对优势时,民营企业的发展才开始加速。

常州地方产业政策随之快速调整,开始关注外资和民营高科技企业。1992 年,常州建立了高新技术产业开发区,许多具有全球竞争力的常州民营企业如今都位于该区。常州的人均协议外商直接投资增长迅速,在 2002 年甚至超过了省会城市南京。[38] 由于改革起步较晚,常州市政府能够提供颇具吸引力的土地租赁合同,而那时江苏省早期发展起来的城市土地市场(如苏州)已经被严格限制。毗邻省会进一步扩大了常州的优势,它位于上海—南京铁路沿线，到达这两个城市都很容易。此外，常州规划近期将扩展苏沪高速公路，使其直接连接上海。

深受外来影响的城市

南通是一个承载着 750 多万居民的江苏省地级市，位于长江北岸。从历史上看（可追溯到公元 958 年），南通在长三角经济发展中仅起着很小的作用。南通的商业主要集中在沿海的盐业、水稻和棉花；到 20 世纪初，也有一些纺织业。

南通是中央政府于 1984 年指定为国际贸易和投资开放的 14 个沿海城市之一，因此外商直接投资在南通的整个经济改革中起到了至关重要的作用。南通毗邻上海、且坐落于长江岸边、拥有港口等优势，使其发展成为一个主要的工业基地。2008 年，随着苏通长江公路大桥的建成通车，使南通和苏州高新技术产业集群与长江两岸边的国家高速公路网相连接，南通至上海的旅行时间从 4 个小时减少到 1 个小时。如今，南通是经济增长最快的沿海城市之一，新产业建设占据了该市 3 000 平方英里的土地。2003—2006 年，南通的协议外国直接投资金额增长了 3 倍，达 69 亿美元；同时，其工业固定资产总投资增长 230% 以上。[39] 南通的纺织业仍保持着传统优势，新增的优势产业还包括机械、电子和化工。

2010 年，南通仍处于已火爆 10 年之久的住宅和商业地产建设浪潮。整个城市街区都在建设中，到处是一排排模仿上海 21 世纪城市轮廓的高层建筑。这些建筑工地是如此庞大，一切都被隐藏在尘土飞扬的街道中，以至于老城中心已经难觅踪迹。

在长三角地区，上海行政区域占据了 2 430 多平方英里。上海地处黄浦江入海口，南北长约 70 英里，东西宽约 60 英里；上海市区面积约为总面积的 12%，其余地区包括城郊乡镇和长江冲积平原上的广大农村地区。如今，上海有 1 860 多万居民，其中 470 万属于流动人口。

03 自下而上的民营经济中心

上海的历史可追溯到公元 960 年。明朝（1368—1644 年）和清朝（1644—1911 年）时期，上海发展成为一个贸易港口，拥有长三角地区与北京和日本间的棉花运输航线。1842 年鸦片战争后被迫开放，上海与欧洲列强进行贸易，逐渐成为地区商业中心。英国、法国、美国及日本企业和投资者的涌入，刺激了上海制造业和贸易的发展。

改革开放前，上海成为一个重工业基地。从事化工、石化和钢铁生产的大型国有企业集团，主导着上海的经济。改革开放早期，国有部门提供的稳定税收使上海能够进一步投资国有企业和集体企业。[40] 作为 1984 年首批 14 个沿海开放城市之一，上海迅速恢复了外商投资和贸易的传统地位。仅在改革开放的头几年，通过积极推动与鼓励，上海成功地吸引了大量大型中外合资企业。如今，这座城市已成为世界第三大集装箱港口。

1990 年，当上海决定加快浦东地区的开发时，外商投资驱动的现代化战略达到了一个新的高度。自此，上海成为中国吸引外商投资规模最大的城市，拥有上千家外国企业，外来影响无处不在。上海无疑是全国最西化的、最能容纳外来文化和商业模式的城市。

与此同时，上海市政府对促进民营企业的发展却似乎没有太大的兴趣。20 世纪 80 年代，上海仅有少量机会向国内创业者开放，民营企业发展速度明显慢于其他沿海城市。民营企业和个体企业只能吸引那些在公有企业找不到工作的人。20 世纪 90 年代初，尽管民营企业的数量激增，但是大多数仍为小型、家庭作坊式企业。直到 90 年代中期，民营企业才慢慢合法化并获得社会认同。[41] 即便如此，上海仍被视为一个"国有主导、抑制创业"的城市。上海通过地方立法，支持国有企业和外商投资企业的发展，而民营企业则受到歧视性政策的限制。[42]

在上海，民营企业地位不高的境况仍较为明显。市中心和黄浦江对岸的浦东新区，均被跨国公司和国有大企业集团的现代化高楼大厦占据。[43] 相比之下，在上海的中心地区，几乎看不到民营企业。它们经常在郊区租赁倒闭的国有企业的场地，在那些堆积废弃机器的空旷昏暗的车间中，划出一片区域开展生产。

然而，沿着上海外围乡镇布满灰尘的道路，常常可以看到大型民营企业的新工厂。在低的土地租赁和劳动力价格的吸引下，大多数民营企业选址在与江苏省或浙江省接壤的上海郊区。上海市中心以北约 12 英里、毗邻江苏省的嘉定区，现已成为汽车配件供应中心。青浦区最西端，与江苏省和浙江省交界，民营企业贡献了超过该地区 50% 的税收收入。青浦区拥有 30 多个专业化工业区，是上海民营企业发展的领头羊，其经济增长的变化令人印象深刻。初创企业周边起初没有公共交通配套或通往市区的像样的道路；但短短几年内，配套完善的成片产业集群区已成规模，并不断向外扩展。

经济概观

表 3.1 比较了我们进行第一轮调查时，7 个被调查城市的总体经济状况，它们对所在省份的经济均做出了重要贡献。江苏省生产总值的 28% 来自所列的 3 个被调查城市，浙江省生产总值的约 52% 来自所列的 3 个被调查城市。

表 3.1 2006 年 7 个被调查城市的社会经济状况

城市	总人口（百万）	人均 GDP（元）	对本省总产值的贡献率（%）	注册的民营企业数量	民营企业就业人数（百万）	每家企业员工数（均值）
上海	18.15	57 695	100.00	507 500	4.73	9.30
江苏省						
南通	7.51	22 826	8.12	30 400	1.16	38.16
常州	3.78	44 440	7.25	34 900	0.80	22.92
南京	6.12	46 166	12.81	91 800	0.96	10.46
浙江省						
杭州	6.66	51 878	21.86	41 500	0.59	14.22
温州	7.56	24 390	11.67	47 100	0.80	16.99
宁波	5.60	51 460	18.26	46 100	0.69	14.97

注：民营企业仅包括在国内注册的民营公司，不含外国公司。

资料来源：数据结果基于《上海统计年鉴 2007》《江苏省统计年鉴 2007》《浙江省统计年鉴 2007》计算得出（中国数据在线，http://chinadataonline.org/）；中国工商行政管理局。

值得注意的是各地民营企业发展的不同之处。虽然民营企业从某种程度上能代表每个城市的地方经济，但民营企业的规模却差别很大。正如之前所提到的，上海的民营企业往往规模较小，平均只有 9 名员工；而江苏省南通注册的民营企业的规模最大，平均有 38 名员工。

产业多样性

如今，长三角地区民营企业的类型涵盖了劳动密集型产业（如纺织业）、资本密集型产业（如造船业），以及技术和研究密集型产业（如生物医药领域）。根据当地历史传统、地方比较优势及国家和地方的产业政策，各地区的产业发展形成了截然不同的发展模式。

在调查中，我们通过分层随机抽样，选取了反映长三角地区不同制造技术水平的企业样本。为了缩小范围并控制行业多样性，我们根据以下原则选取了五个不同的制造行业：第一，所选取行业应对中国整体产业的发展具有重要影响；第二，由于高集中度行业较之相对低集中度行业可能涉及不同的市场进入和营销策略，因此所选取行业应代表不同的行业集中度水平；第三，所选取行业应反映长三角地区的工业专业化程度；第四，所选取行业应涵盖不同的生产技术类型。

纺织行业和普通机械行业代表着劳动密集型产业，全国前十生产商的集中度分别为 6.5% 和 7.8%。整车和汽车零部件行业代表着资本密集型产业，集中度高达 20%，自 1989 年中央政府颁布首部国家产业政策意见以来，它也成为国家优先发展的重点行业。制药行业和电子行业代表着技术密集型产业，这两个行业的集中度分别为 10% 和 20%。2006 年，这五个行业的累计产值约占中国工业总产值的 28%。在我们的调查中，这五个行业的分布大致符合该地区内这些行业的地位。纺织行业、汽车行业和机械行业各占总样本的 25%，制药行业和电子行业分别占 12% 和 13%。

表 3.2 表明了三个省份中各行业占全国工业生产总值的相对份额。长三角地区占全国生产总值的比重，从医疗和医药产品行业的 24.4% 到纺织品行业

的近50%不等，表明了这些行业在该地区的重要地位。

表3.2 2006年各省份占全国工业生产总值比重（按行业）

单位：%

行业	上海	江苏	浙江	所有地区
纺织品行业	2.34	23.93	22.68	48.95
医疗和医药产品行业	4.28	10.45	9.67	24.40
普通机械行业	11.14	18.09	14.57	43.80
整车和汽车零部件行业	9.30	8.65	8.14	26.09
电信设备、计算机、其他电子制造业	11.85	19.32	4.79	35.96

资料来源：中国行业年度数据，中国数据在线，www.chinadataonline.org。

样　本

对民营企业的定量测量研究面临着诸多的现实挑战，这也从社会科学研究文献中得到体现。大多数这类实证研究的关注对象是上市公司，不仅因为这些公司是最大的、通常也是最有实力的企业，还因为在既定的财务信息披露规则下，它们的财务数据更易获得。即使在完善的西方市场经济体中，私营企业的信息往往也是保密的，其财务数据很难获得。

研究中国民营企业的困难性更为突出。许多企业在成立之初尚未拿到合法身份。在创业之初，企业家们为了生存，往往没有选择，只能游走于法律边缘，以准合法或部分非法方式经营。由此可以理解，企业家们担心调查结果最终可能会落到竞争对手或政府机构手中。

创新性地利用本地网络关系接近研究样本企业，解决了我们对长三角地区企业家和企业的调查面临的上述挑战。鉴于我们的研究重点是关于中国创业者如何成为民营企业家，以及民营经济制度从何而来的问题，我们并未从全体民营企业样本中随机抽样。如果这样做，样本将包括许多短命的"夫妻店"。这些企业产品的附加值不高，也没有发展成大规模制造企业的任何希望。为了更接近目标研究对象，我们还剔除了所有少于10名员工和经营不到3年的公司。同时，为了与中国"新民营企业家"战略行为的研究相一致，我们采用了细分中型和大型企业的分层抽样方法。根据中国国家分类体系，我们将10—100名员工规模的企业定义为小型企业，100—300名员工规模的企业定义为中型企业，300名以上员工规模的企业定义为大型企业，目的是将小型企业的数量限制在总样本的2/3以内。

基于这一抽样框架，我们按区位、行业和规模分层，从当地注册企业中随机抽取样本。第一步，通过从当地注册的全部企业中每隔 n 个就抽取一个公司的方法，完成每个城市和行业样本池的构建。[44] 第二步，审核完这些公司的资质[45]后，我们当地的合作伙伴——市场调查研究所（Market Survey Research Institute）[46]，与当地工商局、党组织等党政机构和行业协会等其他机构进行接触，获取它们的支持和协助，确保企业家能参与我们的调查。一旦成功地地获得地方的支持，就正式邀请被抽中的企业家进入下一步研究。通常情况下，对于研究项目，当地党政组织和其他机构均给予了慷慨支持。当地代表从未干扰或试图影响采访的过程和内容，也没有主动试图出席或监督任何的研究访问。

符合条件的被访谈者为公司的CEO（首席执行官）。如果CEO不能亲自参加访谈就重新安排。这增加了所有公司回应结果的可比性。此外，该策略也有助于确保获得更详细、更准确的信息，这些信息都属于公司管理者的工作范畴。在大部分访谈案例中，被访谈者还持有公司股份（83%的被访谈者），甚至是企业创始人之一（74%的被访谈者）。这一结果不仅可以使我们从总体上推理公司的发展，还可以勾勒出中国新兴创业精英们的个人特质和行为反应。

总体上，我们从2 842家联系的企业中完成了711人的访谈，2006年整个调查的访谈率为25%。[47] 这一比率满足专业调查研究行业广泛采用的标准，即企业调查回复率在25%以上为有效。[48] 未完成的访谈通常是缘于严格遵守只访谈企业CEO的规则。CEO长时间地商务出差，有些出国，有些参加国内和国际贸易展览会，无法实现面谈。如果经过3次尝试仍然无法与公司CEO成功地预约面对面的访谈，我们就从样本池中随机抽取另一家公司取代该企业。

表3.3给出了按城市、行业和企业规模划分的样本结果。第一轮调查（2006年）的样本总量为711个，每个城市有100—103家企业样本。[49] 总体而言，9.8%被划分为大型企业，23.2%为中型企业，66.9%为小型企业。2005年年底，考虑到这些城市中所选五个行业共有113 866家样本企业，当对这部分企业做出推断时，在95%的置信水平上的误差范围不超过3.66，或者在99%的置信水平上的误差范围不超过4.82。

表3.3 基于城市、行业、企业规模的企业样本（2006年调查）

行业	企业规模	南京	南通	常州	温州	宁波	杭州	上海	总计
纺织品行业	L	2	5	3	2	0	4	4	20
	M	0	13	5	14	10	11	4	57
	S	10	9	14	10	21	23	11	98
汽车行业	L	1	5	1	1	4	1	5	18
	M	6	3	2	7	5	0	8	31
	S	32	12	12	15	11	7	37	126
机械行业	L	2	5	0	1	0	3	1	12
	M	1	5	1	5	5	8	8	33
	S	24	20	14	27	24	18	3	130
制药行业	L	0	2	0	1	0	7	1	11
	M	0	5	6	0	0	1	4	16
	S	7	5	18	2	9	9	10	60
电子行业	L	2	2	0	3	0	2	0	9
	M	2	6	7	4	5	3	1	28
	S	13	4	20	9	7	6	3	62
总计		102	101	103	101	101	103	100	711

注：L=多于300名工人，M=101—300名工人，S=10—100名工人，以上数据为2003年度的。

调查设计

定量调查问卷根据图2.1的制度变革的多层次因果模型而来。我们使用模型的不同组成部分指导调查工具的设计，分析的重点是制度、组织场域和组织之间的构成关系机制。问卷涵盖了典型的创业情境，包括供应商关系、客户关系、公司治理与组织、劳工关系及研发等，以及企业活动关键领域的标准化运营决策过程。问卷也检验了企业应对法律约束、遵从或背离模式、合法性获取模式、监督和执法机制所采取的战略。同时，问卷还单独评估了创始人的个人信息，与其他社会团体的关系质量和社会地位。总体来说，定量调查是为了提炼出在不同的背景下，促使和引导中国向市场经济制度变革的微观机制。

一个独立的调查模块涵盖了调查年度前三年的企业规模、企业结构、所有权、企业绩效、竞争、税收和财务状况。[50] 为了简化访谈过程中这部分复杂的会计问题、提高访谈的准确性，我们请CEO要求其首席财务官（CFO）独立或共同完成第二轮访谈。

在我们进行实地调查之前，我们与焦点小组（包括当地学者和企业家）讨论了问卷，以确保问卷设计和总体结构的恰当性。然后，通过一个小范围的前测研究，对调查问卷进行了检验。该研究由70家企业（每个被调查城市抽取10家）组成，其抽取标准与主调查样本抽取原则相同。检验后，我们对问卷（参见附录1）进行了微调。

为了获得更多的有关样本企业的绩效和战略情况，我们在2006年和2009年分别进行了两轮调查。调查的最初目的在于获取更多的数据点，以便得到更精确的经济计量结果。但2009年全球金融危机的发生，也为对比经济强劲扩张期和剧烈收缩期企业不同的绩效提供了绝佳契机。为了提高第一轮调查中受访者更高的二次回复率，调查小组通过邮寄简讯和小礼品与这些企业的管理者保持联系。由此，二次回复率达到75.2%。11家公司已被出售，15家公司更换了办公场所，10家公司已歇业。此外，140人不愿意参加二次调查，不参加调查最常见的原因是在调查期间有时间上的冲突。为了保持同样的样本大小（700家企业）和分类，我们通过一组新的随机抽样替换了165家企业。

2009 年调查中的另一个创新是加入了实验经济学的一个模块。我们要求所有被访谈者参加系列实验，以研究在应对风险、不确定性和竞争时的不同行为选择。我们从三个被调查城市随机抽取了 200 人作为对照组，目的在于辨别创业者的行为选择是否明显与普通人不同（参见第 4 章）。

两轮调查我们均与市场调查研究所合作。所有的访谈都在工厂现场进行，通常在 CEO 办公室或会议室。由两个本地访谈者组成的团队进行面对面的交流，平均持续 1.5 个小时。如有必要，访谈可使用当地方言进行。为了确保调查在 7 个城市都是标准化进行的，我们还专门与至少具备大学教育背景并有多年访谈经验的专业访谈员一起合作。此外，所有参与的访谈者还参加了为期多日的、由作者举办的培训班。[51]

2005—2011 年，我们还亲自在长三角地区进行了 111 次开放式、面对面的访谈。其中，67 人是长三角地区的企业家、政府官员和学者，这些被采访对象没有参与两轮调查；其余 44 人是从那些参与调查的企业家中随机选取的（共计超过 6% 的调查对象）。为了获得定量调查问卷无法测量的创业行为的主观解释，我们在这些访谈中使用了半结构式问卷，集中围绕一个或两个主题。定性访谈不仅有助于检验定量研究中收集的信息，而且对理解微观机制、动机和经济行为及战略选择的意义是至关重要的。所有访谈均包括对工厂的参观，这有助于情境化定量测量所获得的行为数据。一些被访谈者同意多次访问，使得动态研究其所在企业在 6 年调查期间的发展成为可能。附录 2 提供了一份完整的访谈名单。

补充调查

为了在改革后的中国经济背景下更广泛地验证我们的研究结果，我们用全国企业发展的研究作为地区调查材料的补充。利用 2002 年和 2003 年两轮世界银行的投资环境调查结果，我们不仅可以实证检验其他地区，而且可以分析包括国有、集体和中外合资等不同所有制类型企业的绩效。与我们的研究相仿，这两轮调查均包含了三年以上的企业信息：第一轮为1998—2000年；第二轮为2000—2002年。[52]

世界银行的调查基于城市和企业样本随机抽样。首先按行业分层，选择代表最重要的（根据对国家GDP的贡献大小）工业和服务业的样本；其次按地理位置分组。调查选择了大范围的不同生产技术和竞争水平的行业组合，包括劳动密集型和技术密集型。2002年的调查包括5个大中城市的企业（样本数1 548个），每个城市约300家；2003年的调查包括18个大中城市的企业（样本数2 400个），每个城市100—150家。两轮调查样本加起来组成了一个涵盖23个城市的全国性样本，全体样本企业位于中国31个省份中的19个。[53] 每个城市随机抽取企业参与研究，选取标准为20名（或15名）员工以上的制造业（或服务业）企业。世界银行的调查中，民营企业的规模分布与我们的研究相类似：65%企业的员工数在100名以下，12%企业的员工数在300名以上。问卷是在与各企业高管面对面访谈时完成的。第二份问卷是与企业首席财务官进行的访谈，他们提供有关成本、支出和资产估值等定量信息。[54] 更重要的是，我们的调查问卷中加入了世界银行企业调查中使用过的一组关键问题。

结 论

对中国新兴民营资本的调查集中在长三角地区，我们将其作为自下而上创业最重要的中心。长三角地区创业精神的特征，可用"曲线救国"来表述。自下而上的制度创新使企业家在新兴市场上进行合作、竞争。起源于浙江省的民营企业快速地突破地域的界限，进入集体和国有生产领域，并很快遍布整个长三角地区。

我们通过混合研究方法（即结合定量调查方法与定性访谈，以及现场试验方法等手段）来研究这一变化过程。我们研究工作的核心是基于制度变革的多层次因果模型的定量调查，目的是发现能够解释民营经济兴起的内在机制。我们重点研究了代表不同历史和地理条件的七个不同城市，以及代表不同生产技术和产业集中度的五个行业，从而相对全面地分析了长三角地区民营制造业的兴起。显然，我们的研究并不能代表整个中国的情况。正如早期对西方资本主义的研究，我们试图研究民营资本生产方式的地域性萌芽，而这一萌芽只有先经过缓慢扩散的过程，才能最终发展形成星火燎原之势。

04

创业者与制度创新

　　创业行为推动了资本的集聚，而后者又反过来推动了创业行为。这一点，是西方社会中资本主义作为一种新经济秩序出现之后的核心议题。自下而上的观点认为，启动经济增长的制度性充要条件，不依赖事先设立的保护产权和财富免遭政治家与政府无端征收的正式制度。相反；我们聚焦于探究新制度安排——这些新制度可以保障、激励并引导自我强化的创业行为——的内生性崛起过程。所以，创业者与市场经济发展的动态过程是密不可分的。

　　与"自下而上"的解释相反，国家中心论将"制度和创业"这个因果关系的重点放在了政治活动参与者和机构对经济绩效的作用上。是什么阻止了当权者利用国家强制力量从经济活动参与者手中征用财产和财富？是什么避免了经济活动参与者的生产剩余不会被国家没收？以"自上而下"的方式解释经济发展，创业者的作用就被忽略了，因为这种解释强调了政治家的主观意愿及其制定的规则。

　　例如，一项针对英国1688年光荣革命（Glorious Revolution）的制度变革的研究，考察了支持金融市场发展的政治要素。光荣革命之前，至高无上的王权可以被自由地重新解读，并且主导有关王室贷款偿还的制度安排。这个历史叙述探究了有关国会和王室的争斗，突出了政治家们通过正式规则改变王室动机的过程："我们的观点是，政府对繁荣金融秩序的承诺是它们关于保障私有产权这个更大承诺的一部分。后者，显然是在光荣革命时期导致制度变革的一个重要因素。"[1] 与其他自上而下的解释一样，经济持续增长似乎源自正式制度的特征和属性。对于企业家的利益和持续的经济增长来说，制度变革是必要与充分的，而这都来自政治家们的精心设计和国家的保障。这里的核心观点强调了政治家们对正式制度的承诺的可靠性，这些制度可以保障私人交易、履行契约并消除政府无端的没收行为。尽管这个案例研究聚焦于前工业时期的英国，但其整体论断是，嵌入重复交换关系中的非正式制度和声誉机制，对于经济增长的激励是不够的；该研究还认为，经济停滞不前是因为缺少能够用以保障私人产权的政治制度。

对于资本家的出现和现代经济增长的起源之间因果关系的解释，"自上而下"和"自下而上"两种方法的本质区别在于，各自强调的主导因素不同。一般认为，当代自我约束的市场体制需要政府的持续性干预。但是，非正式规范和社会网络就不能为保障与激励健康的经济活动提供充分的制度条件吗？对于保护私有产权进而促进经济增长和发展来说，正式制度就一定是必要的先决条件吗？

近期一些历史研究的观点则不同。例如，一项关于17世纪英国土地价格和收益的研究表明，尽管保护产权的制度早在1600年前后就出现了，但是在英国光荣革命之后仍然没有实质性的发展。所以，"把光荣革命看作稳定税收和产权的制度框架，进而成为奠定工业革命（始于1760年）的基础，是辉格党史上最为浓重的一笔。"[2]

类似的，"18世纪由英国法院作为契约履行的第三方执法机构，是促进工业革命时期经济增长的主要保障"这样的观点，似乎是令人难以置信的。仅仅强调法律规则、知识产权和政府立法的作用，而忽略了重要的社会因素：

在这一点上很重要的就是，工业革命前的几十年中，超越正式"法律规范"和对机会主义行为明确的惩罚机制而发展出来的一套社会规范，使得大英地区的创业行为变得更具有吸引力。对工业革命的分析认为，这是由技术进步推动的，但是新技术推广者（创业者、工程师、机械师、金融家和技术顾问）之间的合同、信用和可靠承诺也是必要的。如果说第三方（国家）的保障方式顶多处于初始发展阶段，那么是什么因素将英国的经济社会整合在一起的呢？答案就是，除了国家的正式机制（只是最后的手段）外，一套没有被完全认识到的社会规范，支持了创业者的行为。这些规范可能被称作绅士创业文化……绅士有所为也有所不为；而且，尽管与正式的规则相比，这样的规范不会被完全遵守，但是打破绅士契约规范是要付出高昂的代价的。截至18世纪中叶、工业革命之前，绅士们履行某项承诺就象征着一个人是值得信赖的。[3]

作为一种非正式制度，绅士型创业规范在工业革命时期的市场中是一个关键性的构成要素。

历史上，新英格兰的经济成长，尤其是乡村信贷网络自下而上的发展，是由非正式规范和实践支持与激励的。[4]例如，在殖民时期，曼彻斯特的乡村地区常常能见到农民彼此之间写下贷款承诺书，这些贷款是用来应付较长生产周期、季节转换和周期性灾害的。在新英格兰的乡村，乡村信用市场在一种自助式规范的引导下，自下而上地演化和发展起来。截至1780年，这样的信用关系已经扩展并超出了国家边界，比《曼彻斯特公司法》正式创立"有限责任"这个概念大约早了50年。光荣革命后，乡村信用市场经历了快速的变革和发展，变得更加多元化、非个人化和区域化。最富有的农民成了最大的债务人。他们把土地作抵押，从不是很富有的农民那里借钱投资到波士顿证券市场中。曼彻斯特乡村的这种非正式借贷网络，对于调动农村储蓄，以支持19世纪初正处于"工业化车轮"最前沿的新英格兰，是至关重要的。"乡村投资组合所表现出来的强流动性，是乡村经济的资本主义变革……自此以后，这个现象必定会十分突出——不论新英格兰乡村经济的资本主义意味着什么。"[5] 尽管在一个多世纪中，新英格兰要比南部殖民地（在所有殖民地区内的人均财富最低）贫穷得多，但是棉纺和机械工具制造的产业化，推动了经济快速增长。截至1840年，新英格兰地区的人均财富比南部地区高出了30%。这种工业化是"起源于很久之前的乡村经济；与之相伴的是，意料之外地涌现并发展起来的、作为经济纽带的当地市场"。[6]

正如下面章节要论述的，为了解释作为西方社会经济秩序而涌现出来的理性资本主义，约瑟夫·熊彼特（Joseph Schumpeter）和马克斯·韦伯（Max Weber）都采用了自上而下的方法，聚焦于创业行为和相应的制度创新；类似的，为了解释中国民营经济和市场经济的成长，我们聚焦于分析长三角地区自下而上的创业行为和制度创新。

创业行为的自我构建过程

熊彼特强调，创业者是既有制度以外的行动者。他们并非被动地接受已有的经济条件，而是作为一名创新者，也是"经济发展的代理者，因为他们从经济内部引发了经济本身的变革"。[7] 本质上，"企业家的职能就是对产品结构进行改良或彻底变革，其方式可以是，通过新发明（一般是新产品的尚未开发的技术方法），或者用新方法生产已有产品，或者开发和利用新的原材料、新市场，或者对产业整体的重新组织。"[8] 尽管熊彼特也认为，现代资本主义是由制度变革发展所形成的，但是他对资本主义经济发展的分析是建立在现代交通经济学（Verkehrswirtschaft）的假设之上：成熟的市场，以及保障商品和服务有效分配的经济秩序已经存在了。[9] 这个假设允许他从"资本主义生产过程"的制度基础中抽离出来，聚焦于技术变革的企业家所需要的条件和所起的作用等方面。"他（企业家）需要的东西包括劳动力、工具、原材料及可能的消费品。一旦有了这些，他就可以实现他的计划。"[10] 成功的创新依赖于变革代理人。这些代理人"采取行动"并有能力和动机"自信地在既有渠道外穿梭"，也能够克服反对创新的社会抵制行为。[11]

熊彼特把分析焦点落在那些卓越的、具有创业天赋的个体身上，这激发了学者探究和揭示创业者的个性心理特征的广泛兴趣，如"成就需求"这样一系列的创业者个人心理特质。[12] 然而，大量实证研究并没有延续刻画上述心理特征，也没能验证熊彼特的观点——企业家特质是一种个体层面的特征。同样，逐渐累积起来的研究成果也没能有效地解释国家之间创新活动不均等的现象。[13] 20世纪40年代到50年代，受熊彼特理论影响的创业领域的实证研究，在组织和演化经济学中持续发展。但是最终，对创业研究的热情开始下降。[14] 主流经济学家将解决问题的视角从聚焦于创业者本身转移到了分析创新行为。"一种模式能主导创新吗？我怀疑。当然了，创新不仅仅是一个意外发现；资源很重要，并且在应用上可多可少。创新和发明的合法性模式可能是一个必要因素。"[15]

随着经济学家们将注意力放在技术变革方面，对企业家的研究从主流经济学中消失了。尽管如此，但熊彼特的"企业家职能"被内生增长理论替代，即创新为经济增长所驱动且反过来成为经济增长的内生性因素。[16] 研究的焦点转向了产业中促发创新行为的制度条件。在这些产业中，激烈的市场竞争压力使大公司"要么创新，要么死掉"。[17] 总之，对资本主义经济成长的动态过程的解释起源于熊彼特并持续至今。在经济学中产生了两个核心问题：什么样的宏观经济环境青睐重大创新？什么样的宏观经济环境青睐对重大创新的开发和改进（包括必要的资本投入）？"[18] 然而，与熊彼特的研究一样，这些问题是在成熟的资本主义经济体制的情境中被检验的。其中，有效的市场分配和产权制度已经建立得很完善、很成熟了。

相反，我们并不假设制度框架已经存在，而是将研究的注意力放在民营经济崛起过程中用以保障、激励和引导创业者的制度创新上。[19] 关键的制度创新就是规范和非正式实践，这些制度创新让生产者从小规模个体户转变为新型企业。广义上讲，我们这里的焦点是社会规范：它可以促进长期计划，获得资源和市场，并且保障民营企业之间的协议是具有契约精神的、可信的。

在 *The Protestant Ethic and the Spirit of Capitalism* 一书中，韦伯解释了作

为一种新的经济制度，资本主义是如何从经济活动参与者的行为和态度改变中产生的。他观察到，资本主义一旦建立起来，"就会教育和选择它所需要的经济主体，后者通过最优匹配过程而生存下来"。[20] 他强调，这个自然选择过程是由社会规范和竞争市场中经济活动参与者的裁定所引导的。"长期违背规范的制造商，最终会不可避免地被淘汰出商业舞台。这就像员工不能或不愿意适应工作场所一样，最终会被丢到街上，失去工作。"[21] 但是，这种"市场关系体系"——似乎是"事物不变的秩序"——是如何出现的呢？"如果一种生活方式对资本主义特性适应得很好，就会被选择出来，即统治其他方式并占主导地位。这种生活方式一定是从某个地方发展而来的，并不仅仅存在于孤立的个体，而是人类一种共同的群体生活方式。"[22] 显然，对于韦伯来讲，资本主义的出现既不是新资本流入的结果，也不是内化在个体的某个新的或特殊个人特质流入的结果，而是一个新态度和新规范的扩散过程——新精神的出现。这个扩散过程，引发了生产模式从传统转向资本主义。

> 现在，有时候农村的这种悠然状态会被突然毁灭……实际上，所发生的通常不仅如此：一些年轻人……到乡下，认真地挑选他所雇用的织布者，大大地提高了工作监管标准，进而把他们从农民变成了工人。另一方面，他开始改变至今惯用的销售方法——直接联系最终客户、亲自处理细节、亲自招揽客户、每年拜访客户，并且根据客户的需要和偏好调整产品质量。同时，他还开始引入低成本和大规模裁员的观念。这种理性化过程的结果随处可见：那些不适应的行动者会被淘汰出局。如此悠然的田园意境，在激烈的竞争压力下被打破：经济活动参与者创造了大量的财富，但并没有以收取利息的方式借出，而通常是再投入经营中。这种传统的悠然状态和对待舒适生活的态度，向努力节省的生活方式做出让步。后者中的一些人参与进来并走到了顶端，因为他们不想消费而是不断地赚取财富；其他渴望保持旧方式的人，被迫减少他们的消费。[23]

变革并不是没有冲突的，"进入商业舞台并不总是平静的。大量的不信任、有时候是敌意、最重要的是道德上的怨恨，都会与第一个创新者相对抗。"但是，竞争压力会支持其他人与新规范保持行为一致。最终，这会成为一种群体现象，逐渐建立起资本主义经济秩序的制度基础。

从农民到企业家

在韦伯对资本主义发展的解释中，那些最早从前资本主义生产模式中脱离出来的创业者都不是贵族商人阶级，并且通常不与国家政治组织有密切联系。19世纪的英国和德国，并不是"利物浦和汉堡地区继承了商业财富的贵族绅士，而是在曼彻斯特和莱茵地区逐渐崛起的新贵，这些人的背景一般都很简单"。[24] 他们通常是商人和手工艺人，"都是在生活的磨难中成长，但同时也精于算计并富有勇气"。这些人一般不会在意和理会社会对他们创业行为的强烈反对。资本限制并不能够阻碍创新者的步伐，他们通常凭借从亲戚那儿借来的少量钱财，开始其创业旅程。

与西方社会资本主义兴起过程中的早期创业者没有什么不同，在长三角地区，仍然备受争议和半合法化的民营企业创业者，一般也出身于商人和手工艺人。这些农村地区的创业者，通常脱离于中央计划的劳动分配体制和社保体系——能为城市工人提供住房、医疗和退休福利。他们既不会在意较低的社会地位，也不会在意广为存在的歧视风险。

例如，应金辉（音译）是永康附近的一名矿工，他创办了一家制造磨刀石的工厂作为副业。他的儿子，卫忠（音译），在这两个职业领域都跟随父亲的脚步，最终成为游走在永康和其他省际间卖磨刀石的流动小贩。因为他的一名客户想从他那儿买切肉刀，所以卫忠从永康（传统手工业中心）买了一些，然后卖给了他在哈尔滨的客户。他意识到，在采购切肉刀的过程中，学习如何制造切肉刀是不难的。通过做无薪学徒，他花了两个月的时间学会了如何制造刀具。作为一名刀具制造商，在本土市场立足后，他开始购买更多的二手设备并为更大的国外市场提供产品。在回想如何成为高端的专业刀具制造商（他最近向德国和日本出口产品）时，卫忠把他的成功归因于一个简单的想法——聚焦于生产具有竞争力的高质量产品。在永康的生活和成长的过程中，他和他的同学都明白，要想生存必须要非常努力地工作。"我在开始创业时，根本没想这么多。我的兄弟们借钱给我去创业，我就是非常努力地工作，做出有竞争力的、高质量的、专业化的刀具而已。"[25]

同样是农民出身的吴立平（音译），创办了一家高科技的设计和制造企业，专门生产自动包装设备。他创办的"卓越包装厂"最近开始为国际客户提供产品。这些客户到中国来，从他那儿订购定制化设备。1963年，吴立平出生于农村并在1979年高中毕业。这一年，恰逢中国雄心勃勃的经济改革的开局之年。他在一家国营机械厂找到了第一份工作。为了赚钱，他下班后去捡工厂中的废弃材料和铁钉，然后拿到废品回收站卖钱。有一次坐火车出门，他帮一位乘客提行李并和他聊天。几天后，那个人给他打电话并提供给他一份工作，就是在那个人经营的试验室专用玻璃器皿厂干活。吴立平在那里工作了3年，并被提拔为副经理；但是，他决定自己创业——尽管那时他只有20岁。1983年，他创办了自己的工厂，生产工业试验室专用的玻璃器皿。然而，1989年，因为不赚钱，他关掉了厂子。他还想继续干些别的，但当时也没确定做什么项目。他最终进入包装行业纯属意外。他的一个朋友是国营企业的工程师，他从这个朋友那里了解到包装技术所面临的挑战。然后，邓小平关于科学技术是第一生产力的讲话，强化了吴立平进入高科技产品行业创业的信念。1992年，他与朋友（作为总工程师）创办了一项新的业务。他的目标是建立一套自动化洗涤剂包装生产线，而以往都是工人们进行手工包装的——洗涤剂中的酶会损害工人的皮肤。他从当地政府的研究机构中获得了首个技术授权；但是，这项技术的缺点很快就显现出来——并不适用于洗涤剂的包装。仅仅过了4年，吴立平的生意就破产了。他和妻子、孩子搬回到了农村，在那里他们还有一小块儿地。在乡下，他耕种土地并依靠仅有的存款生活。晚上，他就钻研旧的设计图纸以改善技术，谋求东山再起。他从以往的经验中认识到了影响洗涤剂利润的两个关键要素：包装价格一定要低；容量测量精度一定要高。6年后，他改进了技术并建立了第一个自动化机械，以满足洗涤剂包装的特殊需求。而今，他在南京东部的设计和制造工厂，一年获准约20个专利，并在中国本土定制化包装器械市场中占据很大的份额，涉足奶粉、洗涤剂、糖果等多个行业。[26]

我们对长三角地区的问卷调查表明，制造业中民营企业的创业者来自中等或边缘性社会背景。创业浪潮既不是被国有企业的工程师和技术精英们推动的，也不是被国家的政治和管理精英们推动的。只有11%的创业者是国有企业经理这样的地位——而在1990年之前成立的企业中，这个比例只有7%。同样，在我们的样本中，只有极少数的创业者是以前的行政和政治精英。总体上，只有5%的受访者在创业之前在政府机构里担任过职位——而在1990年之前成立的企业中，没有创业者担任过这样的职位。

尽管创业已经不再是农村地区的特有行为了，但农村创业者仍然是主要的构成。53%的受访者来自农村地区，身份背景一般是农民。然而，随着民营企业的合法性和社会地位不断上升，这个比重在持续下降。在我们调查的2003年后创办企业的受访者中，农民企业家的比重已经下降到46%。城市居民参与企业程度的逐年提高，证实了这与国家整体的发展趋势相一致。

然而，创业者的构成主体仍然来自中等水平的社会背景。在我们2009年的调查中，一大部分（41%）的受访者报告，其父母要么是没有受过正式教育，要么只有小学毕业；少部分（10%）的受访者报告，其父母之一受过高等教育。同样，父辈们的职业也没有表现出特别的优势，或者创业和管理方面的天赋。3%的创业者报告其父辈在公有制企业中担任过管理者；7%的创业者报告其父辈曾拥有自己的私营企业，这其中还包括了小型的个体户和商贩；大部分的创业者来自这样的家庭：一家之主是普通工人（35%）、农民（23%）或技术人员（16%）。

尽管父辈们只有中等社会地位，但是大多数的创业者却拥有较高的人力资本，明显地超出了国民平均受教育水平。在我们的样本中，创业者受教育水平平均为 12.4 年；而上海市平均为 9.3 年，浙江省为 7.5 年，江苏省为 7.6 年。[27] 35% 的受访者在高中毕业后完成了职业学校的学习，25% 有大专学历，15% 有大学本科学历，只有 22% 的受访者有初中或高中学历。如我们所期望的，城市创业者的受教育程度要稍好一点（受教育年数比农村创业者要平均高出两年多）。要么在创业前要么在创业后，约 1/3 的企业家接受过职业化教育。在这些人中，35% 的企业家获得了 MBA 学位，其他人则参加了当地商学院的 EMBA 项目并获取学位，或者在职参加管理类的课程。总之，越是近期成立的企业，其 CEO 的平均受教育年数就越长。这一点不仅反映出平均受教育水平的提高，也反映出民营经济的合法性在提高。这种合法性的提高，吸引了城市地区受过教育的高技术人才和高校毕业生加入民营企业，而这个群体原本只对国有企业和外资企业感兴趣。

企业家格外能够承担风险吗

弗兰克·奈特（Frank Knight）认为，"从某种意义上说，一定要将不确定性概念与熟知的风险概念区别开来，但两者至今还没有被很好地区分。""本质上，'风险'一词意味着在某些情形下它是可以测量的一个数值，而在其他情形下则又完全是另一回事。"也就是说，风险，有时候是不可计量的。[28] 大多数时候，创业者面临的是后一种不确定性。比如，奈特描述了企业家面临的定期投资决策："假设一位生产者考虑追加投入以提升开发能力的最合适水平。他对这个议题进行'计算'，把各种可能的变数考量进去；但是，任何计划最终也只能是一个'估计的'可能性结果而已。"[29] 正是这种未来的不可预测性和结果的未知性，给决策者带来了格外的挑战。这导致人们对创业者持有一个共同的基本假设：创业者与普通人的区别就在于，他们的风险承受能力，以及罔顾不可预测性的强劲经济行动。

在中国的转型经济中，创业的不确定性一般会更高。这不仅是因为没有标准的市场，而且这种不确定性也与国家有关——政府在逐渐扩张的市场经济竞争压力下保护国有企业。对创业者来说，这进一步加剧了创业的不确定性，部分源于政策和规则对国有企业和民营企业是不均衡的。因此，这种偏差扩大了结果不可预知的范围，使风险更加不可计量。

朱金虹（音译）的创业经验生动地体现了在没有奈特所谓的不确定性下，创办一项新生意的情形。他在1995年创办了一家生产铝制咖啡壶的企业。在那之前，他向家乡（在浙江省西南部偏远山区的一个县城）的供销合作社倒卖摩托车。偶然一次机会，他在广交会上结识了一位名叫罗莎（Rosa）的意大利商人。谈话中，他聊起了中国人喝茶的习惯，罗莎也聊起了意大利人喝咖啡的文化。那时，寻求新的商机也是朱金虹工作的一部分。在这之前，他已经考虑制造摩托车了，但还是觉得成本太高也太复杂了。而且，当时农村合作社回收铝制废品的生意很盛行，朱金虹认为这可以用作生产咖啡壶的原材料。创业的念头一下子出现在朱金虹的脑海中：虽然中国人一般是喝茶的，但是，随着人们对西方的品味越来越感兴趣，中国可能存在一个庞大的咖啡消费市场。在试制模具的过程中，他尝试着模仿意大利咖啡壶的样式；同时意识到，做咖啡壶比制造摩托车还是相对容易一些，因为他可以借助村里回收铝制品的生意，获取大量低价铝原料的供应。怀着激动的心情，他带着翻译与罗莎再次会面。那次会面中，为了表达诚意，罗莎当场下了口头订单——720个咖啡壶。虽然没有签订正式合同，但是他认为即使罗莎对口头订单不是当真的，他也可以在中国卖出咖啡壶而获利。在成功地完成了第一笔订单后，他投入158万元的个人积蓄——这些积蓄是他多年来靠销售摩托车赚取的佣金——创办了一家新工厂。虽然不确定性贯穿着整个决策过程，但是截至2008年，朱金虹已经迈入世界第二大咖啡壶制造商的行列，仅次于意大利的生产商。他的企业拥有85项外观设计专利，其中4项在欧洲。在受访的那段时间，他已经与一家意大利公司组建了一家合资企业，并使用自动化设备生产咖啡壶，这可以使他的产量翻三番，并且能够以自主品牌在欧洲市场上销售产品。他的意大利合资伙伴派驻了一位中层管理者到他所在的乡镇，在那里，他正筹划建立企业并推广新的品牌。[30]

显然，朱金虹有着很好的直觉，这帮助他成功地处理环境的高度不确定性，甚至建立起了全球化的企业。长三角地区这样的例子还有很多。在那里，成千上万的创业者日益拼搏着。但是，像朱金虹这样的创业者，与普通人到底有多大程度的差别呢？难道像奈特的追随者所认为的那样，创业者真的是一群格外能容忍不确定性的经济个体吗？[31]

根据埃尔斯伯格(Ellsberg)的经典研究，我们用一个标准化的试验设计，考察人们厌恶不确定性的平均水平，以便回答上述问题。[32]我们告诉试验参与者在以下两个选项中选择一个：A选项，参与者会获得一笔确定数额的金钱（从90元到360元不等）；B选项，参与者有一次抽取彩票的机会，中奖就会获得较高的回报（580元），而没中奖则只能获得非常少的回报（15元）。中奖与否的概率事先是不知道的，只能在参与者做出决定后通过一个随机过程产生，每一名参与者在A选项和B选项之间做10次独立的决策。随着试验的推进，参与者选择A选项的次数会下降。这表明，理性行动者有时候会认为彩票选项要比安全选项更有吸引力。参与者越早选择彩票选项，则表明他对不确定性的容忍度越高。这个试验的最高报酬（580元）是真实的报酬，并且很奏效。因为这个试验可以在20分钟内完成，所以即使试验参与者是有着很高薪酬的职业经理人和企业家，对于参与者来说，最高报酬仍然是一个很有吸引力的数字。

在对长三角地区的调查中，700位受访企业家中的523位是企业的创始人。我们把对他们的试验结果与一个控制组——三个调研城市中的200位随机选择的参与者——进行比较。如果创业真的是依赖于对不确定性较高的容忍度，那么在试验结果上，企业家组和控制组之间就应该存在显著的差异。然而，从安全报酬（A选项）转向彩票（B选项）的时点上，两组并没有统计上的显著差异。企业家组的均值为6.25，而控制组的均值为6.10。所以，两组参与者平均会在获得一个确定性报酬（大概210元）之后选择彩票选项——中奖有580元报酬而没中奖只有15元报酬，且中奖概率是未知的。这个试验结果挑战了已有的观点：企业家是在特定区域内比其他人更能容忍不确定性的特殊群体。这一点进而表明，研究的焦点应该从个体特征和行为轨迹，转向社会性的机制和结构。

合作的社会规范

在毛泽东时代的后期，民营企业几乎消失了，市场交换仅仅存在于黑市中，或者以半合法或不合法的农产品和手工艺品的家庭作坊形式存在，以此构成了农村地区的非正式经济。1980 年，在中国雄心勃勃的经济改革推行了几年后，也只有 0.02% 的国民工业产值来自个体企业，而 78% 则来自国有企业。[33] 全国制造业中，各类规划部门管理并控制着原材料和中间产品的供给，以及资本和劳动力投入，下达反映国家发展目标的生产指标，而非依据客户需求和品味制定目标。这一点最明显的体现就是，国家重视重工业而忽视消费品和服务业。[34] 在这种严密组织的系统中，消费者导向和市场压力缺失束缚了关键管理能力的发展。首要任务是完成生产指标，各类规划当局对企业管理负有责任，并与中央讨价还价以获取更多的资源；相反，识别目标市场、产品创新、营销和质量控制等管理活动，扮演着微不足道的角色。因为，生产和销售并不依赖有效的管理，会遭受经济下滑和破产的威胁。尽管集体所有制企业在组织和销售方面具有较大的自由度，但其管理也面临着类似问题。没有破产和倒闭的风险，企业就缺乏有效利用资源的动机，而消费者导向几乎也是空白。

随着市场开放和中国社会逐渐从生产型向消费型转变，适应于国有企业、计划体制的生产和分销体系的管理能力逐渐失去了价值，它并不能为体制外的个人创业行为带来优势。价格体系放开和市场自由化，迫使生产者必须及时满足客户需求和品味的转变。在这个过程中，中央计划分配体制下那些重要的技巧、固定价格和经济短缺等因素，逐渐失去了适用性。毫不奇怪，之前那些在国有企业里的管理者，或者在大型城镇集体企业里的老一辈技术精英们，并不在早期创业者——创办了民营制造型企业——的行列中。

早期的民营经济先行者都来自公有制生产体系之外。特别是在被国家工业化进程和投资政策忽略了几十年的农村地区，随着从原有的生产形式脱离，市场化行为快速崛起。乡镇地区民营商业行为的扩展，超出了农产品和传统手工业的范畴，还包括轻工制造业。这一点，是对长期被忽略的消费者需求——包括纺织品、鞋类、从简单厨房用品到家俱等日常用品——的响应。

历史上，14世纪以来，商业文化就在长三角地区蓬勃发展了，但是被人民公社体制中断了近二十年。经济改革早期，市场交易行为可以建立在对改革前商业行为和制度的复苏之上——这些行为和制度存在于生活的记忆和地方性的商业传统中。这种传统下的文化因素是从新儒家思想而来的，这是东亚经济发展的共同文化基础。[35] 但是，对传统商业行为和制度的简单恢复，并不足以解决民营商业和制造企业所面临的问题。

转型经济中，产权方面所面临的一个最直接的问题就是：缺乏使个人资产免于被征用的保护——不仅政府没有提供保护，而且比邻的企业和交易伙伴也没有。很多民营企业从乡镇政府那里租用生产设备，这让它们在面对政府的违约行为时处于劣势地位。尤其是，在这些商业模式被证明是盈利的之后，政府会要求增加额外的租金。在缺乏成熟商业实践、规范，以及不能通过法律途径获得可靠援助的情况下，经济活动参与者之间产生矛盾是很常见的。常规的商业交易包括资产、租约和销售的转移。一位早期创业者回忆，"改革开放最早的阶段，经济秩序非常混乱，人们都是不太值得信任的。很多人都是靠非法手段和赤裸裸的欺骗赚钱，而不是靠努力劳动和合理的商业行为。因为那个时候很多企业也没有什么资产，所以起诉这些人也没有用。即使有一些资产，这些企业主早就带着现金跑掉了，无法通过银行账号来查找他们的行踪。"[36]

既没有《公司法》也没有《合同法》来协调和有效保护民营经济行为人之间的交易行为。在这种情形下，他们通过渐进式学习过程，逐步发展出互利性的商业规范。类似的试错过程还帮助企业家们识别出合适的组织模式，并习得了创建和经营民营企业所必要的技能。然后，通过地方和区域性商业社群内的模仿行为，这些规范和方法迅速扩散。多个相互强化的机制，推进了长三角地区内社会运动的快速发展，这些机制包括社会学习、工作培训、互助与合作等。

社会学习

在地方商业模式和规范的扩散方面，社会学习机制扮演着重要的角色。在创办第一家企业之前，大多数创业者都会观察很长的一段时间。认真学习当地典型的成功商业模式，可以为他们提供如何创办和经营私营企业至关重要的经验与洞见。在如何运营私营企业的问题上，这些企业家会寻求一些灵感，并与其自身的观点相互补充。当被问及这些灵感的来源时，"模仿当地的典型模式"一词，在我们2006年的调查中是最常被提及的（45%的受访者回答）。同样，私营企业的生意失败和破产，也为"不要怎么做""如何避免失败"等提供了教训。约30%的受访者认为，其他企业的失败对他们如何发展出更好的商业模式，也具有重要的参照价值。一位杭州的小型包装公司所有者说，他对研究失败的企业特别感兴趣，因为这些企业给他自己的生意提供了宝贵的经验和教训。[37]这种成功/失败的分析包括：仔细考察哪些交易可能包含着大量的商业风险？为保障商业交易需要什么样的合同？如何选择可靠的商业伙伴？如何与商业伙伴保持长期的互利关系？如何避免商业欺诈行为？这些问题都是在商业社群内被广泛讨论的。

通常情况下，朋友、同学、同事、亲戚等会被作为典范，为创业者提供最初创新和创业的相关信息。这些人从已有的职业化路径和生涯中跳脱出来，激发了追随者们承担类似风险并模仿他们的热情。当被问及创办企业的初衷时，大多数企业家都说，他们的朋友或同学成功地创办了企业，这是激发和鼓励他们创业的重要因素。"如果他们能行，我也能行"的想法，在创业者群体中是一个彼此相互激励和强化的观念。我们调查的创业者认为，他们与那些已经成功经营自己生意的人相比，拥有同样的资质和知识。一位南京的企业家这样总结他是如何开始做进出口生意的："我有一个朋友，之前在企业里面干。他的英文不是非常好，但是他就是敢去接近客户并与他们聊产品和价格。忽然有一天，他就有了自己的生意，还做得很好。我就想了，如果他能行，我也能行。"[38] 在我们 2009 年的调查中，57% 的企业创始人都表示，其他人的创业经历对他们的创业决定有着直接的影响。这一比重在浙江省的均值最高（宁波为 70%），而在上海最低（37%）。

快速的财富积累，在购买新车、着装或住房等方面表现得最为明显，为其他市场新进入者提供了很强的动机。在我们 2009 年的访谈中，2/3 的企业创始人都承认，他们当初决定创业的主要动机是要寻求更高的收入，创造财富。物质激励扮演着至关重要的角色，对于第一代的早期创业者更是如此，因为这些人经历了长期的贫穷，对美好生活的期盼是激励他们成为创业者的强大动力。杭州一家广告公司的所有者回忆，一位朋友令人惊讶的财富累积，吸引他也开始做起了生意。私营企业家的不断成功和这些成功故事的不断传播，最终说服了他的父母也来支持他的生意。[39]

这种社会学习和模仿过程，自然地随着市场不断有新进入者的加入而逐渐加速，进而也给那些具有抱负的创业者提供了更多的学习机会。结果，在先前由国有企业主导的制造业领域，随着私营企业的不断涌入，其整体的生存概率上升了。这是因为，随着私营企业之间彼此接受和承认的社会规范不断扩散，减少了由正式制度缺失和政策性歧视带来的风险与成本。进而，持续发展中的创业型社会运动，超越了先行者和跟随者这种简单的二元关系。私营企业成为地方商业文化中的一部分，并持续吸引着新的市场进入者。在谈到他移居浙江省的原因，一位生产污水处理系统的大公司所有者说："浙江人很精明，这点让我印象深刻。私营企业在这里非常成功。他们都是和我一样的人，但是他们做事情就比我家乡的人做得好多了。在我老家那里，人们不会想着去创办自己的企业。收获季节过后，他们要么打麻将，要么就到城市务工。他们从来不创办自己的生意。一个人周围的环境很重要。我来到浙江之后，从周围学到了很多东西……一年后，我和当地的两个生意伙伴创办了企业。"[40] 类似的，南通一位生产绞肉机的企业所有者回忆说，他有一次去邻省（浙江）的经历激发了他自己的创业行为。"那时我还在一家乡镇企业里面干，我们那家乡镇企业和这些浙江的企业有生意上的来往。在一次业务旅途中，让我震撼的是……那种精神，他们吃苦耐劳。这种环境与我当时所在乡镇企业那种懒散的风气，形成了鲜明的对比。"[41] 受此激发，他回家乡后创办了自己的企业。多年过去了，这位江苏的企业家回忆道，他们省的"整个社会风气都变了"，这是因为随着企业家精神的扩散，给乡镇企业大规模民有化和建立新企业提供了强大的动力。

种子企业与工作中的学习

核心创业能力的发展和地方商业规范的内化过程，不仅仅依赖于间接观察。工作中的学习行为，是非正式经济制度的重要构成部分，为创业者创办第一项事业提供了重要的准备。在注册他们的第一家私营企业之前，很少有商人不是工薪阶层出身。通常，刚从校门出来就创业的人，都是从个体户干起来的，这可以帮助他们积攒商业经验和资本。但是，这些创业行为鲜有成功的。他们回忆起当时存在的很多严重的问题，如没有充分理解市场、缺乏社会资本，并最终因为不可靠的商业伙伴而损失惨重。他们中的很多人都放弃了创业的想法，并做回了工薪阶层。一位曾经尝试创业但随后被迫暂时返回做工薪阶层的人回忆："（作为一名员工）仅仅在一年半之内，我就学到了很多，而且我对做生意的理解整个都变了。"[42] 最重要的是，他理解了人力资本的价值、组织的公司化、品牌建设和质量控制。正是这种培训，最终帮助他正确地发挥了全部经验并尝试再次创业，而这次创业成功了。

在创建自己公司之前，作为工薪阶层，创业者中的绝大部分人积累了大量的专业经验。杨旭孙（音译），1995年从复旦大学毕业后被分配到一家证券公司，从事有关当地企业筹划在上海股票交易所（简称"上交所"）IPO（首次公开募股）的研究。在工作中，他密切跟踪了长三角地区内大量的、伴随经济长期快速增长浪潮的私营企业。他发现，这些企业家大多缺乏战略能力去维持和管理企业的长期增长率；相反，他们的强项是很早就察觉到赚钱的机会（通常是模仿其他先行者），并利用快速增长的早期阶段。与他的几个合作伙伴一起（这些人都是和他一样，20世纪90年代中期从大学毕业），杨决定创办一家金融服务公司，专门帮助这些蓬勃发展的民营企业做战略管理变革，以应对上交所 IPO 上市的要求。他们的第一起 IPO——国内一家连锁零售商——大获成功。2008年，杨的第一家私募公司搬进了上海一座新落成商业大厦的综合办公区。与他们这代的其他金融服务专业从业人员一样，杨旭孙，在访谈中穿着商业休闲装、开着豪华车、住在上海一个时尚的住宅小区内。[43]

工作培训为创业者提供了一个获得必要技能和商业经验的机会。在成立自己的公司之前，创业者们一般都在两个职位上积累了约八年的专业经验——如果是在民营企业就少一点（平均为 7 年），如果不是就稍微多一点（平均为 9 年）。以前，在私营企业工作的员工的声誉没有在公职单位工作的好。因此，在私营企业中工作的员工也面临着较低的机会成本，更有可能成为企业所有者。而且，作为已经建立起来的新兴民营经济体的一部分，这些创业者还觉得创办企业的风险较小、盈利较多——因为他们已经学会了经营私营企业所必需的规范和手段。

在成立公司之前，大部分创业者都在同一行业里干过，甚至还是在相同的产品和市场细分领域里。以这种方式，他们不仅学到了特定行业中的商业规范，还发展出了一张宝贵的客户和供应商网络。他们知道其中谁是值得信赖的、在当地名声好的。他们通过非正式的信息渠道互相联系，并且也熟悉地方政府的规定。李绥（音译），上海爱登堡电梯有限公司——中国本土最大的电梯制造商——的创建者，在上海一家美国电梯公司中找到了他的第一份工作。在那里，他学会了电梯控制面板技术，那时他是上海交通大学纺织专业的一名硕士研究生。毕业后，他获得了去日本一家软件公司工作的机会，但他还是决定留在电梯公司担任研发部副主任。在一年的时间里，他发明了一种新型的自动电梯控制面板；但是随后，在一次意外的人事变动后，公司关闭了自动化部门。李便决定利用电梯控制面板设计技术创办自己的企业。1995 年，他借了 4 000 元作为启动资金，与上海交通大学几位教过他的退休教授，还有几名无薪酬员工一起，从事电梯制造工作。两年后，他攒够了创业所需，以 50 万元成立了上海爱登堡电梯公司。李说，尽管在上海和中国的其他地区，城市高层建筑的发展迅速，但成立一家新电梯公司还是非常具有挑战性的。为什么人家要从一家没有工厂的小公司购买电梯呢？在他看来，他拥有两个优势：他对技术非常了解；通过密切关注客户需求，他还赢得了客户的信任。截至 2008 年，李的公司迈入高新技术企业的行列，在中国蓬勃发展的电梯市场上展开竞争——而这之前的中国市场还是被像奥的斯（Otis）和三菱（Mitsubishi）等跨国公司占据着。他的企业正筹划着在上交所进行 IPO 上市。[44]

较大的私营企业一般会成为当地商业体系在快速成长的客户产品市场中发轫的种子企业。杭州一位做计算机和配件生意的企业家说：

> 在我们这个行业，大多数企业是从一家公司衍生出来的。我们经常开玩笑说，初始公司就像是一所大学，向外吐出来的毕业生都成了老板。我的初始母公司已经衍生出七八家像我们这样的公司了……浙江人都有着强烈的动机自己当老板；但是仅仅有愿望是不够的。这就是为什么在我们的员工中有少量的温州人。他们一般都会在企业里工作一段时间后建立自己的公司。环境很重要，是环境支撑了学习和获得融资。浙江省在这方面有很好的基础。很多想创业的人是因为没有钱、不能创业，所以就不得不从给别人打工开始干起。[45]

上文提到过的那位生产专业绞肉机的制造商在南通创办企业时，是他们县城的第一个。但是别人看到他成功后，就快速地进入了这个新的细分市场。如今，在当地有了其他 5 个生产者，其中还有他以前的员工。[46]

根据 20 世纪 90 年代早期对上海 251 位企业家的调查，61% 的人是在他们有相关专业经验的行业中创业的；相反，只有 19% 的人表示，他们的创业决定主要是基于强劲的市场需求。[47] 从长期来看，先前的专业经验仍然是影响创业行为的决定性因素。整体上，在我们 2006 年的调查中，66% 的人创业之前在相同行业中工作过。这一比重在上海较高（78%），而在江苏省则较低（43%—57%）。其中，大部分人之前都在小企业担任管理职位（59%）或者主管职位（19%）。这两个职位都为他们提供了有关企业内部管理方面的知识和洞见；同样重要的是，也为他们提供了有关企业与竞争者、供应商、客户和地方政府等外部关系方面的经验。即使是在转行创业的受访者中，大多数人（55%）也是拥有管理工作经验的。这表明，知道如何经营企业，似乎要比知道如何生产产品更重要。机械工程、医药和电子等高创新型企业是个例外。在这些行业中，拥有技术背景的创业者自然扮演着更为重要的角色。

互助与合作

大多数创业者把互助与合作网络的发展，排在了创业众多要素中最重要的位置。朋友和亲戚不仅帮助他们融资，而且在帮助其新创公司时，那些已经成功创业的朋友通常会用其他方式起到关键性作用。

学习他人如何发现和识别市场机会是一门重要的课程，这有赖于持续的社会关系和市场活动参与者之间的信息交换。温州一位电子公司的所有者强调了向朋友咨询的益处——可以帮助他评估企业的战略是否可行。富有商业经验的朋友可以帮助创业者们完善管理程序、选择合适的厂址、给新产品组合提供建议。[48] 一位温州的纺织厂厂长回忆说，她帮助过很多朋友在她自己的行业中创业。她为他们提供担保，还帮助他们建立起商业化运营。[49] 很多创业者也是通过朋友和熟人获得第一批客户。在我们 2006 年的调查中，超过 38% 的受访者是通过个人推荐，找到了他们的第一批客户，其中 3/4 来自朋友的推荐。

在成熟的商业体系中，企业家们会发展出互惠性网络。其中，互助是长期商业友谊的一个隐性方面。在中国高度变动的商业环境中，很难预测地方政府的新规定、新政策和市场动态，非正式合作和生意伙伴网络内的相互咨询，成为长三角地区的商业规范。正如一位杭州的年轻创业者所指出的，"你不可能就靠你自己。你要走出去，讨论你的想法"。[50] 在 2009 年的调查中，我们请企业家们回答：自己大多数生意上的熟人是否能够给其他人提供建议？请这些企业家在 1—7 分的量表上标记出他们的期望值。结果是，平均值达到了 4.8 分——浙江省要略高一点（4.9 分），而江苏省要略低一点（4.6 分）。同样，他们认为自己能给别人提供建议的分值也大致相当（4.8 分）。

在学习和启用新产品技术方面，创业者们会彼此互相帮助（参见第 8 章）。宁波的一位富有创造力的商人会时常拓展和改善他的产品组合。他提到，生意上的朋友会让他使用其技术更为先进的设备进行新产品开发。[51] 其他人也认为，用合作与互助的方式解决技术性问题，是可靠的生意伙伴关系中的一部分。在 2009 年的调查中，我们问企业家，他们认为自己生意上的熟人在多大程度上会在他们企业机器出现技术性问题时提供帮助，尤其是在不解决问题就会损失一笔生意的情况下。对于这个问题，在 1—7 分量表上的平均分值为 4.9 分，浙江省（5.0 分）和上海（5.2 分）仍然是稍高一点，而江苏省（4.6 分）则稍低一点。平均来说，他们认为自己能给别人提供帮助的分值也大致相当（4.9 分）。

在商业伙伴和生意熟人之间，互相介绍可信赖的客户与供应商也是很常见的。如果一家公司的能力存在问题，或者其特殊的产品局限性不能满足客户的需求，那么这些公司就会把订单介绍给其他人。这也是地方上一般性社会规范和协议的一部分，有时候推荐人还会得到财务方面的回报。比如，一位温州的纺织品生产商，会期望她的生意朋友付给她合同价值 10% 的佣金作为回报。[52] 其他人则认为，这是一个互相帮忙的事情。从长期来看，彼此大多能相互抵平。在 2009 年的调查中，我们问企业家，他们在多大程度上期望自己生意上的熟人会在其不能完成订单的情况下把生意介绍给他人。在 1—7 分量表上，调查得分的平均值达到了 4.8 分。同样，合作性规范在上海（4.9 分）和浙江省（4.9 分）仍然要稍强一点，而在江苏省（4.6 分）则稍弱一些。平均来说，他们认为自己能给其他人介绍这种生意的分值是 4.9 分。

尽管私营企业的合作关系一般都很复杂，而且机会主义使个体创业者面临着商业机密泄露和市场份额损失的风险，但是他们还是不太需要正式组织和监督。一般情况下，这些支持和帮忙在一个朋友圈子里互相交换，并且一般会通过长期的商业关系联系起来。一个人能否从他人那里得到帮助，取决于他的声誉。正如一位温州的机械生产商所强调的："在温州，声誉就像是一种规范。如果你想别人帮助你，你就需要有好的声誉；反过来，如果你的声誉好，你有困难人们就会帮助你。"[53] 然而，保持好的声誉要比仅仅及时偿还非正式贷款、及时按合同提供合格产品和服务等行为的内涵更广。商业网络中一个默认的规则就是，不能窃取朋友的生意，也不能挖朋友企业中技术员工或客户的墙角。正如一位宁波企业家观察的："没有太多的规范需要服从，但是你不应该与生意上的好朋友竞争。"[54] 这一点解释了为什么企业家们会愿意帮助其朋友在自己的行业中创业。如果产品没有足够的差异性，那么很常见的就是这些徒弟企业会找到一个细分市场，并在其师傅企业旁边的某个地方创业，或者作为师傅企业的材料和产品的二级供应商。他说："如果人家想要创业，无论如何都是能做成的。所以最后还是要帮助他们，因为作为朋友，他们不会抢你的生意。"

不进行正面竞争的规范和观念，在长三角地区被广泛接受。在我们2009年的调查中，近50%的企业家说，如果有生意上的朋友要抢他们客户的话，他们一定会告诉别人；而且有2/3的企业家确信，商业社群内的其他成员会制裁这种行为。这表明，地方经济中存在着很强的公平市场竞争的观念。当然，客户转向其他生产商也是被普遍接受的。几乎所有企业家都有很强的竞争观念，而且总体上认为竞争是件好事情，能够为提升公司绩效增强动力。然而，企业家们有他们自己引以为荣的道德标准。例如，通过散播谣言或负面评论把客户从竞争对手的手中抢走，是不能被接受的。南通的一位纺织品生产者说：

我以前经营一家销售室内装饰品材料的商店。一些竞争对手找到我的客户，告诉他们购买的产品价格太高了。我认为这是不道德的竞争，因为客户都已经从我这里买了产品。一旦客户买了产品，你就不应该介入进来，尝试破坏人家的生意。我就到那个竞争对手的家里，对他说他不应该那么做。我的店当时在这里是最好的家居店。与我的竞争对手交涉之后，他的这种不公平竞争行为就停止了。所以每次这类行为发生时，我就去找侵权者并和他们交涉。如果他们不这么对我，我也不这样对他们。[55]

这种"不竞争规则"能在人际网络内部起作用，恰恰就是因为长三角地区的新兴企业家不仅仅具有地方性的眼界和愿景。密切的地方性合作对多方都是有益的，因为大多数企业家把目标锁定在其所在市区之外的、蓬勃发展的市场上。很多人都有跨省生意并进入国际市场（参见第 6 章）。这种广阔的商业愿景，最能从宁波一位滚珠轴承生产商的阐述中体会出来。[56] 对他来说，与他的竞争对手密切合作（甚至在技术方面）是一种很明智的策略——因为在他的商业社群中，没有人会真正关注本地市场；相反，他把竞争理解为，自己城镇中的企业与"世界其他地方"竞争者之间的较量。而且，因为本土市场的竞争强度逐渐加剧，对于企业家们来说，他们有理由在与当地竞争对手的合作过程中提高警惕。一方面，这些企业家强调了合作的必要性；另一方面，不容置疑的是，他们也密切监视竞争对手，并使自己的核心技术与竞争对手之间保持着一个安全的距离。

合作和长期互助网络的地方性规范中，一个重要的附加价值可以由商业环境的地方主义体现出来。在我们 2006 年的调查中，约 93% 的创业者说，他们是在自己的家乡省份创业的，而 87% 的人甚至是在他们出生的城市开始创业的。其中，很多人确实曾在其他地方积累了一些专业经验（如做推销员到处兜售产品）；但是他们仍然决定回到家乡创业。这表明，地方性规范和社会网络对于在中国社会自下而上的创业活动的重要性。熟知地方性规范和商业社群，一般要比其他的地方性要素更为重要。人际间合作可以减少私营企业家们的经营风险，而这些风险是因企业从公共部门的成熟生产模式中脱离出来而产生的。即使对于已经成功创业的人来说，在重新选址的问题上也是很谨慎的。很多人都害怕，转换一个新商业环境对他们公司来说成本太大了。

大量的模仿、自我学习和多方合作等行为，保障并促进了长三角地区内高度地方化的社会运动。在相同或相关细分市场上的地方性企业集聚现象（参见第 6 章），就是这些社会规范的一个可观测的结果。一般来说，一个社区甚至整个乡镇都集中生产很少的几个产品，如滚珠轴承或电插座等。工厂占满了当地的工业区，整个街道排满了生产相似甚至相同产品的企业。相应地，专业化产品生产的模仿行为使很多中小企业蓬勃发展，人为地造成了中国消费品产业的低集聚率。即使是在全球经济危机的高峰期（2009 年的前半年），浙江省内也有 45 000 家新创的私营企业产生。这意味着，每天有 252 家新的私营企业注册成立。[57]

企业的资金运作

获取创业资本难，是创办私营企业过程中的一个普遍性问题。即使是在具有高度多元化和市场导向金融机构的成熟市场经济中，小型初创公司也面临着银行贷款方面的诸多问题。在美国，小企业中的大多数初创公司并不是从银行贷款的渠道获得资本的。"小的初创公司是由其所有者、亲戚、朋友，以及原材料和设备供应商提供资金的，银行机构仅仅给予这些公司很少的优惠和照顾。"[58] 商业计划的不确定性、市场风险及创建者有限的商业经验等，是银行拒绝贷款的重要因素。

在中国，由于缺乏正规的银行机构向私营企业开放贷款，这类问题更为突出。所以，更需要自下而上的解决方案和社会性规范来协调借贷协议。在长三角地区，几乎所有创业者在创办企业时都没有得到银行的资金支持，而是依靠自己的积蓄及亲戚和朋友的私人借款。互相借贷的协议和非正式信用市场会持续很长时间，远远超过创业的初始阶段。

整体来看，中国正规的金融机构所设计的借贷政策和实践，即使不是完全封锁的，那也至少阻碍了民营经济的兴起和发展。中国国有银行的规则和治理结构，反映了自 1978 年开始的经济改革初期的政策目标，即逐步依赖市场机制促进国有企业和集体企业的发展。长期以来，金融政策是歧视民营企业的，并被国有银行逐渐强化。[59] 尽管有外国投资和本土民营银行进入市场，但信用市场仍然由国家控制，60% 以上的贷款和储蓄是由国有银行管理的。[60] 而且，地方政府在借贷决策和公有制企业融资方面，扮演着重要的角色；这对于在中央政府产业指导政策下运营的企业来说，更是如此。[61]

在过去的 10 年里，中央政府颁布了有利于私营企业发展的政策。比如，2002 年的《中小企业促进法》就明确提出，要为中小企业提供地方性的财政支持和服务体系。尽管如此，这样的立法措施并没能得到有效的执行。[62] 很多企业家甚至都没听说过这项法律，或者不清楚地方政府机构在执行法律方面有哪些责任。真正寻求支持和帮助的人经常会遭到拒绝。这一点，部分是由于缺乏国家层面的执行指导方案，部分也是因为预算的限制。地方政策仍然偏向大型国有企业和国家控制的机构，而民营企业几乎被排除在体制之外，不能优先获得低利率的贷款。在政府控制的银行体系中，即使是成熟的中型和大型民营企业，在向商业银行贷款时也会遭到拒绝，这种情况是很常见的。

尽管长三角地区的民营经济在蓬勃发展，但国有信用系统对民营企业的歧视仍然很突出。截至 2000 年，在浙江省和江苏省，非国有企业获得贷款的比重仅占国有银行发放贷款总量的 5%，而地方政府所有的乡镇企业获得了最大份额。[63] 在我们 2006 年的调查中，仅有 20% 的受访者在过去的一年中从商业银行获得过某种形式的贷款。为了应对 2008 年的全球金融危机，中国发布了大规模的经济刺激政策，但贷款分配政策仍然是对民营企业不利的。民营企业并不能从银行获得贷款；相反，这些钱被用于国有企业的发展和地方政府的基础设施建设工程。[64]

陈增荣（音译），浙江省一家纺织厂（规模为 50 名工人）的所有者，在获得贷款之前被拒绝过 5 次。最终，作为一种替代渠道，他通过在线的 B2B

电子商务平台（Alibaba.com）获得了贷款。中国建设银行和中国农业银行在当地分行的信贷专员说，他们拒绝陈的贷款申请，是因为他们并不认为陈的生意有足够的发展前景。他们还说，陈的信用卡有延迟还款的记录，并以此作为陈缺乏"个人诚信"的证据。[65]

所以，一点儿也不奇怪，很多民营企业所有者甚至根本不考虑向银行申请贷款，因为能拿到贷款的概率太低了。同样，他们还顾忌复杂和烦琐的申请程序，严格的抵押要求，银行在贷款分配中的歧视和腐败。尤其对于获取创业资本，大多数人并不把向银行申请贷款作为一个可行的备选项。因为正式的银行体系几乎把民营初创企业的小规模贷款排除在外，所以需要资本的创业者一般都转向寻求非正式的渠道。

大多数企业家认为，对于创办新企业来说，用自己的积蓄或者从非正式个人贷款渠道获取资金作为第一笔投资，是最可靠的方法。长三角地区约2/3的企业家在成立私营企业时，完全依靠自己多年务工或销售（通常要跨省和地区销售小商品）的积蓄。很多人与亲戚和朋友合作，把积蓄凑到一起联合创办企业。总体上，在我们2006年的调查中，65%的企业家说，他们在成立企业时都有一两个合作伙伴。在成功创业的基础上，合作伙伴一般会在几年后分道扬镳，把最开始的公司拆分成两个或更多个独立的生意。

在私营企业创立阶段，向亲戚和朋友短期借款是一种获得外部资本最重要的来源。[66] 开始阶段，创业者可能从几个亲戚和朋友那里借一点钱做小生意。一旦生意发展起来了，归还借款之后，这些亲戚和朋友也会跟随创业者的路线。这时，之前的那些亲戚和朋友变成了借钱的人，而创业者也觉得自己有义务借钱给他们作为回报。随着地方上成立的企业越来越多，借款人和贷款人的数量也越来越多。这些人通过密集的社会网络联系起来，进而促进非正式的借贷规范自下而上地迅速发展。大多数企业家认为，对于他们来说，几天内从其商业网络中筹到中小规模的贷款并不是问题。所以，这种自下而上的地方性非正式金融规范，以一种社会构建的、自我强化的内生性制度变革方式发展起来。

没能从熟人、亲戚和朋友那里借到钱的人，可能就会转向贷款互助协会或者地下钱庄去获取创业资本了[67]；其他人则向他们的第一批客户借钱，购买原材料以完成第一笔订单。总体上，这些私人性质的资本来源，决定了创业的初始规模、技术和设备的水平。通常，在自家院子里建起一个小作坊是较为合适的。我们调查中的大多数私营企业，成立时的注册资本都少于10万元（约1.5万美元），而且最多只有20名员工。

一旦企业建成了，企业家有了一定的管理经验之后，他们就会从利润中拿出一部分钱继续投入发展，用于扩展生意、升级设备和建设厂房等。私营企业的创办者们说，一旦他们的企业成熟和盈利后，就主要是依靠内部盈余进行融资。企业家们认为，这不仅是一种避免负债的好方法，而且对于那些能用自己的方法积累资本的企业家来说，一直依靠亲戚和朋友的贷款为企业的拓展提供资金，也是不被社会接受的。

长三角的区域经济中很常见的是，创业者在制造业的低端竞争市场迈出第一步后，随着企业的发展，把积累下来的盈利再投入企业扩张，通过研发行为和投入产业的前沿技术等方式，沿着产业链向利润率高的一端发展。企业家们的战略目标是最终占据产业链的顶端，以及具有更好发展前景的细分市场。20%的企业家发展出一系列的创业行为：他们从第一笔生意获得经验，并积累资本投入新的创业中。这种模式，保障了长三角地区这些社会、经济出身和背景很一般的创业者们，从小生意开始做成了大规模的企业。

例如，一位宁波的企业家是从制造纺织工具——一种专门修理进口织布机的设备——起家的。一次，他在阅读《中国纺织报》的时候了解到，纺织产业面临着贸易摩擦和劳动力成本上升，于是他决定创建一个新的制造机械和电子产品的二线品牌。我们2008年访谈他的时候，他刚刚建立了一家新工厂，其中包含两个现代化的大型生产车间。这些车间里装备的自动化机械和车床，是他在建立新产品线过程中为承包商生产消费品时用过的。他用自己以前纺织企业的积蓄支持这些业务的拓展和多元化经营。[68] 类似的，尽管是在很不一样的行业中，一家金融软件服务公司的8位合作伙伴，用个人积蓄和向亲戚、朋友借来的钱开始了创业之路，公司仅有 3 名拿薪水的员工。他们每年从利润中拿出一部分钱进行再投资，并发展与私人投资者的战略合作关系。通过这两种方式，他们公司在 10 年间发展成为一家上市公司。如今，这家企业位于杭州市高新技术产业园中一幢新建成的办公楼里，拥有 800 多名员工，年销售额超过 2 亿元。[69]

尽管企业家们通常是靠内部盈余为企业发展提供资金的，但作为补充，非正式借贷方式仍然在民营经济的发展中扮演着重要的角色。在财务危机时为朋友提供短期的商业贷款是一种社会规范，这种社会规范保障了民营企业能够克服暂时性的资金流动性危机。在长三角地区，资金上互相帮助是生意伙伴间友谊的一个重要方面，这也增加了商业圈子里社会关系的价值。在 2009 年访谈的企业家中，我们请他们列出 5 项最有价值的商业伙伴关系。76%的受访者将他们与朋友的关系列为其中——这些朋友能够在他们面临财务危机时提供私人贷款。从这个意义上讲，非正式借贷行为代表了一种关键的自下而上的策略，能够帮助企业家们克服从银行体系获得正规金融资本的重重障碍。

一位杭州信息技术产业领先公司的 CEO 说：

> 我从不考虑向银行贷款。即使在今天，我也不知道如何向银行借钱。我从朋友那里借，也有朋友向我借钱，我也借给过他们。可能我们没有资格向银行借钱。反正，起初我们都不考虑从银行借钱。在杭州大约有 2 000 家信息技术企业，以销售额来看，我的公司排在前 10 位。当然，很多公司会向银行借钱。我也没有调查过。假如我们之前申请了，很可能也能从银行获得贷款；但是，现在没有这种必要了。[70]

大量的非正式资金运作产生了一个问题：创业者和贷款方如何保障他们的交易呢？[71] 显然，非正式资金运作在机会主义和违法行为面前尤其容易遭到破坏。对于商业计划或者某个投资项目的风险，贷款方很有可能不具备专业知识和技术进行恰当的评估。他们在 t 期履行了义务，而借款方则在 $t+n$ 期完成自己的义务。这样，双方交易不仅面临着信息不对称的风险，也有可能产生事后机会主义的道德风险。如果生意失败了，那么贷款方就可能面临意料之外的违约。这时，他们借出去的钱和利息中的一部分甚至全部会遭到损失。除此之外，贷款方还面临故意违约的风险。如果对当前贷款的索赔金额（包括估计未来获得新贷款的成本）小于违约行为可能产生的利益，借款方可能会故意违约。这种情况通常发生在借款方不想继续做生意了，或者是计划重新选址了。所以，这个时候他们不会期望以后再从同一个人那里获得贷款。在这种情形下，违背借贷协议可能是一种理性的选择。因此，在评估潜在的借款方动机时，贷款方面临着严峻的挑战。当然，如果法律体系不能充分保护借贷协议，那么有意违约行为带来的风险就会更高。如果违约索赔的价值较低，那么相对较高的冲突处理成本和很少有效的法律保障，就使被侵权的一方不会诉诸法律。

通过嵌入在密集的商业社群中一套相互强化的机制，中国的商人可以保障非正式借贷协议不受到有意或无意的违约行为侵害。总体来讲，通过社会网络对借款方进行筛选、借贷双方的共同利益、双方和多方的惩罚等机制，共同减少了违约的风险，使其远远低于正式银行体系的水平。[72] 另一类正式民营信贷的来源（像阿里巴巴）也采用类似的社会机制：网上捆绑信用担保服务和公开发布贷款违约事件。[73]

基于人际关系的贷款

因为非正式借贷协议本身就具有较高的风险，所以这种贷款一般都建立在借贷双方高度信任的基础之上。在投资风险最高的初创阶段，创业者会向几乎所有关系最紧密的亲戚、熟人（如同学）寻求资金，一般是多项小金额的贷款。在这种紧密的关系网中，贷款方可能面临着要把钱借给熟人的社会和道德压力。[74] 同样，借款方也面临着这种压力。借款方随后会努力进行分期还款。通常，父母和家里的兄弟姐妹会拿出他们大半生的积蓄帮助偿还贷款，这进一步给创业者增加了压力。即便生意失败了，还款的道德约束也仍然存在。

然而，初创阶段过后，很多创业者就会尽量避免向亲戚和朋友借钱了。这种变化对于企业的再投资来说尤其如此。按照长三角地区的商业规范，企业再投资是通过企业自身的内部盈余实现的。这种规范实际上就是说，已经站稳脚跟的企业就不应该再向亲戚借钱，以获得或增加财富了。对于企业家来说，如果向比他资产还少的人借钱，就只能引起他人的怨恨和责难。即使面临周期性的短期现金流问题，企业家们也不愿意再向亲戚借钱了。一位商人不无遗憾地说："我向亲戚借过钱，但以后再也不会从他们那里借钱了。"这里有个问题，就是亲戚们通常会想参与到生意和投资决策中。而且，家庭对财务方面的期望回报通常会超出贷款偿还的范畴，延伸至创业项目的非正式产权上。家庭成员对财富创造如此高的期望及其对创业失败的担心，通常会给创业者造成太大的压力。所以，尽管非正式借贷规范广泛地存在，但长三角地区大多数私营企业家和经营者说，他们实际上还是倾向于向商业银行借贷。

企业家们都说，在初创阶段之后，如果不能从自己企业的盈余中筹到资金，他们就会向商业伙伴进行短期贷款，以解决周期性的资金流动性问题。如果现金流出现了问题，企业家们会互相提供短期贷款，这也是长期商业伙伴关系的一种表现。通常，借贷双方是供应商和客户的关系，而且是持续多年的商业伙伴。通过多方面的纽带关系（不仅仅是非正式的财务互助），这些人缔结了共同的利益。借贷双方一般会彼此模仿，甚至在商业活动方面开展合作，如分享战略信息和分摊技术开发成本。通过多种形式的长期交换，商业伙伴之间不仅发展出了较高水平的人际信任，贷款方也会对借款方的经济状况和未来发展前景有了直接的了解。而且实际上，通过这种多方面的商业纽带，借贷双方的利害关系已经远远超出了借贷金额所表现的范畴。

借贷双方的相互依赖

作为创业的一种可靠的资本来源，非正式借贷行为扩散迅速且十分重要，这更加突出了经济制度自下而上的社会建构特征，以及在保障和促进民营经济发展中的重要作用。这些贷款通常没有书面的合同或正规抵押，就是握个手就完成了。尽管这样，但企业家们也会服从非正式借贷的规范，为还清贷款而勤奋工作。因为，当前的绩效决定了他们在未来获取非正式资金帮助所需的声誉和期望。民间借贷同样创造了互惠的期望：贷款方也希望以后可以从现在的借款方那里借到钱，所以双方都会遵守他们的口头承诺。正如一位企业家所说的："你只能骗人家一次；那下次你需要帮助的时候怎么办呢？"[75] 从借款方的角度来看，培养可靠的借贷关系至关重要。因为，只有最大和最成功的私营企业，才有可能从正规的信贷渠道获得资金。所以，民间借贷并不仅仅是一起短期的交易，在长期也起到重要的作用，这就要求企业家们保持良好的借贷信誉。只有那些及时分期还款并享有良好声誉的借款方，才有可能在未来再次获得财务资助。即使没有扩张计划的企业，也需要在经济不景气时，通过贷款来缓解短期的现金流危机。因此，借款方有很强的动机按照借贷承诺偿还贷款。

贷款方也会从这种脱离正式银行体系的民间借贷行为中获益。以当前的通货膨胀率为基准，国有银行存款的最高固定收益率通常不会产生正的收益；而民间商业借贷的利率一般不低于10%。所以，对于贷款方来说，民间借贷协议是一种更具吸引力的投资方式。除了纯粹的物质激励——将积蓄从银行转移到民间借贷，贷款方也希望在未来获得同样的帮助。不仅仅是已经成功的企业家会从可靠的民间借贷中获益，由于长三角地区的商业氛围深受民营经济和创业活动的影响，因此亲戚和朋友也期望能在未来得到互惠性的资助，进而创办他们自己的业务。

有时候，借款方会买一些小礼物或实物表达他们的感激之情。当被问到他和朋友之间是如何互相借钱的时候，一位信息技术公司的所有者回答："我们就是写一张借条；没有利息，也就是朋友之间帮一个忙。我送了他一个礼物就当是说谢谢了，如一台笔记本电脑或数码相机。这就是一种朋友之间表达感情的方式。有时候甚至连借条都不写，为了表达朋友关系，他就把钱借给我了。"[76]

所以，银行正规贷款的制度性障碍产生了一个意外的结果：将借款方和贷款方都锁定在一种互利性的非正式借贷关系中。这使得他们在正式金融体制之外存活下来，并反过来吸引了越来越多的新成员加入民间借贷。

作为筛选机制的声誉

借贷双方一般是有共同利益的；除此之外，对如何使用贷款的监督也至关重要。尽管借贷双方会签订简单的合同来说明贷款总金额、利息率和偿还方式等问题，但是缘于高额诉讼费、不可预知的诉讼结果、执行诉讼的成本较高等，即使发生问题，贷款方也不会真的依靠法律途径去追偿贷款。因此，对借款人的事前筛选就至关重要了。商业社群中的信息共享，为识别可靠的借款方提供了一种必不可少的筛选机制。揭发违约者和违约行为，关系到地方商业社群的切身利益，因为这可以保护其成员免受损失。通过商业伙伴之间的闲聊，以及商业协会的社会活动、例会等渠道，机会主义和违约等重要信息会快速扩散，超出了个体创业者的社交网络。一位受访者说："在我这个行业中，只有不超过100家企业……我们现在都能聚到一起开会……我们对彼此都相互了解；而且，在这些会议上，我们也能听到其他企业的消息。"[77]

在调查中，我们问企业家，如果他们生意上的熟人知道有人做出违反商业合同的行为，这些熟人会不会告诉他们。在这个问题上，受访者的答案非常肯定——在1—7分量表上的平均得分为5.07。在借款方拖欠贷款的问题上，近38%的受访企业家认为，贷款方可能会告知其生意上的朋友、客户和供应商。借助地方和区域性商业社群中复杂的网络关系，信息会通过交叉连带的方式快速传播，这些纽带成了传播违约行为的重要渠道。信息分享超出了直接参与借贷的群体。受访者认为，无论他们是否参与了民间的借贷市场，机会主义和违约行为的负面消息都会传遍整个商业社群。在涉及内部机会主义和违约行为时，社会规范起到了保护商业社群成员的重要作用。这种监督体系所带来的益处显然超出了直接的借贷关系，因为违约行为可能对利益受损的贷款方的生意伙伴产生进一步影响。

商业社群的惩罚机制

由于负面传言会在当地整个商业社群中传播，因此对于借款人来说，有意或无意的违约行为都会产生不良的结果。拖欠还款不仅会破坏双方的生意关系，而且其他潜在的贷款人会根据其以往的还款行为，做出是否贷款的决策。约 27% 的受访者认为，有人如果拖欠还款，那么就会影响到他与商业社群其他成员的生意关系，而且这种影响不仅仅是在贷款方面。杭州一家小型机械工程公司的所有者，在企业资金运作方面主要依靠非正式的借贷关系。他说："一旦你拖欠一笔贷款，就会毁掉你整个声誉……但是私人老板要正常运营企业，所以这就是为什么人们会偿还贷款……以保障他们的声誉。我实际上从来没有拖欠过任何贷款。"[78] 另一位受访者说："谁敢做什么坏事儿，大家都会知道的，就都不信任他了；那他就没办法经营下去了。"[79] 在几乎被正规信贷来源排挤在外的民营经济中，这种商业社群内的惩罚机制，提供了一种社会性的规范，非常有效地发挥着作用。

一位南通的纺织品生产者回忆说：

> 有时候，确实会有人不还贷款然后就消失了。最近就有这样的事情。一个老板从村合作社借了 50 万元，还从亲戚和朋友处借了 100 万元。还款日期到了，他跑了，公司的资产也不够抵债的。他不得不跑，因为他的一部分借款是高利贷。如果他留在这儿，可能会受到身体上的伤害。除非他能还上钱，否则他就不敢回来。或者过一段时间，三五年的，他混不下去就回来了。那时候，人们可能就忘了这笔欠款了。[80]

这种事情经常是由于社会网络中的非正式贷款没能提供足够的资金，因此企业家们不得不向地下钱庄或高利贷借钱。在这种情形下，拖欠还款的结果一般都是最严重的。然而，在我们调查的样本中，这种贷款的情形似乎只占很小的比重，只有1%的受访者说他们曾经求助这类贷款。

结　论

对长三角地区私营企业创设过程的研究，为我们理解市场经济兴起的微观机制提供了初步的认识。在分析式的叙述中，企业家是核心的行动者，他们推动了能够产生民营经济的制度性创新。一旦建立起来，非正式的经济制度就为企业家的行为提供了结构性的框架。

长三角地区的创业行为并不是由外在制度变革驱动的。当企业家决定从传统的生产体系中脱离出来的时候，政府既没有发起财政改革去帮助他们获得更广泛的社会参与，也没有提供产权保护，或者出台有关公司注册和负债的明确政策。相反，在密集的社会网络中，具有相似心智模式的行动者发展出来的、创造性的非正式制度安排，为第一批创业者提供了必要的资金和可靠的商业规范。这一点，使他们能够在国有控制的制造业体制之外生存下来。

这种自下而上的叙述，类似于对西方早期资本主义产生的解释。就像韦伯对19世纪英格兰和德国经济发展所描述的那样，长三角地区制度变革的驱动力来自既有的经济秩序之外。其创业者并非是政治和经济精英阶层中的一员，而是来自普通的社会背景。这些创业者既不是熊彼特理论中的精英和先行者，也不像奈特所描述的对不确定性具有更高的容忍度。正如吉利汽车创始人和CEO李书福所说的，他们那一代企业家"就是一帮很单纯的农村孩子"，很多人来自贫困的农民家庭。《华尔街日报》对李书福的社会经济背景的描述，概括了这种自下而上的观点：

在吉利转型的背后是他的主席，李先生，他把自己描述成一个工作狂——晚上大多是睡在公司位于杭州的总部。他1963年出生在贫困的农民家庭，他的老家在台州——距上海东南方向250英里。他在20世纪70年代末的中国经济改革期间长大成人。

高中毕业后，他用自己的毕业礼物——100元（约14美元）买了一台二手照相机。随后，他为村民开了一家照相馆。用赚来的钱，他做起了从废弃家电和机器上分离金银等贵金属的生意。后来，他又开了一家生产冰箱和冰柜的工厂，也做过建材生意。

20世纪90年代初期，李先生想到了制造汽车；但是那时候，中国政府不允许私营企业进入汽车行业。所以，李先生开始制造摩托车。与此同时，他仍然继续买汽车，然后拆开来学习如何制造。90年代后期，官方的限制有所放松，李先生成立了吉利公司。他在竞争对手产品的模型基础上改进，发展出公司的第一个汽车原型，并在2001年开始销售汽车。[81]

这是第一代创业者的典型故事。他们并不在意自己出身低，也不会因在法律框架外的创业行为而感到耻辱。这些具有相似心智模式的人互相模仿，使得互助性的规范和地方性商业网络逐步发展起来。正是通过这种模仿和干中学的过程，曾经声誉不好的主流经济叛离者，成为了创业型社会运动的企业家楷模和先行者。伴随着这种自助性的制度，民营经济很快就发展到自我强化的市场经济道路上；反过来，民营经济的稳定发展也为法律法规的变革指引了方向。

05

合法性与组织变革

  1949年以前，即使拥有繁荣的市场，长三角地区的传统手工业和商业企业，也没能兴起像英国和部分欧洲地区在第一次工业革命时期的"资本主义萌芽"；相反，家族生意依然以传统的形式存在，依赖兼职的家庭劳动力，只是农业经济活动的一种延伸。清朝政府曾经试图通过1904年颁布的中国第一部《公司法》来发展公司制度，但是那时的公司还是被西方帝国主义列强和日本垄断。1949年以前，中国超过110万家的工商企业中，几乎99%都是在《公司法》的框架之外运行，而且是以没有向政府登记的独资企业和商业伙伴的形式存在的。[1] 一个私营企业经济体由此发展了很长一段时间，但并没有产生以经济活动参与者行使"法人"或公司权利为核心制度特征的现代资本主义。那么，为什么这些20世纪末期的创业者，能够打破传统家族生意模式而发展出现代企业模式呢？

  20世纪80年代，当创业者开始尝试创办私营制造型企业时，国营企业模式占据着主导地位。西方社会的公司制模式——有限责任公司（LLC）和股份制公司（JSC）——既缺乏历史基础也缺乏政策支持。非常自然的，大多数早期创业者建立了独资企业，因为这是最容易建立和经营的。尽管政府试图将私营企业的生产限制在非工业性制品和手工艺品领域,但成功的私营制造商,很快就成长并超出了单个家庭企业(个体户)的组织模式范畴,尤其是超出了对其规模不能超过七名员工的限制。既没有足够的渠道获得资本,还缺乏专业性人才,逼得很多创业者另想他法。合伙制和股份制不仅可以聚集创业资本、分散风险,而且可以形成具有互补性技能、职业经验和社会资本的创业团队。在这些企业中,持股人的职责和权利是基于合作伙伴之间的协定,而这些合作伙伴一般都以长期的朋友或亲戚关系联系在一起。很快,这种组织模式就在民营经济的兴起中扮演了重要的角色。

尽管创业者通过试验性的组织模式来保障其发展规模能够超出家庭生产方式,但是,1988年中央政府颁布的《私营企业暂行条例》,仅仅明确了私人独资企业模式的合法性地位。[2]对于占统治地位的国有企业背后的经济秩序,中央政府的改革者并没有想要进行变革;相反,他们在面临民营经济增长——经济改革过程中意料之外的产物——不断产生的压力面前,寻求对公有制部门的保护。

在经济改革的第一个十年里,个体户在商业社群中是被质疑和受到公开敌视的。在这些商业社群中,文化大革命时期的激进分子大肆攻击走资本主义道路的"投机者"。因为创业的行为受到广为传播的负面观念的影响,经济改革早期的创业者们,面临着受歧视的风险。"当时我要创办个体企业的时候,我的朋友和同学们都很吃惊。"一位年轻人在1983年对中国南方一家报社(《广东日报》)的一位记者说:"他们说,做私人生意没有政治前途、没有安全保障、没有社会地位,甚至找女朋友都困难。"[3]从1988年年底到1991年,私营企业家面临的外部压力逐渐增强。

私营企业被地方政府视为不合法和低等的社会阶层,很容易受到特殊税收、占用、管制性干预的影响,甚至被全部没收财产,致使企业倒闭。因此,很多制造型企业以股份合作社的形式注册,因为这被公认为是公有制经济组成部分的一种组织类型。[4]其他企业则寻求与地方政府结成密切关系,并与之商量以集体所有制的形式注册,即所谓的"红顶"企业。[5]在这种安排下,私营企业家同意付给地方政府所谓的管理费。

然而，以地方政府所有制的形式注册为集体企业的成本很高。股份合作社和"红顶"企业必须服从国家对公有制企业的管制，包括要完成再投资的规定额度，限制股息报酬，对地方公共财政资金有所贡献，进而为地方性再投资留出余地。[6] 尽管这些规定并不是在所有地方都得到同样的执行，但是确实在很大程度上稀释了私人的产权。而且，依法注册成为集体企业，让地方政府可以以法律上所有者的名义和身份，干预企业的经营和战略决策。其结果是，企业与国家的边界经常是很模糊的。"红顶"企业模式中，地方政府承诺会尊重私人所有者的权利，而产权仅仅是建立在对这种承诺的信任之上。因为这种信任是嵌入在企业家和地方政府官员之间个人的人际关系中，所以政府人员换届就很容易威胁到这些非正式产权的合法性。这种不确定性随着"红顶"企业规模的扩张而上升，尤其是在20世纪90年代政府财政需求不断上升的期间。财政预算缩减时，地方政府一般会强制性地与"红顶"企业的所有者重新谈条件，以获得新的税收收入。[7] 珠江冰箱厂，也就是广为人知的科龙集团前身——由农民企业家潘宁于1984年在广东省南部创建——的例子，很好地说明了这种不确定性。利用9万元的技术支持贷款和容奇镇400万元信用贷款，这家公司以集体企业的名义正式注册成立，但所有人都知道它实际上是私营性质的。企业很快就还清了贷款，并且，在企业经营之初的15年里，镇政府对企业实际上是私营性质这一事实还是很尊重的。企业蓬勃发展，而且，科龙集团能够在与当时的国有电冰箱厂和美国的家用电器公司惠而浦（Whirlpool）的竞争中，获得相当大的市场份额。然而，1998年12月，就在有传言说科龙集团拒绝了镇政府要求其接手镇属一家亏损的空调厂之后不久，镇政府突然变脸并接管了整个集团公司的管理层。截至2000年，镇政府替换了企业所有的企业创始成员，并运用其法律上的控制权成为了这家"红顶"企业的正式所有者。这个由镇政府经营、国家所有的企业，通过履行其法律控制权，控制了科龙集团的资产。[8]

显然，不论对独资企业、股份合作社还是"红顶"企业来说，私营企业合法性的缺失，进一步加剧了产权问题，并增加了企业损失的风险；而且，不安全的产权更阻碍了很多私营企业获得外部融资。处于社会底层的境遇，以及对财务资本和工人的需求，激发了中国转型经济中的私营企业家们寻求自身企业的合法性。并不意外的是，他们把自己与文化大革命时期对传统商业中商人、小贩等身上"奸商"和"投机倒把"的负面认识划清界限。他们寻求的是现代工业的身份形象，这可以使他们在公有制经济之外，以私营企业模式运行并获取外部合法性和社会支持。

地方政府会以长期亏损的乡镇企业进行产权改革试验，把这些企业注册为股份制公司和有限责任公司。正是这种早期偶然性的尝试，为私营企业的身份转变打开了一扇新的窗户。在这种带头作用下，创业者们采取了与公有制企业混合所有制相同的模式。即使在1994年的《公司法》生效之前，约有17%的私营企业跟随潮流，以有限责任公司的模式运营；而16%的企业则以股份制模式运营。[9] 事实上，《公司法》为中国企业的公司化提供了法律基础，加速了有限责任制和股份制模式在私营企业中的扩散。

本章，我们考察组织的同构化——组织种群中的一部分与面临相同环境的另一部分变得相似的过程[10]——是如何保障私营企业，并增加其成功和生存的概率的。这是一个组织寻求合法性的战略过程。为了描述这个过程，我们强调1994年颁布的《公司法》的关键作用，并详细阐述私营企业家是如何模仿政府所有制企业进行公司化的过程。

尽管私营企业表面上服从《公司法》所要求的组织外在形式，但是其内部组织实践和日常规范，仍然维持着私人独资企业的管理模式。[11] 这种组织外在正式表现与日常实践的背离现象，支持了如下观点：企业采用国家倡导的"现代企业制度"行为，是由寻求认知和社会政治的合法性所驱动的。这里，认知合法性是指在特定的制度环境中，被认为是理所应当的企业或组织模式而为人们所接受；社会政治合法性是指企业获得政府、消费者和一般大众的社会认可。[12]

作为制度变革机制的同构化

私营制造业企业家面临的一个核心困境是,作为一种组织模式,私营企业处于不合法和被责难的社会地位。他们不得不在政府的严格管制下运行,或者与地方政府合作,注册成为"假的"集体企业。事实上,不安全的产权使得私人投资倾向于小规模、附加值很低、技术含量低的项目上。创业者们都寻求投资回报快、还贷周期短、固定资产投入要求少的投资项目。[13]

组织理论向来强调,企业要想在市场上生存和获利,需要的不仅仅是资源和技术信息;它们同样需要合法性,以及由此带来的社会接受性和可信性。[14]没有合法性,组织的绩效很有可能遭受损害,因为这些经济活动参与者缺乏与环境建立起纽带的能力——外部环境既不理解也不支持这些人的存在或目标。他们不能说服人们向其公司投入劳动力、资本和知识。[15]显然,例如1988年,一位上海商人在意识到他想招的工人并不想为私营企业工作之后,将他的企业转变为公有制企业。[16]

对合法性的追求,使组织在表面上表现得如外界所想的、所认可的一样,即便这中间包含了与企业真实特征不一致的东西。[17]例如,19世纪初美国的女权团体,采用非政治性的自愿联盟组织模式增强其政治影响力,这被视为在文化上是合法的。[18]类似的,在多伦多,被地方商业协会支持并在慈善捐赠名单中的自愿性社会服务组织,其寿命要比那些没有得到支持的组织明显更长。[19]如果公众感觉一个组织是合法的,那么该组织因缺乏社会地位而失败的可能性就会减小;而且,也有更多的机会获取资源和社会支持而成功。

市场新进入者的一个普遍策略,就是模仿和复制已经被认为是合法的组织模式。[20]企业家们会不断复制和适应那些合法组织模式所建立的完善的构成要素。[21]这种明显的模仿特征,通常通过观察、地方性传闻和非正式商务咨询的形式来实现。一旦一个地方性市场稳定下来,并出现了成功的商业领导者,观察和模仿行为就会急剧加速。[22]地理相近性——如同长三角地区——会刺激地方性的学习和组织适应过程。[23]社会网络同样可以加速特定组织模式的扩散。[24] 一般，创业者们会基于先前的工作经验，模仿前雇主或相同细分市场中的当地竞争者，设计自己组织的结构。

正是中国的公司化改革政策——设计目的是引导国有企业现代化——为私营企业提供了一种合法性的组织模式。中国政府提出要建立"现代企业制度"，通过融入这个过程，私营企业开始摆脱社会地位低下的困境。以有限责任公司或股份有限公司形式建立企业，不仅可以减少企业在注册资本上的风险，也为私营企业提供了合法性的组织结构，使它们与公有制企业几乎没有区别。独资形式的私营企业很容易从公司名称上被识别出来，但是以有限责任公司或股份有限公司的形式注册，可能是介于完全国有企业或者完全私营企业的任何一种模式。采用这种政府所有制–企业私有化的外在组织模式，私营企业向外宣示了自身的合法性——与政府倡导的工商企业改革表现得一致。

起初，《公司法》的目的很明确，并不是为民营经济的发展提供法律框架的[25]；恰恰相反，中国的法律制定者意在重塑和强化日益衰退的国有经济部门。以地方政府领导的企业产权改革为借鉴，20世纪90年代，中央政府改革领导者将注意力转向了长期亏损的国有企业，进行整体和部分的产权改革。在他们看来，国有企业的公司化改革，是一种建立可实现盈利的"现代企业制度"的有效战略。通过公司化改革，规模最大的一部分国有企业可以在上交所和深交所上市。"上市公司"的新身份很受改革者的推崇。因为这种新的分类方式与西方的公司组织模式类似，所以符合推进现代化进程的意愿。同时，这些企业仍然保持着由国家主导。因为国家大力宣传并推行"现代企业制度"，有限责任公司与股份有限公司很快成为了现代化和经济发展的代名词，也成为在中国具有合法性和社会声望的象征。

实际上，《公司法》建立了一种混合式的公司模式，整合了西方社会的标准和中国的国情。[26] 因为仍然保有计划经济时期的痕迹，《公司法》为政府继续在部分混合所有制改造的公有制企业中进行干预和政策控制，提供了法律基础。[27] 尽管中国法律的制定者在制定组织标准时很大程度地借鉴了西方社会的公司治理模式[28]，但是政府反对私有化的观念仍然很普遍。成立企业的最低资本要求被设定得很高，这表明《公司法》偏向于建立公众化企业。在国有财政制度并不支持私人创业的社会环境中，法律要求成立有限责任公司的最低资本为 50 万元，而成立股份有限公司的最低资本则为 1 000 万元，这成为建立这类公司很大的障碍。[29] 即使是在工业经济发达的国家（如德国和意大利），其最低资本的要求还比较低——有限责任公司只要 1 万欧元（比中国要求的低 20%）；美国、法国和英国最近甚至取消了最低资本的要求限制，或者将其减少到一个几乎是象征性的额度。在中国，私人创业的情况要复杂得多。根据《公司法》的规定，无形资产、劳动力等非现金形式不可以替代现金作为公司的注册资本。[30]

即便如此，1994 年《公司法》的颁布，还是加速了有限责任公司和股份有限公司模式在私营企业中的扩散。地方政府首次尝试推行国有企业和集体企业（部分）的产权改革，为中国企业的发展战略指明了新的方向。这期间，企业家们实际上已经尝试了上述两种模式。这两种模式具有合法性地位，得到了广泛的政策支持。受此吸引，私人创业者有很强的动机采用这两种模式，以摆脱独资和合伙形式带来的不确定性。[31]

公司制很快在私营企业中发展成为一种大规模的社会运动。很多地方官员鼓励私人企业注册为有限责任公司形式，不仅因为这种模式向地方工业传递了现代化的信号，让资产负债表看起来好看；而且因为其新的合法性地位，保障了地方企业的注册数量得到整体增长；并且，也使当地就业和税收得到增长。这样，潜在创业者就不再需要押上他们的私人财产了。截至 1997 年，就在《公司法》颁布 3 年之后，全中国 48% 的私人企业正式注册成为有限责任公司；而到 2004 年，这个比重进一步增长为 65%。[32] 我们所研究的长三角地区，与整个国家的状况表现出类似的规律；而且，企业注册为有限责任公司或股份有限公司的比重更高，这反映了长三角地区是中国民营经济发展的先驱（见表 5.1）。尽管在公司模式的选择上有一些差异，但是这种状况在我们调查的七个城市均是如此。有限责任公司的比重从 56.5%（温州）到 82%（上海）不等，而股份有限公司则从 11.7%（常州）到 26.7%（温州和南通）不等。

表 5.1 私营企业的法律形式

单位：%

	独资企业	合资企业	有限责任公司	股份有限公司	其他	合计
全国样本						
1993 年	63.5	15.8	17.0	—	3.6	100
1997 年	38.3	13.3	48.4	—	—	100
2000 年	39.0	7.3	46.4	7.3	—	100
2002 年	28.7	5.7	57.2	8.4	—	100
2004 年	20.3	7.6	64.9	7.2	—	100
长三角地区样本						
2006 年	8.9	6.5	67.0	17.2	0.4	100
上海	4.0	2.0	82.0	12.0	—	100
南京	6.8	16.7	64.7	11.8	—	100
南通	—	5.0	66.3	26.7	2.0	100
常州	4.8	7.8	74.8	11.7	0.9	100
杭州	19.8	2.9	62.4	13.9	1.0	100
温州	6.9	9.9	56.5	26.7	—	100
宁波	19.4	1.0	62.1	17.5	—	100

资料来源：全国样本的数据来自《中国私营企业发展报告 2005》（北京：社会科学出版社，2005），第 246 页；2006 年长三角地区调查。

个人成立公司的决策,几乎不是基于对《公司法》或有限责任公司和股份有限公司的法律权利与义务的详细分析。大多数企业家并没有寻求法律建议或咨询,以分析《公司法》所规定的规则和条件;相反,企业家是基于对相关规定与程序的直觉性经验判断和理解。一位常州的电器设备公司所有者解释:"我告诉你我在注册公司之前为什么不读法律条文,包括《公司法》在内。我对《公司法》有一个大概的了解,但是我没有去读。我不读的主要原因是,当前的中国商业环境并不是严格地遵循《公司法》运行的……我担心,如果我真的认真阅读法律条文,就会被限制住。"[33]

在回忆注册有限责任公司时,大多数企业家说,他们实际上是模仿当地市场中成功的竞争者。"那时候,有限责任公司是一种普遍的模式""我只是模仿我们当地流行的模式而已""我所有的朋友都是以有限责任公司形式注册的",等等。一位常州的化学制品企业的所有者说:"我注册公司时,就是觉得有限责任公司是我那个地方的标准模式。在这个行业中,这个模式大概占了90%的比重。事实上,我并没有向别人咨询,只是别人怎么做我就怎么做。在跟随他们做的过程中,我认为对于像我这种小规模的企业来说,这可能是很合适的模式了。"[34] 其他企业家则回忆道,地方的权力部门建议他们注册为有限责任公司或股份有限公司,进而减少经营失败的风险。一些企业家还指出,他们决定公司化是为了获得合法性,进而可能会带来经济利益。人们的一个共识是,股份制公司可能在未来向国有银行贷款时会有优势。其他人则强调,公司制就是听起来更好一些,传递了一种信号——规模化、可靠、具有相对广泛的经营范围。例如,一位宁波的管理者解释:"我当时注册为有限责任公司,就是因为在市场上好听。如果我当时是以简单的独资企业注册,那么我肯定就得不到现在这么多的生意。理想的情况甚至是能注册成为企业集团,那就一定可以给我带来最好的生意。"[35]

地方官员没有动机去严格履行《公司法》的规定,而私营企业很快就从这种松懈的监管中获得了利益。那些没能满足成立公司最低资本要求的创业者,开始设法绕过这一法律。他们向地方工商局等相关负责部门登记时,一个常见的策略就是用借来的钱存入银行账户，等公司注册完成后，就立刻把钱取出来还给借钱的人。很多企业家都说，注册资本仅仅"存在于纸面上，没有任何实际意义"。[36]据另一位常州的企业所有者估计，这种做法在常州90%的企业中都是如此。[37]

同样，创业者们通过虚拟股东的形式，满足《公司法》对公司要有多位股东的要求。正如那位坦率承认"不读法律条文"的电器设备企业所有者所描述的："注册公司的时候，我知道有限责任公司是要多于一名股东的。所以，在纸面上，我把我弟弟拉了进来，我俩共同拥有企业；但实际上，当然，我是自己独自所有的。我们是注册成股份制公司的形式。"[38]这种方式很普遍。通常，妻子、丈夫或亲戚会被列为形式上的股东，占有公司1%—5%的股份，这是为了证明企业注册为公司法人是合法的。但是，真正的企业所有者当然不会把这些股东当作公司的共同所有者，或者让他们参与生意的决策；他们仅仅就是列到纸面上，满足法律的要求而已。

转变为"现代企业制度"的治理结构，保证了私营企业能够作为合法的模式，进入中国主流的工业经济体制中。采用国家要求的正式治理结构并整合现代公司制的组织模式，使私营企业得到了较高的社会和政策支持，进而其生存概率也上升了。在我们对长三角地区的调查中，1994年之前成立的企业有46%是以有限责任公司的模式注册的，而28%是以股份有限公司的模式注册的。这表明，以法人形式注册公司的生存概率，明显要高于独资企业和合伙企业的形式。在我们的样本中，即使剔除了由地方政府所有企业改制而来的企业之后，上述企业存活率的差异仍然存在。

总体上，对有限责任公司和股份有限公司的需求及其关注的商业问题，地方政府更为在意。在我们对长三角地区的调查中，64%的股份有限公司，时常会被地方政府问及对当地社会和经济发展现状的看法；相反，只有36%的合伙企业会被问及这类问题。这种差异在控制了公司规模、地区和行业之后仍然存在。同样，不同类型企业自我感知到的社会地位也存在明显差异，表明了企业形式在公众眼里具有不同的合法性效应。在我们的样本中，这种评价一般在私人独资企业中最低，而在有限责任公司中最高。[39]

被国有经济接受的合法化公司模式的组织同构化，降低了个体与主流经济背离的成本，并增加了预期净效益。如我们在第2章所描绘的，伴随着私营企业更大的预期净效益，反过来会降低自我强化的、自下而上的制度变革过程所需要的临界条件。

组织结构的神话和现实

通过将企业注册为有限责任公司和股份有限公司，企业家获得了合法性和政策支持，而这是独资企业所欠缺的。但是，这种外表的服从表现，不一定意味着企业要真正改变其内部经营活动。尽管长三角地区的企业家服从外部的组织模式和"现代企业制度"的规定，但是在这层表象之下，出于个体企业经营的需要，其实际的工作实践和日常惯例是与外部模式分离的。[40]

《公司法》对组织惯例和基本架构有很详尽的规定。从法律上讲，有限责任公司和股份有限公司是混合型治理结构，反映了在分配给工商业企业家多大自由度的问题上，中央政府矛盾和犹豫不决的心态。作为一种针对大型国有企业公司化的战略，《公司法》明确地规定了企业的正式规则和结构，其目的是保证共产党在工商业经济中的政治控制。《公司法》第1章明确规定，有限责任公司和股份有限公司必须设立党组织、职工代表大会和工会，这反映了传统的政治参与形式。第19条明确规定，在公司中，根据中国共产党章程的规定，设立中国共产党的组织，开展党的活动。公司应当为党组织的活动提供必要条件。所以，如果按照这种正规的公司治理结构设计组织规则和惯例，会使企业面临一定的政府干预和政治控制的风险上升。[41]

《公司法》中，很多有关企业决策及管理层、董事会和股东之间权利分配的规定，与中小型独资企业实际经营的需求是不一致的。所以，尽管企业家有意愿服从外部的现代公司模式以获取合法性，但通常都是在表面和形式上服从《公司法》所规定的正式组织惯例与结构；而实际上，内部的经营活动和外部的组织模式大不相同。正如上文提到的常州那位企业所有者所说的，他注册有限责任公司的时候不读《公司法》的条文，是害怕限制了自己的经营活动。他认为，"《公司法》就不适合私人企业的真正需求。"[42]

在法律形式上成为有限责任公司或股份有限公司，并不意味着私营企业实际的组织模式和实践发生了变革，而是在私营企业中间兴起了一个类似社会运动的过程——都在表面上服从现代企业改革。然而，这个改革原来的目的是要繁荣作为主流工业经济成分的国有企业。形式上的规定与组织实际内部经营活动相分离的一个最明显例子就是，企业象征性地列出《公司法》所要求的组织正式结构图。按照规定，无论公司的规模大小和股东人数的多少，有限责任公司和股份有限公司都有法律义务召开股东大会，并设置董事会作为公司的法人代表。然而，很多私营性质的有限责任公司和股份有限公司都没有遵守这个规定。在我们2006年的调查中，只有55.2%的有限责任公司和72.2%的股份有限公司，真正召开过股东大会（见表5.2）；只有35%的有限责任公司和55%的股份有限公司，设立了正式的董事会。按照官方的统计数据，长三角地区企业的这种法律形式与日常规范相脱离的比重，要比中国整体的平均值高。（但是要注意，为了表示企业遵从《公司法》，受访者可能会隐瞒真实的情况。所以，由国家统计局所做的政府调查而得到的数据，很可能夸大了企业服从正式法律规定的比重。）

表5.2 法律规定的组织要素的执行情况

法律上的组织模式	样本	召开股东大会的企业比例（%）	设立董事会的企业比例（%）
独资企业	长三角地区	4.7	6.3
	2004年全国抽样	16.6	34.0
合资企业	长三角地区	43.4	26.0
	2004年全国抽样	60.5	71.3
有限责任公司	长三角地区	55.2	35.0
	2004年全国抽样	65.1	80.2
股份有限公司	长三角地区	72.2	55.0
	2004年全国抽样	72.5	90.3

资料来源：全国样本的数据来自《中国私营企业发展报告2005》（北京：社会科学出版社，2005），第248页；2006年长三角地区调查。

企业内部的工作惯例与正式规定和法律条文相分离现象背后的一般逻辑是，基于对效率最优的追求。不召开股东大会的企业，通常是只有一位所有者和一个名义虚拟股东的小公司，或者只有少数几个合伙人的私营企业。比如，私人性质的独资有限责任公司，一般会把所有者的配偶列为第二大股东和董事会主席。常州的一位企业所有者解释："股东大会和董事会就只是在纸面上的，因为我是和我老婆一起经营公司的。这实际上都是假的，是给外人看的。注册资本实际上也差不多是这种情况。真实的情况是有一笔资金，而写到纸面上给他人看的还有另一笔资金。从正规形式上，我们是有一个董事会；但实际上，肯定是我自己做出所有的决定，而且也没有真正开过董事会。"[43] 在只有两三个股东的公司里，他们平常都在公司里工作，所以正式的股东会议对于交换信息和做决策来说是多余的。在我们的样本中，只有 7.69% 的有限责任公司是由共同持股比例在 50% 或以下的小股东们管理（见表 5.3）。平均看，每家有限责任公司有 2.5 位股东，这通常还包括了老板夫妻档的形式。35% 的企业是由一个所有者经营，26% 是由两个经营，而 22% 是由三个经营。这些老板经营的企业自然不会召开股东大会，也没有董事会。这反映了实用主义的观点：企业内部日常规范是由实际经营需要所决定的。

表 5.3 不同企业模式中管理职位上的股东

法律上的组织模式	企业管理层的累计持股比例（%）						
	≤ 15	≤ 30	≤ 50	≤ 75	≤ 90	≤ 95	≤ 100
独资企业	—	—	—	—	1.69	1.69	100
合资企业	—	7.14	21.43	38.10	52.38	57.00	100
有限责任公司	0.44	3.08	7.69	24.40	36.92	37.80	100
股份有限公司	0.84	5.88	10.92	22.69	38.66	40.30	100

资料来源：2006 年长三角地区调查。

即使召开股东大会和设立董事会的企业，一般也不会超出象征性的服从。但是，因为服从公司治理方面的外在形式，可能会使企业获得资源和地方政府的支持，所以企业家还是会留心遵从《公司法》的这些程序上的规定。比如，注册新产品，要求得到董事会主席的签名。其他企业家则借助董事会的方式网罗外部人才，作为其关键决策的咨询专家及社会网络的纽带，有助于企业获取所需资源。

为了估计在拥有股东大会和董事会的企业中真实的分权化程度，我们请受访者指出，在日常经营、人力资源、研发、投资、开办新分支机构、内部组织变革和公司并购等方面，谁是主要的决策者（见表5.4）。

表5.4 不同企业模式中股东大会和董事会的权力指数

起决定性影响的决策类型数目	有限责任公司		股份有限公司	
	股东大会总数（%）	董事会总数（%）	股东大会总数（%）	董事会总数（%）
0	116（44.11）	80（47.90）	45（50.56）	26（38.81）
1	32（12.17）	19（11.38）	11（12.36）	8（11.94）
2	34（12.93）	29（17.37）	10（11.24）	11（16.42）
3	32（12.17）	19（11.38）	6（6.74）	13（19.40）
4	23（8.75）	12（7.19）	7（7.87）	7（10.45）
5	17（6.46）	2（1.20）	4（4.49）	2（2.99）
6	6（2.28）	3（1.80）	6（6.67）	—
7	3（1.14）	3（1.80）	—	—
平均值	1.63	1.38	1.49	1.60

资料来源：2006年长三角地区调查。

显然，这些公司的股东大会和董事会，很多都是象征性和仪式性的，与企业的实际经营相分离。大约有一半的有限责任公司（44.11%）和股份有限公司（50.56%）表示，其经营决策根本不受股东大会的影响（虽然股东大会是法律意义上公司的主要决策机构）；类似的，很大一部分比例的有限责任公司（47.90%）和股份有限公司（38.81%）表示，董事会只是一个名义上的机构，并不会影响公司的决策。然而，在其他样本中，这种正式的公司治理结构不仅仅是象征性的。超过30%的有限责任公司和超过25%的股份有限公司表示，股东们至少在上述的三项决策方面具有实质性的影响。一些公司确实赋予了董事会权力，至少在上述的三项决策方面负有责任的有限公司比例占24%，股份有限公司则接近33%。推动这种更高程度地服从制度要求的动力，来自企业经营发展的实际需求。

公司的经营规模和范围，决定了企业是否真正遵循《公司法》的规定。因为企业以有限责任公司或股份有限公司的形式注册，主要是为了寻求合法性，所以大多数由所有者独立经营的企业，刚开始是将其内部经营与法律上公司治理的要求相分离的。但是，随着公司规模和经营范围不断扩大，组织的复杂性超出了独立经营模式所能掌控和协调的范畴。此时，企业内部的组织结构和实践，就逐渐表现出与外在规定的要求一致了。企业的成长一旦超出了某个规模的阈值——可以由股东数量和资产规模衡量，那么曾经纯粹是象征性的公司治理结构，就会发挥实质性的作用。这样，企业内部的组织惯例和分权化的结构安排，就会与《公司法》所规定的外在公司治理模式相一致。

然而，在我们的调查中，实际上召开股东大会的企业，其绩效平均要比不召开股东大会的企业差（见表5.5）。类似的，活跃的董事会并没有对经济绩效——以销售利润率衡量（见模型1）——有所贡献。相反，股东和董事会拥有实际决策权的企业的绩效相对较差（见模型2）。尽管回归效应相对较弱，但是这些结果表明，企业经营实践与《公司法》要求的正规模式相分离，是能够为企业带来好处的。当企业的股东兼任所有者和经营者时，企业净销售利润率可能会更高（见模型1和模型2）。

表 5.5　组织分权与企业绩效

项目	销售利润率回归系数（标准误）	
	模型 1	模型 2
管理层所有者的持股比例	0.001*	0.001**
	(0.0003)	(0.0003)
企业是否成立股东大会	−0.048***	—
	(0.015)	

（续表）

项目	销售利润率回归系数（标准误）	
	模型 1	模型 2
股东大会做决策的次数 [a]	—	−0.012***
		（0.003）
企业是否有董事会	0.013	—
	（0.015）	
董事会做决策的次数 [a]	—	−0.012*
		（0.006）
合法性地位	Yes	Yes
总资产（log, t-1）	−0.007	−0.008
	（0.005）	（0.006）
年数	0.0002	−0.0004
	（0.001）	（0.001）
行业	Yes**	Yes*
城市	Yes***	Yes***
观测值 [b]	546	640
Adj.R^2	0.2975	0.2952

注：此处没有报告企业所属行业和城市虚拟变量的回归系数；[a] 对于没有设立股东大会和董事会的企业，其股东大会和董事会做决策的次数记为 0；[b] 样本企业是有限责任公司或股份有限公司中的一种类型；*$p < 0.10$, **$p < 0.05$, ***$p < 0.01$；括号中为稳健性标准误。

资料来源：2006 年长三角地区调查。

内部结构如何适应变化的制度环境

我们所调查的长三角地区的企业家们将其企业描述为：有明确的部门结构，有标准的劳动分工和管理责任。无论它们法律上的形式是什么，大多数企业还是按照职能部门（财务、生产、质量控制和销售）组织经营活动，并直接向所有者兼管理者汇报和负责；而高技术企业可能会有内部的研发部门（参见第 7 章）。这些企业家把国有企业或国际企业作为模仿的榜样，设计自身企业的内部组织结构。

企业家对于什么是合适的组织结构和实践的认知，通常来自有关西方商业模式的教科书。很多企业家报读中国和西方国家商学院的 EMBA 项目,这进一步加强了其作为领导现代化公司企业家的自我形象。他们很愿意以美国著名的企业家和 CEO 典范作为模仿及学习的对象。当地书店的书架上摆满了像安德鲁·卡内基(Andrew Carnegie)、比尔·盖茨(Bill Gates)、史蒂夫·乔布斯(Steve Jobs)、鲁伯特·默多克(Rupert Murdoch)等企业领导人的传记,而中国的企业家会购买并阅读这些书籍,以激励和引导自己。吴立平(音译),一位创新性包装设备厂的创始人说,学习这些著名企业家,可以帮助他从一个暴发户成长为一个受人尊敬的人。本土的名人 CEO,同样也是年轻创业者模仿的榜样。例如,阿里巴巴集团的创始人马云,因为其创新性的组织设计和大胆的经营决策,尤为人们所钦佩和推崇。随着中国经济持续地高速增长,本土的成功企业为年轻的创业者们提供了身边的榜样。在我们 2006 年的调查中,那些有自己明确组织蓝图的企业中,45% 的企业家承认他们模仿了本土的成功企业。

例如,一位常州的化学制品企业的所有者,关注着同一产业园区中的一家本土企业集团。他不仅对这家企业集团创始人开阔的眼界和企业广泛的产品组合印象深刻,而且希望能够复制和模仿其组织结构——明确界定的个人责任、依靠职业经理人管理、成功的股权激励观念。[44]

因为所有要素都是既有的,所以本土企业家可以很快地按照现代企业的制度标准来组织企业活动。他们对标准化组织实践的认同,可以由其公司内部的书面规定体现出来。这些内部文件明确地规定了每个部门的职责和权力,也明确地说明了内部报告渠道。这种内部组织规定是一种重要的信号,表明了企业遵从被社会接受的目标、模式和最佳实践的现代企业制度。所以,通过建立一整套与客户、供应商、员工和政府部门打交道的标准化程序,这些企业形成了内部合法性。在我们 2006 年调查的制造型企业中,通常在成立的第二年,大部分企业都制定了书面化的组织规章制度。

但是,很多企业家也强调,需要保持组织结构的开放性和灵活性,以应对企业未来的成长需求,以及意料之外的市场变化和新市场发展对企业商业模式的冲击。他们的策略是建立一种核心的组织结构，并且允许随时调整和变革。通常，在持续高速成长和重组的企业中，组织内部门之间的界限很难界定清楚。中小企业一个重要的生存策略就是，员工和管理者需要并愿意在不同工作任务之间保持灵活性；并且，他们应该掌握复合型的技能和工作经验，以应对内部工作流程和外部商业环境中意料之外的变化。尤其对于那些顺利地成长并超越了创业阶段的企业来说，为满足经营需求而做出的组织内部调整是很常见的。整体上，我们调查的企业中，有20%在近年来都经历过组织变革和部门重组。

虽然一些企业以正式的书面形式规定了内部的工作规范和各个部门的职责，但是在这样的企业中，也能看到实践中有时候会表现出家长式的独资企业领导风格，其赋予中层管理者的直线权力极少。多数经营企业的所有者兼管理者称，他们对中层管理者几乎所有的决策是支持和批准的。但是令人惊讶的是，在我们的调查中，83%的企业中层管理者说，他们在企业中实际上没有独立决策的权力。

在很多企业中，创业者本人仍然参与大多数的企业决策，因为他们请不起职业经理人。这些创业者一般都有长期的组织战略，期望重组企业以后吸引职业经理人。例如，常州一家中型机械企业的所有者，将年销售额定在8 000万元作为重组的规模门槛。当企业达到这个门槛后，他就计划聘请职业经理人了。他认为这是必要的，因为一旦企业超出这个生产和销售规模，他本人就缺乏有效管理企业的技术知识了。他的一些朋友已经成功地转型成为依靠职业经理人的模式，这也成了他的榜样。

很多受访者说，在愿意转变成为职业经理人管理的企业之前，他们在观望更多成功的例子。例如，一位常州的小型电器公司的所有者说，他知道雇用职业经理人有好处，但是其企业规模还太小，而且在当地的经济发展中，雇用职业经理人的经验还太少。迄今为止，据他所知，只有一家当地的竞争对手雇了一位之前在LG电器集团工作的韩国职业经理人，因此他还不想太快做这个决定。[45]

一些所有者兼管理者说，职业经理人对于私营企业来说并不适用，因为现在的中国法律体制不能很有效地预防职业经理人的渎职行为。其他人则担心，国有企业中的职业经理人很少愿意转而投入私营企业，进而会限制私营企业管理职业化的发展。

然而，也有人认为到了该尝试一下的时候了。例如，另一位常州的电子公司的所有者，正考虑雇用一位国外的 CEO 以推动企业向国际标准转变。[46] 一位杭州的集团公司企业家，将公司总部从温州移至杭州，其目的就是要在省会寻求对公司经营和治理职业化发展更为合适的环境。[47]

组织调整（包括完成的和预期的）通常会提高企业分权化的程度。副经理的职位增加了组织层级，可以协调中层管理者与 CEO 之间的管理活动。这可以进一步增强职能分工，把高层管理者的精力从日常决策中解放出来，聚焦于企业的战略性活动。

仅一（Joyea）包装设备有限公司的案例，很好地说明了私营企业是如何根据自身市场地位的变化，灵活地调整内部组织结构和管理实践。从 1998 年开始，该企业以小型有限责任公司的形式注册成立，那时只有很少的几个部门和很小规模的专业化分工。作为企业所有者兼管理者，吴立平是公司所有决策的制定者。十年后，公司已经迈入了高技术企业行列，拥有强调高效的内部工作流程和创新的组织结构与文化。企业设立了一个由七位成员组成的积极、活跃的董事会，其中还包含两位具有法律专业背景的独立董事。企业的内部组织结构包含了一套严格的分权体系，而且每一个组织层级都有明确的责任。在企业的日常经营活动方面，吴设计了一套自下而上的体系，可以在尽量低的层级上解决工作中的问题和困难。只有在问题超出了低层管理者个人权限和能力范畴的时候，才会向高一层级反映。公司在战略决策方面则采用自上而下的方法，吴和他的三位副总及一些精挑细选的科研人员组成了公司的智囊团，董事会主要集中于产品发展和投资等战略性问题。以这种方式，公司把高层管理者的精力从日常的经营活动中解放出来，并在战略决策与操作性决策之间划出了明确界限。

为了保证员工对公司文化和日常工作规范的依从,吴认为,招聘与公司潜在愿景有相同价值观的员工特别重要。他们公司的五个核心价值观被以书面形式写下来,并作为指导方针。这不仅是象征性的,实际上也确实定义了工人、员工和管理者的共同身份。不仅如此,16条明确的书面规定构成了工作的标准和惯例,同样也是车间合作和部门决策的操作化原则。例如,公司将自身定位为能提供高价值产品的先进技术制造商,并提供可靠的售后服务。为了推广这个形象,公司上下达成共识,销售人员不可以靠打折或促销手段去销售公司的包装设备。吴还坚持对所有技术人员和行政人员进行内部培训,从而保证其对公司管理方法、文化和核心组织实践与惯例的高度认同。吴认为,如果员工已经习惯于不同的工作实践和生产方式,那么建立员工与公司高度一致的忠诚就很难了。对于技术人员来说,这个过程的成本非常高。一般新来的技术工人要在企业内部培训一两年后,才能独立和高效率地工作。

在中国庞大的包装设备市场中,仅一公司的市场份额稳步增长,这表明了它在其产业领域中的领导性地位。2006年,仅一公司与丰田汽车集团组建了一家合资企业。它们研发出一种基于互联网的问题诊断和远程遥控系统,可以从常州的公司总部监测机器的操作。这与企业拥有的八十多项机器设计专利一样,体现出公司高超的技术能力。仅一公司快速成长为一家领先的技术型企业,并通过合资企业的方式与全球性公司达成合作。这些都印证了它从一家小规模创业企业成长为一家现代公司的成功历程。作为未来发展的规划,企业计划改制为股份有限公司。作为创始人,吴立平的观念激发了这种转变的构想:让企业成为员工所有的公司,并将其作为一种组织战略,通过股权激励来实现更大的员工利益。对企业发展做出贡献的管理者和研发人员,会受到奖励并成为股东。吴的计划是,随着企业总价值的增加,逐渐减少自己对企业的所有权。

结 论

组织创新者在向外界游说其创新的适用性和价值时，一般会面临很高的风险和不确定性。这一点在中国更是如此，因为组织创新还包括了要从成熟的"游戏规则"和中央计划的生产模式中脱离出来。对于新一代的私营企业家来说，摆脱消费者、供应商、工人、地方政府官员眼中和心中对其"资本家"和"投机商"的偏见，是他们所要克服的一个重要挑战。

在整个经济改革期间，一个主导策略就是模仿已经存在并广被认知为合法的组织模式。这样做可以减少从已有社会和法律结构中脱离出来的社会与经济成本。起初，私营企业以集体企业模式注册，形式上是地方政府所有（所谓的"红顶"企业）。后来，当政府宣传要按照公司制将不景气的国有部门转为"现代企业制度"时，创业者们很快调整了策略。通过注册成为有限责任公司和股份有限公司，私营企业变得与公有制法人企业几乎没有区别了，进而掩盖了其真实的性质。

以公司制形式不断获得合法性，以及能够进入市场并获得成长，让很多创业者仅仅在形式上满足了《公司法》所规定的相关要求。很多私营企业家很快就利用松懈的执法和监管而获益。一般情况下，注册资本和股东仅仅是存在于纸面上的，其背后是外部形式上的组织模式与实际组织实践的脱离，这是由私营企业实际经营需要所决定的。法律要求的股东大会和董事会等治理结构，并没有发挥实质性的作用，除非企业的组织和经营真的需要更多的股东参与及正式授权。简而言之，服从法律的外在表现使企业更容易进入和参与市场竞争，而背离法规的内部实践可以让企业的经营活动更具灵活性——这种工作程序和惯例的设计是来自实际经营的需要而非法律的要求。

06

产业集群及其竞争优势

作为社会边缘化和半合法化的生产者，民营企业本不应该以中国产业经济中最有活力的成分出现和成长。民营制造企业不仅不能够从国有银行获得金融资本，还经常遇到政府供应商长期低质量和迟滞的供货。三个要素使得民营生产商能够在国有企业仍占主导地位的经济中开展竞争：新创民营企业（尽管面临上述困境）的快速加入，自下而上形成的一体化产业集群，由专业供应商组成的产业链。

产业集群最典型的特征是，在地理相近的区域内，竞争和合作的企业能够进行相互联系与互动。正是这种互动，奠定了集群整体竞争优势的基础。[1] 产业集群不仅可以增强信息沟通，而且其网络中的社会性机制也能产生维持信任和合作的商业规范。通过合作和联合解决问题，企业降低了不确定性，并增强了在各自细分市场中的战略成长能力。在长三角地区，通过产业集群内部自下而上的过程，逐渐形成了由生产商、供应商和分销商所构成的自治式网络，并脱离了国家控制的产业和商业体系。

其他民营新创企业会模仿其分支市场中早期成功的创业者。随着新企业进入市场，生产商的集聚效应吸引了相同产业中的供应商和分销商，同时也吸引了专业型的生产商作为其外包企业。这就将产品的生产过程分解为不同环节，进而降低了小规模制造企业进入市场的资本壁垒。地方经济很快就因为聚焦于同一产业而广为人知，并成为一块吸引技术工人和其他专业化生产者的磁铁。随后，这个过程呈现出一种自我加强的专业化和劳动分工的动态成长状态。通常，成百甚至上千个制造商所处地理范围内的相近性，使得从采购下单到产品制造的整个生产流程快速运作。制造商需要的所有产品组成部件，都可以从现成的供应商获得。小型卫星型工厂作为衍生企业依附于大企业，并为其提供一揽子现成的半成品。这些衍生出来的分包商通常与大企业保持长期的私人关系，并从以往的工作经历中获得了创业所必需的人力资本。作为小企业，它们富有适应性和灵活性，并且具备在短期内生产专业化产品的能力。[2]

企业在空间上集聚，确保了技术工人市场的稳定，并持续吸引和训练专业化的人力资本。一旦一体化的产业集群和产业链形成之后，企业的运作成本就会下降。同样，被专业化人力资本和组织惯例吸引，配套产业中大量的创业者和小商贩也会涌入集群。而且，空间集聚还帮助制造商与专业的附属型企业达成外包协议，从而节约成本。产业集群和产业链中的民营企业规模，可以从小型的个体户到非常大型的企业。

例如，在浙江省西南部的山区，创业者创办新业务时，可以利用当地专业化的人力资本、承包商、原材料供应商和分销网络等产业基础设施。永康市拥有 53 万人口和超过 15 000 家在册民营企业。其中，3 000 家企业生产的产品销往海外，其余的 12 000 家企业则作为这些外向型制造企业的承包商、供应商和分销商。制造业经济的整体规模很大，几乎每家每户都有人参与其中。截至 2006 年，围绕着纺织品和家用电器产品，83 家电动工具生产商、40 家专门的金属冶炼企业、50 家家用电器制造商和 45 家不锈钢生产商，构成了整个行业上下游的密集网络。拥有这些在重叠细分市场中集聚的企业，永康市产业集群的制造商们相信，对于他们的企业而言，找不到更合适的地方了。人们会质疑永康市的偏远地理位置。对于这些质疑，应卫中（音译），一位专业刀具的生产者自信地回答:"我们在这里要比在上海好,因为这里的信息更多。在这里,你可以在周边地区找到产品的零部件、工人和供应商,并且价格和质量都是最好的。"[3]

类似的,杭州南部的大唐县,120个村庄里有150 000名左右的工人在从事袜业生产。大唐县主街道和周边的村庄遍布了袜业生产的布料、纱线和其他原材料的供应商。整个县城有近8 000家袜子生产商,由专业化供应商和销售商所组成的密集网络给予支持,包括超过400家的原材料供应商、1 000家与原材料加工相关的企业、超过3 000家专门的缝制商铺、5家印染厂、约100家布料定型的加工店、300家包装厂、200家机具商店、600家袜业产品的批发和零售商、100家将袜业产品送至客户的物流商。尽管还没有企业能够在全球市场上竞争,但是这种小型制造商的集聚效应,以及由产业集群中专业供应商和分销商构成的多样化网络,保障了大唐县的手工业者和极小规模的企业实现了范围经济。[4]

为什么产业集群会遍布长三角地区?其优势是显而易见的。正如南通的一位食品加工器械制造商所总结的:"首先,这里有市场优势,因为每个人都知道我们在这个区域内生产什么;其次,很容易在这里找到配套设施……比如,如果客户要求的产品比我们做的简单,我们就可以找其他生产商替我们做,但是使用我们的品牌……最后,因为竞争和高强度工作的压力,我们可以生产得更快。"[5]

长三角地区的竞争优势来自多方位交融和重叠的产业集群。在中国其他地区,都没有可以与之相比的产业集聚密度。浙江省85%的民营企业是聚集在产业集群内的。[6]在这里,大多数城市都有几个产业集群,它们要么是自然发展和演化而来,要么是坐落在当地政府发起的产业园区内。

新创民营企业的集聚为区域经济的发展做出了贡献,而区域经济与国家整体的经济结构大相径庭。如果说直到20世纪90年代末,国有经济在中国的东北三省和内陆省份还占据着主导地位的话,那么长三角地区的产业集群则是从经济改革初期,就开始创建的一个逐渐扩大的民营产业"岛屿"。这保障并激励个体制造商迅速从国家管制的供销渠道中脱离出来,并建立了独立的供销网络。实际上,在长三角地区,民营企业基本从国有和国家控制的工业经济中脱离出来。作为供应商和客户,这些制造型企业所有者要与其他民营企业开展业务;相反,它们与国有企业和集体企业的承包关系很少,这进一步加强了长三角地区内民营经济的独立性。

本章中,我们分析长三角区域内产业集群的社会结构。特别地,我们强调人际间的交换和多样化关系——在其中,从业者用多种方式打交道——是稳定商业网络的核心特征。通过信息共享、联合开发市场及短期融资等各种方法,集群从业者强化了产业集群内部商业关系的互惠和信任。互惠和信任,为既有的商业关系增加了超出纯粹经济利益的价值,为稳定商业网络提供了"社会黏合剂"。我们重点考察上述机制如何为市场参与、惩罚违法行为、中断高成本的商业关系提供便利,进而促进企业服从社会规范,这是使民营经济在主流经济体制外产生和发展的关键条件。

产业集群的社会结构

产业集群通过集聚效应提供了生产力优势,这一点是无可争议的。无论是在意大利北部普拉托和威内托地区的纺织业,还是在全球范围内从硅谷到班加罗尔地区的信息通信技术产业,不论什么样的行业和企业规模,这样的集聚效应都能为其提供非常大的利益。空间上集聚的产业集群,通过地理相近性为供应商和分销商节省运输成本,并且可以发展出具有特定人力资本的公共劳动力市场。另外,集聚还有利于信息的溢出。鉴于这些优势,保罗·克鲁格曼(Paul Krugman)认为,地理上集聚的产品生产,实际上反映了现代制造业的一般规则,而非例外情况。[7] 在他的模型中,范围经济(制造业区域内)和面向顾客市场的运输成本之间的相互作用,催生了产业在地理上的集聚现象。[8]

为了充分理解产业集群的优势,我们需要将地方性市场和网络的制度结构纳入分析框架——"显然，空间相近性对于解释企业如何应对快速变化的市场和技术并做出反应，是不充分的"——并作为与硅谷和128公路地区经济的比较分析。[9] 更重要的是，由创业者、工程师、研究人员和风险资本家构成的复杂网络，以及其中持续性的社会互动，能够带来新的资源组合并促进创业行为。地理相近性还促成了利于研发行为的社会网络。[10] 地理集聚引发了内生性增长，其方式是"如果一个人想出一个新的想法，就会被人拿去并加入他们自己的观点；这会成为进一步创新的来源"。[11] 地理集聚区域的制造业从业者，会以面对面的方式传递和筛选大量信息。没有这些，建立企业声誉、合作、达成交易等，几乎是不可能实现的。实际上，对产业集群优势的经济学分析，"很有可能是不完整的；除非，这种分析是来自地理相近性所产生的最根本特征——面对面接触"。[12] 同样，"面对面交流产生的思想和价值的流动，可能是城市最重要的特征"。[13]

持续的互动增强了信任和合作行为。正如一本有关纽约高端服饰制造商中意大利人、犹太人和中国人人种学书籍所详述的，"嵌入性关系包含了共同解决问题的制度，保障了经济活动参与者之间的合作，以及解决'忙忙碌碌'的问题。这些制度与'退出'等以市场为基础的机制相比，提供了更快速和更明确的反馈……这些制度使企业能够解决问题，并加快学习和修正问题"。[14]

基于个人的社会交换

选择可信和可靠的商业伙伴，对实现企业经济绩效是一个关键性因素。对于关键投入品而言，保证能够以特定的价格并及时按照双方协议的质量标准供给货物，在生产过程中至关重要。对于产品销售而言，及时付款则是稳定和持续管理企业现金流的先决条件。伴随着高强度竞争压力、随价格波动不断变化的供求转换、市场的不确定性，企业家们永远无法完全确定他们的合作伙伴是按照所承诺的那样行事，还是采取机会主义行为。比如，如果客户可以轻易地终止与制造商之间的业务关系，那么制造商如何保证自己为了满足客户需求所做出的技术升级、培训和投资能够在长期被摊销呢？如何确定自己的商业机密和技术创新没有泄露到竞争对手那里？当寻求法律援助和执行法庭判决具有不确定性时，这些顾虑就变得更加重要了。在这种情形下，基于个人的社会交换就成了打造一个可靠供应商和客户网络的标准策略。人际交往减少了商业伙伴之间的信息不对称，降低了机会主义行为的可能性，进而为彼此信任和合作行为奠定了基础。

一般而言，在竞争性市场中，不确定性给企业带来了一个困境：虽然不能评估产业下游的风险，但是经济活动参与者必须做出投资和产品决策，以实现企业长期的经营战略和绩效。尽管有很多的不确定性，但是生产者必须向自己及合作伙伴做出承诺——在一定期间内保持一定水平的产量。"重要的是，这会产生如信号般可见的承诺，这些承诺可以促进和支持由产业上下游构成的市场边界区域。"[15] 这些承诺直接影响着其他经济活动参与者——供应商、分销商及竞争者。相应地，这些人会调整其自身的战略选择。在长三角地区的产业集群中，这种承诺通常可能是由个人之间的人际交往形成的。

通过个人的交换，生产商及时获取了市场信息，保证了供货质量和及时回款，还维护着联合解决问题的合作性氛围。这使得生产商可以在供求快速变化，以及由此带来的新市场发展和订单调整时，迅速做出反应。在温州，企业与供应商的个人交往特别强调价格和质量，这一点保证了企业在高度竞争的本土市场和海外市场获取市场份额。

缔约双方把彼此视为互利共赢的合作伙伴是至关重要的，这其中包含了彼此相互尊重的交换。正如一位南京的机械设备制造商所说："以前，有一个供应商与我们一起共事，我们举行一系列的会议以建立我们对事物的共识。我们所强调的是，我们要一起赚钱。我们彼此分享技术、设计甚至管理的技巧。我想让他们明白，我们必须共同获取盈利。如果这根链条上有一环出了问题，那么我们也赚不了钱……就是因为这样，所以我并不想靠压榨他们来获取一个最低的价格，而是在我们的业务关系一开始，就建立一个公平的价格体系。我们只追求持续的质量改进。"[16] 个人之间亲密的关系促进了彼此相互理解和尊重。很多企业家都说，他们与供应商有着密切的联系和接触，一般包括参观企业、培训和合作开发技术。很多企业会参加行业协会、专业会议和商品展销会,以维系与现有和潜在供应商的关系。另外一些企业家会借着非正式的朋友圈子和长期的商业伙伴关系聚到一块儿,彼此交换信息、讨论市场行情、商谈某些方面的合作。

我们用李克特 1—7 分量表(1 分代表低,7 分代表高)评价企业家个人运用人际交换的程度。我们调查的所有城市中的创业者和 CEO,都承认了个人关系的重要作用。对供应商关系而言,平均得分为 5.0 分,约 35% 的受访者打 6 分或 7 分。与高度依赖商业朋友关系相反,家族成员在供应商网络中起到较小的作用,只有 5% 的受访者是从自己家族企业获取投入品供应的。

长三角地区的生产商也会在客户关系网络中使用私人关系。特别是在早期创业阶段,很多企业家都靠他人介绍找到了潜在的客户。当某些交易行为暂时不可实现、产品质量还不确定,或者交货日期不能确定的时候,依靠私人关系引荐客户,能够帮助建立彼此的信任。这种关系客户的形式,通常会在企业正式成立和注册之前就发展得很好。如前所述(参见第 4 章),38% 的受访者通过私人关系找到他们的第一批客户,而且绝大多数是通过朋友介绍的。

在创业阶段过后,获得客户主要就不是依赖个人了。但是,尽管如此,大多数企业家仍然试图与新客户培养私人关系。我们 2006 年调查和访谈的生产商说,他们对自己现在的六成客户都十分了解,"能在街上就认出他们或停下来聊一下"。对于以地方性市场为主的小厂商来说,与客户进行社交活动、请客户吃饭、送些小礼品作为合同的保障等行为,是非常常见的。即使是大型制造商,也会在它们主要的产品线中培养持久的人情关系。这种投入主要是象征性的,因为大多数企业家在社交和赠礼方面的花费是比较少的。然而,在个别案例中,上述两方面的花费会达到整个合同价格的 20%。在上海、杭州和南京等省会级城市,通过社交活动来获取客户而进行大量的花费和投入,是很常见的。在这些地方,私营企业拼尽全力与大型国有企业和跨国公司竞争,以保证市场份额。企业家们在交易会和展销会上相约碰面,进行社交活动。很常见的是，企业家们互访，以更好地了解特殊的客户需求和产品技术要求。温州的生产商以这种方式获取和维系客户关系是很典型的，因为他们大多数的客户在浙江省外。温州的企业家们对本地客户的社交活动投入和花费很少，但是与省外客户保持着频繁和密切的商业伙伴关系。根据管理者与客户私人交换关系的自我评分结果，温州的企业家在李克特量表上的得分最高（5.8），而整体样本平均得分为 5.0。

电话、传真、电子邮件、网络等现代化通信设备和技术，使企业家能够在远超出地方性商业网络的区域和整个国家经济的范畴内，培养和维持私人关系。像 Alibaba.com 等 B2B 网络平台被广泛使用，这为企业结识新的商业伙伴提供了开放性的渠道。这也凸显了一个事实：总体上，长三角地区纵横交错的社会网络并不封闭，而是可以动态地调整和延展，进而为创业者提供新的商业机遇。

多样化的商业关系

商业伙伴间的私人关系有利于发展战略联盟和非正式商业网络，进而共同解决问题。当前，很多官方的政府政策（诸如贷款项目和技术支持等），仍然对私营企业（尤其是中小企业）存有歧视。所以，企业家们会积极地与具有相似心智模式的同行培养和建立关系。"你不可能只靠自己生存"，这样的观念促使企业家们积极寻求公司核心领域内有合作意向的厂商。在商业网络中，个人知识和资源的集聚一般遵循互惠、互利准则。另外，大多数企业间的联盟和非正式合作，集中在难以保护的资源方面，如财务、市场知识和技术等。凭借这种方式，多样化的复杂商业关系可以帮助企业发展技术能力、定义产品细分市场、进行战略定位，进而保障企业在公有制经济之外生存。显然，契约伙伴间合作的积极性，增加了双方除价格折扣外的其他附加价值。违背契约或不遵守当地的商业规范，不仅会破坏交易关系的连续性，而且会对企业的日常运作和整体战略规划产生重大影响。

在由五个经济行为主体构成的网络中，即长三角地区的一个生产者，平均会有两个核心的供应商和两个核心的分销商；而且，在其核心网络中，该生产者还会有一个制造商，而后者并不总是来自同一产业。在这样的网络中，一个生产商会找：一个人与他一起购买原材料，一个人进行相互借贷，一两个人进行联合技术开发，两个人在销售和营销方面合作，两三个人商讨新市场的发展趋势和定价，一两个人评估政府的新政策，两三个人作为引荐新客户的可靠中间人。一些生产商报告说，他们曾与一个供应商或客户进行了五种不同方面的合作。如此复杂的交换关系，说明了围绕生产者的社会网络在经营和战略方面具有重要的作用。

然而，个人交换关系并没有使社会网络闭合，其他交易方会按照一定的规律进入。这种强弱连带混合的形式，为保障稳定的创业行为提供了社会资本。总之，在我们的研究中，企业家和管理者所报告的合作性行为表明，产业集群中的多样性社会关系，发挥着信息分享和企业间合作的平台作用，并且保持着对新商业伙伴和新商业机会的开放性。

市场开发

与资源丰富的国有企业和集体企业相比，对于规模小、财务上处于劣势的私营企业来说，在市场化改革早期，缺乏保障低价格原材料供应的谈判能力；而且，主要的国有批发市场的渠道，一般是不对私营企业开放的。据杭州一家机械工程公司的所有者回忆，对于私营企业来说，在依然是国家控制的钢铁市场上，以有竞争力的价格买到原材料是不可能的。按照当地钢铁生产商的要价，没有一家私营企业能够建立起一个有竞争力的产品体系。然而，他很快就学会了调整，其解决方案就是组织联合订单。他汇集了来自不同私营企业的小规模订单并加以整合，直到达到在当地钢铁厂能够拿到折扣价格的订单量。这位企业家将他的策略用在了原材料贸易方面；而其他很多长三角地区的企业家，则依靠同样的策略联合起来，组织他们企业的产品供应活动——通常面向以松散方式联合起来的小客户群体。[17]

在 2009 年的调查中，70% 以上的受访者报告，他们至少与自己的一个关系最密切的商业伙伴，在购买原材料方面合作过。超过20%的受访者，曾经是在某项关键原材料购买过程中松散的客户群体中的一员。通常，这些客户群体由同一产业中的企业构成，但是他们彼此之间在相同细分市场上并不直接竞争。

企业间的联系同样也促进了联合式分销渠道的建设和营销战略。约76%的受访者报告了他们在销售和市场营销方面的合作行为。这样的合作性组织，与其细分市场中的其他企业一起，构成了规模成本效应；而且，这种合作能够帮助长三角地区的生产商渗透到更远距离的地区市场。一般，合作性营销策略包括发展参与者共享的自主性分销渠道。例如，在温州，参与合作性营销的企业都有自己的销售代表，这些销售人员在本土市场和国际市场上推广本地的产品，而企业家们则共同投资以维持销售代表之间的社会网络。[18]

信息交换

在相对稳定的——通常是基于契约的合作——企业活动之外，长三角地区的企业家，还与他们重要的商业伙伴保持着积极、活跃的信息交换。在商业网络中，多样化的连带关系在信息的流动上起到了重要的作用。这些信息可用来及时达成交易，有效地在生产者和供应商之间促成合作，在适应产品生产周期方面保持灵活性。[19]哪位供应商和客户能为企业提供市场的关键性信息，一般都是很明确的。这样的信息交换具有明显的短期效应：得益于人际间的关系，企业会互相推荐客户以扩大彼此的客户群体，并最终实现产品销售。大部分企业家（超过86%）会用自己的生意圈子——核心供应商和忠实客户——互相推荐客户，只有小部分企业家并不依赖自己直接商业网络中的朋友关系了解潜在客户的信息。

一类战略性的信息交换是，商业伙伴互相分享新市场的发展趋势、定价和供需调整等方面的变化。凭借这种方式，企业家们可以在特定的细分市场定位产品，并尽早获得市场信号，从而及时、灵活地调整自己的产品组合和定价策略。零售商是第一个感知到市场需求变化的，并且，他们对同一细分市场中主要竞争者产品的定价也是消息灵通的。通常情况下,供应商会第一个了解到客户需求的整体性转变。例如,纺织厂会从其供应商那里得知配色方案和织物材料的时尚趋势,以及客户品味的变化。

超过 90% 的受访企业家强调,与重要业务对象进行多种方式的信息交换很重要。很常见的是新市场和技术方面的信息交换,这促成了商业伙伴之间的合作,共同参与创新型项目(参见第 8 章);然而,直接与竞争对手交流则不常见。大多数企业家与竞争对手只维持正常的关系,保持一定的距离并观察其战略行为;只有 15% 的受访者报告,他们与竞争对手交换过市场信息。

多数(近 70%)企业家会与关系紧密的商业伙伴分享政府政策方面的信息。企业家们很关注突然的、不可预知的政策变化。更重要的是,政策的变化很少是透明的,而这种信息通常不能够在大范围内获知。例如,杭州一家纺织公司的总经理回忆,在他们有资格获得购买国内设备的增值税免税的政策优惠时,地方政府只把这项新政策通知给了一小部分的大型企业,而他是通过自己的商业网络才得知这项政策的,并最终得到了增值税税收的优惠。[20]

短期借贷

在长三角地区关系紧密的商业社群中,信息交换促进了企业间的短期互相借贷行为,这保障了企业在不能获取正式银行贷款的情境下发展业务。假如,B 小型生产商需要从 A 生产商那里获得价值 10 000 元的原材料,才能履行与 C 客户价值 100 000 元的销售合同。在没有留存利润或银行借款的情形下,B 生产商不可能与 C 客户签订销售合同;但是,如果 A 生产商给 B 生产商提供了一个信用式的交易支付方案,那么 B 生产商就会接受订单并向 C 客户销售产品。然后,B 生产商会将销售利润中的一部分作为原材料款项支付给 A 生产商。在这个例子中,由于存在交易信用的保障,生产商和供应商能够实现 110 000 元的销售价值;否则,如果没有这种商业信用,这笔交易就无法达成。[21] 一位南京的设备生产商回忆起他早期做生意的经历时说:"我从零开始,所以我必须掌握一些技巧以开展生意。有很多时候我不付给供应商钱,但却能为我的客户提供产品。如果这根链条中所有的人都有好的声誉，那么这套体制就很有效。但是，如果顾客有欺骗行为，整根链条就断掉了，那我就只能向朋友借钱以支付给我的供应商了。"[22] 其他人偶尔也能从这种提前预付的方式中获利。"我的客户甚至在我们给他提供产品之前支付货款。所以，我们从这种资金的流动性中获益，从而支持了我们的经营。当然了，这些客户是我的朋友。他们这么做，是因为我们彼此都非常了解。我把产品卖给上海的朋友，而他们把他们在无锡、南京和安徽省的朋友介绍给我。"[23]

在所有的市场经济体制中，商业信用体系都能够帮助企业灵活地应对短期的财务限制，这也是美国企业最重要的短期外部资金来源。[24] 在中美两国，私营企业和国有企业报告的平均贸易信用水平都是销售额的18%。[25] 而在我们调查的长三角地区的样本中，平均来说，总销售额的25%是基于信用体系的；而且，62%的企业家将信用延伸至他们的客户。贸易信用体系在上游市场的作用更大。总体上，70%的受访者都在一定程度上依靠这种贸易信用体系购买原材料。平均来看，制造商利用信用体系购买其45%的原材料。这种慷慨的信用支付方式，允许生产商在整个生产过程中扩大原材料的采购，并最终以销售回款方式支付给供应商。例如，我们的调查结果显示，主要原材料的核心供应商会为生产商提供平均两个月的原材料预付期，其中25%的受访者所报告的预付期比这个还长。[26]

另外，企业家们通常至少与一个商会保持借贷关系。在受访者中，大概3/4的企业家都是如此。这种非正式的借贷模式，能够帮助企业解决短期的流动性问题，或者抓住短期的投资机遇。即便是中型企业和大型企业的所有者，虽然能够向银行借款，但是他们也很推崇这种非正式借贷模式的灵活性和短期内的可得性。因为银行贷款的程序可能是很耗时也很麻烦的，而等到申请结果出来的时候，投资的时机可能早就过去了。

总之，长三角地区现行的商业关系，并不是简单的、以交易为目的的市场联系。在产业集群社会结构中所嵌入的非市场性互动，为商业关系中的企业双方都增加了价值；并且，在制度不确定和存在市场风险的情境下，帮助企业家们减少了个体经营的风险。通过多种形式的合作行为及联合式的解决问题，企业间的关系远远超过了买卖合同的账面价值。通过多样化、稳定的社会网络，生产者们可以与他们最重要的商业伙伴保持密切的联系。在正式制度歧视个体创业者，或者不能为其提供充分保障的情形下，这些合作性的制度安排，能够保证私营企业发展出一套稳定的、非正式的问题解决方案。

规范服从和冲突处理

尽管正式合同制在美国的大公司中被广泛使用，但事实上，"合同和合同法通常被认为是不必要的，因为存在很多其他有效的非法律监督机制。两种社会规范被人们广泛接受：（1）几乎在所有的交易中，信用和承诺都是受人尊重的，人们不会对自己的生意不信守承诺；（2）人们应该生产出好的产品，以支持这些承诺。"[27] 非正式的商业规范在企业间的人际关系网络中被强化，该网络不仅涉及直接参与买卖过程的销售代表，还包括企业的高层经营者。联接生产者与供应商和分销商的企业间人际纽带，逐渐向网络中的人们施加压力，从而使其服从彼此的期望和规范。很常见的是，销售代表们会私下议论有关企业竞争者、供货短缺、价格上涨及违约等方面的事情。而且，涉及商业交易的企业经营者们对彼此十分了解，并维持着正式或非正式的社会性纽带。在这种包含着生产商、供应商、分销商的复杂关系中，所有参与者都会避免做出对重复性交易有害的行为。彼此间相互的责任、期望、信任和声誉，作为关键的内在机制，保证了商业关系的持久和稳定。因为重复性的交易对买卖双方是互利的，所以他们都倾向于"平衡式的监督"——这种非正式监督机制的隐性功能，是防止机会主义和渎职等违法行为。一方面，生产商也可以转向另外的供应商，或者将业务从一家不遵守规范的企业那里转移出来；另一方面，现有的供应商可能具有特殊技术和生产商所需的一套特有流程，因此转向新供应商会提高生产商的交易成本。缺货时，供应商可以按优先次序决定哪位买家可以优先拿到货并得到优惠。所以，生产商都愿意加大投入，以维持与自己最重要的供应商之间的关系。每家企业都有各自非正式的和正式的黑名单，作为一种强有力的机制，强化了人们对商业规范的遵从。总之，非契约关系对于维持企业之间的长期关系更为重要。因为利用法律途径及其震慑力来解决争端的成本很高，而且在长期关系中，重复交易使得买卖双方都能从中获益。[28]

长三角地区的企业家，在履行契约和保障产品质量方面都强调相同的商业规范。企业的声誉以两个方面为基础：一是能够以既定的价格供应合格的产品；二是对履行业务有所准备——无论这些业务是以口头还是以书面的形式达成的。作为基本的制度框架，人际互动及包含了共同处理问题在内的个人之间的制度安排，强化了商业社群和细分市场内的信息交换、规范的服从和契约的履行。尽管生产商与供应商和客户的争执并不罕见，但是各方一般都能够找到大家能接受的解决方案。如果不能达成共识，企业家们通常会找到愿意在中间做调和的朋友和商业伙伴，以达成共识。外部的解决方法，包括找商业网络外部的仲裁机构（比如地方政府的权力部门或法院），是极不常见的。

法律责任的威胁并不是企业服从社会规范的主要动机。这里的一个原因是，尽管政府做了大量努力来推动实施中国第一部国家层面的《合同法》（1999年颁布），但并不是所有生意都基于正式合同而达成。总体上看，企业基于正式合同方式与供应商做生意的比重，在温州最低（61%），在上海（86%）和南京（90%）最高。后两者中，民营经济所占比重较少，而公有制和外资成分占主导地位。根据我们的调查，平均来看，75%的供应商是采用正式合同方式与商业伙伴做生意的。在销售方面，基于正式合同方式做生意的比例要稍微高一点，平均占到了年销售额的83%。另外一个原因是，履行《合同法》经常会与人们对合同的传统解释相矛盾。如果说在西方社会中，一旦签署了合同就代表着契约双方应该按约执行；"那么在中国，正如有句俗话所说的，签合同只代表了谈判的开始"，也只能代表双方对合同内容的基本共识。[29]最后，只要法律仍然是政府的一种治理工具，那么履行合同就会有问题。政府干预商业运作是永远不能被市场机制排除的。如果合同"扰乱了社会和经济秩序并损害了公共利益",则其就可能被认为是非法的——这就为解读合同留下了很大的空间。[30] 在"保护消费者权益"的名义下,地方政府已经主动监督合同并且干预了"契约自由"的权利。

实际上,大多数企业并没有任何诉讼的经验,而且也极少依靠当地的法庭裁决来保护他们的权益;相反,嵌入在企业间紧密网络中的社会性机制,促进并增强了被大多数人接受的、互利性商业规范的扩散。社会关系有助于建立信任、传播信息,这对于创建用以联合解决问题的合作性商业氛围十分必要。即使是在对与错相对很明显的争端中,我们所调查的企业家中的多数,也不会将诉诸法律帮助作为主要手段。一位企业服务公司的总经理,回忆起他的一个商业伙伴未经授权就使用他们品牌的情形。他向政府寻求意见,并打探通过诉讼来保护自己权益能够获胜的概率。令他惊讶的是,政府相关官员并不建议他寻求法律的帮助。政府官员提醒说,他最终可能会以高额的费用获得胜诉;但是,判决很有可能在现有法律体制下无法执行。[31] 其他的企业家则描述了在经济改革早期所遭遇的财务困境——客户拒付账单和累计应收账款。但是,当索赔的价值不高并且依靠法律维权的成本很高时,不管是律师还是法院,都对处理这样的经济纠纷不感兴趣。

在我们的调查中,一些企业家在2004—2006年以某种形式与至少一个供应商发生过商业纠纷。其中,大多数(84%,在报告了纠纷的120家企业中有101家)都能够通过谈判的方式,最终达成双方都可接受的解决方案;10%(12家)的企业使用人际关系解决他们的纠纷;只有3%的受访企业向地方政府寻求了仲裁;另外,还有3%的企业寻求了法律帮助。企业与客户的商业纠纷与之相似。总体上,2004—2006年,在我们调查的企业中,20%的企业与它们的一个或多个客户发生过纠纷。同样,这些案例一般都是通过双方谈判来解决的(86%,在报告了纠纷的139家企业中有120家)。4%(5家)的企业使用人际关系解决纠纷,2%(3家)的企业寻求了地方政府仲裁,7%(10家)的企业是别无他法才寻求法律诉讼的。[32]

显然，在促成商业规范和惩罚商业伙伴方面，法律诉讼的威胁只扮演着次要的角色。这一点，与正式合同对减少商业风险并不起决定性的作用是一致的。在依靠合同处理问题方面，与供应商或客户有过纠纷的企业和没有经历过纠纷的企业，在统计意义上没有显著差异。

相反，供应商与客户之间稳定的关系、广泛的规范服从、以私下方式解决问题的能力，都依赖于商业社群中流畅的信息交换和声誉效应的强大作用。"好的关系应建立在可信任的基础之上，不能把别人当傻瓜看"，一位企业家解释，"时间一长，人家什么都会知道的。"[33] 在冲突和纠纷中，如果双方都不能找到满意的解决方案，传言就会扩散开来，提醒其他企业，这些人可能会成为违背商业规范的人。这种消极声誉效应的威胁，为达成双方都可以接受的解决方案提供了强有力的动机。而且，背叛规范的人不得不计算来自商业社群的监督，这实际上增加了违约的成本。很自然地，集群的地理相近性对避免商业冲突有一定的帮助。这是通过逐渐改进的、事前对商业伙伴的筛选和对交易的监督来实现的，即便这种信息交换通常会超出产业集群的地理范畴，而且并不一定要依赖空间上的地理相近性。我们在调查中发现，对当地供应商和客户的高度依赖，会降低企业卷入商业纠纷的概率；相反，依赖国际供应商和客户，则伴随着卷入纠纷的高风险。

为了突出长三角地区潜在的社会性机制的重要作用，我们回到上述提及的两项关键性商业规范。

1. 几乎在所有的交易中，信用和承诺都是受人尊重的；人们不会对自己的生意不信守承诺。社区内的信息交换为强化口头或书面契约提供了一个有效的机制，也能把可能背叛商业规范的人从诚信的商人中区分出来。在我们2006年和2009年的调查中，都有近50%的受访者认为，如果他们的供应商欺骗客户，他们是能发现的。无论对于年轻的企业、成立已久的企业、小规模厂商还是大规模厂商，这一点均是如此，并且不受产业特征的影响。作为互利性和自我监督的战略，在非正式商业网络中，信息交换通常是自发和无意识的。通常来讲，是否具有正式的组织成员关系与此无关。没有正式组织成员关系的企业家，与产业协会成员（或行会成员）或私营企业协会地方分支机构的成员一样，都能够获得供应商违约行为的相关信息。

在特定的细分市场中，联合式解决问题过程中的共同利益和人际关系，界定了非正式信息网络的边界；但地理相近性并不一定是一个关键性的决定要素。因为高度依赖人际之间的交换关系，所以对于具有跨省供应渠道和只有地方性供应渠道的企业来说，其供应商违法行为相关信息的可获得性都是一样的。并且，在我们调查的所有城市中，这类社区信息交换都广泛存在，与地方性的生产集群或商业交易的分布和密度无关。在上海，私营生产商通常依靠邻省的供应商网络，我们的调查样本企业中的60%都认为，他们能够知道供应商的违法行为；而在温州，一个高度依赖中小企业集群的城市，只有46%的企业家有这样的自信。

至于典型的违约行为——延期交货或拖欠货款，近一半的受访者（42%）表示：对于前者，他们会提醒自己的客户和供应商等商业伙伴留意；而对于后者，则有几乎一半（47%）的受访者会再进行讨论。显然，从以上两种情形来看，相互分享信息可以帮助识别出潜在的、不可靠和不值得信任的商业伙伴，进而能够预防其他成员在未来的经济损失。[34] 同样，商业社群内的制裁机制增加了违约成本，进而有助于降低商业风险。平均来看，大约1/4（26%）的受访者认为，如果供应商不遵守事先约定的交货时间，则希望能够对其进行社群制裁；稍多一点（31%）的受访者认为，如果供应商出现违反财务承诺的行为，则希望能够对其进行社群制裁。

这些机制成为制约非合作性行为的强有力措施。付款方面出现的问题，通常会在内部解决。企业家们更愿意自己来处理延迟付款或者提供劣质产品的问题。一个共同的观念是，裁决的方法应该视违约方的具体行为而定。强硬和快速的手段一般行不通，并且也不能灵活地适用各种特定的情境。一位南京的器械生产商总结道："推迟付款的问题当然会存在，但是通常我们会与企业坐下来谈。好一点的企业会告诉我们什么时候可以付款，差一点的就是一拖再拖……然后我就具体情况具体分析，决定是否与他们继续合作。对我来说，真正重要的是，我要知道他们是不是真的因为处于财务危机状态而不能及时付款。"[35] 其他的受访者也认同信息沟通及其透明程度的重要性。比如，一位南京的纺织品生产商说："如果我们的资金流出现了问题，一般情况下，客户会告诫我们并且会给我们一个延期支付的日期。这对于我们来说就可以了。"[36]

2. 人们应该生产出好的产品以支撑自己的承诺。依靠社会性机制强化社会规范，在产品质量方面尤为显著。超过50%的受访者说，如果生产商不愿意按合同约定去纠正质量不合格的产品，他们就会与其他的企业议论这类问题。相当一部分受访者（33%）认为，这种议论和信息交换会影响该生产商与其他企业的业务，并且会导致其他企业断绝与这类生产商的业务往来，或者减少与其签约的数量。显然，在质量问题上，非合作性行为是一种自掘坟墓的做法：因为丢掉其他业务的损失，要远比靠压低质量而节省下来的成本大得多；而且，信息交换几乎无处不在。这种商业社群内的制裁，在很大程度上依赖于空间上的地理相近性和密集的集群网络。因此，这种第三方的强化机制在上海就没有那么普遍，因为上海的私营企业社群网络并没有发展得像浙江省和江苏省那样密集。

大多数受访的企业家认为，质量问题一般可以通过联合谈判来解决。很多私营企业都有自己的一套内部流程，以应对一定时期内的质量问题。大的质量问题会通过寻找替代品来解决，小的质量问题一般是通过降价来解决。

然而，企业家也要确保没有滥用上述做法的声誉机制。如果客户采用乱抱怨的方式压低价格，那么生产商就会在自己的社会网络中及时地相互沟通。一位南通的轴承制造商描述了一个例子：他的一个商业伙伴年产值有1 000万元，但要面临客户150万元的退款要求；而且，这些退款都不是很合理。"轴承一般是用合金作为产品原材料，而轮轴一般是用金属来做……合金很软而金属很硬，所以有很多因素可能导致轴承的损坏。比如，汽油质量很差或其中掺有杂质；但是，引擎生产商会认为是我们的轴承质量不好，怪到我们头上。"显然，在这种情形下，他和他的朋友会交换看法与意见，并且避开他们所知道的那些会乱抱怨的客户。"我们从同行收集类似相关的意见并报告给中国国家内燃机工业协会,它们是负责轴承和引擎的行业协会。但是这并没有什么用。所以,与这类客户做生意的时候,我们的策略就是要求他们提前付款;之后,我们才开始做产品。想找到一个适用于整个行业的方法是不可能的。"[37]

显然,长三角地区的产业集群有其独特的社会结构和制度,包括在有效的法律保护之外能够强化对商业规范的服从,其功能超越了地方性的产业专业化分工。通过商业社群内信息的交流,打破规范的人会被识别出来并暴露在整个商业社群中。社群制裁的风险增加了违反规范的成本,并限制和消除了企业的违规行为。

民营经济的自主性

很多企业家指出,与国有企业做生意很难。私营企业通常缺乏足够的内部流程相关知识,也缺乏用来处理矛盾的社会资本;相反,企业家推崇与私营企业做生意的那种合作性氛围。因为条件相似,所以他们能理解和尊重彼此的难处,这进一步推进并形成了互利共赢和被广泛接受的商业规范。

从管理风格和响应能力方面看,受访者都认为与私营企业做生意一般是比较有效率的。民营经济成分中,较高的竞争压力和预算约束,催生了私营企业更高的灵活性和更强的适应能力;这反过来又促进企业能够发展出用以保障快速周转和调整的内部流程。这一点在每个环节都适用:从企业与供应商或销售商的成功谈判,到产品运输、收款和提供售后服务等。正如一家食品加工厂(这家公司以前是地方政府所有)的所有者所观察的:"我们转制成为私营企业后,事情就变得简单了。只要你有诚信,承认你自身的问题并且愿意改进,那么你还是可以保持你的生意。以前作为一家乡镇企业,我们花费大量时间去想'我们应该与谁做生意'或'他们能给我们多少回扣'等类似的问题。现在,我们将注意力都放在改进产品质量和提高企业声誉上。"他进一步解释道:"当然了,与私营企业做生意也会遇到产品质量的问题,但是私营企业通常会去调整和改进;相反,乡镇企业就不会在意我们的抱怨。"[38]

供应商网络

在制造业,供应商能够及时提供原材料,这对于完成产品计划至关重要。同样,原材料的质量很显然会影响产品的质量,并最终影响企业的市场绩效。所以,可靠和持久的供应商关系很重要。在长三角地区,制造型企业依靠多样化和复杂的民营供应商网络。在评估其竞争优势来源时,企业家们都称赞民营供应商要比国有企业更具灵活性和合作性。他们指出,民营供应商与自己有着相似的心智模式,并且更愿意对他们特殊的需求和问题做出回应。

朱金虹(音译),世界第二大灶式咖啡壶生产商,完全依靠永康市的高度专业化的小企业作为其地方性供应商网络,为自己提供所需的原材料,其中很多是他企业以前的员工。朱一般是通过口头约定的方式与以前的这些员工打交道;而与其他人,朱则是通过正式的书面合同方式来购买关键和特殊的原材料。这些供应商通过合同与朱建立关系,并只为他生产关键的原材料,这也是一种针对竞争对手以保护专利的手段。另一些供应商提供一般性的材料,如咖啡壶的包装盒等。与这些供应商做生意,尽管也是通过签订合同的方式,但是他从来不把合同看作可以用来追究法律责任的文件——因为他几乎不会对分歧提起诉讼。为了说明这一点,他描述了工业模具的生产——模具是他最重要的原材料之一,因为其中包含了专利设计。他与生产模具的供应商达成协议:朱分担生产成本的50%,这可以保证其模具的产权。在这个约定中,供应商和制造企业之间的共同利益要比书面合同更重要。在朱看来,他与供应商们在地理上的相近性和持久的社会关系,为自己提供了不可或缺的竞争优势,保证他能够在铝制灶式咖啡壶的国际市场上赢得一席之地。

在我们2006年访谈的总经理中,有近3/4(74%)的人表示,他们最重要的供应商是私营企业;相反,只有10%的企业是依靠国有企业作为主要供应商的(见图6.1);其余的则从集体企业、外资企业或合资企业获取原材料。

这种对民营供应商的高度依赖,即使是在我们的一个特殊的子样本中——含有 58 家改制国有企业或集体企业——也是如此。在这些前身是公有制的企业中,只有 25% 是从国有企业获取主要的原材料;并且,这种情况即便是在南京和上海也一样。改革前,这两个地方是国有企业和集体企业的区域性制造中心;而现在,民营制造商稳居主导地位(南京是 65%,而上海是 69%)。这表明,在这两个地区,最重要的供应商都是民营性质的企业。另外,这种对民营供应商的高度依赖现象,在我们调查的所有产业中也同样存在。只有在制药和医疗产业,企业在一定程度上更倾向于国有供应商,其中,15% 的企业依靠国有供应商为其提供主要资源。这与医疗产业高度的行业管制密切相关——该行业最近才允许民营企业进入。

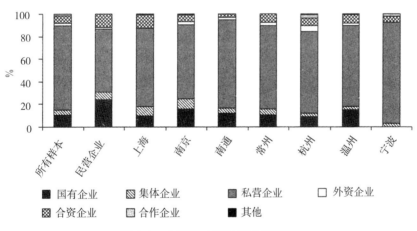

图 6.1　大型供应商的所有权类型

资料来源:2006 年长三角地区调查。

多数供应商与企业把厂址选定在相同城市,或者在相同区域内的相近位置。空间上的地理相近性不仅减少了运输成本,还促成了长三角地区企业高度依赖产业集群的地方性规范。同样,这也增强了企业间的合作行为并共同地解决问题。吴立平(音译),丹阳一家自动包装机生产企业的创立者强调,他的原则是只找距离自己公司 20—30 英里之内的企业作为供应商。这可以减少合作初期的培训成本,而且在问题出现时可以灵活和及时地识别并解决。总之,根据我们 2006 年的调查,平均 35% 的企业的原材料来自与其位于同一个城市的供应商,约 30% 的企业是由位于同一个区域的供应商提供,只有 30% 的企业是由位于不同省份的供应商提供,其余的则来自进口供应商。

然而,在整个长三角地区,供应商网络在地理上的集聚现象存在差异,这反映出民营企业发展的不同步调,以及产业集群的不均匀分布状况(见图 6.2)。作为产业集群最大的集聚地,依靠同城供应商在浙江省(38%—60%)体现得最明显,江苏省(24%—45%)稍稍落后,因为江苏省民营企业的发展起步要落后于浙江省。这种情况在上海(4%)是不常见的,因为上海的民营企业很难进入政府主导设计的技术园区,这主要是由大型国有企业和外资企业构成的。在上海,民营企业聚集在郊区,在那里,它们与邻近的江苏省和浙江省的民营企业进行跨区域商业活动。

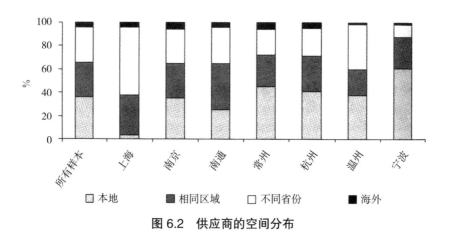

图 6.2 供应商的空间分布

资料来源:2006 年长三角地区调查。

依靠当地的供应商网络不是小型创业企业的初始战略那么简单;相反,它随着时间而加强,即创立时间越长的企业越依赖当地的供应商。而且,这也与企业规模无关,大型企业同样也建立和培养本地的供应商网络。[39]

这种网络是稳定和持久的。在我们 2006 年调查的大多数制造企业中,它们与各自的原材料供应商的合作超过了 6 年时间。其一般模式是：企业会在开展业务的前一两年时间，与自己重要的供应商建立稳定的商业关系；而后，这种关系会随着企业与供应商之间信任程度的提高而得到加强。然而，与当地供应商保持长期的商业纽带，并不意味着没有竞争。通常情况下，企业会在关键产品环节上依赖多家供应商，这么做可以降低延期交货的风险并保证原材料的流动性和质量，从而满足企业的生产计划。单个供应商有动机在整个供应商网络中保持竞争力，因为制造商经常会退单并转向其他供应商。供应来源的数量会随着企业年数的增长而增加；同样，企业与主要原材料供应商的关系也是如此。随着双方的贸易关系趋于成熟，制造商都会私下里鼓励自己的供应商相互竞争。在 2006 年的调查样本中，一家民营企业平均报告了六家不同但重要的供应商；只有 5% 的企业依赖一家供应商。这个发现，与 2003 年在全国范围内进行的"世界银行投资环境调查"所报告的 15% 是不符的。因此，长三角地区内民营企业的供应商多元化现象更为明显。

客户网络

与依赖民营性质的供应商网络一样，制造企业所有者要通过非国有的营销网络来分销产品，这一点，也凸显出长三角地区民营经济的自主性。同样，共享的商业氛围和彼此相互接受的商业规范，使生意关系变得简易。

特别的，客户及时付款对于民营企业要比国有企业重要得多，因为国有银行的贷款不会支持民营企业的短期财务周转需求。一位南京的机械制造商，回忆起早年与国营企业做生意时被拖欠货款的情形。"与它们做生意需要正确的关系。如果你没有关系，即使送礼也没有用。有时候，我们要为一个月的货款等上两年的时间。但是民营企业就不同了，它们最关心的就是资金链。一旦资金链断了，企业就破产了，闹上法庭也没有用。我们能做的就是避开这些国有企业，我只想与声誉好的外资企业和民营企业做生意。"[40] 对于与集体企业做生意，受访者也报告了类似的问题。一位企业家说："乡镇企业是不支付现金的，它们只按月结款；而且，它们的人会向我们要回扣……我更愿意我的客户是民营企业,因为与它们做生意和收回货款更简单。总体来讲,与乡镇企业做生意太难了,在付款方面有很多的问题。"[41]

民营企业向政府单位和国有企业销售产品的范围非常有限。在我们的调查中,54%的企业报告,没有销售过产品给国有企业;而86%的企业报告,没有销售过产品给政府单位。即使报告有上述销售经历的企业,其销售额也只占整体产值的很小一部分(平均为19%)。在上海、南京和杭州,较多的民营制造商(25%)报告了向政府部门销售过产品(见图6.3)。南京和杭州的企业也较多地依靠当地市场和省级市场销售产品(见图6.4)。这一点表明,依靠政府所有的机构销售产品,体现了较弱的市场化导向和竞争力。南京的民营企业较多地与当地国有企业结成外包关系;相反,浙江省——民营企业发展最蓬勃的地区——的大多数民营企业没有销售过产品给政府单位,只有一部分民营企业高度依赖与国有企业或集体企业做生意。比如,宁波一位做塑料材料的小企业所有者很得意地报告,他最重要的客户是一些中国最大的国有钢铁厂。在他的公司还是乡镇企业的一个车间时,这些客户就与其建立并保持关系了。在承包车间并进行产权改革之后,他继续与这些客户保持关系,这样利用国有企业的关系拓展客户网络,似乎就是很自然的事儿了。[42]

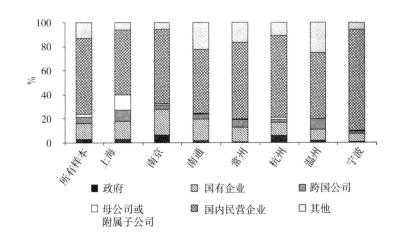

图6.3 客户的所有权结构

资料来源:2006年长三角地区调查。

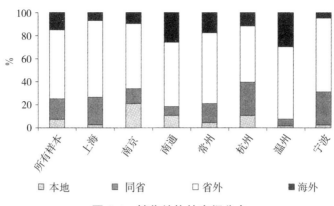

图 6.4　销售结构的空间分布

资料来源：2006 年长三角地区调查。

老党员和国有企业的前任管理者仍然倾向于把民营企业的产品卖给政府机构。这在某种程度上体现出，产权改革过程仍然存在着旧的商业关系；而且也表明，在这样的企业中，信息流动仍然需要通过政治关联的渠道（参见第 9 章）。但整体上，产业集群中商业规范和管理风格的高度一致，导致了企业对民营性质分销网络的高度依赖。一方面，民营企业很少向国有企业销售产品；另一方面，民营经济已经从转型经济中的国有和国家控制的经济成分中独立出来。这两者是一致的。

大舞台上的竞争优势

为了在地方经济之外的市场上更具竞争力，企业需要在地方上进行合作。按照这个观念，大多数民营企业（60%）将它们的产品销售锁定在国内市场和国际市场。远距离市场上的客户网络，与长三角地区空间集聚的供应商网络形成了明显的对立。[43]

伴随着大量的中小型竞争者涌入相同的细分市场，市场竞争变得日趋激烈。为了获取市场份额，生产者必须精确地评估自己在国内市场和国际市场上的性价比排名。通过密切关注细分市场中其他竞争者的市场信号，企业会对产品做出相应的改进,并在价格与质量方面进行差异化和定制化,进而自发组织成为一定的社会结构。[44] "关键就是要找到质量和价格之间好的平衡。"一位南京的医疗器械制造商如是说。

> 价格和质量也会随着时间而变化……我们希望有更好的质量,但是也需要一个有竞争力的价格……我自己的公司现阶段处于行业的中间排名位置上。在我们的产业中,最高规格的产品是由日立和奥林巴斯两家企业生产的,它们的产品价格大概是我们的8倍,但是它们的产品质量只比我们高大概15%。一旦我们追上了这15%的差距,就会使自己产品的价格翻倍;即便如此,我们的价格还只是日本品牌的1/4。现在呢,一些日本公司开始买我们的产品了。在这个行业中,中等排名的意大利、西班牙和法国的公司有较高的价格,但是质量与我们的却差不多。仅仅在三年前,这些中等排名的企业还占有50%的市场份额,但是现在它们几乎消失了。[45]

售后服务和拥有知名品牌,对于定价战略同样重要。通过对产品质量排名进行认真的分析,一位南京的机械制造商在北美市场赢得了一定的份额。虽然他们的钢筋焊接机只有2.4%的回报率,但客户还是愿意付出高于其竞争产品15%的溢价。[46]

另一家南京的机械制造商已经在国内市场上做得很成熟了——占据40%—45%的份额,所以他可以制定高出国内竞争对手15%的价格。他现在关注两个主要竞争对手——分别来自韩国和中国台湾——的战略行动,这两个竞争对手都是生产与其质量相仿的产品,但价格较高。通过互联网和客户网络,他可以实时调整产品线和定价策略以定位自己的企业。近期,他从客户那里听说,这两个竞争对手都在重新制定战略并考虑离开中国市场,这也是他不想失去的一个机遇。[47]

通过定期参加国内外的贸易展销会,长三角地区的生产企业密切地关注市场的竞争。尽管它们可能缺乏英语交流的能力，但很多企业还是定期到欧美地区考察，并学习竞争对手的产品和展示自己的产品。通过互联网，企业家们也可以了解竞争对手在其企业网站上展示出来的产品，其中所包含的技术说明和图片已经足够详细，可以作为自己企业的设计师升级产品的基础。而且，国际销售代理商通常会把外国企业的样品带给中国的制造商进行模仿。

私营企业与外国企业结成联盟，无论是作为客户还是作为合作伙伴，一般都遵循与本土企业联盟不同的制度逻辑。企业家们把与国外客户建立业务关系视为企业自身发展的一种战略，因为外国企业迫使私营企业采用国际标准并以此提高其产品的质量。通过原始设计制造（ODM）的方式，中国企业能够接触到技术和产品质量控制的相关流程。这些是所谓的"延展关系"：通过与成熟的国际企业客户合作，帮助企业家们"把公司从第二梯队中拉上来，达到世界级的管理实践和绩效水平"。[48] 显然，企业与外国企业的业务关系，也可以向国内的客户传递出积极的信号，进而帮助其提高本土市场的份额。一位南通的轴承生产商解释，"这是中国人的思维方式所致。""如果国外企业都喜欢我们的产品，那么对于国内客户来说就一定是好的。实际上，我们是通过国外客户来吸引本土的客户……当然了，我不一定要立刻找到最好的国外客户。我们先与两三家外国企业合作，然后再试着往上爬……最后，我们在国内市场和国际市场上都有了客户。"[49] 大多数公司都喜欢与多家小型的外国企业做生意，这样就可以避免对某一家特定的企业形成依赖关系。

客户网络在空间上的广泛分布，证明了长三角地区内大多数制造商所采用的质量－价格平衡战略是成功的。我们调查中的大部分企业，都从当地市场转向了国内其他地区的市场和国际市场。只有18%的企业集中于省内市场，而只有8%的企业将它们所在的城市视为主要的目标市场。在所有的地级市中，虽然比重有所差异，但是企业对目标市场相对重要性的排序是一致的（见图6.4）。温州，作为产业集群最密集的城市，具有最高比重的省外贸易量。这一点，凸显了在全国范围的制造业获得竞争优势及提供具有国际竞争力的产品等方面，地方性产业集群具有重要的作用。

尽管分布广泛，但企业的客户网络还是表现出与供应商网络相似的稳定性。大部分销售来自重复性交易，平均 68% 来自回头客。重复性交易的比重在浙江省要略高于江苏省，两者都明显高于上海（仅为 54%）。

依靠小产品差异化的产业中，竞争会很激烈，一些新的市场进入者会试图压低价格，破坏制造商与客户之间的既有关系。但是，一位南通的纺织品生产商指出，这种投机性的做法，对于推动企业成长的作用是很有限的。"在我们这个市场中，定价是相对明确的。一般布料卖到 21 000 元 / 吨，但也有一些人卖 19 000 元 / 吨，那就没有任何利润了。在我们这个行业，原材料的价格都是透明的，甚至连管理成本都差不多。所以，如果价格太低，那就不可能有任何利润……一般来说，在这个行业里，谁是这样的投机者我们大家都非常清楚；但是我们都不会说。这种争吵是没有意义的，因为市场会解决所有的问题。"[50] 现有市场中的企业家大都持有同一个观念：只要企业能够提供性价比高的产品，客户是不会流失的。

结　论

产业集群会通过集聚效应带来竞争优势，这一点是无可争议的。在空间上聚集的集群中，生产者通过三种方式来实现外部经济性：与上下游市场距离相近而节约运输成本；大规模专业的人力资本集合；从信息溢出中获益。这些当然是很重要的原因；但是，它们不能完整地反映出产业集群的潜力。上述的理解方式漏掉了产业集群中的人际交往带来的竞争优势。社会化的过程，对于自下而上地发展出商业规范以维持信任和合作是必要的；而产业集群在空间上的地理相近性，为此提供了丰富的土壤。正是在这种关系密集的商业社群内，企业家们可以获取信息、彼此监督，这对于企业之间的合作和按时达成交易十分必要。人际交往和复杂的商业关系为此提供了社会黏合剂，强化了对商业规范的遵从，并促进了在稳定的社会网络中以合作的方式处理矛盾和冲突。

在长三角地区，产业集群可以帮助心智模式相似的企业家们发展出彼此都能够接受的商业规范和行为准则。这些规范和准则，对于民营经济从主流经济的生产规则中脱离出来，起到了决定性的作用。因此，商业伙伴间和竞争对手间在地理上的相近性，可以帮助民营企业减少从旧制度脱离出来并建立新制度的成本。如果没有这种密集的、高度专业化的商业社群，长三角地区的企业家们就不一定能够迅速地发展出独立于国有销售渠道的供应商和分销商网络。如果没有了嵌入在产业集群社会结构中民营性质的保障机制，做生意和达成交易的风险就会非常大。

然而，值得注意的是，依赖人际交往并没有限制市场和销售在地域上的扩展。客户网络的非本地化（广泛依赖于跨省交易和世界范围内的出口贸易）要比供应商网络表现得更明显。显然，至今，民营企业已经发展成为一体化市场中的参与者，并不会为地方性的客户网络所限制。

07

劳动力市场的发展

  中国改革开放期间涌现出一大批从农业生产中解放出来的劳动者，他们大都年轻、健康并且受过教育，后来更成为民营经济发展浪潮中加速企业成长和建立竞争优势的关键。20世纪80年代早期，为了开展强有力的基层行动，把耕地交还农民手中，在安徽这个中国较贫困且人口众多的省份，改革的先行者们首次制定出解散集体农业生产队这一重大改革政策。中央政府从安徽省开始，在全国范围内推行家庭联产承包责任制，将以前由生产队耕种的土地，按照人数平均分配给每个家庭。承包合同的期限从最初的一两年很快延长至15年，最后修订为50年。在新的政策下，每家每户都与当地政府签订承包合同，农民只需将一定量的农产品出售给政府，剩余部分则被允许自留自用或者拿到农产品市场进行交易。新政策给农业生产带来了有效的激励，提高了边际生产率，使个体劳动者的生产效率和农村收入迅速提高。[1] 中国年人均粮食产量从1978年的约661磅增长到1984年的881磅。总的来说，那个时期统计出来的农业总产值的增长率超过了100%[2]，80%的生产力增长要归功于从集体生产队到家庭联产承包责任制的政策转变。[3]

  土地制度的转变不仅使得劳动生产率大幅提高，也揭露出农村存在大规模剩余劳动力的事实。土地改革几十年后，城乡之间实施了严格的户口迁移制度，抑制了全国就业结构的转变。在当时，农村剩余劳动力人口的数量估计达到 1 亿—1.56 亿，约占全国劳动力总量的 35%—55%[4]，大量剩余劳动力希望从农业中转移出来。此外，有的家庭人均分配到的土地面积仅有 0.5 公顷（面积约等于 2/3 的足球场），这意味着依靠农业生产仅能满足一些家庭的基本生活需求。在人口稠密的长三角地区，人均能够分配到的土地面积更小。浙江省人均可耕种土地为 0.04 公顷，江苏省为 0.07 公顷，上海郊区仅达到 0.02 公顷。[5] 家庭联产承包责任制由此引起农村家庭收入结构的变化，农民开始通过做小生意和寻找非农就业来丰富他们的收入来源。总体而言，在 20 世纪 80 年代早期，大量劳动者希望从农业生产中转移出来，土改政策开辟了一条从基层农村影响中央政府的制度创新之路。土地改革促使省内和省际之间劳动力市场的逐渐形成，为私营企业提供了充足的劳动力。

为满足基本生活需求，许多家庭仍然维持农业生产；同时，家庭内其他成员或者选择去附近乡镇找工作，或者去沿海城市打拼。土地租赁合同给去城镇务工的人们提供了长期的基本保障。我们在深圳采访到一位年轻男性务工人员，在交谈中很明显地感受到了这一点。

我的父母一直保留着土地证，我对里面写了什么了解不多。村委会将土地划分好，然后由生产队开展具体的土地分配工作。我并不担心自己会失去土地权，虽然我生活在深圳，但还是有人在耕种我的土地。不管我在外面工作挣没挣到钱，只要我活着，那块地就一直是我的。我不是城市居民，只要我是农民身份，就可以一直拥有自己的土地。我的孩子可以继承和使用我的土地，这是有好处的。特别是，如果他在自己的行当里没有取得什么成就的话，至少还可以继续务农。

像我们这样来到城市务工（找工作）的人，都有一个自己的心理预期。对我而言，我每年至少要存 2 000 元，或者每个月收入 600 元左右；否则，离开老家并不划算。深圳每月 574 元的最低工资几乎不够花。当我们的工厂由于没有订单而停发了 3 个月薪水,甚至没有发放生活补贴后,生活就从困难变得艰难。我们该怎么在深圳生存呢?在我农村老家那里,仅靠种植水稻和玉米并不能赚到钱;但是农民每年通过出售种植的蔬菜、谷物或者水果,差不多就能挣到 2 000 元。我开始考虑回老家是否会更好一些。我那些来自四川省的工友们,有些已经选择回去了,有时在城市工作并不值得。[6]

中国劳动部 1994 年的一项调查显示,在 20 世纪 90 年代早期,尽管有 43% 的农村家庭已经从当地的非农工作中获得了收入,但是几乎所有的农村家庭(97%)仍然在耕种自家的土地。在长三角和沿海地区越来越多的城市里,许多家庭选择将部分土地转包给他人,这样就能将自己解放出来去寻找其他工作。

出租土地的计划在不知不觉中产生了这样一种结果:它给农民工提供了基本的保障,让他们在找工作时可以要求最低的工资标准,同时有资本与雇主讨价还价。这一点影响了私营经济中劳资双方的关系。企业设立的最低工资标准,要高于农民在耕种土地和出售农产品时获得的收入。与此同时,农民工的基本生活需求能够凭借长期的土地租赁得到保障,家庭联产承包责任制也使得非农业劳动力成本维持在相对较低的水平。在这种相互作用下,市场内涌现出一批经营形式灵活、经营范围广泛、资源多样化的人力资源公司。无论企业是想找有技术还是没技术、做长期还是做短期的工人,这些人力资源公司都能够满足其需求。因此,劳动力市场的出现不可避免地与农村土地改革制度下的劳动力红利紧密联系在一起。大量有意愿、有能力的劳动力不断涌现,其原因除了耕地对生活的保障外,还有毛泽东时代对义务教育和农村基础医疗服务的投入。

寻找非农工作的人们,当时唯一的就业通道就是劳动分配体制外新兴的那些非国营企业。国有制和城镇集体所有制企业内有正式编制的岗位,对持有农村户口的外来务工人员是不开放的。从 1958 年开始,政府一直实施严格的户籍制度，将户口分为城镇户口和农村户口两类，并且对从农村向城市的户口迁移进行严格控制。上百万农民避开户籍政策，离开老家来到城镇打工，尽管他们只是临时居住在城市（通常还是违法的），但是户籍制度还是持续有效地控制着城市内的公共劳动力市场。只有城镇居民能够享受劳动分配政策（一直到1994年才被取消）和一些社会福利政策，如终身就业、住房补贴、卫生保健、儿童保健和退休金。从农村迁移来的劳动者们无法从事国营经济体制下那些有保障、高薪水的工作。此外，中国城市内那些公有制企业中还出现了20%—30%的下岗工人，这一巨大的数字和当时农村剩余劳动力的数字相当。[7]外来务工人员能够从事的工作，局限于那些城镇工人不愿意做的临时性工作。期间，对新兴的私营企业和工人的关系，政府没有相关政策法规进行监管和监控，两者之间仅遵循自由市场的交换原则和一些特定的行业规范。直到第一部《劳动法》（1995年生效）的颁布，国家才试图为所有类型的雇佣关系提供一个通用的法律应用框架；而国家的《劳动合同法》从2008年才开始生效。

在本章，我们将验证劳动力市场的出现是经济结构中保证私营企业快速发展的核心力量。我们强调企业如何利用不同的就业通道以快速响应当地的劳动力环境，进而找到自己需要的员工。然后，我们分析所有制形式，比较雇佣关系，确认制度趋同的发展过程。这一过程从法律实施的角度不能被完全解释。本章的讨论与总结是，模仿和规范性压力如何促进人力资源政策的发展，并逐步允许私营企业在劳动力市场上与国有企业、外资企业展开竞争。

劳动力市场的出现

在农业去集体化运动的过程中，政府给农村家庭划分耕地，这其实相当于变相给农民提供经济补贴。耕地保证了农民基本的生活需求，私营企业也由此能够具备低水平的工资结构，进而在市场竞争中获益。尽管国有银行经常拒绝私营企业的贷款要求，但是这些企业可以从本地丰富的农村劳动力中获得人力资本。在当时，对一个刚刚起步的企业来说，主要依靠不计报酬的亲友和一帮临时员工开展经营活动的现象屡见不鲜。企业最初的员工都是自己的亲人、朋友和邻居。当企业成长到一定规模后，这些"元老们"会在企业招募新员工时，推荐与自己相关的人加入进来。

当时，企业招聘新员工主要依靠亲友们的推荐，而不是正规的人事系统。那么，拥有丰富和多样化人力资源的劳动力市场是如何形成的呢？企业在创立初期，主要依靠亲友们的关系网在临近地区招募员工。随着企业劳动力需求的增长和引荐人越来越多，企业招聘链的延伸和员工个人的推荐很快就会超出地区范围。企业由不同亲疏关系的员工组成，经由弱关系进入企业的员工，在到来之初会逐渐在当地人脉圈中与他人建立起自己相对独立的人际关系网。工作中多样随机的互动会产生各式各样的人际交往过程，在复杂的人际关系里一个人会"忘掉"他最初的状态。换句话说，他会发生失忆的马尔可夫过程（Markov process），在已知目前状态（现在）的条件下，他未来的演变（将来）不依赖于他以往的演变（过去）。[8] 随着小型私营企业的数量越来越多，通过关系网进行劳动力补充的过程进一步演变成一个充满活力的系统，招聘从主观变得越来越客观。

以前，民营企业大都通过关系网招募不想务农的人进来。随着长三角地区经济的蓬勃发展，企业劳动力需求变得越来越大。为满足这种需求，省际间多样化的劳动力市场逐渐形成。很多工人来自像安徽、江西这样人口密度高的农业省份。许多内陆省份人口众多，但可耕种的土地资源有限，变成了劳动力净输出省份。从这些省份出来的务工者不断涌入沿海地区，使得当地的劳动力市场越发繁荣。

中国劳动力从贫困的内陆省份向发达地区迁移的现象，与之前从墨西哥向美国的劳动力迁移很相像。[9] 第一代移民离开贫穷落后的村庄和小镇，去经济繁荣发达的沿海地区寻找工作，他们通常受到制造业和服务业可观的报酬及大量机会的吸引。许多移民在离开农村之前，会通过私人关系了解和寻求有保障的工作。[10] 这群人通常年轻、健康、大多数受过较好的教育（拥有初中文化），普遍没有工作经验。在争取到工作以后，他们会把挣到的钱汇回老家，帮助家人提高生活水平。在过节期间（如春节），农民工们会返乡与家人团聚，用挣到的钱买一大堆礼物，同时传播很多与工作相关的信息。老家的年轻人会根据前辈们提供的信息，决定自己是否也出去务工。连锁性的劳动力迁移由此产生。和国际上的移民一样，当越来越多的年轻人在工业化城镇聚居时，移民的成本和风险也随之降低。[11] 想要找工作的农民们不断地离开家乡，投身于中国的制造业。

从农村来的劳动者虽然缺乏技术但是接受过正规教育，他们给长三角地区那些生产自动化程度低的工厂提供了源源不断的劳动力。即使工人没有接受过专业的训练或者缺乏手工工作的经验，但一般的工作在几小时或者几天内就能学会。很明显，工厂希望招揽更多的农村劳动力，因为城市工人不愿意做那些低级的工作。[12] 虽然有些工作的环境比较危险，特别是一些被认为"很脏"的工业企业（比如化工厂或者塑料厂），但是不错的收入还是吸引着一批批的年轻人，因为他们需要获得现金以贴补家用。

长三角地区的民营企业家们重视利用以市场为基础的雇佣关系。第一，不像国有企业，民营企业从灵活的员工关系中获益，不会因终身雇佣制度而阻碍发展。民营企业的工人已经接受了短期和灵活的工作时间，他们的工作通常需要根据企业的实际状况进行调整。第二，民营企业的薪酬系统会奖励有效率的个人，比国有企业的平均主义更具有激励性。企业家们对员工们强调竞争，也是民营企业与国有企业相比能够成功的重要资源。第三，民营企业没有国有企业需要为员工提供高福利的负担。

截至1994年，超过1/3的农村家庭中至少有1位家庭成员在外打工。[13] 人口调查显示，当年的农村移民数量占全国移民总数的60%左右。当时估计的全国移民人口大约有1.31亿。国家统计局最近的统计数据显示，尽管沿海地区不再是外出务工的唯一选择，外来移民的数量仍在持续增长。2008年，全国仍有大约1.4亿农村移民。[14] 截至2006年，我们的第一次调查显示，江苏省新产生的城市工作岗位中，大约31%被农村劳动力占据；浙江省的这一数字大约为54%。[15]

工人与工作匹配

在长三角的产业集群地区,许多企业家不必积极寻找缺乏专业技能的打工者。这些企业依靠不断从内陆省份出来到工厂寻找工作的农民工来补充企业劳动力。一位纺织厂的总经理说:"我们创立公司时,没有出现过劳动力短缺的情形。工人们会自己来申请工作。他们来自安徽、江西、河南这些省份。我们不需要登广告,因为我们的工厂在一处知名的工业园区中,农民工会找到我们,然后申请工作。"[16]

当需要更多的工人时,企业家现在主要依靠非个人的方式进行招聘,如在当地招聘机构列出清单。招聘机构会在广告牌上描述工作性质、工作要求和工作报酬。对初级车间工作进行的标准化工作描述和大量的农村移民,造成了企业对非个人招聘渠道的依赖。

然而,由于大量的劳动者都不具备技能,找到具备基本技能的工人变成了企业的一个难题。与此相反的是,缺乏变革的家族企业中,很多企业家已经意识到家族内的劳动力不能满足企业对技术人员的需求。南京某生物化学设备制造公司的所有者给我们举了个典型的例子。"我的用人原则就是发挥亲友们各自的优点,但是不在核心岗位上任用他们。我们主要寻找那些既有技术又和我没有什么关系的人才。在大多数情形下,我们不愿意聘用关系户。"[17] 同样,南通一家纺织企业的所有者表示:"没人会因为是我的熟人而得到特殊照顾。我们全凭能力说话,有的人是半吊子,有的人对生产很负责,有的人是普通工人。我们不会对他们区别对待,我们更加关注个人的工作表现。"[18]

由于民营企业被置于政府劳动分配制度之外,自主招聘渠道成为重要的企业制度创新,使企业能在经济主流之外存活和发展。最重要的是,民营企业家们需要一个机制,让他们既能够在劳动市场上招募到大量缺乏技能的廉价劳动力,又能够接触到拥有技术和经验的劳动者。准确地说,这在改革早期是一个巨大的挑战。当时,劳动分配制度一直在抽调能力最强的城市工人去国有企业和集体企业，90%的高素质工人都到了这些公有制企业。[19] 在劳动分配制度被废除后，许多工人仍然寻求去国有企业工作的机会，因为在那里能获得更高的社会地位、更高的工资和更好的福利。为了把城市最好的工作留给找工作的本地人，市政府制定了严格的移民政策。[20] 比如，上海和南京限制外地大学毕业生落户。[21]

民营企业的雇主们为了应对这一限制，选择发展多样化的招聘系统，这个系统要有正式且非个人的招聘渠道。之前的招聘系统主要适用于招聘普通员工，之后则要求能够招募到经理人和专家（见表7.1）。这与美国劳工市场的招聘渠道有着很多相似的地方。[22] 长三角地区的民营企业突破了家族经营在劳动力市场中的用人限制。这些企业采用标准化和多样化的用人标准，有些很像西方市场经济制度下的用人方式。

表 7.1 2009 年的招聘渠道

单位：%

招聘渠道	管理人员	技术人员	无技能劳动力
正式渠道			
个人直接申请	**25.4**	**29.1**	**22.8**
上海	48.4	41.2	18.1
南京	32.6	41.8	41.4
南通	23.2	26.9	23.0
常州	22.0	27.3	29.2
杭州	16.3	21.95	9.6
温州	22.9	26.4	27.0
宁波	12.4	18.2	11.3
人力资源招聘会	**23.7**	**34.4**	**9.5**
上海	23.2	25.1	5.2
南京	19.5	26.4	16.3
南通	25.5	34.0	12.3
常州	24.4	34.5	20.34
杭州	19.3	37.6	3.5
温州	22.3	30.5	5.2
宁波	31.7	53.1	3.9

(续表)

招聘渠道	管理人员	技术人员	无技能劳动力
招聘机构	**1.8**	**10.2**	**27.6**
上海	5.0	13.7	45.6
南京	1.5	8.1	14.3
南通	1.5	9.7	26.1
常州	1.4	9.05	21.0
杭州	0.9	9.95	27.1
温州	2.6	12.3	27.7
宁波	0	8.7	29.6
刊登广告	**1.1**	**1.7**	**10.0**
上海	1.6	2.0	2.0
南京	1.3	1.1	1.6
南通	1.1	1.5	1.4
常州	1.5	2.9	0.9
杭州	0	1.4	2.0
温州	2.4	2.1	3.5
宁波	0	0.8	0.7
劳务派遣	**0.1**	**0.2**	**1.7**
上海	0	0.1	2.0
南京	0.2	0.6	1.6
南通	0	0	1.4
常州	0.5	1.0	0.9
杭州	0	0	2.0
温州	0.1	0	3.5
宁波	0	0	0.7
小计	**52.1**	**75.6**	**71.6**
非正式渠道			
通过家人或亲戚	**8.7**	**2.0**	**1.3**
上海	1.2	0.6	0.6
南京	8.7	1.3	1.8
南通	9.9	1.3	1.7
常州	11.2	1.6	2.3

(续表)

招聘渠道	管理人员	技术人员	无技能劳动力
杭州	10.7	3.1	0.3
温州	9.0	4.6	5.1
宁波	10.2	1.8	1.9
通过朋友	**13.9**	**5.9**	**2.1**
上海	4.8	3.7	0.8
南京	15.8	3.8	2.9
南通	12.2	3.8	2.8
常州	17.5	7.9	4.9
杭州	24.0	9.9	0.5
温州	11.3	6.2	1.7
宁波	11.6	6.0	1.5
通过熟人	**11.0**	**7.0**	**4.0**
上海	5.1	3.4	5.0
南京	13.1	8.3	5.6
南通	7.1	6.0	2.5
常州	10.7	10.1	6.1
杭州	17.2	8.4	3.6
温州	13.8	6.3	2.8
宁波	10.4	6.9	2.4
通过之前的企业	**6.5**	**6.8**	**3.3**
上海	8.1	7.3	4.8
南京	4.1	3.1	1.6
南通	16.1	15.0	75
常州	3.7	3.6	2.4
杭州	3.8	6.3	4.1
温州	8.3	8.7	2.4
宁波	1.5	3.4	1.5
通过人脉关系	**0.7**	**1.7**	**17.0**
工人			
上海	0.7	2.0	12.3
南京	1.8	4.4	8.7
南通	0.3	0.7	12.8

（续表）

招聘渠道	管理人员	技术人员	无技能劳动力
常州	0.5	1.2	5.7
杭州	0	2.3	27.8
温州	1.6	0.9	17.45
宁波	0	0	32.4
其他	7.1	1.0	0.7
小计	**47.9**	**24.4**	**28.4**

资料来源：2009年长三角地区调查。

我们在2009年的调查显示，长三角地区的企业中，3/4的技术工人通过传统的招聘渠道被聘用，特别是通过直接的个人申请和人力资源招聘会。在招聘会上，雇主能够发现有潜力的申请者。企业寻找能力很强的管理者常常依赖更宽的正式招聘渠道。根据我们2006年做过的一项调查，将管理者的能力看得重要的企业，其平均38%的管理人员是通过市场找到的。将管理者能力看得非常重要的企业，这一比例高达53%。

"企业竞争的焦点在于人才。"南通一家机械设备企业的创建者表示，"一旦拥有了人力资本，我们就能做任何想做的事情。我们通过刊登广告和高工资来吸引有经验的工程师。但是，我们与大城市的竞争者相比还是处于下风。"[23] 因为本地顶尖人才供应缺乏，使得高科技企业在技术和管理岗位上招不到人。杭州一位软件开发公司的创始者这样解释：

> 市场上没有足够多的高质量人才，这对于杭州和整个中国来说都是巨大的挑战和问题。杭州还要和上海、北京、深圳等重要城市竞争，这是最大的问题……三年前，我们公司就开始在市场上寻找顶尖人才，而现在竞争变得越来越激烈了。跨国公司在中国拥有研究和开发的专业团队，这些团队十分强大。它们有品牌知名度、管理文化、丰厚的薪水和清晰的职业生涯。现在我们处在就业市场的更低一层，这对我们是一个巨大的挑战。我们想要继续成长，就必须面对和解决这一困难。

这家公司现在正广泛寻求人才以应对挑战。

> 目前，我们正在全国范围内招募员工。我们一半的员工来自杭州以外的地区，如武汉、南京、成都、大连和沈阳。[24]

长三角地区的企业推动了技术的快速更新，也推动了通过市场大范围搜寻和招募技术人员的趋势。

类似的招聘问题也存在于其他高度专业化的产品细分市场。一家企业担心没有充足的大学毕业生，保证它们在特殊设备领域中的产品质量。尽管这家企业认真地在劳动力市场上招募员工，但是人才市场仍然难以满足其需求。它们在成都找到一所技术学院——这所学院专门给学生进行针对性的技术训练。但是，一个班38名毕业生，仅有2人决定去这家公司工作。企业为争取毕业生而展开的竞争是非常激烈的。[25]

一般来说，与浙江省较偏远的城市相比，管理人员和技术人员更容易在上海的制造业中心找到工作。在上海，通过直接求职申请，雇主可以满足48.4%的管理岗位需求。然而在宁波，通过应聘者申请仅能满足企业12.4%的管理岗位需求。总的来说，上海的公司能够通过各种正式招聘渠道满足78.2%的岗位需求，这一数字比长三角地区的平均值高出26%（见表7.1）。

这种现象在技术人员的招聘过程中不太明显，但与管理人员的招聘情形是相似的。

准确地说，企业选择招聘渠道很大程度上由当地劳动力市场的具体状况决定。一家提供净水系统的公司经理确信，公司的招聘政策和地理位置具有紧密联系。"公司以前在农村地区，我们大多数员工是中学毕业生，他们身上都透着乡土气息。企业重新组建并且搬到城市后，我们只在杭州进行招聘。现在通过电视广告和报纸进行岗位招聘，不再在以前的地区进行招聘了。现在，我们依托杭州当地的人才市场，这里大多数申请者都是大学毕业生，他们的能力更强。"[26]

对那些不能接触到发达地区人才市场,或者在高区分度细分市场经营的企业来说,以个人引荐补充正式招聘产生的职位空缺是并不少见的。然而,在上海,只有 11.1% 的管理岗位需求是通过家人、朋友和商业伙伴引荐来满足的;相应的比例在杭州为 51.9%,在常州为 39.4%,在南京为 37.6%。

在关键员工的招聘上,了解产业内的隐性知识对公司取得成功是十分重要的,个人引荐在这时扮演着至关重要的作用。小规模和初创企业能够通过个人引荐获得很明显的好处,因为这些企业缺乏吸引求职者的名气。通过正式招聘渠道(比如职位广告和工作公告)很难吸引高质量的人才。通过私下的接触和了解,刚刚起步的民营企业能够引起求职者的注意,成为企业潜在的员工。这些企业通常远离沿海地区高质量的劳动力市场,而求职者通过正式渠道可能不会考虑它们。私下的接触同样能够为求职者提供提前了解企业经营和工作状况的机会。[27]

通过个人引荐渠道,引荐人在推荐员工时对潜在岗位的理解具有很强的主观色彩,在初期很可能会开展一些与岗位不相关的工作调查;不过引荐人也会向雇主提供关于候选人资质的事前分析信息。[28] 这种通过人际关系帮助企业获得求职者必要信息的方法,在正式招聘渠道中并不能得到很好的运用。[29] 求职者的很多信息能够通过社交网络得到更细致、更全面的展示。比如,企业可以从他人处了解求职者的可靠程度、社交能力、技术能力。雇主常常希望通过他人的推荐,找到个人能力和志向与公司需求能更好匹配的求职者。

有用的推荐通常来自朋友和熟人,也包括行业协会。从这些渠道找到的人选,优于从家人和亲戚那里找到的(见表 7.1)。"我们公司 60% 的管理者来自设备供应商的推荐,其余管理者则是从其他企业聘请的。"一家化纤厂的经理承认,"设备在我们行业占据着至关重要的地位。设备供应商比我们成立得更早,它们拥有专业的知识,更了解谁在哪一方面表现出色。"[30] 杭州一家高科技公司的总经理表示:"我没有通过人才市场或者招聘广告聘到一个人,我所有的员工都来自其他我熟悉的公司。"[31]

对于员工们推荐的人，长三角地区的雇主们通常比较谨慎地在管理层面任用他们，但很乐意通过这种方式招聘那些没有技能的员工。在宁波，雇主们通过人脉关系填补了32.4%的基层职务空缺，而地区的平均率为17%。这些推荐来的员工通常在不需要特殊技能的车间内工作，有效地为企业节省了成本。同样，员工们喜欢加入由老乡或者以前的同事组成的团体，因为这是在远离家乡的地方最好的社交网络。通常，成群的工友一起来找工作，他们不希望在新工作中被分开。

一般来说，个人引荐不会取代标准化招聘和选人策略，而只是一种补充。在招聘程序的后期阶段，客观评价同样起作用。吴立平（音译），一家自动化包装设备企业的总经理强调，尽管许多求职者最初是由当地大学的教师和其他企业推荐过来的，但对他们进行一些书面测试以了解其能力和态度还是很重要的。

引荐人希望给企业带去高质量的求职者，因为他们是以信誉作为保证的。依靠个人引荐同样能够防范企业的员工流失，员工会因为是被推荐来的而更具责任感，很大程度上是由于这份工作是朋友、熟人或者家人运用社会关系才争取到的。对于那些远离长三角发达城市、缺乏人才吸引力的地区来说，有人引荐员工是很重要的。针对美国劳动力市场的一些调查显示，一般来说，相比正式渠道，通过个人引荐招募员工会让企业拥有更低的员工流失率。[32] 降低员工流失率带给企业的经济优势可以说是巨大的。相比之下，拥有固定管理层和专家团队的企业更具治理优势。一些岗位上的员工是企业重要的人力资本，更换这些员工会使企业付出很大的代价。新的替代者一般缺乏专业的岗位能力，而这些能力只能通过时间和工作去积累。对于管理者，这些能力通常包括与供应商、消费者、相关机构之间长期的个人联系，还有对公司特有发展战略的熟悉程度。对于技术员工，这些能力包括对公司生产流程和生产技术的熟悉程度。

从我们的调查数据（见表7.2）分析可以看到，正式客观的管理者招聘与高员工流失率相关，这也与通过个人引荐会提高经理人工作稳定性这一说法相符合。对于技术员工，正式招聘同样与员工离职率呈正相关关系。相反的是，正式招聘渠道对非技术工人的离职率没有明显的影响，估计系数甚至出现负相关的情况。[33]

表7.2 正式招聘与员工离职率（2003—2005年）

项目	管理者离职率系数（标准误）	技术员工离职率系数（标准误）	非技术工人离职率系数（标准误）
正式招聘（%）	0.066***	0.024**	0.001
	(0.01)	(0.01)	(0.04)
总资产 (log)	−0.056	0.083	−1.049
	(0.50)	(0.52)	(2.09)
员工数 (log)	3.619***	3.392***	20.844***
	(1.16)	(0.796)	(4.099)
2003—2005年就业增长	0.146	0.906*	6.962**
	(0.576)	(0.53)	(2.343)
职业类别的份额	0.156	0.229***	0.107
	(0.09)	(0.07)	(0.07)
行业	YES	YES	YES*
城市	YES***	YES***	YES**
常数	−21.477***	−16.155***	−68.214***
	(6.579)	(3.49)	(16.13)
Pseudo R^2	0.056	0.055	0.028
观测值	626	626	626

注：未报告行业和城市虚拟变量的回归系数；* $p<0.10$, ** $p<0.05$, *** $p<0.01$；Tobit回归模型，括号内为稳健性标准差估计。

资料来源：2006年长三角地区调查。

就业条件的趋同化

可能和预想的一样，低利润和市场的不稳定导致企业不会为员工提供最佳的待遇。比如，要求工作时间过长或者不按时发放薪水。浙江省近期的一项研究显示：40%私营企业员工的工作时间比法定工作时间每个月多出30—

50小时，相当于平均每个工作日多工作1.2—2小时。[34] 同样，初创企业出于节约成本的需要，也会形成严酷的工作环境。尽管"血汗工厂"滥用员工的现象在减少，但还是经常出现非技术移民工人的劳动条件明显不能满足《劳动法》要求的现象。

尽管有关企业违反《劳动法》和工人工作条件恶劣的报道时常出现，但是大部分外来务工人员根据自己以往的经验判断，对其目前的工作还是相当满意的。[35] 这表明，大部分企业在名义上还是满足了《劳动法》的基本要求，是合乎规定的。实际上，剥削工人并不是企业取得长期成功的可行战略。[36] 对待员工方面名声不好的企业，难以招到有能力的员工。农村来的务工人员如果对工作条件不满意，通常马上就不干了。这些务工人员在当地还是很容易找到新工作的。[37]

在经济发展快速的沿海地区，新企业不断成立，现有的企业也在扩大生产，因此会产生大量具有流动性的新就业机会。在广东省的工业城市东莞，70%的工厂工人是从内陆欠发达地区来务工的年轻女性。在这里出现了一种普遍的模式，新来的务工人员可以通过招聘启事或者亲自去工厂了解招聘信息。[38] 东莞拓展了多种招聘渠道，保证了他们一来到这里就能找到工作。随后，经常会出现一系列快速的工作变动，原因是工人们有了工作经验并且能够知道哪里有新的工作。同样的情形在美国的移民劳动力市场上也能够看到。因为外来移民会寻找符合他们预期、个人能力和发展机会的工作。[39] 在东莞或者其他地区，工人们如果不喜欢雇主或者对工作条件和薪水感到不满意，就会随时准备离开。那些工厂里的女工，会利用空闲时间在当地的函授学校学习，或者去其他地方学习新的技能。工人们会把能力看作自己在繁荣的制造行业里晋升的阶梯，这种现象并不少见。

工作环境严酷和工作要求严格，一直是一些劳动密集型产业的特点。不过，改革开放以来，"血汗工厂"越来越少了。因为在沿海经济发达地区，许多民营企业升级了生产线，并且发展成为技术驱动型的制造商。举例来说，朱金宏（音译）是一家铝制咖啡壶厂的员工，他所在的工厂最基本的生产流程就是将熔化后的铝注入模具，然后冷却成咖啡壶。最开始，他工作的车间里的设备比较陈旧，工艺也比较落后；后来，工厂更新了半自动化的生产设备；最近，公司建起了新的全自动化工厂，拥有了4倍于之前的生产能力。工厂于20世纪90年代起步，到21世纪初在生产技术上已有了巨大的进步。以前，工人在昏暗的厂房手工将熔化的铝倒入工业模具中，工作既辛苦又危险；现在，工厂有了全新的自动化生产设备，这一切转变在10年之内发生了。如今，这家企业已经颇具规模，不人道的工作已经没有了；员工们需要做的就是去厂房操作先进的生产设备，或者去行政部和市场部工作。[40]

尽管缺乏技能的农民工数量众多，但供应并不是无限的。雇主们都注意尽量满足工人们的要求，而这种意识在20世纪90年代中期就有所体现：

> 工人们知道在哪家企业工作能够领到更高的补偿金或者享受到更好的工作待遇，这些会吸引他们跳槽。城市里的雇主们意识到工人的这些想法，他们会努力保持与其他同类型企业一样的工资水平。我们在广州有一位信息联络人（G2），他常常招不到技术员。他相信如果两家公司的待遇差不多，愿意跳槽的农民工也不会很多。他所在的公司为了与竞争对手保持一致，提高了员工的基本工资。对他本人来说，农民工并非都是眼里只有钱的一群人。他表示："如果农民工没有挣到足够的钱，保证他们在城市里能够生活，保证他们能有钱寄回家，那么他们是不愿意留下来工作的。"当工友之间的人际关系并不融洽时，工人们离开的动机会特别强烈。雇主们意识到这些后，开始注重建立温暖、友好的员工关系。他们害怕严酷的工作环境，这会使工人们仅为了稍高的工资就离开。我曾经问一位雇主，他是如何惩罚没有努力工作的普通员工的。他一时不知道如何回答，但他表示，残酷的惩罚在公司并不存在，因为这样会使员工轻易地决定离开。我们的那位信息联络人以前在员工面前像皇帝一样，但是现在谁都不能够这样强势了。工人们会因为不能忍受你而拒绝为你工作。现在的雇主与员工更像是合作伙伴。[41]

在雇主之间越来越显现出对这种态度（雇主与员工之间友好的人际关系）的认可。在我们 2006 年的一项调查中，大多数人都表示他们的雇佣模式是最能够反映"与员工保持长期友好的互动交流"这一原则的。[42] 雇主们有特殊理由关心那些技术工人，因为如果引起了技术人员的不满，他们会带着有价值的产品和技术知识跳槽到竞争对手那里。企业不愿意面对这种风险。

然而，长三角地区的产业结构仍然属于劳动密集型，对无技能劳动力的需求更大（根据我们的调查，平均 67% 的劳动力缺乏技能）。在供不应求的劳动力市场中，企业必须在员工招聘，特别是维持团队方面与对手展开竞争。在这种情形下，企业必须改善员工的工作环境。一家小型办公设备生产厂的所有者表达了自己的担心："劳动力短缺现在成了一个严重的问题。这里曾经有很多来自江西省和安徽省的工人，现在他们老家的省份也在发展，很多人不再愿意背井离乡来这边工作了。如今，我不能雇用到想要数量的员工。我的老员工们都有了自己的房子，不想继续跟着我干了。"[43] 同样，宁波一家特种设备生产企业的所有者总结说："企业规模不断发展，需要更多的工人；但是，现在连农村都已经出现了用工荒。"[44]

企业现在不仅需要在有限的劳动力市场中与其他企业展开竞争，还要应付谈判意识越来越强的员工。宁波一家公司的产品经理这样写道："我 2002 年来到公司，现在与那时候相比发生了巨大的变化。2002—2003 年，工人们不会抱怨加班。我们那时候每个月最多只有 2 个周日的休息时间，而现在我们下午 4：30 就下班了。如果企业需要工人们加班，他们会要求不能晚于下午 6：00—9：00 下班。企业也理所应当支付加班费。"[45]

正如长期的人际联系和社会规范构成了长三角地区企业间人情交易的基础，员工关系同样受到合理互惠行为的规范。尽管 2002 年的调查显示，98% 的民营企业家觉得雇用和开除员工基本上是自由的，94% 觉得增加和减少员工收入是自由的[46]，但是现在他们要谨慎地遵守当地的标准和规范。雇主们不仅要留心保护自己在圈子内的声誉，还要注重保持与员工的恰当关系。在公有经济体制外的劳动力市场上，自下而上的非正式劳动关系制度传播、扩散得很快。直到1995年《劳动法》的颁布，国家才第一次给劳动力招募、工作时长、最低工资和纠纷解决提出了指导性方针。民营企业当时已经招募了5 500万员工。但是，民营企业一直扮演着被主体经济边缘化的角色，它们在多样化的产业里一直承受着竞争压力，也一直在寻求合法性。这些行为导致企业产生了一种制度上的趋同，无论是在私有经济体还是在公有经济体中，大家都保证提供与竞争对手同样的劳动报酬、社会保险方案及工作场所安全保障。

劳动报酬

民营企业已经不能保持低的工资水平了。市场上的劳动力供不应求，企业不得不开出有竞争力的工资以吸引求职者。一位生产商表示："只要工资和福利待遇合理，员工就一定不会拒绝。"然而，他并不是付给员工固定工资，而是采取计件工资制，保证每月付给每名工人的薪水为2 500—3 000元，这种薪资水平与当地较大型企业采取的固定工资相当。他肯定地表示："这就是我的工人愿意为我工作而不会跳槽的原因。"[47]另外一位经理表示："限制员工流失的唯一方法就是提高工资。一旦技术熟练的工人离开，培养新员工对企业来说是很困难的。现在对工人们来说是很好的时代。他们每年能够挣到40 000元。如果有一个行情价的话，我就必须去匹配。如果其他企业开价40 000元/年，我也不得不去匹配。如果有我需要的技术工人，我就会直接开出更高的工资。"[48]宁波一位滚珠轴承企业的负责人这样描述当地工业行业的工资政策，"企业必须提供合理的工资和福利。我们当然了解市场行情，但是我们都会愿意多付一点点。不同公司的工资条件一般是不一样的，但是我们或多或少能够知道其他公司不同岗位员工的工资水平。"[49]

一些企业家甚至采用特别的方法提高工资政策的透明度，它们会向员工介绍如何与企业进行沟通协商。宁波一家专业机械厂的所有者表示："我更喜欢留住老员工，因为我们之间有情感联系。我每年给他们加薪两次，因为他们有技术和经验。在年底，每个部门的领导会向员工寻求加薪的建议。我希望听到员工们关于这一年工作和报酬的看法。如果我能够满足他们的薪资要求，我就会提供他们所给出的数字。如果不能，我就会与员工们进行协商。部门带头人会告诉我有关每个工人应该挣多少，工人们是不会漫天要价的。如果我与某人不能达成一致，那么我就不得不让他离开了。"[50]

总的来说，在长三角地区，尽管民营企业家提供的工资和福利不能一直像公有制企业那样慷慨，但实际上，工人们在民营企业里领到的结构性报酬比当地政府经营的集体企业发放的要高（见图7.1）。一项全国范围内的统计数据显示，2005年民营企业员工的平均工资为15 331元。[51]

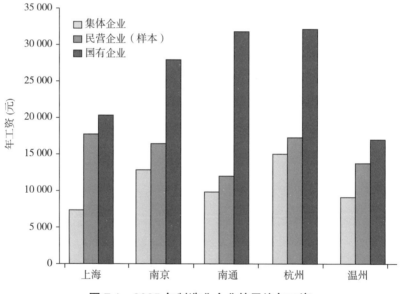

图7.1　2005年制造业企业的平均年工资

资料来源：集体企业和国有企业的数据来自《上海统计年鉴》《南京统计年鉴》《南通统计年鉴》《温州统计年鉴》，载自中国数据在线（University of Michigan, www.chinadataonline.org）；常州和宁波的工资数据未提供；民营企业数据来自"2006年长三角地区调查"。

工作报酬和企业的成功息息相关。我们控制其他可变的因素（企业规模、企业年数、员工结构、地理位置和所在行业），结果显示，平均工资水平和企业资产收益之间呈真实且显著的正相关性（见表7.3）。换句话说，企业利润越高，发放给员工的劳动报酬也越高。正因为如此，企业还会有更大的机会招募到优秀员工，或者留住有技术的老员工。这与马克思提出的"利润是通过进一步剥削工人获得的"观点相反。[52]

表 7.3　2005 年平均年工资

项目	平均年工资（万元）系数（标准误）
资产收益率	0.249***
	(0.07)
总资产价值 (log)	0.280***.
	(0.06)
员工总数 (log)	−0.274***
	(0.05)
企业年数	−0.000
	(0.01)
管理者占比	0.007
	(0.01)
技术员工占比	0.005**
	(0.00)
行业	YES
	(0.11)
城市	YES**
	(0.11)
常数	0.899***
	(0.30)
Adj. R^2	0.194
观测值	674

注：未报告行业、城市虚拟变量的系数；$* p < 0.10, ** p < 0.05, *** p < 0.01$；括号内为稳健性标准误，方差膨胀因子表明不存在多重共线性问题。

资料来源：2006 年长三角地区调查。

社会保障

很久以前，工资以外的福利（如失业保障、卫生保健、养老金等）是政府公务员或者国有企业员工才能享有的特权。2011年7月，新《社会保障法》的正式生效改变了这种局面。在那之前没有适合在全国范围内强制实施的社会保障系统。社会保障系统受到中央和地方不同政策的指导与支配，力量一直很分散。《社会保障法》要求企业为所有工人提供医疗保险和退休金。1999年制定的《社会保障法》，只是国务院针对城市企业保障员工利益所做出的初步规定[53]，而农民工和中国其他农村地区的农村劳动者是被排除在这部法规之外的。[54] 国务院的政策方针没有得到有效的实行，公共部门也就没有合理的执行依据。例如，在上海的国有企业中，只有63%的员工有失业保险。[55] 直到2008年《劳动合同法》实施后，所有的员工才被法律要求缴纳社会保障金。

尽管法律法规还不健全，但是许多民营企业为了竞争技术工人及努力降低员工流失率，已经开始为员工提供社会保障了。要知道，当时国务院的相关条例还不是很明晰，而且《劳动合同法》还没有颁布。我们2006年的一项调查显示，68.5%的企业为员工提供医疗、退休或失业方面的社会保障。除此之外，37%的企业会将这些保障与一般员工的保险计划相结合。员工所获保障比例最高的省份是上海，近95%的民营企业为员工交纳社会保险金；比例最低的省份是浙江，只有50%—65%的企业这样做。

宁波一家办公设备厂的所有者表示，为农民工提供保险是特别重要的，因为他们通常享受不到一般的社会保障计划。他的企业计划为每位工人交纳3 000—4 000元的保险金。[56] 总的来说，从我们2006年的调查可以看到，平均每位工人每年的社会保障金为2 666元。普遍来说，为员工交纳保障金的企业数量最多的是上海和江苏省，交纳保障金的主要是国有企业和跨国公司，这些企业的工作条件是公平合理的；企业数量最少的则是宁波和温州，这两个城市的政府在建立地方性国有工业经济中并没有过多地投入。

必须遵守相同制度所产生的压力，只能在一定程度上解释为什么如此多的民营企业要为员工提供非工资福利；劳动力市场上的竞争压力，同样是企业这样做的显著原因。在人力资源管理模式适应性变化（adaptive change）的基础下，长三角地区那些民营企业追求技术的愿望与它们为员工提供良好的社会保障密切相关。那些手握专利和进行研究开发的企业，更愿意为员工提供退休金、医疗保障和失业保险。我们一项对7个城市的调查显示，拥有技术专利的企业中，80%会为员工提供非工资福利；而没有专利的企业中，只有64%会这么做。在控制企业规模、企业年数、员工结构、地理位置和所在行业这些变量后，我们仍然能够观察到，相比那些复杂性较低的企业，越来越多技术领先且手持专利的企业更有可能为员工提供保障（见表7.4）。这些民营企业感受到了劳动力市场中的竞争压力，它们会向员工提供具有比较优势（甚至更好）的工作待遇和工作环境。

表 7.4　2005 年提供员工保险的决定

项目	企业提供员工保险回归系数（标准误）
总资产（log）	0.190***
	(0.06)
员工总数	0.147*
	(0.08)
企业年数	0.020
	(0.01)
管理者占比	0.012
	(0.01)
技术员工占比	−0.008
	(0.00)
企业拥有一项专利	0.301**
	(0.15)
行业	YES**
城市	YES***
常数	−0.429
	(0.40)
Pseudo R^2	0.201
观测值	683

注：哑变量赋值为1，表明该企业向员工提供养老保险、失业保险、医疗保险，或者一般员工保险（养老保险、失业保险和医疗保险的组合）；未报告行业和城市虚拟变量的回归关系；* $p < 0.10$，** $p < 0.05$，*** $p < 0.01$；括号内为 Probit 模型估计的稳健性标准误。

资料来源：2006 年长三角地区调查。

工作场所的安全性、合法权益与申诉

地方劳动局对企业监控力度的加大,保护了工人们的合法权益,提升了工作场所的安全性。在 2006 年我们采访的民营企业中,超过 50% 的企业在 2005 年至少经历过 1 次劳动和社会保障检查,只有 1 家企业受到了处罚。尽管比例很低,但仍与世界银行调查得出的全国仅有 1% 的企业受到处罚的报道一致。[57] 大多数企业家察觉到政府机构并不会严格执行《劳动法》的规定。宁波一家小规模初创企业的所有者表示:"我们知道《劳动法》和它的变化,但是没人真正执行过。《劳动法》对于我这样的公司并没有太大的影响。我创立公司时也正是新《劳动法》颁布的时候。我核对合同并且发现,即便是那些大企业也没有好好执行过《劳动法》。我又怎么会认真执行呢?[58] 此外,宁波一家办公用品企业的老总表示:"现在政府并没有监管。2000 年以前,政府会派人进行检查;但是现在,他们不来了。我们只在出现问题时才向政府求助。"[59] 在任何情形下,中国官方关于工作事故的统计文件支持这样一个观点,那就是民营企业内的工作安全状况与国有企业和集体企业并没有太大的差别。

尽管政府的监管较弱,但是《劳动法》的颁布还是极大地提升了工人在企业中的地位。正如宁波一家办公用品企业的所有者所解释的:"尽管我从来没学过法律,但我还是会关注员工的权利。如果我不这样做,工人们就会反对我。他们当然会密切地关注相关的条例,比如关于保险、工资、假期的规定。"[60] 不仅保护工人权益的法律条例的数量在过去 10 年里增长了 7 倍,而且在与雇主的纠纷中,工人们通常会争取到这些权益(见表 7.5)。

表 7.5　1996—2007 年劳动纠纷

年份	涉及诉讼的工人数 (包括集体劳动纠纷)	工人获胜的案件	工作单位 获胜的案件	双方部分 获胜的案件
1996	189 120	23 696	9 452	13 395
1997	221 115	40 063	11 488	19 241
1998	358 531	48 650	11 937	27 365
1999	473 957	63 030	15 674	37 459
2000	422 617	70 544	13 699	37 247
2001	467 150	71 739	31 544	46 996

（续表）

年份	涉及诉讼的工人数（包括集体劳动纠纷）	工人获胜的案件	工作单位获胜的案件	双方部分获胜的案件
2002	608 396	84 432	27 017	62 295
2003	801 042	109 556	34 272	79 475
2004	764 981	123 268	35 679	94 041
2005	744 195	145 352	39 401	121 274
2006	679 312	146 028	39 251	125 501
2007	653 472	156 955	49 211	133 864

资料来源：《中国劳动统计年鉴2008》（北京：中国统计出版社，2008）。

在所有类型的企业中，发生纠纷最频繁的就是混合所有制企业和有限责任公司（见图7.2）。2003年，这些企业中平均每千名员工中会有3—4人通过调解或者法律仲裁来解决与企业的纠纷，劳动纠纷案件主要通过法律仲裁解决。尽管数据显示劳动纠纷在国有企业和民营企业中要少很多，但这些数据还是具有误导性。大多数民营企业现在已经注册成为了有限责任公司（参见第5章），而大部分合资公司是部分私有化的国有企业，这些企业通过合并等形式成为股份制公司。没有证据能验证公有制企业与私有制企业之间的本质区别，图7.2呈现的劳动纠纷分布数据更像是告诉我们：大企业与非公司化的小企业相比，更容易卷入劳动纠纷。

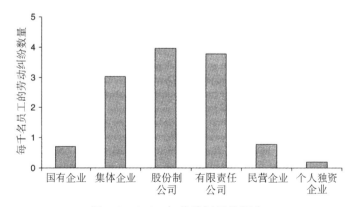

图7.2　2003年劳动纠纷的频次

资料来源：数据来自《中国劳动统计年鉴2004》（北京：中国统计出版社，2004）。采用2003年的数据，因为后期的统计报告不再提供有关不同所有制形式下的劳动纠纷数据。

对法律诉讼进行分析发现，在所有类型的企业中，大部分诉讼案件是关于劳动报酬的，这些案件通常与企业破产和倒闭相关（见图 7.3）。最常见的诉讼原因有：企业拖欠工资，表现不佳被企业随意克扣工资，企业拒绝履行合同中的员工加薪约定。此外，关于员工因公受伤的保险责任范围和事故赔偿金的纠纷，也是常见的诉讼。

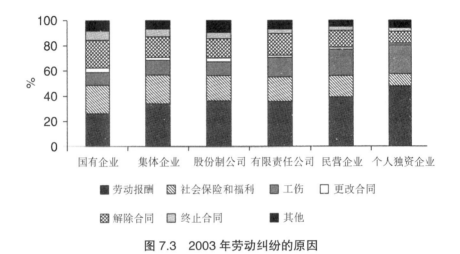

图 7.3　2003 年劳动纠纷的原因

资料来源：《中国劳动统计年鉴 2004》（北京：中国统计出版社，2004）。

最引人注意的是，2003 年以来，针对公有制和私有制这两种所有制形式，政府在就业条件和劳动纠纷上不再继续维持结构上的本质差异；相反，对于这两种所有制形式，政府的统计资料在法律和政策上显示出高度的统一。

人力资源政策

在长三角地区繁荣的制造业中，随着民营企业不断发展壮大，这些企业变得越来越复杂。这种复杂性促使企业开始发展内部治理机制，塑造和引导员工关系。此外，企业在人力资本上的竞争，聚焦在了组织战略层面。组织战略能够保证企业招募和留住员工；特别是从高端人才市场来看，组织战略对于企业吸引和留住那些经验丰富的专家与管理者很有帮助。为了不断寻求合法性，改变大众认为民营企业只是处于社会底层的简陋组织这一看法，那些懂得鼓舞人心的企业家们还从国有企业引进了常规的管理制度。

在制度模式上，民营企业家们向国有企业、政府机关和跨国公司看齐。这并不奇怪。不管是对经验丰富的老员工还是对刚刚走出校门的毕业生，企业家们都开始效仿主流的员工管理实践，满足新老员工对于企业的期望。正当越来越多成功的民营企业纷纷制定正式的人力资源政策时，竞争者们为了取得更强的合法性和吸引更多训练有素的工人，也开始争相效仿这种内部管理制度。内部管理政策的实施，给潜在的求职者释放出企业追求合法性和寻求现代化发展的信号，因此增强了企业吸引人才的竞争力。雇用和留住高素质的人才是企业生存的关键。效仿和规范的机制，使得民营企业的雇佣模式在制度发展上变得越发一致。[61] 人力资源管理实践能在全球得到显著的发展，是因为每个国家的各家企业都在追求特有的经济或战略利益，并且为了实现组织设定的目标，承受着效仿和规范化带来的压力。[62]

过去 10 年，长三角地区的经济得到快速发展，并且企业间已经出现了争夺高端人才的国际化竞争。在这里，人力资源政策能够帮助企业降低人才被竞争对手用优厚待遇挖走的风险。对那些需要特殊人才、害怕员工流失的企业来说，市场竞争的威胁是巨大的。

高科技企业尤其希望发展人力资源战略以降低员工流失率。一家软件开发公司的企业家表示："留住人才是一项挑战。我们的员工流失率下降了10%，对于以前平均 15% 的离职率来说，可以说下降了不少。但是，在留住高层人才方面，我们仍面临日益严峻的挑战。我们为员工提供职业生涯路径、工资和奖金及良好的工作环境；培训高层管理者，让他们注意营造积极的工作环境。你可以看到，这些都需要管理者去执行。而且，这里提供办公室、住房等。所有这些都需要我们认真地为员工着想，只有这样才能留住核心员工。"[63]

明确雇主和雇员之间长期的劳动合同、具体的权利和义务，是企业防止人才流失最常见的一种保护机制。合同里规定这些,同样是企业以此释放信息的重要手段。与公家单位相比,它也是一个传递就业保障和劳动标准的重要工具。[64] 合同期限与企业人力资源需求(如特殊的技能和技术知识)密切相关。在我们2006年的一项企业调查中,超过50%管理人员的合同期限在2年以上。与此相比,38%的技术人员的合同期限超过2年,仅23%的非技术人员的合同期限超过2年(见表7.6)。

表7.6 合同类型和工作类别

单位:%

合同期限	管理人员	技术人员	非技术人员
少于1年	35	43	68
2年	12	18	9
3年	16	17	4
5年	9	7	3
其他	28	14	16

资料来源:2006年长三角地区调查。

尽管竞争者或者新的市场进入者能够用更好的待遇吸引有经验的员工;不过,一系列事实表明,长期合同对员工流失起到了一定的保护作用。一方面,员工们能够察觉到,他们在企业中所处的位置和自己的工作状况变得越来越有保障,这些增强了组织决策参与度和就业承诺;另一方面,竞争者们倾向于尊重已有的协议,特别是在当地的生产市场上。南通市纺织协会的主席本人就是县城一家领先的纺织品生产商,他表示,企业家很少用高薪挖走直接竞争对手的核心员工。"这样的做法一般行不通,因为在当地,你知道其他厂家都是谁。"[65]

一家公司的技术基础越领先,越需要依靠长期合同留住员工。那些定期进行研发活动的企业,其招募的管理人员中超过30%的合同期限至少是3年;而在不进行研发活动的企业中,这一数字(管理人员合同期限超过3年的人数)为20%。这种差别在科技发展型公司中更加明显。持有专利的企业招募的员工中,40%的管理人员与企业签订的合同期限至少为3年;没有专利的企业中,只有不到 20% 的管理人员和技术人员与企业签订期限长于 3 年的合同。

书面的工作描述同样反映了人力资源战略的制度化。在我们的调查中，79% 的民营企业使用工作描述来清晰地说明在职人员的职责。通过这样做，可以加强组织的规范性和透明度。当员工需要执行附加的任务或者企业提出不合理的临时需求时，正式的工作描述能够保护他们的利益。与此同时，正式的工作描述能保护员工不会因不愿意遵循特殊工作要求而被停工。此外，大公司的工作描述给其他企业做出了榜样，这些书面的工作描述也成为了行业标准。我们再一次发现，在劳动力市场中，企业的规范化需求与技术需求存在一定的关联，反映了在人才市场上企业间竞争的强度。在我们的调查中，88% 设有研发部门的企业使用正式的工作描述，而 72% 没有研发部门的企业不使用工作描述。

竞争性工资标准（68% 的受访企业采取这种薪资模式）的发展也反映出人力资源战略的制度化。在我们 2006 年的调查中，大部分企业家认为有吸引力的工资与奖金是吸引管理和技术人才的关键。[66] 这些企业大都采取将企业业绩与奖金挂钩的形式，一个极端的情况出现在海尔公司。海尔公司的工资完全与业绩匹配，公司将员工个人的工资与当月的市场目标挂钩。[67] 其他企业依靠发放员工股来分享企业利润，以及对核心的管理和技术员工做出组织承诺。吴立平（音译）是一家自动包装设备公司的所有者，他引进了员工持股计划，将公司每年新增加的价值与新的股份相联系。在他的企业中，13 位管理人员和技术人员参与了这项计划。员工股权是基于复杂的等级系统进行分配的，需要依据 16 项不同的标准评估个人绩效。在这种情形下，吴解释："员工们很清楚，能够参与股权分配反映了他们对公司价值的贡献。"

最终，长三角地区的民营企业纷纷开始发展内部劳动力市场，以此提升员工职业路径的可预见性，并允许岗位轮换。这是企业在应对激烈的劳动力竞争过程中自然产生的现象。内部培训与晋升是民营企业吸引中高水平管理者的一项关键制度，因为民营企业通常不能在所有岗位上都能找到合格的外部应聘者。以宁波一家自动化企业产品经理的职业路径为例。他 2002

年大学毕业以后直接来到公司管理仓库。当发现这里的管理状况不佳之后，他秉持创新精神引入了一项新系统，降低了零部件的损坏率。经理注意到他的创新精神和组织能力，很快提升他为采购部门的主管。他在新岗位并没有待太久，因为他很快又被晋升为总经理助理，负责财务管理和成本核算。在来到公司四年后，他已经成长为公司的生产经理。由于之前在供应、质量标准和成本核算方面积累的丰富的内部经验，他现在在新岗位上做得很好。[68] 他的晋升路径令人印象深刻，反映了民营企业普遍的员工晋升战略。"我们选拔自己的员工，逐步满足高层次的岗位需求。"宁波一家轴承生产企业的副总经理强调，"我们知道谁表现得更好，并且能够很好地评估他们的能力。"[69]

内部劳动力市场最常见的工具就是书面的绩效评估（66%的企业这么做）和清晰地说明员工的晋升程序（45%的企业这么做）。这两种方法在那些具备研发能力的高科技企业中更为常见。透明的晋升程序提高了企业内部员工的职业预期，并能够减弱员工离开企业寻找新机会的动机。与此同时，密切的关注及对员工个人表现的评价，降低了雇主和雇员之间信息的不对称性，并且提升了组织效率和员工的工作参与度。这些程序并非总是组织实践的标准。一位女企业家强调：

> 我提拔那些我欣赏的员工。我会先看一个人的责任心和能力大小，再决定是否让他尝试管理工作。我同时也会进行公司管理，然后我们开始进行工作上的磨合。作为一家民营企业，我们都知道企业内有哪些人才。我们不使用标准程序。如果一个人有能力，我们就会重用他。这种类型的员工可能不是全面的人才，比如，他可能没有高学历。我们在选拔中也犯了一些错误。但是，因为我自己参与管理，所以总能够换掉不合适的员工。我们一边扩大规模，一边雇用新人。我们的中层管理者全都来自产品生产线。[70]

海尔公司如今是家电行业的翘楚，它被人们视为内部培训和员工激励的典范。每天，海尔公司都会根据产量和质量目标评估生产工人的工作。在过去，那些表现不佳的员工会被要求在工作日下班后，站在一排有黄色脚印的地方，然后对自己没有完成当天目标向同事们道歉。[71] 后来，海尔公司准备将这种实践搬到美国的子公司去，美国员工认为这是带有羞辱性的行为，并且要用法律诉讼对抗这种规定。海尔公司不得不将公开惩罚改为公开奖励。多亏了在美国的这段意外经历，海尔公司将新的员工绩效奖励体系带回中国。现在，这种积极的员工评价模式被当作成功的事例而得到广泛分享。我们采访的多家民营企业都选择实施类似海尔公司的奖励体系。对那些表现优秀或者带来创新想法的员工进行公开表彰是十分常见的，公司的公告栏上满是优秀员工的姓名和照片。公司希望通过这种方式号召大家向他们学习。

近年来，人力资源政策的传播显示出企业间强烈的竞争压力。感受到压力的企业，通常会选择升级工作环境，以招募和留住一流的管理人员、专家和技术人员。我们能清楚地看到，企业在劳动力市场上展开竞争和寻求合法性的行为，共同导致了民营企业与国有企业在工作环境与企业制度上变得相似。民营企业人力资源政策的产生和扩散，是伴随企业内部制度建立的过程而出现的，不是因为政府劳动部门1995年颁布《劳动法》这些外部力量所导致的，这可以从企业发展正式规则和正式程序控制员工关系的时点（见表7.7）看出来。在这个过程中，我们能够清楚地看到人力资源政策的产生和扩散。大部分成立时间大于9年（1995年以前注册）的企业，在《劳动法》颁布时就已经采用了正式工作描述、绩效考核和工资标准的做法。样本统计年数大于15年（1990年以前成立）的企业，实施人力资源政策的时间平均超过4年。但是，这些并不意味着企业外部规则的作用在企业制度化过程中的影响变弱了。因为这些成立时间较长的企业在成立时没有技术竞争的压力，也缺少吸引和留住人才的市场竞争。

表 7.7 员工关系标准化的时点

类型	正式规则形成前企业经营年数的均值				
	总样本	企业年数小于 5 年	企业年数在 5—9 年	企业年数在 10—15 年	企业年数大于 15 年
正式的书面工作描述	1.3	0	0.7	2.9	5.2
正式的书面绩效评价	1.3	0.1	0.8	2.7	5.1
正式的书面工资标准	1.4	0	1.0	2.8	4.8
正式的书面晋升程序	1.6	0	0.8	3.3	5.5

资料来源：2006 年长三角地区调查。

即使在就业的连续性上，人力资源政策也显现出稳定的影响（见表 7.8）。尽管与我们认为的"长期雇用合同能有效地降低管理人员的流失率"这一设想有出入，但是调查还是反映出"长期雇用合同能够降低技术和非技术员工的流失率"这一现象。在所有其他条件相同的情境下，只有书面的绩效评价对限制管理人员的离职是有明显效果的。对于定期进行绩效考核的企业，管理人员和技术人员的离职率都下降了。造成这一现象最可能的原因是，客观公正的绩效评价使员工对公司内部的晋升和自己的职业未来产生了更好的预期。

表 7.8 市场招聘、公司治理和员工离职率

项目	管理者离职率系数（标准误）	技术员工离职率系数（标准误）	非技术员工离职率系数（标准误）
市场招聘（%）	0.022**	0.008*	−0.027
	(0.01)	(0.01)	(0.04)
合同期限大于 3 年	−0.007	−0.012*	−0.124**
	(0.01)	(0.01)	(0.06)
书面工作描述	0.631	−0.660	−5.982
	(0.68)	(0.88)	(6.45)
书面绩效评价	−1.425**	−1.729**	2.975
	(0.64)	(0.77)	(5.65)

（续表）

项目	管理者离职率 系数（标准误）	技术员工离职率 系数（标准误）	非技术员工离职率 系数（标准误）
书面工资标准	0.413	0.931	−1.318
	(0.44)	(0.67)	(4.38)
书面晋升流程	0.279	0.364	0.728
	(0.68)	(0.74)	(3.62)
总资产价值 (log)	−0.356	−0.025	−0.938
	(0.30)	(0.36)	(1.94)
员工数 (log)	2.363***	2.609***	19.749***
	(0.65)	(0.58)	(3.86)
就业增长	1.798	2.510***	12.261**
	(1.51)	(0.93)	(6.19)
职业类别的份额	0.045	0.152***	0.041
	(0.04)	(0.05)	(0.06)
行业	YES	YES**	YES
城市	YES***	YES***	YES**
常数	−9.624***	−10.402***	−67.528***
	(2.96)	(2.58)	(15.91)
Adj.R^2	0.167	0.258	0.246
观测值	704	704	704

注：未报告行业和城市虚拟变量的系数；* $p < 0.10$, ** $p < 0.05$, *** $p < 0.01$；稳健性标准误；各项方差膨胀因子表明不存在多重共线性问题。

资料来源：2006 年长三角地区调查。

结 论

对于能够自我强化的劳动力市场制度，它的出现能够让企业在传统的家族经营中快速摆脱对家庭劳动力的依赖。经由个人引荐和非个人的招聘渠道，企业家灵活地根据当地劳动力市场的具体条件，招聘到各种类型的工人。通过人际网络，企业能够招聘到内陆省份那些从农业中解放出来的、缺乏技能的工人；人际网络也使地方级的劳动力市场在人才多样化和范围扩大化上得到了很好的自我发展。在招聘管理人员和技术人员方面，民营企业不得不与地位更高的公有制企业竞争。在当时，公众认为民营企业只是工业经济中的非法"暴发户"。为了改变公众的这种认知，企业家们学习国有企业常规的正式制度以寻求合法性。市场竞争的压力，不仅支撑着企业去适应现代就业制度，也促成了工人就业条件的升级。

对比分析不同所有权制度下的员工关系，我们确认了制度同质化的发展过程，这也是相同就业条件能减少就业结构差异的证据。当然，有关劳动者权利法规的制定和《劳动法》并不严格的执行使我们不能完全确信，相同的就业条件一定是就业结构差异减少的原因。但是，塑造和引导员工关系的标准一直在变化，这些变化受到民营企业家的经济和战略利益驱动，能够反映企业面临的规范性压力和劳动力市场激烈的竞争状态。

许多民营企业面对来自劳动力市场的竞争压力，企业的技术和组织也变得越来越复杂。正因如此，它们已经开始争取满足那些高级管理者、专家和技术人员的要求。这些员工招聘自国有企业、外资企业、职业技术学校和政府机构。随着越来越多成功的企业开始制定人力资源政策，竞争者也纷纷效仿这些制度安排，并且期望自己做得更好。这样就能够取得更高的合法性，进而吸引到那些训练有素的员工。

08

创新的机制

市场经济一个显著的特征是生产商要不断地推陈出新。这不仅出于盈利的目的，也是为了能够在商场上生存并稳固地占据一席之地。如果创新不力，它们就会把市场份额拱手让给不断入市的新创企业。大量涌入市场的新企业导致经济繁荣与萧条的交替循环，其特点是企业利润空间受到侵蚀、存活率降低。没有了高、精、尖的创新支持，这样的周期不会带来持续的经济发展。如果商业周期只折射出掠夺式的激烈竞争，而不具备体现现代资本主义特征的创新收益，那么盈利空间的侵蚀只会把新老企业一并逐出市场。[1] 熊彼特的理论曾经提到，与资本家和商人有别，企业家才是创新的承载者。他们积极的创业行为"不断地从内部改变经济结构，不断地摧枯拉朽，不断地创造新的结构"，从而催生出"新的组合"。[2] 创新的过程就是察觉有利可图的机会，并且不懈地追求这些机会，直到通过新的产品或者新的商业实践等形式，把这些机会变为现实。在资本主义市场竞争的压力之下，创新对企业而言是生死攸关的必由之路；而在其他经济体中，创新是偶发且非强制性的。[3]

中国在改革开放的三十多年时间里，逐渐发展形成了高度竞争的市场经济，大多数行业的市场集中化程度低。例如，排名前五的机械制造商在美国占据了 69% 的市场，在日本占据了 42% 的市场，而在中国仅占据 20% 的市场。[4] 对大企业而言，竞争能驱动创新活动；对小企业也同样如此。[5] 一位只有 40 名员工的浙江省小型纺织公司的所有者特别强调："我们短期之内希望找到自己的特色，我们要与众不同。只有提供差异化的产品，我们才能保证销量，才能盈利。"[6] 而另一位来自杭州某材料包装厂的所有者补充说："创新是必须的。我们民营企业家群体中流传着这样的说法，即一定要居安思危，要有一个三年的规划。其他人会看到市场中的缝隙，所以一定要有新的产品才能保全自己。"[7] 那些没能应对市场强大压力的企业很快就被淘汰了，至多也就是接订单生产。一位宁波的企业所有者表示，企业衰退的过程非常之快，因为缺乏产品创新，缺乏足够的、有吸引力的产品组合而丢了订单，他不得不让大部分员工下岗。现在他只盼能接到一些生产普通工具和仪器的小订单。"很显然，我不再是企业家了。"他提到，"我和其他职业没什么区别，就是一个打工的，赚点辛苦钱。"[8]

由于研发资金匮乏，创新对这些小型企业来说并非易事。一位高科技新创企业的老总和很多民营企业家分享了他的经营困境，"当然，我们要创新才能生存，但因为我们是小企业，所以我必须自己推动创新、想点子。"但他颇为乐观："将来我希望能够招收一些自己的员工搞研发。"[9]

根据当地创业者的民间智慧，哪怕"小创新也能成就一番变化"，所以很多企业非常热衷于变革它们的产品、技术和组织实践，以扩大盈利空间。这些变革既可以是产品设计的微调，也可以是仓储管理体系的改革，甚至是引进全新的生产技术，以全自动生产流程取代手工作业。

大多数的生产厂家只能对现有产品和产品线做一些细微的提升与改进；有一些则能够扩展并改变其主营业务；还有一些则能够完全开发出新的产品线，作为打入尚不拥挤的利基市场的战略，赢取高额利润。这些企业采取了大胆的技术革新，这需要高额的研发投入。当温州一家生产家用剪刀的领头企业发现，原有市场由于充斥着太多的模仿者而日趋拥挤时，遂将它的主营业务转到制造 X 光灯泡。2008 年，企业所有者发现生产 X 光灯泡的市场也开始拥挤不堪时[10],他便准备将业务转移到生产X光机。其他一些企业也描述了类似的大胆举措:它们的主营业务有的从纺织加工转型为电子产品生产,有的从摩托车生产改弦易张到汽车制造。一位宁波的企业家,三年前还不得不做一些诸如塑料捕鼠器之类的低附加值简易产品;作为其纺织机械工具生产的补充,现在正快速迈入技术升级的阶段,争取从业已饱和的纺织品市场的激烈竞争中突围。最近,他又着手推进节能马达的生产,这款机器能有效地节省一半的能源消耗。他的规划是将这款马达装进不同的产品中,从空调到冰箱、从豪华轿车到电动割草机,并销往北美市场。[11]

对长三角地区的企业家而言,上述大胆的技术升级已发展成为企业的机动性战略。通常,企业家会选择在一个进入壁垒低、资金要求少的利基市场起步。企业起步阶段的成功使得企业家积累了一定的财务和人力资本;与此同时,他们开始寻找新的产品,这些新产品往往需要更高的资本和技术投入。企业家们相信这样的战略行动能使他们逐渐从价值链的低端抽身出来,脱离白热化的竞争,甩开其他企业,从而谋取更为丰厚的利润。每一步的努力都是市场竞争在驱动着创新。在技术升级、产品迭代的过程中,他们依靠的是早期经营所积累的商业经验、对机会的本能判断和求新的企业家精神。

例如,上海华普汽车有限公司是一家处于领先地位的民营汽车制造商。企业的创始人利用先前生产塑料瓶所赚取的第一桶金,进行技术改造之后生产灌溉用的水泵,之后又进军摩托车的生产制造。当发现国内的摩托车市场已经饱和、几乎无利可图时,这位企业家竟然在无商业模式、无早期经验的情形下,毅然决定建一个生产汽车的新厂。从一家地处上海郊县的塑料瓶生产厂,蜕变成销售网络遍布全国、出口业务逐日增长的民营汽车制造商。该企业一系列的转变揭示了长三角地区产业发展的全过程。[12]

尽管在我们的调查中,拥有专利的创新数量并不多,但是超过50%的企业都推出了新的产品,几乎所有企业都升级了现有的产品线(见表8.1)。60%以上的企业引入了新的生产流程、管理技术或质量控制方法。平均而言,这些企业实施了3种不同类型的创新,55%的企业实施了3种以上的创新。

表 8.1 2002—2009 年的企业创新

单位：%

创新类型	2002—2005 年	2006—2009 年
获批新专利	不适用	5
推出新产品	58	52
升级现有产品线	50	41
终止至少一种产品线	22	15
流程创新	62	66
新管理技术	65	64
新质量控制方法	61	41
新设中外合资企业	20	7
新的许可证协议	20	4
主要生产活动外包	24	5

资料来源：2006 年和 2009 年的长三角地区调查。

国家资助的产业创新项目主要是为了促进国家科技机构与大型国有及国有控股企业之间的合作。1985 年出台《中共中央关于科学技术体制改革的决定》后，中央政府在科学和技术领域投入了大量资金。2007 年，只有 5.8% 的政府资金是专项拨给民营企业实施创新活动的，而 82% 用于国有企业或政府控股的上市公司。[13] 政府资助研发项目的目的，在于促进高新技术行业国有知名企业的发展，很少有民营企业从中受益。接受资助的企业往往已是行业中的佼佼者，并且处于具有国家战略意义的重要产业。[14]

尽管政府在研发资金分配方面的政策严重向国有企业倾斜，但国有企业和民营企业的创新活动与产出差距并没有那么明显。总体来说，2007 年国有及国有控股制造企业所属的研发部门仅占全国总数的 29.3%，而 19% 的研发部门存在于民营企业。[15] 2008 年，大中型企业递交的专利申请中，尽管有 31% 来自国有或国有控股企业，但有 18% 来自民营企业。[16] 我们的调查发现，只有平均拥有 180 名员工的大型民营企业，才有能力运营自己内部的研发部门。尽管如此，在没有正式研发部门的企业中，36% 的企业在 2006—2009 年推出了至少一款新产品（拥有研发部门的企业为 69%），58% 的企业引进了新的生产流程（拥有研发部门的企业为 74%）。很显然，哪怕没有政府研发资金的扶持，民营企业还是把创新置于重中之重，并且成功地加以实施。

创新的社会结构

竞争的压力激励着企业去求新求变，但并没有为它们配备相应的获胜能力。是什么因素让民营企业在既缺乏政府研发资助又很难从国有银行获得贷款的情形下，仍然达到如此程度的创新？没有研发部门的小企业，又是如何经常性地开展创新活动的呢？

我们认为，这是由自下而上构建起来的经济制度所致，它嵌入在网络中，使民营企业的技术不断升级换代，并且勇敢闯入一直由政府扶持的上市公司所垄断的市场中。创新是一个涉及竞争与合作的社会过程，创新的动力和途径不仅关系到微观的动机与决策，也关系到社会结构。与新古典经济模型所描绘的原子型市场完全不同，现实中的市场网络提供的是能让信息和资源及时流动的各路渠道。我们以大家熟知的硅谷为例——日常工作的关系网络贯穿于成熟的和初创的高科技企业之间，企业的创新文化就深植于这样的关系网络中。我们详细地叙述这项对硅谷的成功功不可没的、自下而上的经济制度，借以凸显"这个由社会关系和技术设施构成的地区网络是如何孕育创新过程的"。[17] 硅谷这样一个产业园区所形成的地区优势，发端于企业间网络的创新扩散。在一个如此高度集中化的产业园区，对创新合作至关重要的大量隐性知识，嵌入在那些引导精确信息在企业间流动的网络关系中。[18] 正如哲学家迈克尔·波兰尼（Michael Polanyi）所说的，"我们知道的远远胜于我们所能表述的。"[19] 正式的合同为特定的双方提供了封闭的渠道，将技术信息和知识产权进行转让。但在正式关系之外，个人关系也能够成为信息透露的渠道。据一份波士顿地区生物技术行业的调查显示，这"更像一个洒水喷头，为更大一片土壤浇灌"。[20] 创新活动并没有被严格限定在单一企业中,而是以流动的形式存在,并演化成正式和非正式的网络关系,将企业、高校、研究试验室、供应商和客户联接起来。

与相互借贷协议(参见第4章)及自下而上的供应和配送渠道的建立(参见第6章)一样,企业家依赖企业间的网络,努力克服民营企业研发活动中存在的制度阻碍。面对企业可以获取的内外部资源,企业家发展出一套不同的研究合作关系,包括基于互换原则的非正式合作——"我贡献,所以你也会贡献",以及清楚界定双方联合研发项目权责的正式合约。当建立正式的合约型协议时,企业家常常依托之前的个人关系。但是,企业家还要借助 B2B 网络平台提供的非个人搜索机制,以锁定技术交换的最佳匹配。总体而言,由于这个领域的情况错综复杂,企业家对降低和分享研发过程中固有不确定性的兴趣,促使企业间展开合作。[21] 在发达的工业经济体中,企业"通过合作获取自身无法形成的资源和技能,但合作所产生的风险应在可承受的范围之内。"[22]

创意的社会来源

由于缺乏来自政府资助的高新技术研发资金,民营企业家所投入的创新活动具有很强的市场导向,关注能满足客户具体需求和诉求的可行方案。吴立平(音译)是一位在自动化包装设备行业的企业家,他认为:"当然,创新来源于市场,我们被客户赶鸭子上架……事实上,每一个微小的革新都会创造更多的盈利空间。"[23] 在详细介绍创新战略时,他强调,当业务扩张时,他的客户们一直对所定购的包装设备提出技术改进和缩减成本的要求。在他的公司中,技术和设计部门与核心客户密切合作,客户希望向市场推出的任何一款新产品,都会要求包装机器在技术上做出一些相应的调整和修改,因为产品的内容、包装样式和包装材料都需要定制的解决方案。比如,根据不同的被包装物,会有不同的卫生标准和测量精准度。我们在参观过程中发现,这家企业刚好在为一家欧洲奶粉生产商优化包装机器的测量功能。新包装机器的发展常常要求生产流程进行调整和修改，改进质量管理，确保产品达标。

另一家民营企业——海尔公司，是中国最大的家电制造商。它们曾经发现，农村的用户认为其生产的洗衣机性能很不稳定。经过调查，海尔公司的客户服务人员找到了问题的症结所在，原来农民们用洗衣机清洗蔬菜瓜果。因此，海尔公司为农村客户专门开发了一款新型洗衣机，可以在洗衣和洗菜两种模式间随意切换。[24] 海尔公司的产品中还有一些型号也是响应了客户的反馈和需求。比如，专门针对城市小户型公寓推出的迷你型洗衣机（"小神童"）和节能空调（"小超人"）等。[25]

工业品和零部件等行业也有着很强的客户导向性。生产商和主要客户经常在一起讨论未来的合作项目，并为现有的产品寻求新的方法以满足新的要求。一家位于南通的焊接厂厂长是这样描述他的创新战略的，"我们先分析我们客户的网络，并预测他们未来会使用什么样的产品，然后开发新的产品……比如，我们附近的一家造船厂在全世界屈指可数，它和日本企业合资。我们密切关注它们的动向，根据它们的技术需求开发我们的产品。我们之间仅隔10分钟的步行距离，算是近水楼台先得月。我们和它们定期开会，了解它们的需求，也知道它们向谁购买。"[26] 从这家公司近期推出的一些更为复杂的焊接机器可以看出，它们的客户在散货船和集装箱船市场有显著的扩张趋势，这类业务涉及的船用钢生产，必须在高效的自动焊接机的配合下才能完成。

当然，客户提出的产品修改并不一定会引发创新，有些只是简单的模仿，有时候客户还会要求"山寨"他们看到的产品。比如，温州的一家专用设备生产商不无骄傲地透露，他和他的团队曾通过逆向工程法，成功地"山寨"了一台机器，现放在车间里作展示。[27] 然而，满足一位特殊客户的需求，常常会涉及显著的创新活动。在我们2009年的一份调查中，82%的企业家把客户作为新创意的三大主要来源之一（见表8.2）。

表 8.2 新创意的主要来源

创新创意的三大主要来源	将之列为前三大来源的企业（%）
客户	82
本行业的其他企业	50
内部员工，研发部门	39
技术或行业标准	31
供应商	30
大型会议和贸易会展	29
其他行业的企业	8
书籍和科技期刊	8
大学、研究机构、研究服务单位	8
行业协会	7
海外／国际企业	5
政府扶持	3

资料来源：2006 年和 2009 年的长三角地区调查。

长三角地区的企业家还通过观察其所在市场中竞争对手的产品来寻找创意。一般而言，在缝隙市场中打拼并抢夺竞争优势的企业家非常善于相互"察言观色"。某些信号可以揭示竞争对手如何定位产品的价格和质量，对这些信号做出反应形成了企业间持续的相互作用，创新（或者模仿）正是来自企业间的这种相互作用。[28] 在我们 2009 年的调查中，50% 的民营企业家将本行业的其他企业列为创新创意的三大来源之一。此外，鉴于市场中竞争对手和供应商密集的网络关系，30% 的企业家表示，供应商也是创意的主要来源之一。

地处杭州的一家小型包装公司的企业所有者经常光顾当地的商场和超市，试图为货架上陈列着的商品包装寻找改进的方法。还有一家企业专门生产小型交通设备，它们的策略也颇为相似，"我们关注并研究竞争对手，以保持领先优势。比如，我们会提供更好的售后服务等。我们派人去研究竞争对手，看他们在做什么，从他们的客户那里了解情况；有时候，动用我们的亲戚或者竞争对手的亲戚去获取信息；我们借助互联网跟踪竞争对手的动态，甚至还与竞争对手企业的安保人员聊天……然后，我们立即评估这些信息。如果他们有新产品推出，我们就仿制。"[29]

确实，那些主要靠揣摩竞争对手的公司常常抄袭他人的创意。一家面向出口市场的纺织品企业的厂长曾经不无骄傲地向我们炫耀，他们研发部门的员工从网上下载那些高档服装的花色和款式，然后生产廉价的仿制品。[30] 但是，抄袭其他企业的产品和技术并非开发新产品的主要策略，如果企业想从众多对手中脱颖而出，竞争的压力就会推动企业家超越模仿的水平。

大型会议和贸易会展是展示国内外特定行业、特定市场最新发展的舞台，促进企业间的比较，并预示未来的趋势。贸易会展还为创意测试提供了一个平台，并且可以马上获知客户的反应。在我们所有的样本中，29%的参与者表示，大型会议和贸易会展是创新创意的三大来源之一。另外，出国考察时进行细致的观察，也是更好地了解国外客户群不同偏好的主要方式。我们上面提到的那位纺织品企业的所有者强调："你真的需要了解可能客户的想法。我们用的是非常简单的信息采集方法，就是到那里去。我们考察了很多国家，研究当地服装的尺寸、颜色和花型……你所需要的就是一双善于发现客户品味和时尚趋势的眼睛。"[31]

新的技术和行业标准也为创新提供了额外的刺激和创意。比如，很多企业家谈到，类似于ISO 9001这样的国际性质量管理体系标准引发了不少创新，因为企业要做很多改进才能满足其中的具体要求。政府出台的新环保法规也起到了一定的作用。一位企业家提出，他之所以下决心进军环保轮胎行业，就是因为中国整体正朝着绿色技术的方向在迈进。[32] 他很受鼓舞。还有一些也是受到政府节能条例的触动，也开始涉足节能技术的发展。31%的受访者将技术和行业标准视为创意的三大来源之一。

创意的其他来源包括其他行业的企业，书籍和科技期刊，研究院和行业协会，以及海外企业和政府。

数据分析显示，创意的不同来源——客户需求、模仿同行或者紧跟市场趋势——与不同的创新类型相关（见表8.3）。客户与流程、管理及质量控制的创新相关。相反，产品创新与正式的市场机制（如贸易会展、行业标准和规范、高等教育机构，甚至政府扶持服务）更为相关。值得注意的是，那些主要依赖本行业竞争对手和供应商的企业，创新性明显较弱。

非正式的学习网络

驱动中国民营企业发展的创新，并非那些令全世界耳目一新的突破性发明；恰恰相反，它们通常是在边干边学或者边模仿边学习的过程中激发出来的常规化和零敲碎打式的创新。大部分的学习是经由当地企业家多重的关系纽带发生的。

熊彼特强调过，"创新是企业家需要发挥的功能，但它并不一定需要全新的发明。"[33] 一个点子也许对这个人或者这个群体来说是老生常谈，但转手到了另一个人或另一个群体时，则会具有创新意义并受到重视。尽管从严格的知识产权法意义上来说，这属于模仿。但对所涉及的人来说，一个新的创意实际上就是创新。[34] 这样的话，"创造性就是一个反复探索和发现的扩散过程"。一个好的创意是在网络中被不断传递的过程，"在一个集群中被发现，在另一个集群中被发现，之后再被另一个集群发现，每一次发现都是发现者的一次再创造过程。"[35]

在长三角地区，非正式的技术合作无处不在。很多企业家把共同的探讨和交流，技术方案的合作开发以及设备的联合使用等，视为长期业务关系的自然发展。企业家期望在紧密的网络关系中互相帮助和支持，这非常有助于他们在随意的商务交谈中促进新技术的信息交换。在网络关系中发生的这些非正式信息交换，是企业家日后进一步探讨联合开发或购买新技术的起点。[36]

毫不奇怪，商业网络成员共享资源和技能，联合开发或改进企业的技术能力，规避各自独立设立研发部门所需耗费的巨额成本。常州一家汽车部件

08 创新的机制

表 8.3 2009 年主要的创新来源和不同创新类型的样本均值对比检验

创意来源	群体	推出新产品	现有产品升级	新生产流程	新管理技术	新质量控制
客户	Yes	0.49	0.41	0.67**	0.67***	0.42*
	No	0.62	0.39	0.59**	0.54***	0.36*
同行	Yes	0.49	0.34	0.62	0.58	0.34
	No	0.54	0.47	0.69	0.70	0.47
公司员工/R&D 部门	Yes	0.51	0.47***	0.62	0.67**	0.46**
	No	0.52	0.37***	0.68	0.62**	0.38**
技术标准	Yes	0.56*	0.33	0.72**	0.66	0.32
	No	0.50*	0.44	0.63**	0.64	0.45
供应商	Yes	0.45	0.34	0.69	0.57	0.36
	No	0.55	0.44	0.65	0.67	0.43
会议/贸易会展	Yes	0.58*	0.45	0.62	0.68*	0.48***
	No	0.49**	0.40	0.67	0.63*	0.38***
其他行业企业	Yes	0.59	0.52**	0.70	0.52	0.39
	No	0.51	0.40**	0.66	0.65	0.41
书籍/期刊	Yes	0.42	0.36	0.44	0.60	0.33
	No	0.52	0.41	0.68	0.65	0.41
大学/研究所	Yes	0.71***	0.33	0.72**	0.66	0.64***
	No	0.50***	0.44	0.63**	0.64	0.39***
相关产业	Yes	0.52	0.44	0.72	0.16**	0.58***
	No	0.52	0.41	0.65	0.63**	0.40***
外国公司	Yes	0.57	0.49	0.77*	0.65	0.51*
	No	0.51	0.41	0.65*	0.64	0.40*
政府扶持	Yes	0.68*	0.68*	0.63	0.58	0.31
	No	0.51*	0.40*	0.66	0.64	0.41

注：均值 (0)- 均值 (1) < 0; *$p < 0.10$, **$p < 0.05$, ***$p < 0.01$。
资料来源：2009 年长三角地区调查。

生产厂厂长认为，企业间展开技术合作的动力就是如此。"作为一家中型企业，创新的成本令我们望而生畏。我们显然没有这个实力和能力完全地自主创新，只能一点点地创新，这样能留住我们的客户。如果要实现大的创新计划，我们一定要建立在未来能在一起合作的人脉关系。"[37]

由于长三角地区的大多数民营企业都无法获得政府的研发基金，因此推出重大的创新计划意味着全新的挑战。研发部门需要投入相当可观的启动和运营成本，这对于大多数中小型企业的财力都是勉为其难的；况且，小企业还很难招聘到技术合格的研发人员。经验丰富的工程师和技术工人的供给有限，而需求在增长。很多民营企业根本无法与跨国公司和国有企业提供的薪酬福利及职业发展机会相提并论。与此同时，技术复杂程度在不断提高。所以，几乎所有的民营企业并不具备参与一流水平研发的核心竞争力。[38]

宁波一家机械制造企业的所有者，从一位在上海研究机构工作的朋友处了解到一项全新的节能技术，但却没有设备去开发这项新技术。于是，他向另一位生意上的朋友求助，向他强调这项新节能技术在国内的巨大市场。这位朋友的工厂规模略大些，他允许这位宁波企业家使用其闲置的部分设备以开发和测试新产品，并在开发阶段试生产。[39]

在 2009 年的一份调查中，65% 的企业家表示，他们和直接网络中（也就是最重要的五个业务关系）的至少一家企业，保持着持续的非正式技术合作。40% 的企业和一家以上的企业保持着技术合作。当被问及从网络关系的非正式学习中获得的收益时，27% 的企业家对那些一起解决技术问题的业务伙伴给予了最高的评价。

这种非正式、个人化的企业间合作，与企业总体的创新程度有着密切的关系（见表 8.4）。存在非正式技术合作关系的企业，一般比没有类似合作关系的企业更倾向于变革（前者平均 3.2 个创新，后者平均 2.7 个创新）。竞争优势来自产品升级、终止某些产品的果断决策，以及引进新的质量控制设备。

表 8.4 2009 年非正式合作和不同创新类型的样本均值对比检验

创新类型	与最重要的五个业务关系中的至少一个保持非正式的技术交换	统计均值
推出新产品	No	0.56
	Yes	0.49
现有产品线升级	No	0.28***
	Yes	0.48***
终止至少一条产品线	No	0.10***
	Yes	0.18***
与外方设立合资企业	No	0.06
	Yes	0.08
新许可证协议	No	0.03
	Yes	0.05
外包主要的生产活动	No	0.04
	Yes	0.05
新生产流程	No	0.68
	Yes	0.65
新管理技术	No	0.62
	Yes	0.65
新质量控制	No	0.29***
	Yes	0.47***
获得新专利	No	0.05
	Yes	0.05
创新活动总数（0—10）	No	2.70***
	Yes	3.17***

注：均值 (0) - 均值 (1) < 0; $*p < 0.10$, $**p < 0.05$, $***p < 0.01$。
资料来源：2009 年长三角地区调查。

在企业间形成的网络关系中，企业相互合作能降低创新的成本，促进学习，并且消除资源的约束。研发合作则存在具体的风险，因为合作双方有意于获取关键技术，但未必会做等量的投入，或者共同分享商业化带来的收益，这些风险在中国尤甚。其他国家拥有较良好的知识产权保护环境，合同法、公司法、仲裁机构等比较到位，能为经济交易保驾护航并提供指引。一位企业家提到，"如果我们在美国就没有必要这样费力地保护自己，因为你可以依靠知识产权相关法规。在这里，如果你有一个非常好的创意，在开始业务之前，你一定会担心有人会抄袭你。这里对知识产权的法律保障较薄弱。"[40]

在这样的环境中，自下而上形成的研发合作，非常依赖于社会交往和地理位置的接近，自发地形成了至关重要的解决问题的机制。长三角地区的企业家经常在创新活动中讨论本行业其他企业的经历，并仔细分析其成败因素。通过观察其他企业和与他人的探讨，他们学会了如何产生新想法，如何保护自己的想法不被他人模仿。这些经济行为人不仅学会了应该信任谁、如何找到最佳的合作对象，而且知道了保护核心技术的最有效方法。他们形成并且共享保护知识产权的特定途径。比如，对能接触到安全标准的工人设定专门的职业规范，使用筛选方法检验市场是否存在侵权的隐患。[41] 企业家还互相请教如何解决知识产权的争端。

真正向模仿者提出法律诉讼的企业还是非常少的。南京一家机械厂的所有者经常从客户那里听到竞争对手在仿制他们的产品，但他认为走法律途径纯属浪费时间，因为那些公司只是昙花一现。"它们质量低劣，只能互相倾轧，无法与我们的产品竞争，不会威胁到我的生意。"[42] 还有一位南京的医疗设备生产企业所有者从客户处得知，另一家企业正试图向他的客户推销仿制品。这个企业所有者自己对此做了处理：

> 我们并未向有关部门提出正式的指控，而是用自己的方法谨慎地处理了这个问题……关键的关键，我们掌握着核心的技术部件。它们可以模仿外在部分，但无法切入核心要害。事实上，我专门去了那家企业，并和老板交谈了。他很紧张也很尴尬。他让我看了企业的生产线。很显然，他在模仿我们产品的同时存在着技术问题，所以我提出了一个分包安排。你看，没有永远的敌人，只有永远的利益；没有永远的竞争对手，只有不同的利益。对个人、企业都是这样。[43]

研发合作的正式合约

然而，非正式的技术合作有它的局限和弊端。既然合作者不想失去他们的竞争优势或者实力，那么非正式技术合作一个明显的限制就是，它无法为合作开发新产品和新专利提供足够的保护机制。这就是为什么那些想开发专利型创新的企业家，总是希望依赖正式的技术合约，由合约详细规定合作双方各自的权责和未来利润的分配方式。所以，企业之间签订联合研发合作协议，可以共享双方的研究能力和知识，利用规模经济的优势，同时将竞争对手排除在研究网络之外。企业参与这样的战略联盟，还为了能够接近并获取其他企业的技术，缩减创新所需的时间跨度，通过联合产品开发打开新的市场。[44]

在我们的调研中，近 1/3 民营企业的专利都有正式的技术合作。在特定的合作双方之间有合约保障，为技术开发提供了封闭的通道（见表 8.5）。然而，不是所有这些专利会引发新产品的诞生。一些只是实用专利或设计专利，另一些则因有限的经济价值而不予投放市场。另外，由于法律所提供的保障不力，不是所有的企业都试图为新的发明申请专利。为了评估此类技术合作的真实效果，我们只集中观察新产品。在我们 2009 年的调查中，有新产品推向市场的企业中，17.4% 都借助了正式的技术合约。

表 8.5　2009 年创新企业的正式研发合约

单位：%

创新类型	有正式研发合作的企业*	与其他企业	与研究机构	与大学
获得新专利	32.4	14.0	19.0	3.0
与外方设立合资企业	19.6	19.6	0	0
外包主要的生产活动	18.2	12.0	3.0	3.0
新产品	17.4	12.0	5.0	1.6
新许可协议	17.2	7.0	7.0	7.0
新产品流程	8.9	7.0	2.0	0
现有产品线升级	8.0	4.2	3.0	1.4
新质量控制	7.0	4.9	1.7	0.3
终止至少一条产品线	4.6	2.7	1.8	0
新管理技术	4.2	2.0	1.7	0.4

注：*指占创新企业总数的比例。由于一项合作协议可能涉及多种创新方式，因此各分项累加会超过 100%。

资料来源：2009 年长三角地区调查。

与企业间的非正式技术合作一样，正式的合约协议常常建立在合约双方长期的私人关系上，双方对彼此的信誉和技术能力都了如指掌。在长三角地区，一般来说，法律合同会加强合作双方之间已有的信任，并且是企业间持续关系的延伸。一位来自常州的企业家指出，他和福建省一家企业的技术合作之所以成功，是因为双方关系很熟。几年下来，它们形成了紧密的业务关系，对双方的产品质量、技术标准和客户期望都非常了解。两家企业非常契合的文化，促进了企业技术部门之间的沟通与合作，进而促成了正式签约去共同开发新技术，并使原先以非正式方式开始的研发合作更为巩固。[45] 这一模式非常普遍。由于知识产权的法律保护不够有力，因此很多企业家更愿意在业务网络中选择研发合作的对象。

由比较熟悉的业务合作关系牵线介绍新的合作伙伴也是很常见的形式。通过私人介绍和社会网络传递的精确信息，"中间人"一般都承载着未来合作伙伴的信任和信誉；而且，"中间人"自己也有意愿负责任地引见和推荐。因为一两年后，大多数合作伙伴都会对牵线人报之以李。这样的介绍可以弥补各方的社会差距或"结构洞"。[46] 例如，宁波一家汽车厂厂长就是通过她的一位本地朋友找到了合作伙伴。其朋友在当地一家高速公路施工企业工作，当得知一家北京企业正在宁波地区寻找一个可靠的生产合作伙伴时，便牵线搭桥，双方一拍即合。这位厂长打算支付给朋友合同价格的1%—2%的费用以表谢意，这在当地算是约定俗成的介绍费。[47]

尽管长期的业务关系有助于在寻求正式技术合作时减少信息成本和降低不确定性，但并不总能在技术能力和实力方面提供最佳的适配性。因此，大型企业渐渐开始跳出本地的业务网络，延伸到更广阔的空间以寻求技术和研发合作。当双方企业在遵守合约方面都具有很强的内在意愿时，作为一种附加的保护机制，企业家们就会建立战略联盟，防止企业技术的流失。这样的战略联盟分好几种：有些强调技术和能力的专用型资产投资，这样可以锁定双方的合作关系，而其他人想要参与进来就十分困难；有些则寻找规模很小的合作伙伴，企业产能刚好胜任合同规定的生产量，也就没有余力将共同开发的技术转化为同样的产品并独立地销往市场。另一些常见的做法是,只要某项创新能在整个技术完全被他人模仿之前获得可观的利润,就可以达成技术合作。[48]

在创新的新兴市场中,企业家通常会采用类似于 Alibaba.com 基于互联网的 B2B 服务网站,作为方便的信息源,为技术合作筛选潜在的合作伙伴。阿里巴巴是中国中小型企业的最大在线市场,拥有 348 万注册用户,几乎涵盖所有的消费类别。可以如此便捷地登录像阿里巴巴这样的 B2B 交易平台,大大降低了企业间技术合作的搜寻成本。只要交纳 400—3 000 美元的年费,民营企业就可以列示其产品和信息,并有望链接到潜在的合作伙伴。

当常州一位企业家有了一个创意,想借助指纹锁替代传统的机械锁为他们生产的电动自行车升级换代时,他其实并不具备技术能力,也不想斥资获取这项技术。于是,他决定寻找技术合作伙伴。他想找一家成熟的指纹锁生产厂,质量中档、价格合理、有意于改进技术,为指纹锁增加防水功能来拓展户外使用功能,以便可以应用在电动自行车上。他通过 Alibaba.com 搜索了指纹锁的生产市场,基于地理位置、企业规模、质量和价格等挑选了一些企业,几星期后就拍板确定了一个合作伙伴。双方签订协议,合作开发一款指纹锁,专供他所生产的中档自行车。[49]

无独有偶,宁波一家滚轴生产商,就是被南通的一家企业在 Alibaba.com 上相中,进而开发了新的节水装置。这个需要在水下使用的关键部件不采用金属的轴承,但只有少数几家轴承厂和塑料厂能够生产非金属轴承。由于这家宁波企业素来享有高质量的信誉,专攻塑料或玻璃制成的轴承部件,因此对于这个项目来说,它是再理想不过的合作伙伴了。[50]

在寻找合作方来开发特殊的技术零部件时,企业家通常非常在乎产品的质量和技术的匹配,这是决定性因素。寻找潜在的合作伙伴是一个充满竞争的过程。南通一家专业机械生产厂曾提到,它们在寻找一家能够生产特殊引擎的企业时,"有 8 家企业和我们接洽生产这款马达,我们拒绝了 7 家不太合适的,仅保留了 1 家……我们和它们沟通了产品的市场前景,它们是非常热忱的合作者。我们花了一年时间开发了这款马达,最后产品非常符合要求,我们签了合同。"[51]

还有一些企业沿袭了联想、海尔和阿里巴巴等中国的全球品牌的做法，从创新项目和合作研究实验室等一些国际合作中大获裨益。一些长三角地区的中小型民营企业，也表达了对国际技术合作日益浓厚的兴趣。包装业的一位企业家吴立平（音译），最近刚刚和一个日本合作方成立了合资企业，以期能在某些产品线上缩短与国际竞争者的差距。与此相似，一位杭州的软件开发公司所有者也觉得，和国际合作伙伴签订联合开发协议能帮助企业吸引全球的客户。[52] 在观察自己产品所在市场中的佼佼者时，这些企业家意识到，国际合作是这些市场领先型企业的重要优势。那些积极参与类似合作的企业，能通过加速其关键技术的创新流程来获取至关重要的优势。国际联盟还具有强劲的声誉效应，彰显企业合乎国际质量和技术标准，有助于企业吸引国内和国外的客户。

最后，对某些基础研究领域具有特殊需求的企业，有时候会和技校或研究机构进行合作。合作伙伴通常是当地的高校，老师和毕业生之间存在着私人交情。企业和研究机构之间的其他联系，一般是通过政府资助的推介会而获得的，这些研究机构的代表会成为技术合作的未来合作者。这些新出现的机制，一般针对的是当地具有良好发展前景的大型成熟企业。参与调研的企业家强调，这些推介会主要是提供一个交流的平台，有意向的企业可以借机认识这些研究者，并了解他们所在研究机构的具体研究领域和能力。尽管从绝对数字上看，这类合作方式发挥的作用不大，但对专利型创新的贡献却不小。我们在2009年的调查中发现，19%的专利申请企业是和研究机构共同开发技术的。

技术合作的效应可以超越签订的项目而产生意外的创新成效。南通一家专业机械制造商开发出的一款高压密封机，完全是其原先技术合作之外的副产品：

> 我开发出这个产品完全出于偶然的机会。通过朋友的介绍，我才有了开发这个产品的想法。我之前有个同事是一个大学的校长办公室主

任……一开始，我们对市场潜力和产品都不甚了解、懵懵懂懂，不知道密封机是否需要一个带有中央处理器（CPU）的自动设备。我们也不确定这是否有市场，于是做了一些市场调查。当我们从国家专利局了解到，至少有三十多项有关自动密封机的专利申请在等待批准时，我们找到了突破口。有这么多申请，我预感这一定有市场。我们的市场调查发现，还没有一款产品能马上投放市场，于是我们着手研究究竟问题出在哪里……我们意识到，自己企业内部完全拥有生产这类机器的技术能力，所以我们开始设计。密封机的第一个要求是，它能适应纸板重量不同造成的压力差异，甚至同样重量的纸板在不同的场地、一天里不同时间的湿度和温度的差异对密封机都有不同的压力要求。美国WIDMER公司生产的机械密封机，在中国的售价为55 000元。如果内装CPU，我们机器的性能会更好，可以适用于各种条件。如果只是机械密封机，就不具备这样的灵活性。我们的机器是"智能型"密封机，这是我们的自主创新。我们提交了申请，并成功拿到了专利。[53]

根据签订合同双方的技术能力和账务资源，大多数企业家会在以下的合约类型中择取一种：

其一，那些没有太多资金约束但技术能力较弱的企业，比较倾向于直接购买特定创新项目的研发服务。在这样的合同模式中，企业家同意为某一特定技术的设计开发支付一定的费用，盈利和风险由企业家承担。例如，常州一家轮胎生产厂商，为一款环保型合成橡胶技术预先支付了100万元。合同有专门的条款，说明他拥有10年的排他性使用权，并且全权获得利润。[54]

有时候，技术是现成的。拥有强大研发部门的大型生产企业，通常不乏产品方面的创新，但它们并不急于将之推向市场。这要么是预期销量太少，要么是因为创新在技术上还不适合大规模生产。小企业的企业家通过私人关系从大企业的管理层处了解到这些信息后，就会从他们那里购买技术和设计，进行生产并投放市场。

其二，生产商经常向为他们的主要产品线提供零部件的供应商寻求技术创新支持。生产商向供应商保证购买约定的最低量；反之，供应商也保证不把这一特定的零部件销售给第三方。这类技术合同已经成为常用的商业模式。供应商无偿地将技术设计奉送给生产商，深圳科通集团就是一例。它是一家专门为博通、闪迪和松下等大型半导体企业提供标准电子元件的分销商。科通的业务模式主要聚焦在与它们的客户一起研究新产品需求，并且提供定制设计的含芯片组件。这样，许多生产手机、电子通信产品和消费电子产品的中小型企业能够将它们的研发外包，并受益于规模经济效应。

其三，那些愿意参与长期合约、共担技术开发的资金成本并共享未来收益的企业家，会选择成立技术型合资企业。拥有内部研发部门的民营企业，通常愿意与国有企业或国际公司建立战略联盟，以获得最新的技术或生产能力，分担资金成本，分享未来利润。一般来说，这种长期正式合约的交换条件，是期望能够涉足很难渗透的产品市场。例如，2010年5月，在本土处于领先地位的汽车电池制造商比亚迪公司，与德国汽车制造商戴姆勒签署了一份合约，投资6 000万元成立一家研发合资企业，开发电动汽车。合资企业的规划是利用戴姆勒在电动汽车架构方面的技术能力，以及比亚迪在电池技术和电子驾驶系统上的优势，联手向中国本土市场推出新品牌的电动汽车。[55]

许多中小型民营企业效仿比亚迪，通过设立技术合资企业来寻求国内外的伙伴，建立基于技术的战略联盟。[56]例如，宁波一家机械工具生产商将它们新设的生产无刷型直流电机的企业，视为整合合作双方资源的理想方式。为了向市场提供新的产品，它们经过几年的留意，终于找到了本地其他企业的一位工程师。这位工程师带来了有关节能型电机的一些新想法，使它们的产品能用在空调和其他电器设备中。工程师本人缺乏足够的资金为他的想法申请专利并将产品推向市场，于是双方共同出资，成立了一家有限责任公司。[57]

这类自下而上形成的正式技术合约，让那些甚至本身没有研发部门的企业也能追求重大的技术进步。在2009年的调查中，这类企业中的11%都保持着正式的技术合约。而那些本身拥有研发部门的企业，其中的22%保持着正式的技术合约。这样的合作研发活动是有效的,尤其是在开发新产品方面(见表 8.6)。在有正式技术合作的企业中,80% 推出了新产品;而在其他企业中,只有 46% 推出新产品。就其他类型的创新而言,两个群体间的差异尽管不是太大,但也表现得较为显著。

表 8.6　2009 年正式合作和不同创新类型的样本均值对比检验

创新类型	维持任何类型的正式技术合作 (与其他企业或研究机构)	统计均值
推出新产品	No	0.46***
	Yes	0.80***
现有产品线升级	No	0.40*
	Yes	0.47*
终止至少一条产品线	No	0.15
	Yes	0.15
与外方设立合资企业	No	0.04***
	Yes	0.23***
新许可协议	No	0.03***
	Yes	0.11***
外包主要的生产活动	No	0.03***
	Yes	0.12***
新生产流程	No	0.62***
	Yes	0.83***
新管理技术	No	0.63
	Yes	0.68
新质量控制	No	0.39**
	Yes	0.51**
获得新专利	No	0.04***
	Yes	0.13***
创新活动总数 (0—10)	No	2.8***
	Yes	4.0***

注:均值 (0)- 均值 (1) < 0; *p < 0.10, **p < 0.05, ***p < 0.01。
资料来源:2009 年长三角地区调查。

除了人口密度相对较高的长三角地区产业集群,省一级的总体比较数据显示,企业间的网络关系和技术合作的有效性相当普遍。正式技术协议市场较为活跃的省份，在专利数量上处于领先地位；正式技术协议相对较少的省份，专利申请活动则比较匮乏（见图8.1）。

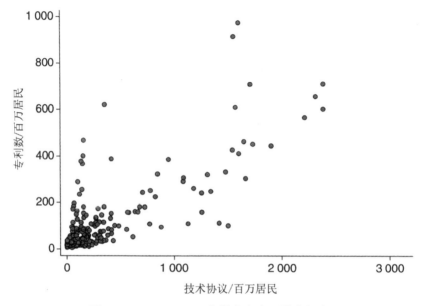

图8.1　1995—2006年技术和专利的省级市场

资料来源：1996—2007年《中国统计年鉴》中的专利数据（北京：中国统计出版社）；1997—2007年《中国科技统计年鉴》中的技术协议数据（北京：中国统计出版社）。

确实，非正式和正式的技术交换对企业的创新都有着实质性的影响，这个可以从新专利、新产品推出、新产品销售量占比、产品升级、新生产流程、新质量控制措施等反映出来（见表8.7）。企业间非正式的研发合作，更有可能显著地提高产品的升级（25%）和质量控制新措施的实施（20%）；而企业间正式的研发合作，则更倾向于提高新产品开发、生产流程改造和新专利申请的可能性。签订正式协议在促进企业创新方面所产生的边际效应，优于企业自身拥有研发部门。在我们调查的企业中，前者推出新产品的概率增长了30%，而后者推出新产品的可能性只有25%；前者流程创新的可能性为16%，而后者为8%。另外，拥有正式技术合作的企业，在营销新产品时更为成功，新产品的销售量在总销售量中的占比更高。

表 8.7 技术合作和创新

项目	新产品 系数(标准误)		新产品份额 系数(标准误)		产品升级 系数(标准误)		流程创新 系数(标准误)		新质量控制 系数(标准误)		新专利 系数(标准误)	
非正式合作	−0.070	(0.111)	1.090	(2.049)	0.710***	(0.115)	−0.026	(0.110)	0.557***	(0.114)	0.140	(0.206)
正式合作	0.829***	(0.164)	16.461***	(2.469)	0.082	(0.141)	0.522***	(0.152)	0.283**	(0.141)	0.511**	(0.200)
拥有研发部门	0.646***	(0.112)	10.369***	(2.143)	0.281**	(0.111)	0.249**	(0.112)	0.135	(0.113)	1.001***	(0.242)
企业年数(log)	0.083	(0.125)	−1.721	(2.993)	−0.153	(0.123)	−0.179	(0.125)	−0.233*	(0.124)	−0.130	(0.224)
总资产(log)	0.103**	(0.05)	2.989***	(0.821)	0.170***	(0.044)	0.094**	(0.046)	0.069	(0.046)	0.140**	(0.071)
行业	YES**		YES***		YES**		YES*		YES*		YES	
城市	YES***		YES***		YES***		YES***		YES***		YES	
常数	−1.545***	(0.394)	−29.444***	(7.253)	−1.914***	(0.396)	−0.274	(0.402)	−0.542***	(0.398)	−3.498***	(0.627)
模型	Probit		Tobit		Probit		Probit		Probit		Probit	
Wald chi-square	150.57		—		100.92		82.38		120.52		61.07	
R^2/Pseudo R^2	0.181		0.052		0.128		0.091		0.144		0.195	
观测值	700		700		700		700		700		700	

注：为了降低混淆因素的影响，每个模型中都加入了控制变量，如企业规模（总资产）、自主研发、企业年数，以及企业所在城市和行业的虚拟变量；未报告行业和城市虚拟变量回归系数；*$p<0.10$，**$p<0.05$，*$p<0.01$；稳健性标准误；结果显示不存在多重共线性问题。

总体而言，那些采取折中策略的企业表现最好。它们在最密切的业务网络中既进行非正式的技术交换，又参与以正式合同为依据的技术提升创新项目。图8.2显示出企业的平均创新程度与合作战略结合之间的关联性。非正式合作比正式技术协议的有效性略差；但拥有正式技术协议的企业，如果继续保留它们的非正式技术交换，仍然能够继续提升企业的创新性。

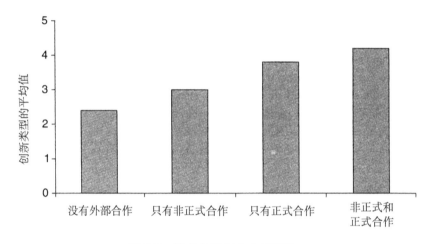

图 8.2　技术合作和企业创新性

注：指数为 0—10，包含表 8.1 中的所有创新类型。
资料来源：2009 年长三角地区调查。

企业间网络中持续的知识交换，形成并增强了企业的研发能力。"一段时间下来，企业和其他企业的交往能力也逐渐增强……那些有渠道参与各种活动及更懂得如何合作的企业，开始掌握较多的信息……说白了说是，只有多练才能成长，坐等不练就不会成长。"[58] 因此，大多数正式合同依托的是一张日积月累的"非正式关系网"，这些非正式的网络关系是为企业带来持续收益的源头活水，远超过某一项技术交换所能产生的收益。

技术合作为减弱内部资源约束提供了有效的工具。根据不同的能力和需求，企业家可以通过非正式合作和（或）正式契约型协议开展创新项目，两者都源于私人的人脉关系。正式的技术交易合同还常常通过 B2B 互联网平台进行。企业家可以通过这些不同的机制寻求企业间的技术开发和合作,这些机制在创新文化中发挥着举足轻重的作用。

民营经济和主流经济的比较

至于依赖正式和非正式企业间关系的创新策略是否能够帮助中国的民营企业在竞争激烈的市场中生存下来,完全取决于企业创新及其关联的绩效。只有当民营企业至少与非民营企业竞争者的创新力旗鼓相当时,它们才会形成一股独立、持久且足够强大的经济力量,并最终影响和塑造制度与经济的发展。反之,如果民营企业不能够缩小与主流经济的差距,那么私有部门的边缘化现象就会持续下去,更不可能完成向高附加值、大盈利空间生产方式的转变。为了评估私有部门当前的创新绩效,我们稍微拓宽了实证基础,将重点落在私有部门和公有部门的比较上。

统计数据一直以来都支持民营企业和上市企业的创新差距在缩小。20世纪90年代中期,企业调查显示,民营企业比国有企业在创新项目上投入更多的资源。1996年,国有企业平均从销售收入中拿出2.87%用于研发,而民营企业投入了7.43%。[59] 民营企业在创新活动上相对较多的投资,也产生了非常高的回报。大约44%的民营企业将其新生产技术的推出,归功于自己的研发活动;只有28%的国有企业表示,它们的新技术是由自己的研发部门开发或改进的。[60] 近年来,国内的一些企业调查显示,民营企业这些年来也开始重视新产品的开发。2006年,54%的民营企业宣布,新产品在它们整体销售中的占比越来越高;而只有39%的国有企业对此进行了报道。[61]

为了系统地评估民营企业和上市公司在创新方面的关联绩效,我们引用了2002年和2003年《世界银行投资环境调查》的数据集。这两份调查为中国经济转型时期形态各异的制度环境和市场结构提供了详尽的谱系:从贫困的内陆省份到重工业陷入困境的东北三省,以及存在于毗邻富庶的长三角和珠三角市场经济地区的中部省份的混合型经济。2002年的调查包含了5个大中型城市中的 1 548 家企业；2003 年的调查包括了 18 个大中型城市中的 2 400 家企业。这 23 个城市分布于 20 个省份。其中，处于西南部地区的贵州只有 1% 的私有部门就业率，几乎谈不上什么民营经济；在上海这样的城市，私有部门的雇用率占 41%。[62] 每个城市中参与调查的企业是随机抽选的，其行业呈混合态，劳动力密集型企业和技术密集型企业兼而有之，并且跨越不同的生产技术和不同的竞争级别。两份调查都有一套涉及企业创新活动和企业相应战略决策的深入而全面的问题。最重要的是，这套数据集使我们能够复制检验战略和测量不同类型创新活动（见表 8.7）的变量进行研究。

至于创新程度，我们将国有企业、集体企业、部分私有化的企业与民营企业做比较。国家仍然持有这些企业的大部分股权，它们也就继续得以在国家控制的、专门扶持企业研发创新的金融市场和政府资助上，享有得天独厚的优势。[63]

世界银行的调查并没有涉及非正式技术交换密度的测量，我们采用特定产业细分市场中民营企业活动的比例作为此构念的代理变量。我们假设，民营企业活动比例与企业在网络关系中相互学习、模仿和企业间非正式技术合作等活动的频度和强度紧密相关。[64] 各省份每个行业的民营企业活动比例差别很大。[65] 例如，"交通、运输和存储服务"行业，江西省民营企业活动的占比是 1.16%，而浙江省是 34.37%；最民营化的 "家用电器"行业，北京民营企业活动的占比是 69.02%，而重庆市、贵州省、黑龙江省和陕西省是 100%。在每个省份中，各个行业民营企业的活动程度又不尽相同。在国家主导和严格监管的行业中，民营企业的活动程度一般是最低的；在轻工制造业方面，民营企业的活动程度很高，新的进入者能很快发现开放的、迅速扩张的市场机会结构。总体而言，在我们的样本中，民营企业市场参与的范围均值在 45%。

世界银行的数据集对正式的技术合作有明确的测量指标，即企业和其他企业的联盟，企业和大学的联盟，企业和研究机构的联盟。结合这些指标，我们还使用二元变量，测量世界银行调查之前连续三年是否存在与合作研发相关的契约型协议和战略联盟。

我们的结果（见表 8.8）表明，就创新而言，国有上市公司不再享有体制优势。国有企业和集体企业的表现均弱于民营企业；哪怕是部分私有化企业，也似乎不再比民营企业享有更显著的优势。这表明，民营企业不再是被边缘化的低端制造者的代名词，明显摆脱了低人一等的地位，并且在创新上已经可以和传统主流经济叫板并抗衡。[66]

民营企业采用的一些创新策略已成为通用的工具，促使创新在更广的范围发生。正式的技术交换合约，能有效驱动所有举棋不定的创新。另外，民营企业在不同细分市场上的活动程度（用以测量非正式合作）与创新正相关。默会学习和嵌入民营市场社会结构中的非正式交换的机会，都能提高企业的创新程度，哪怕是国有企业。

结　论

是否具有创新能力是企业从市场竞争中脱颖而出的先决条件。因此，企业的创新程度可以成为最说明问题的试金石，探测正式制度在市场经济繁荣过程中所起作用的因果优先性。

创新作为一个涉及合作和竞争的社会过程，通常被认为只有一系列正式制度到位，才能调节合作者之间的经济交易；并通过知识产权的保护为创新者保驾护航，使创新者不被模仿者的侵权行为伤害。但是事实上，很多经济交易受到非正式机制的引导，而这些机制受制于持续的社会关系。尤其是市场社会结构的自我强化，促使民营企业形成了内生的合作及交换的规则与惯例，这些规则与惯例在创新活动的竞争过程中是必需的。

本章描述了在一个欠缺知识产权保护的环境中创新文化的崛起。尽管正式制度薄弱，但是长三角地区的企业家自下而上地形成了一些必要的规范和制度安排，以促成并保护技术合作。一个比较普遍的观点是，"只有正式制度为创新提供发展空间和法律保护，创新才能蓬勃发展。"我们的研究表明，这个观点值得商榷。

表 8.8 企业所有制、技术交换和创新

项目	总销售量中新产品占比系数（标准误）	产品创新系数（标准误）	流程创新系数（标准误）	质量控制创新系数（标准误）	专利系数（标准误）
市场化					
民营经济占比	13.515***	0.486***	0.894***	0.369***	0.294*
	(3.334)	(0.101)	(0.097)	(0.104)	(0.175)
研究合作					
与企业研发合作	11.541***	0.458***	0.354***	0.274***	0.216
	(2.236)	(0.070)	(0.091)	(0.077)	(0.155)
与大学研发合作	8.232***	0.250***	0.143	0.173***	0.22
	(2.216)	(0.076)	(0.096)	(0.064)	(0.145)
与研究机构研发合作	5.737***	0.346***	0.415***	0.400***	0.116
	(2.565)	(0.086)	(0.087)	(0.093)	(0.170)
竞争					
市场份额 >10%	7.028***	0.219***	0.264***	0.201**	0.099
	(1.932)	(0.081)	(0.076)	(0.082)	(0.102)
主要商业领域的竞争者数量	6.043*	0.349**	0.318***	0.167**	0.103
	(3.139)	(0.165)	(0.108)	(0.084)	(0.132)
竞争者数量 ^{2}	−1.326***	−0.067**	−0.054***	−0.030**	−0.033
	(0.497)	(0.026)	(0.013)	(0.013)	(0.021)
企业出口	3.944**	0.107*	0.159*	0.176**	−0.017
	(1.917)	(0.055)	(0.081)	(0.069)	(0.117)

（续表）

项目	总销售量中新产品占比系数（标准误）	产品创新系数（标准误）	流程创新系数（标准误）	质量控制创新系数（标准误）	专利系数（标准误）
所有制 [a]					
国有企业	−4.379*	−0.036	−0.121*	−0.233***	−0.460***
	(2.306)	(0.070)	(0.067)	(0.071)	(0.154)
集体企业	−6.434**	−0.106*	−0.072	−0.035	−0.383***
	(2.586)	(0.064)	(0.074)	(0.083)	(0.138)
部分国有的有限责任公司或股份公司	−0.578	0.042	0.13	−0.053	−0.218
	(4.311)	(0.158)	(0.123)	(0.133)	(0.208)
企业控制 [b]					
企业成立于1978年之后	−0.41	−0.038	0.015	0.284***	0.078
	(2.399)	(0.059)	(0.069)	(0.086)	(0.125)
企业资产均值（log）	1.03	0.036	0.022	0.041*	0.028
	(0.659)	(0.026)	(0.026)	(0.021)	(0.040)
常数	−68.616***	−2.673***	−2.320***	−2.186***	−2.938***
	(9.068)	(0.308)	(0.271)	(0.297)	(0.395)
方法	Tobit	Probit	Probit	Probit	Probit
R^2 / Pseudo R^2	0.052	0.207	0.186	0.143	0.415
观测值	2 859	2 937	2 934	2 930	2 128

注：[a] 参照组——民营企业；[b] 未报告其他控制变量，包括专利村数、自主研发、研发占销售比重、产业园区所在地、企业协会成员、财务杠杆、员工人数、管理者教育年数、问卷调查年份。由于市场化程度的测量以城市和行业划分，因此没有控制城市和行业变量。括号内为稳健性标准误；*p<0.10, **p<0.05, ***p<0.01；结果显示不存在多重共线性问题。

资料来源：2002年和2003年世界银行投资环境调查。

我们的案例研究显示，创新活动的兴起深深地嵌入社会网络结构中，它们通过非正式的合作促进了边际创新和技术扩散。竞争的压力也促进了正式技术合约的运用，企业希冀借此推动产品开发和专利技术活动。这样，中国那些曾经被边缘化的民营企业，逐渐发展壮大成为一股独立的经济力量，与上市企业的创新差距日益缩小。值得注意的是，出现在2010年全球50家最具创新力名单上的4家中国企业，其中3家是民营企业（比亚迪、联想和海尔），仅1家是国资控股企业（中国移动）。[67]

综上所述，我们的研究证据明确支持我们的假设，即在法律效力之外的社会规范，其有效性不仅仅局限于与经济行为人有关的紧密群体（如部落和农业社会）中。事实上，社会规范可以有力地给出大型社会群体开展内部合作的理由，并由此使经济不断地发展。

09

政治经济学的视角

　　自下而上的经济体制的演进使得民营企业这一组织形式的扩散成为可能。20 世纪 80 年代,未以集体名义注册的民营企业和那些形式上非法的企业的处境相同,它们在灰色地带运作,处在极为不利的地位;然而,民营制造业无论在规模还是在范围上都在增长。企业家向亲朋好友借来起家资本,设立小型制造企业,并从非正式人才市场招聘各类熟练工和非熟练工。在联系紧密的商业社群和社会网络中,强制信任和有界整合促进了茁生出商业规范和经济制度的可信承诺。即便是在过渡经济所常见的产权薄弱及其他不确定性存在的背景下,对守信行为的预期也能强化委托人与代理人之间的合同信任。合作规范促进了企业间的互助合作和战略联盟。在特色产业集群中,民营企业建立了自主供应和分销网络,并通过合作获得规模经济和竞争优势。这些战略联盟和社会网络充当了信息在不同市场界面之间的流通通道,使企业家可以从经济全球化中获取新理念和技术创新。这种自下而上的制度为民营经济提供了足够的资源供给,推动了长三角地区和其他沿海省份市场经济的发展。

　　我们虽然着重关注战略联盟和社会网络中的微观机制,但这并不代表我们否认经济活动参与者与国家的互动所起的重要作用。不仅是政治参与者要紧跟经济发展的步伐,逐步调整和适应需求变化以应对不断变化的市场条件,而且经济活动参与者——无论是通过地方各级人民代表大会和行业协会等正式途径还是通过政治关联等非正式途径——都在为改变这种正式的规则,或者使现有的规则以更契合自身利益的方式来解释而进行游说。

随着几个世纪前现代资本主义在英国的兴起,嵌入社会规范和网络中的非正式经济行为,为民营企业的成长和扩散提供了制度基础。[1]但在西方,由于资本主义经济发展是可持续的,国家必须改变基本制度,以保护民营企业的正式权利和合法性及自由的市场体系。在英国工业革命的过程中,现代资本主义的兴起需要国家进行持续的干预,制定具体规则以建立国家市场经济的法律和监管框架。正如卡尔·波拉尼(Karl Poianyi)所言,经济自由主义和"自由市场的引入,远没有摆脱对控制、监管和干预的需要,反而大大增加了它们的作用范围。"[2]同样,中国在过去的几十年里,"市场改革的推进,既要求建立新的制度以维持新兴市场的需求,又要求创造重构和重建制度的条件。"事实上,"市场竞争的稳步发展建立在经济形势转变的基础之上。经济形势的转变表现为国家机构与企业之间的纽带关系被弱化,政治企业家更容易改变国家与企业的关系,促使国家机构退出企业的经营活动并重构政府机构。"[3]

最近一项针对中国经济发展过程中法律所起作用的研究认为,"我们并未发现正式法律制度对中国经济的蓬勃发展做出过重要贡献。即使两者存在某种关系,也是经济发展促进了法律的发展。"[4]尽管我们强调制度变迁的因果关系及其在民营经济扩散过程中的作用,但是转型变革带来的现代市场经济制度,不仅依赖于自下而上的演化过程,还取决于国家机构是否颁布和执行新规则,以应对实体经济中变化的因素。正式法律与民营企业经济的出现几乎没有关系,因此要想保持经济增长,正式法律向有利于民营经济的方向转变就显得至关重要。

适应中的国家

中国企业家精神和现代市场经济的崛起,是中国共产党发起的经济改革的产物。大批民营企业家涌入新的产业部门，他们争夺市场份额，使国有企业在制造业经济中的主导地位受到挑战。等到政治精英中的保守力量注意到民营企业带来的挑战时，创业已经成为一种广泛的社会运动。民营企业利润巨大并且分布广泛，国家甚至试图抑制民营企业的发展。此外，来自民营制造业无情的竞争压力，导致国有企业市场份额的相对下降。随着国有企业破产的增加和产权改革的深化，国有经济规模逐渐缩小，民营企业经济成为税收的重要来源以及经济发展不可或缺的一部分。此外，民营部门已经成为最大的就业来源，雇用了数以百万计由农业转变而来的劳动力。

中央政府的改革家们采取的做法是对政策进行适应性的修改，以支持快速增长的民营经济。国家放松管制和颁布法律，为民营企业这一组织形式提供正式的法律地位，逐步为市场经济的发展赋予合法性，使法律更加贴近经济现实。调整主要表现为对中国法规的多次慎重修订，最终为国有企业和民营经济创造了一个至少是法律上公平的竞争环境。2006年修订的《公司法》，不仅大大降低了最低资本金的要求，还引入了个人有限责任公司的概念。这是对广泛使用的"名义股东"概念，以及1994年颁布的、频遭破坏的《公司法》规定的形式要件的明确回应。

国家并不是从一开始就决定逐步改变法律和监管方式，响应迅速扩大的民营企业经济。政治活动参与者可以严格执行法律和监管规则，以限制民营企业的规模和范围；在某些情形下，惩罚措施是十分严厉的。改革开放前，即使得到了地方政府的支持，民营企业家也难以突破瓶颈，使企业自我发展壮大。此外，即使政治活动参与者对违反制度规定的公司持宽容态度，容许处于社会边缘的民营企业在不符合制度标准下运营，国家仍然可以继续不调整正式制度，以边缘化民营企业的活动。

政治活动参与者是否适应内生制度的变化是由动机变化的本质和方向决定的。中国的财政分权政策为国家如何看待创业活动传达了关键信息。[5]这项政策要求下级政府将固定比例的财政收入上缴给上级政府部门，但可以保留余下部分作为自己的预算，其目的是使地方各级政府越来越依靠自筹资金来满足日益增长的地方公共产品的资金需求。此外，评价地方官员政绩的标准，"主要集中在快速的工业扩张，同时包括公共产品（如教育、基础设施和公共秩序）的供给。"[6] 因而，官员的薪酬、任期和晋升的机会与地方经济的发展紧密相联。由于收入与经济绩效显著正相关，因此财政分权极大地激励了地方政府官员，使他们竭尽所能地确保地方企业经济的繁荣。[7] 虽然中国改革的初衷旨在推动公有经济的现代化和合理的公共支出，但同时也刺激了地方和省级政府适应企业的活动；当国有收入来源不足以支持地方政府的活动时，这种刺激尤其显著。

因此，财政分权的一个计划外产物为，贫困地区政府首先支持民营企业的崛起。我们的模型（参见第2章）预测，这些地区的政府不愿意打击企业家，因此民营经济更早地迎来转折点。这样，位于长三角地区的温州（其1978年人均公共财政收入只有23元，仅达到浙江省平均水平的1/3、全国各省平均水平的14%），在民营经济的发展过程中处于领先地位就不足为奇了。相比之下，上海这个最大的国有工业基地（人均财政收入比温州市高75倍），是样本城市中最后出现明显民营企业活动的（见图9.1）。

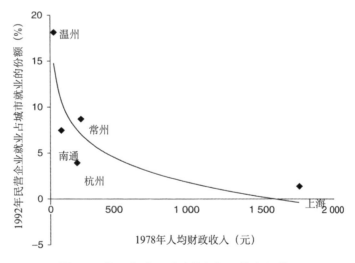

图 9.1　长三角地区财政收入与民营企业就业

资料来源：中国数据在线，各城市统计年鉴。

20世纪90年代市场经济的兴起，以及越来越多的融资责任和预算硬约束，施加给地方政府更多的压力去促进本地经济的市场化。尽管直到20世纪90年代中期国家都保持住了公有部门的规模，但在与私有部门的竞争中，公有部门的市场占有率仍然不断减小。1994—1996年，尽管产值仍有所增长，但国有企业的利润还是下降了50%。[8]1996年，亏损国有企业的亏损总额达到790亿元，缴纳的所得税不到总税收的12%。[9]在支出增长（包括公开和隐性补贴）、国有企业不良贷款累积的压力下，20世纪90年代中期，中央政府对企业产权政策做出改变，最终打开了国有产权改革的闸门。按照"抓大放小"的国家政策，地方政府撤出或出售部分中小型国有企业，它们通常由管理者或职工购买。当时，中央政府的目的是凭借规模最大的几家国有企业巩固国有经济，这几家公司也在中国两大证券交易所上市，实现了部分股份化。1996—2004年，国有企业的数量从113 000家减少到31 000家，下降的比例超过70%；全国总就业人数从1.1亿骤降到6 400万；而其总产值稳定在工业总产值的35%左右。[10]对1978—2009年改革时期的省级数据分析，证实了国有生产和人均税收收入之间紧密的负相关关系；以及中央政府在20世纪90年代末推出产权改革政策后，税收收入的急剧增加（见图9.2）。这就解释了为什么各级政府积极响应国家政策的变化，加速产权改革，与它们管理下亏损的国有企业割离。它们不仅意识到国有企业的亏损使得政府资金流失，还意识到国有企业会导致资源以非生产性方式被占用，而这些企业与当地经济发展速度放缓有着密切关系。1996—1999年，对国有企业的总补贴达到企业所缴所得税的44%。[11]市场经济的发展获得了更为强劲的牵引力，并使更多的政府官员开始关注民营经济发展和税收增长之间的关系。

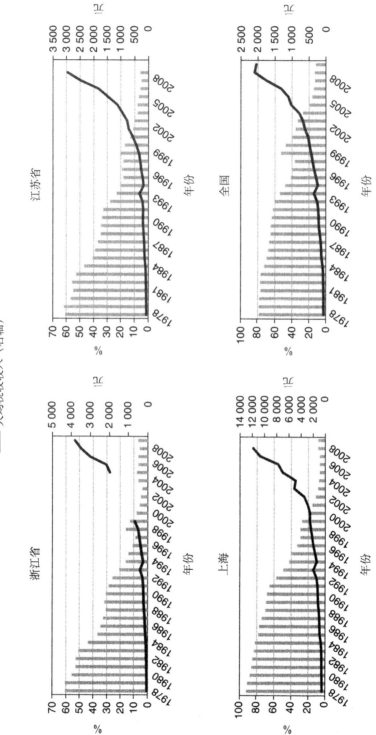

图 9.2 1978—2009 年国有企业的生产和税收收入

资料来源：基于中国数据在线检索的省级数据估算。2000—2002 年及 2004 年，《浙江省统计年鉴》未提供税收收入数据。

社会主义市场经济的发展前景

在中国社会主义市场化改革进程中,国家必须同时废除中央计划制度,并落实市场经济的竞争与合作所必需的法律法规。然而,政治活动参与者几乎不愿实行新经济体制,因为这使他们失去了在企业层面的直接控制权。而经济活动参与者则相反,他们主动寻求政治关系以获取资源,并尝试在一个高度不稳定和快速变化的商业环境中得到一些保护。因此,"社会主义国家与有着悠久历史的自由市场国家,在政府和个人经济主体之间的互动方面仍然存在很大的差异。"[12]

如此,问题就出现了:尽管已经采取经济改革及改变相应的法律和监管来适应市场经济发展的需要,但自上而下政治主导经济生活的本质能够坚持不变吗?在成功的企业行为和企业绩效中,政治关系能够起到什么作用?

在改革初期,民营企业家依靠政治关系和不同形式的人情关系回避监管政策、获取稀缺资源,或者从当地政府获得特殊待遇(如同意给民营企业一个集体企业的名号,降低安全标准和环境标准,容忍恶劣的劳动环境等)的现象并不罕见。[13] 那么在新兴的市场经济中,政府与企业的关系,在多大程度上依赖于通过政治关系放宽规则,以获得没有关系的竞争者得不到的经济竞争优势呢?

对这些问题的回答有着更广泛的含义,它们可以说明,在中国这样一个政治仍是企业生存和发展所需的首要资本的国家,市场经济是否是一种特殊形式的经济模式。或者说,如果当前中国的发展模式是一种趋于成熟的市场经济,我们应该能够发现经济决策的政治化约束,这种决策起到了国家转向重视建设正规市场机制的作用,包括财产权和有效的法律体系建设。

普遍认为,政治关系在所有经济秩序中都起到润滑剂的作用。所有经济体中的经济活动参与者,都会投资某种形式的政治资本,以确保战略地位优势。在市场经济中,政治活动参与者对经济活动施加限制,导致代理人竞相争夺的租金的上升。不管是为了控制新竞争者进入市场还是为了增加战略利益,获得或引导国家强制权力的意愿都刺激了对特定监管方式的需求,使其对某一行业或某一公司有利。[14] 在非市场经济中,生产和分配则受到位于等级制度中心委托人的权力的支配。政治活动参与者直接设定价格,因此寻求比较优势的代理人,就必须在等级制度中角逐权力地位并且培养政治关系。[15]

至于中国政治资本的总经济价值是多少,这个问题很难回答。一些证据表明,以前的与政府联系紧密的国有企业,绩效要比民营企业差。[16] 部分国有化公司基本都会被要求提升雇用率,并且经常成为政府集资的渠道。[17] 研究发现,在与政府的交易中,对关系的依赖有所下降。但也有一些迹象表明,政治资本对公司的权益价值和绩效有积极的影响。[18] 这表明,有政治关联的企业可以确保战略地位优势,即便公司整体的生产力可能会降低。这种优势在资源紧张的约束条件下可能是最明显的。[19]

这不是简单的政治资本是否对企业有价值,更具体地,而是在何种程度上企业家仍然受益于政治资本?在哪些制度领域里政治关系是有利于企业生存和盈利的?政治资本是民营企业经济生存和取得经济成就的先决条件吗?它是否是确保政治保护和合法性的保障形式?我们能否看到对政治资本的替代性约束迹象?经济活动参与者能否成功地游说正式的法治改革,以打造一个越来越规范的市场环境?

制度背景下的政治资本

政治资本与其他形式的资本(物力、人力、社会)都可以在特定条件下使某些无法实现的利益变得可能。以社会资本为例,它"存在于多方参与者的关系结构中",并在关系的联结中累积。[20] 然而,政治资本的另一个特征是与政治家的地位权力挂钩,因此它根植于政治秩序中正式和非正式的制度结构。

对于经济活动参与者来说,通过与执政党的政治家建立私人关系而产生政治资本。政治关联是政治活动参与者与经济活动参与者的信息交流渠道,而信息会更多地流向那些与政治家有内部沟通渠道的经济活动参与者。游说制度建立在双方达成共同预期、履行义务、建立信赖和及时沟通的基础上，它使政治关联更易于转化为资本且更加有效。很重要的一点是，因为政治资本依附于关系，所以经济和政治活动参与者可以通过维持关系来积累政治资本。预期、义务和信赖源于社会交换，政治家在社会交换中为选民做事，以期日后可以在某种程度上得到选民的支持和回馈。如果一个政治家凭借地位和权力积累了大量的信誉，那么经济资本的作用就很容易类推出来。

由于政治资本不仅嵌入在社会关系中，而且嵌入在政治制度中，因此分析其影响必须把重点放在进行交易的制度背景下。为了详细地说明生产力和政治资本的替代性，我们必须研究在具体制度领域的经济和政治活动参与者之间的交易。

在计划经济中，国家垄断了所有资源的分配。从农田到工厂的生产性资产都由政府拥有和管理，由行政命令设定其价格。显然，在中央计划体制下，行政官僚和党政官员在经济行为上对经济活动参与者保持着压倒性的优势。一家企业对资源的获取和生产配额的讨价还价，主要依赖于与规划当局的政治联系而形成的战略地位优势。

市场分配渐渐取代了国家计划，这就赋予了消费者越来越大的权力，因此权力的天平渐渐从政治活动参与者偏向经济活动参与者。此外，转向市场分配还引起相关获利机制的改变。人们越来越难从高政治地位带来的人脉优势中获利，而经济活动参与者则能获得动机和机遇，参与提高生产力的企业活动。这种变化内生地激励公司进行战略调整，以适应新兴市场经济，从而导致公司以往赖以生存的体制基础的瓦解。无论企业选择依靠组织改善（参见第5章），更好的供应商和经销商（参见第6章），熟练劳动力（参见第7章），还是更好的创新能力（参见第8章），市场将焦点转移到能力的重要性而不是依靠政治资本建立起来的战略地位优势。

随着市场的不断扩大，企业的经济成功变得越来越独立于政治家的直接参与。将企业里的经济活动参与者与国家联系在一起的垂直关系变得越来越不重要，而诸如公司内部的人脉，以及买方和卖方因为频繁交易而建立起来的人脉关系等却越来越重要。换句话说，市场逐渐地影响了经济活动参与者，让他们自发地不再依赖于政治关联，而是自行投资于平行网络关系。平行网络关系也是社会学家强调的市场经济中社会资本的基础。

当然，这并不意味着政治资本已经失去了对经济活动参与者的效力。政治资本在经济活动受政府限制的制度领域中的价值最大。政府对工业和商业领域竞争性市场的承诺越强，政治资本的价值在这个领域就会下降得越多。

企业行为的复杂性和挑战性使企业家们有一系列理由去培养与当地官员"良好"的关系。一些企业家只是想与地方政府建立良好的关系作为"保险"，以减少受到政治家和监管机构不利对待的风险。政治关联也提供了一个从政治家处获得实时、关键信息的渠道，这可以限制动荡政治环境中的不确定性。总体而言，与地方政府的良好关系（如参与由当地政府资助的行业协会）能赋予该公司合法性。

事实上，在长三角地区，大多数的企业家没有期望从政治网络中获得实实在在的好处。浙江省一家计算机公司的总经理总结道："政治只是又一场游戏。既然我选择了玩商业游戏，就不想玩另一个了。在我的朋友圈中，那些做生意的人对政治不是很感兴趣。人们总有一种感觉，认为希望与政府有密切关系的公司肯定有一些秘不能宣的事。此外，在我的公司，政府并不能带给我们很多利益，既没有更多税收优惠，也没有太多的政府合同。"[21] 一般企业都感受不到政治关联的好处。近 80% 的民营企业家不相信他们成功的主要原因是与党政官员有良好的关系。[22] 然而，对于一个小精英群体来说，政治资本确实能带来决定性的优势。中国最富有企业家 800 强中，有 1/3 都是中国共产党党员。这说明"对的关系"依旧可以获得超额利润。[23] 这样就可以理解，一个与政治有联系的小精英群体的示范效应，激励着许多企业家以某种形式获得政治资本。

获得政治资本最简便的途径是加入中国共产党。在产业经济的社会等级排序里，民营企业地位低下，所以那些民营企业家希望通过入党向政府官员和官僚传递信息，表明他们会恪守既有的政治秩序。特别是对那些尝试新产品或者从事风险业务的企业家来说更是如此。此外，党员企业家可以及时获得专有信息。毫不奇怪，截至 20 世纪 80 年代末，多达 15% 的民营制造业企业的所有者都是党员。[24] 我们的随机抽样证实，民营企业的 CEO 具备党员身份是司空见惯的。虽然企业家们不期望以党员资格对公共政策产生决定性的影响，但他们仍然认为，与体制外的人相比，地方政府更重视党员的意见。

不但中国共产党试图招募成功的企业家，而且在 1997—2002 年，超过 9 000 名企业家被选为县级以上人民代表大会的代表。[25] 在我们 2006 年的调查中，2.6% 的企业家是人民代表大会的成员，虽然他们中的大多数只在乡镇和县级任职。

然而，我们没有任何证据证实，党政成员是长三角地区民营企业经济崛起的一个重要因素。事实上，参与我们调查的企业家中，老企业中创业之前就入党的企业家比新企业中创业之前就入党的企业家要少得多（见图 9.3）。出现这种情况有两种可能的原因：其一，企业家入党现象在前几年可能更为频繁，但是那些企业的存活率更低；其二，企业家入党现象最近才开始越来越频繁，因为民营企业获得了更多的合法性，也吸引了很多原先在公有部门工作的人。无论在何种情形下，党员身份显然不是在改革初期创业成功的决定性因素。

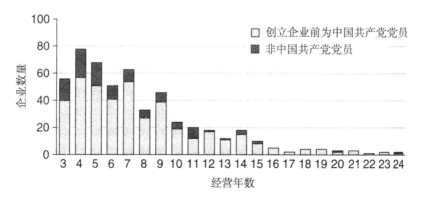

图 9.3　创业者中的中国共产党党员

资料来源：2006 年长三角地区调查。

如今，几乎所有的公司都会与政府部门进行互动，无论是企业人员去税务局纳税、在地方政府部门申请营业执照，还是政府检查人员来督访公司。企业家和管理者与政府官员有着私人交情已成为司空见惯的现象。在我们 2009 年的调查中，大多数受访者表示，他们私下在县政府中至少结识一位高级官员。那些没有与政府官员和政党有直接政治关联的人表示，他们可以很容易地在亲戚或熟人的帮助下与官员建立个人联系。杭州一家纺织公司的所有者说："我认识一些警察局、工商局和税务部门的官员，这些官员都与我们的业务有关。相比之下，我们与他们协商时就更容易一些。这也使得我们可以更快地沟通并获取政策信息。我可能当天就必须处理好一些烦琐的手续，但因为我认识这些人，我就可以第二天再做而不必当天完成；否则没有什么好处。有时，官员们会告诉你一些内部政策信息，比如什么项目会得到政府扶持。"[26] 我们 2006 年的调查同样证实，企业家在与政府部门打交道的过程中强烈地依赖个人关系，这在李克特量表中的均值为 4.7 分。

政府经常主动与当地商业界中的某些公司加强并深入接触。一位在浙江省经营软件公司的成功创业者回忆了当他的生意成功之后，与政府的关系是如何突然改变的。"并不是我们去接近政府的。当时我们公司已经是行业的领头羊，政府因此为我们感到骄傲，并想和我们见面。接下来，你与政府的关系的经营就像维护你与客户的关系一样"。[27] 政治家尤其会寻求地方商界领袖的意见，作为改善商业环境的依据。当地政府的这些行为其实就意味着政府承认民营企业经济上的成功和合法性。反过来，定期与政府官员协商，为企业家提供了一种加强政治关联的日常机制。

对政党活动的财政贡献是投资于政治关联和"弥补政治赤字"最直接的方式之一。[28] 在 2006 年和 2009 年的调查采访中，分别有 18% 和 16% 的企业家会定期捐款，以资助当地党支部的活动。正如一位企业家所给出的解释："未来我们要扩大业务时，我们必须依靠与政府的良好关系。当你不出名、公司规模不大的时候，当局不会找上门；但一旦公司壮大，你就必须与政府建立良好的关系。"[29] 事实上，公司的规模与对政党的财政贡献是紧密联系的。

在我们 2009 年的调查中，定期向政党捐款的企业家所经营的公司规模是那些不捐款的 5 倍。对当地党支部的财政贡献有助于与政府建立良好的关系。政治家支持有助于当地经济增长、非农就业和税收的大企业发展，这也符合他们的自身利益。一位纺织公司的所有者说："这就像在公路上驾驶汽车。一旦汽车在高速公路上，政府就会让你往前走而不是让你慢下来。"[30]

要评估政治关联在多大程度上关系到一家企业的生存和盈利机会，我们按照市场化程度的不同，将制度领域划分为高、中、低三类，分别研究其影响。我们将产品市场的自由化市场环境与四个部分自由化市场环境进行对比。这四个市场的资源配置的国家控制程度日益增强，它们分别是信贷市场、政府合同市场、土地使用权市场、国有企业产权改革市场。[31] 我们应该注意到，产品市场涉及日常交易；而信贷和政府合同市场只是发生零星的交易；其他两个市场的交易相对罕见，即使发生这类交易，大多数民营企业在运营期间也不会经历超过一次。

产品市场

产品市场是中国转型经济中最具竞争力的市场。市场自由化起步较早，使大多数产品线快速实现商业化。截至 1991 年，GDP 的 86% 是中央分配计划外的生产和销售所创造的。产品差异化程度增大，生产商为争夺客户和市场占有率而激烈地竞争。只有少数行业仍被国有垄断，较低的产业集中度就证明了这一点。长三角地区的调查报告显示，国内最大的 10 家生产商分属五大产业部门，在各自的领域占有至多 20% 的市场份额。

2006 年长三角地区的调查报告支持了我们的预测，即这种竞争性的市场不奖励持有政治资本的公司（见表 9.1）。控制了一系列标准的管理和公司特性后我们发现，较小的公司、年轻的管理者、来自不同地区的管理者的公司比其他公司拥有更快的销售增长。没有任何迹象表明政治资本提供了实实在在的好处；相反，定期财政捐赠的企业比其他企业经历了更慢的增长率。

表 9.1 政治资本、社会网络与在受管制市场的成功经营

项目	2005年销售额增长系数（标准误）	银行贷款在创始阶段系数（标准误）	政府合同销售占比系数（标准误）	政府支持获得土地使用权系数（标准误）	资产转制系数（标准误）
企业特征					
注册资本（log）	0.004 (0.009)	0.237*** (0.072)		0.025 (0.083)	0.109*** (0.053)
2005年总销售额（log）			−2.744 (1.931)		
滞后2期总销售额（log）	−0.041*** (0.013)				
企业年数	0.000 (0.005)	0.010 (0.012)	1.151*** (0.257)	0.002 (0.018)	−0.026 (0.024)
人力资本					
文化程度（创始人）	−0.011 (0.012)	0.011 (0.021)	1.542 (1.384)	0.000 (0.021)	0.013 (0.038)
男性（创始人）	0.030 (0.041)	−0.021 (0.121)	0.962 (6.118)	0.277*** (0.126)	0.289 (0.288)
年龄（创始人）	−0.004* (0.002)	−0.006 (0.011)	−0.049 (0.203)	0.004 (0.007)	0.011 (0.013)
出生在同一个城市（创始人）	−0.067 (0.019)	−0.273*** (0.086)	−6.512*** (1.688)	-0.109 (0.167)	0.303 (0.275)
政治资本					
公司成立前是党员	0.063 (0.055)	0.262** (0.122)	−9.240** (4.608)	0.136 (0.117)	0.371*** (0.131)
前党政官员的职位	0.025 (0.042)	0.099 (0.217)	23.230*** (8.522)	−0.367 (0.436)	0.791*** (0.204)
当前党政官员的有关职位	0.004 (0.025)	−0.020 (0.189)	7.120*** (2.104)	0.275*** (0.137)	0.125 (0.154)
定期捐款	−0.055* (0.025)		15.584* (6.508)	0.484** (0.212)	

（续表）

项目	2005年销售额增长系数（标准误）	银行贷款在创始阶段系数（标准误）	政府合同销售占比系数（标准误）	政府支持获得土地使用权系数（标准误）	资产转制系数（标准误）
政治政府网络密度	0.006 （0.007）		5.199 （3.430）	−0.011 （0.072）	
行政管理网络密度	（0.003） （0.011）		0.563 （2.364）	0.234*** （0.064）	
常数	0.606*** （0.044）	−2.063*** （0.691）	−70.493* （40.208）	−1.807*** （0.658）	−2.740** （1.243）
方法	OLS	Probit	Tobit	Probit	Probit
观测值	619	523+	710	581	523[b]
Adj.R^2/Pseudo R^2	0.143	0.225	0.084	0.110	0.199

注：[a] 样本只包括新创立企业；[b] 由于结果变量衡量的是创始阶段，只选择其中任何一位创始人仍然在位的样本企业。未报告行业和城市虚拟变量的回归系数；括号内为城市集群的稳健性标准误；*p<0.10，**p<0.05，***p<0.01；结果显示不存在多重共线性问题。

资料来源：2006年长三角地区调查。

我们只能推测这一发现的潜在原因。销售额增长速度慢、经济实力较弱的公司更愿意"购买"政治支持，并期望这种政治关系能够在未来帮助它们解决问题或者得到好处（如贷款担保或减税）。这并不难理解。或者说，"习惯性的定期财政捐赠"只是单纯反映了一种不同的管理行为或管理者的思想观念，这可能使得管理者做出不太积极的销售策略。

信贷市场

商业银行的自由化起步较晚，进展缓慢。信贷市场作为一个不那么开放的市场，为政治精英们获得优惠待遇提供了良好条件。[32] 尽管外资银行和民营银行有市场准入条件，但是信贷市场仍然处于严格的控制状态，使得地方政府可以影响信贷人员的决策。地方政府通常会考虑产业的优先政策和地方经济的发展需要。截至2008年，中国四家国有商业银行仍持有57%的银行资产，实质上控制了国内的资本配置。[33] 有人认为，国有银行的贷款决策越来越基于经济考虑；然而，其市场化依然疲弱，只有1%的贷款分配给了民营企业。[34]

我们的分析证实了政治资本在贷款决策中的持续影响（见表9.1）。[35] 那些是老党员的企业家们享有一定的优势。32%的由体制内背景人员成立的民营企业，其启动资金来自国有银行的贷款；相比之下，没有相关背景的创业者中，只有14%成功地获得了这样的启动贷款。老党员和非党员的信贷准入也不同。26%的党员创业者获得了贷款，而非党员能获得贷款的只有12%。此外，党员获得更多的贷款，为他们的外部资本提供了更高的份额。

政府合同市场

在政府合同市场中，政治关联很容易破坏竞争性招标的规则。尽管制定了法律（2003年生效）以确保公平、公正的政府采购，但是实际投标过程仍旧缺乏透明度。正如一位受访者所说的，"竞争性招标只是一种形式，它不涉及整个过程的结果。国家正在设法确保投标过程受到规则约束，但过程和结果是两回事。政治关联仍然和以前一样重要。当然，如果某些高级政府官员给出了暗示，我们就将获得这个项目。有时，我们也会因为别人得到了高级政府官员的点头而丢标。"[36] 也就是说，贿赂是一个十分严重的问题。一位曾是党委秘书的企业家担心，"现在政府里有很多腐败，官员们索要回扣，而像我们这样的小公司是支付不起的。例如，在北京请官员一起吃个晚饭，很轻易就超过20 000元，这对小公司来说是难以承受的，但对确保拿到这些政府合同十分重要。即便有这些交易，大公司仍然可以盈利超过100%。它们的成本可能只是每件600元，但可以对政府卖到1 500—2 000元。没有这样的交易，我们公司的利润率会下降12%—14%。"[37]

因此，政府合同市场很容易就能被用来重新分配寻租权给那些有政治关联的竞标者。许多政府官员看似辞职投身商海，实际上是想成为政府的供应商。作为前政府官员，他们在政府里广泛的人脉可以为其提供有效的信息渠道和私人联络，这对于拿到利润丰厚的政府合同是极其宝贵的资源。

我们的分析证实，党政官员企业家和有亲属是党政官员的企业家，在很大程度上依靠向政府销售盈利（见表9.1）。对地方的财政贡献，也和政府签订协议的可能性呈正相关关系。然而，在一个公司的销售结构中，着重培养与政府官员和行政人员的个人关系，与签订政府合同的较高比例是不相关的。此外，党员身份甚至在得到政府合同上显示出负面的影响。这一惊人发现的一个可能的原因是，党员要接受更严格的公众监督，这就事实上妨碍了普通党员的寻租活动。

土地使用权市场

与政府合同市场一样，土地使用权市场也给当地政府提供了将寻租权重新分配给政治关联者的手段。政府部门作为垄断者，享有土地资源的控制权。行政干预和影响往往凌驾于土地分配的具体法规之上。2004年的研究表明，80%的违法用地案件可以归因于地方政府的渎职。[38]

土地使用权是地方政府控制和分配的最有价值的资产。土地分配不一定是以市场为基础的分配，这对关注长三角地区活动的人来说都是显而易见的。政府所有的上市企业，通常坐落在中心城区，拥有大面积的工厂用地；而大多数的民营企业设立在偏远的郊区。可便捷地使用基础设施的一流商业地产会影响一家公司的生存和发展潜力。我们的许多受访者回忆道，在其成立的早期，附近的公共交通和道路系统仍在建设中。新创企业获批的土地，其他投标人通常不感兴趣；而黄金地段对于新创企业来说，既得不到也负担不起。然而，当有政治关联的企业家准备新建一个工业或科技园区时，可以有机会得到优厚待遇；而且，将黄金地段的土地使用权转手，可以获得丰厚的回报。在我们的调查样本中，作为中央政府主导的产权改革计划的一部分，一家政治上受到青睐的民营企业，收购了一家管理良好又享有盛誉的国有电表公司。然而，在产权改革过程中，新的所有者受到了原公司管理层和工人们的持续反对，导致重组并没有成功。尽管如此，得益于土地流转，收购仍给他们带来了巨大的利益。"我们有一块70亩（11.5英亩）的工厂用地，一所当地的大学将用 1.5 亿元把它买走。政府会指定我们搬到一个新的地方，在那里我们只需为每亩支付 26 万元。作为新的业主，我们从房地产升值的土地上捞了一笔。被解职的员工获得了高额的离职补贴。我们发大财了。"[39]

我们的调查证实了政治资本和政府支持在土地使用权分配上的密切联系（见表 9.1）。投资政治关系的企业家更容易从地方政府获得土地使用权。进一步说，定期向政党进行财政捐赠，提高了得到黄金地段房地产的机会。[40] 显然，这些结果符合地方政府利用土地使用权市场作为一个现成的机制，向政治上受青睐的客户分配租金这一普遍观念。

产权改革市场

长期政治关联是国有资产是否转手给前任党政官员的决定因素，这是不言而喻的。在几乎所有的过渡经济体中，消息灵通的内部人士总能得到最好的或最有价值的资产进行私有化。[41] 中国也不例外。政治资本在长三角地区的产权改革进程中起着决定性作用。在乡镇集体企业或国有企业的招标过程中，地方政治精英成员享有优势；尤其是在江苏省南部地区，这类企业直到20 世纪 90 年代末以前都在蓬勃发展。在我们的随机样本中，大部分（66%）由国有企业产权改制而来的民营企业都选择留在原省份，这显示该省份国有资产产权改制的寻租机会很多。总的来说，在我们的 130 个样本中，有 81 家产权改制的企业被接管。接管的人要么是长期的老党员，要么曾担任政府要职，要么有亲戚是政府官员。与那些与政治家没有战略人脉关系的非党内竞标者相比，老党员、老党政官员更容易获得那些产权改制资产（见表 9.1）。

之前提到的电表公司管理者回忆：

> 政府刚接触了新的所有者，他已经是一位知名的民营企业家，也是一名人大代表。他与政府官员有着非常密切的私人关系，并一直与他们有交往。政府向他表示："因为你很杰出，而且你会管理也有声望，所以

我们愿意把公司卖给你。"产权改革过程遵循了中央政府的政策，但并没有要求企业家对企业原有的资产、建筑物、设备和土地出资。新的所有者只需要接手国有企业的债务。[42]

政治人脉多的人更易获得国有资产是产权改革的结构性特征。虽然政府对国有资产进行了正式的公开招标，以增加程序的透明度和公正性，但实际的投标程序却偏向于那些党政精英。他们主要是原企业的董事长，大多是老共产党员。这种偏袒往往是隐藏在国有资产招投标过程的规定细则里。通常的做法是，当地政府要求投标人不仅要提出一个商业计划，还要能够证明具备管理公司的能力。当地政府希望本地竞标者在即将改制企业所在的产品市场上有管理经验。这样的规则就让本地管理者在竞标中占有决定性的优势，因为竞标结果是由当地政府官员组成的委员会决定的。在国有资产竞标中，有时候当地政府会明显给予前任官员优先权，而外部竞标者通常得不到。此外，由于外部竞标者缺乏准备一个引人注目的商业计划所需的关键信息，自然会处于不利地位。通过一系列限制性要求指定合适的投标人，政府限制了投标的数量，并且经常让内部人士以低于市场的价格得到公共资产。很多情形下，在国有企业产权改革的竞标过程中，仅有厂长这一个竞标者提交商业计划书；而且，当地政府通常都会给有政治背景的竞标者提供国有银行贷款，以帮助其收购。

这赋予党政官员企业家和党员极大的优势，因为他们可以通过产权改革获得盈利最大、最有价值的公共资产。我们 2006 年调查样本中的新创企业，第一年平均销售额仅为 270 万元，而产权改制企业第一年销售额则远高于此。那些由党政官员企业家进行私有化的企业，平均销售额是新创企业的 11 倍，老党员运营企业的销售额是新创企业的 10 倍。相比之下，那些没有政治关联的改制企业，规模就要小得多，第一年平均销售额仅为 830 万元。

总之，拥有政治资本在监管严格的市场会带来优势，但是在竞争性市场却不会。这些研究结果与美国经济的早期研究是一致的。例如，公司董事中的华盛顿律师、监管者或政治家所占比例与行业的监管力度呈紧密的正相关。[43]尽管资金可以从政治资本在国有资产产权改革的过程中迅速转换,但是当地政府却越来越依赖民营企业的纳税,这就刺激政府根据公司的财务业绩及财务业绩对政府官员晋升的影响(因为他们能否晋升,一部分取决于是否提高了公司业绩)做出资源分配的决定。换句话说,在政治关联和税收保障两个选择面前,当地政府还是会选择后者,这就意味着会给当地人民带来更多非农就业的机会。

政治资本能否解释经济上的成功

在政府具有控制权的关键资源上,政治资本能为企业家提供决定性的优势。寻租,是指任何以获取政治家特别对待为目的的行为。然而,寻租的成功并不能保证经济活动参与者的长期竞争优势。[44]成功的寻租者可以决定将所得利润直接转移到自己的私人腰包,而不是投资于公司的发展。同样,通过政治关联获得的收益,可能会因管理或战略失误而丢失。

企业家是否只要投资了政治资本就能享受长期竞争优势?为了回答这个问题,我们定量评估了政治资本的总体经济价值。同时,我们也评估了其他可能对企业规模起决定性影响的因素,具体包括2008年的总销售额(见表9.2)和企业资产收益率(见表9.3)。我们的分析对象限定为两次调查都参与了的公司,这样就能检验先前对政治资本投资(记录于2006年的调查)所产生的经济后果(记录于2009年的调查)。为了确保公司创业期政治资本质量评估信息的准确性,我们又将样本限定在那些研究者直接对公司创始人进行过采访的公司。我们的目标是揭示前几年对政治网络的投资,是否与一家公司的未来成长前景有因果关系。我们还想排除那些认为与政府关系紧密就是因为自身效益好,与政府关系不牢固就是因为自身效益不好的公司。

表 9.2 政治资本与企业规模

项目	2008 年总销售额（log）系数（标准误）				
	模型 1	模型 2	模型 3	模型 4	模型 5
创始人特征					
年龄（创始人）	0.003	−0.011	−0.002	−0.005	−0.006
	(0.009)	(0.008)	(0.005)	(0.005)	(0.005)
出生在同一城市	−0.331	−0.320*	−0.187	−0.193	−0.175
	(0.243)	(0.132)	(0.180)	(0.154)	(0.145)
男性（创始人）	0.287	0.117	0.156***	0.129***	0.134***
	(0.215)	(0.069)	(0.034)	(0.031)	(0.031)
教育年数（创始人）	0.0378	0.002	−0.011	−0.017	−0.016
	(0.024)	(0.010)	(0.012)	(0.011)	(0.012)
企业特征					
2008 年资产（log）			0.902***	0.795***	0.800***
			(0.038)	(0.059)	(0.056)
创立年销售额（log）		0.481***		0.146***	0.144***
		(0.041)		(0.026)	(0.024)
之前为国营企业		−0.011	0.008	−0.052	0.000
		(0.122)	(0.141)	(0.119)	(0.113)
企业年数		0.071***	−0.001	0.015**	0.015**
		(0.008)	(0.006)	(0.005)	(0.005)
政治资本					
定期党政捐款[a]	0.956***	0.561***	0.076	0.098	0.114
	(0.238)	(0.127)	(0.080)	(0.069)	(0.078)
政治政府网络化（1—7 分）	0.008	0.014	−0.027	−0.022	−0.024
	(0.030)	(0.030)	(0.036)	(0.033)	(0.034)
行政管理网络化（1—7 分）	0.085**	0.070	0.016	0.018	0.018
	(0.033)	(0.054)	(0.033)	(0.033)	(0.034)
创始人建企前是党员	0.108	0.037	0.015	0.005	−0.005
	(0.154)	(0.114)	(0.137)	(0.118)	(0.126)
创始人是前党政官员	0.422	0.093	0.169	0.128	0.501
	(0.233)	(0.210)	(0.289)	(0.264)	(0.365)
创始人是之前国营企业党政官员					−0.559*
					(0.271)

（续表）

项目	2008年总销售额（log）系数（标准误）				
	模型1	模型2	模型3	模型4	模型5
创始人有党政官员亲属	−0.068 (0.143)	−0.071 (0.181)	0.048 (0.064)	0.022 (0.072)	0.026 (0.065)
控制					
行业	Yes	Yes	Yes***	Yes***	Yes***
城市	Yes***	Yes***	Yes***	Yes***	Yes***
常数	5.896*** (0.528)	4.195*** (0.463)	1.066*** (0.343)	1.165*** (0.224)	1.125*** (0.205)
观测值	406	401	406	401	401
Adj.R^2	0.236	0.530	0.819	0.838	0.841

注：ª 根据2006年长三角地区调查数据报告。括号内为城市集群的稳健性标准误；$*p<0.10$，$**p<0.05$，$***p<0.01$；方差膨胀因子未显示存在多重共线性问题。

资料来源：2006年和2009年的长三角地区调查。

表9.3 政治资本与盈利能力

项目	2008年资产收益率系数（标准误）				
	模型1	模型2	模型3	模型4	模型5
创始人特征					
年龄（创始人）	0.001 (0.003)	0.001 (0.003)	0.002 (0.004)	0.001 (0.004)	0.000 (0.003)
出生在同一城市	−0.089 (0.116)	−0.072 (0.109)	−0.087 (0.115)	−0.088 (0.108)	−0.077 (0.094)
男性（创始人）	0.048* (0.021)	0.050* (0.018)	0.059* (0.026)	0.048* (0.022)	0.051* (0.022)
教育年数（创始人）	0.006 (0.004)	0.006 (0.004)	0.010** (0.004)	0.008** (0.003)	0.009* (0.004)
企业特征					
2008年资产（log）			−0.063** (0.022)	−0.100** (0.038)	−0.097** (0.035)
创立年销售额（log）		0.009 (0.009)		0.051* (0.024)	0.050* (0.022)
之前为国营企业		−0.036 (0.059)	−0.011 (0.058)	−0.031 (0.056)	0.002 (0.027)

(续表)

项目	2008年资产收益率系数（标准误）				
	模型1	模型2	模型3	模型4	模型5
企业年数		−0.003 (0.003)	−0.002 (0.003)	0.004 (0.003)	0.004 (0.003)
政治资本					
定期党政捐款 [a]	−0.055 (0.053)	−0.043 (0.042)	0.011 (0.039)	0.016 (0.038)	0.026 (0.041)
政治政府网络化 （1—7分）	−0.007 (0.014)	−0.007 (0.016)	−0.004 (0.014)	−0.002 (0.014)	−0.004 (0.017)
行政管理网络化 （1—7分）	0.005 (0.012)	0.004 (0.013)	0.009 (0.015)	0.010 (0.014)	0.010 (0.017)
创始人建企前是 党员	0.005 (0.069)	0.001 (0.068)	0.010 (0.071)	0.005 (0.064)	−0.002 (0.067)
创始人是前党政 官员	0.134 (0.187)	0.144 (0.195)	0.153 (0.199)	0.140 (0.186)	0.312 (0.321)
创始人是之前国 营企业党政官员					−0.352 (0.301)
创始人有党政 官员亲属	0.048 (0.042)	0.044 (0.046)	0.040 (0.043)	0.032 (0.048)	0.035 (0.046)
控制					
行业	Yes*	Yes*	Yes*	Yes	Yes
城市	Yes*	Yes**	Yes***	Yes***	Yes***
常数	0.077 (0.122)	0.223 (0.092)	0.574*** (0.088)	0.606 (0.079)	0.581***
观测值	406	401	406	401	401
Adj.R^2	0.077	0.080	0.122	0.154	0.170

注：[a] 根据2006年长三角地区调查数据报告。括号内为城市集群的稳健性标准误；*$p<0.10$，**$p<0.05$，***$p<0.01$；方差膨胀因子未显示存在多重共线性问题。

资料来源：2006年和2009年的长三角地区调查。

最初，我们只研究了企业创始人的个人特征和政治资本（模型1）。我们发现，来自体制内的地位权力与更大的企业规模（以销售额衡量）或更高的资产收益率是不相关的。[45] 只有那些源于对政府的经济贡献以及与政府权威的私人关系的政治资本,才与企业的经济发展正相关(模型1)。但是,当我们将公司创业时的规模加入分析时,政治关联就不再是销售额的决定因素了(模型2)。而且,当我们控制企业当前资产规模时,对政府所做的经济贡献也不再是一个重要的影响因素了(模型3和模型4)。

我们又继续研究那些通过产权改革获得有形资本——也由此得到政治家的特殊对待——的党政官员企业家,能否保持他们最初得到的政治资本优势(模型5)。这种交互效应不能确定初始优势在经济表现中具有长期利益。截至2008年,党政官员企业家经营的民营企业,已经在销售额方面失去了所有的初始优势。事实上,其他条件相同的情形下,党政官员企业家实现的销售额要小于其他人(标准差约小了1/2)。这个结论也符合我们的另一个发现——通过政治关联获得有形资本的内部人,通常缺乏管理能力及做出必要的战略和经营转变的权威。一名改制公司外部投资者介绍了前任厂长作为公司新所有者的困境,"员工不愿意努力工作,而新的所有者无法处理这个问题,因为在工人们眼中他缺乏权威。最后,他让我以大股东的身份介入。作为回报,我让他在没有我的干涉下经营业务。每当他在变革过程中遇到问题(比如员工不愿意认真工作),我就会去干涉。因为我与这些员工没有发生过联系,我甚至可以解聘他们。"[46]

我们对公司盈利能力决定因素的分析证实,政治资本对经济成功的影响是有限的。从数据上看,上面提到的任何一种政治资本——不管是党员、党政官员身份、对政党的经济贡献,还是与政府当局的私人关系——与优秀的公司业绩都没有关系。

总之,我们的研究并没有发现政治关联会增加企业在中国市场经济中茁壮成长的机会。尽管政治关联在受监管的市场上可以转化成资本,但就企业成功度来说,有政治资本的企业家与其他企业家并没有差别。实证结果显示,没有证据表明在长三角地区的自下而上的创业浪潮取决于公司创始人的战略地位优势和社会特权。

国家的视角

有人会怀疑，政治资本有限的替代性仅仅反映了长三角地区独特的制度背景，这可能并不代表中国新兴市场经济的一般状况。为了评估这一点，我们将从国家整体的视角、覆盖所有地区进行分析。

与第 8 章保持一致，我们使用的数据来自 2003 年世界银行的投资环境调查。这份调查提供了 2 400 家不同法律地位的企业的详细介绍，其中包括国有企业、集体企业、民营企业和外资企业。我们排除了传统的国有企业，因为它们已经发展出一套不同的国有企业网络。因此，我们的调查样本集中在 1 764 家非国有企业。与对长三角地区的分析相同，我们首先考察了在不同市场环境下政治资本的价值，进而分析了政治资本对企业盈利能力的影响。2002 年，企业销售额的增长反映了自由产品市场的表现；对有着丰富寻租机会的受监管市场的分析，包含了正规银行信贷市场和政府合同市场。为了衡量企业业绩，我们仍对资产收益率进行回归。由于世界银行的调查缺失关于企业成立规模的信息，我们无法通过总销售额增长来衡量企业的发展。

我们选取了四个变量测算企业政治资本的不同维度，长三角地区的调查设计与这几个维度的设计相当匹配。首先，使用企业管理者是否担任过党委书记或副书记的职务对政治资本进行测量。我们之所以选择在中国共产党党内的地位而不是党员的个数，是因为入党率（67%，比整个社会的入党率高 10 倍）在世界银行的调查中被夸大了。其次，我们关注企业管理者是否曾担任政府职务。再次，将政府是否直接参与了企业高层管理者的招聘计入政治资本。最后，我们构建了政府资助指数，以表示企业得到的总体政治支持。这个变量就相当于我们在长三角地区对政府关系依赖程度的测量。[47] 我们无法获取对政党的捐赠和慈善捐赠的数据。[48]

与长三角地区的研究结果一致，政治资本在产品市场上没有任何优势（见表 9.4）。恰恰相反，如果地方政府参与管理者招聘的决策，则企业实现的销售增长往往较小。

表 9.4 2002 年政治资本、寻租与企业业绩

项目	销售增长系数(标准误)	信贷准入条件系数(标准误)	政府购买额/总销售额系数（标准误）	资产收益率系数（标准误）
管理人员特征				
CEO 拥有大学学位	59.149	−0.195	10.224***	0.835
	(43.882)	(0.112)	(3.883)	(0.634)
CEO 任期（log）	−45.580*	0.102*	−0.785	−0.161
	(25.891)	(0.056)	(1.692)	(0.191)
CEO 有激励合同	−21.080	0.167*	6.499*	−0.420
	(39.747)	(0.094)	(2.635)	(0.400)
企业特征				
企业年数（log）	12.002	−0.092*	−3.362	−0.080
	(9.594)	(0.052)	(2.156)	(0.318)
滞后销售额（log）	−76.851			
	(37.380)			
滞后资产（log）		0.184***	−0.108	−0.210
		(0.025)	(0.679)	(0.307)
滞后负债/权益比	0.411	−0.002	−0.017	0.006**
	(0.454)	(0.001)	(0.065)	(0.002)
资本/劳动比	0.570***	−0.0001*	−0.015	0.000
	(0.168)	(0.000)	(0.009)	(0.000)
位于工业园区	107.380	0.070	−4.418	0.263
	(93.882)	(0.049)	(2.943)	(0.182)
上市公司	−32.269	0.475**	14.600**	0.544
	(59.549)	(0.201)	(6.385)	(0.729)
政府所有股权	0.851*	−0.000	0.107*	−0.010***
	(0.428)	(0.002)	(0.056)	(0.003)
行业（14 个）	Yes**	Yes***	Yes***	Yes*
政治资本				
CEO 是党员	26.597	0.147	1.401	−0.111
	(23.668)	(0.103)	(2.782)	(0.176)
CEO 以前在政府任职	79.312	−0.029	7.747	−5.915
	(98.600)	(0.170)	(5.160)	(5.628)
政府涉足 CEO 任命	−59.756**	−0.129	4.367	−0.045
	(24.983)	(0.132)	(3.597)	(0.061)

（续表）

项目	销售增长系数(标准误)	信贷准入条件系数(标准误)	政府购买额/总销售额系数(标准误)	资产收益率系数(标准误)
政府支持指数	−11.517	0.088***	3.729***	−0.045
	（9.577）	（0.032）	（0.950）	（0.061）
常数	−312.829	−1.502	−4.135	8.584
	（463.898）	（−1.237）	（27.864）	（6.504）
方法	OLS	Probit	Tobit	OLS
Adj.R^2/PseudoR^2	0.181	0.160	0.049	0.029
观测值	1 503	1 447	1 418	1 484

注：未报告行业虚拟变量和地区控制变量的回归系数；括号内为城市集群的稳健性标准误；*$p<0.10$, **$p<0.05$, ***$p<0.01$；结果显示不存在多重共线性问题。

资料来源：2003年世界银行投资环境调查报告。

正如我们在长三角地区的调查结果，政治资本对在国家控制的信贷市场上进行的经济交易有着重要影响。政府支持与获得正式的银行贷款呈正相关。正如预期的那样，政治关联——特别是与当地政府维持良好的关系（以政府资助指数表示）——也为能与政府签订合同提供了极大的优势。以上结果与表9.2的结果高度一致。两者的区别仅在于，前者由政治关联带来的优势稍弱。但是这可能与世界银行的调查对政治资本的估测不太严格，以及有政治关联的管理层的比例太高有关。

对企业盈利能力的分析，进一步证实了我们对长三角地区的调查结果。没有任何迹象表明政治资本对企业的资产收益率有显著影响。其他的实证研究同样也未能发现政治关联对企业业绩（基于资产收益率、净资产收益率或股票回报率）有积极影响。[49] 关于本土企业家和海归企业家的比较研究表明，与政府关系的密切程度或者与政府官员打交道的策略，均不会影响企业的收入或业绩。[50]

我们可以认为，政治关联在市场转型的早期阶段充分发挥了作用，有助于建立独特的公司文化；如今——一个高级阶段的过渡期，政治关联独立地对交易结果产生积极影响。例如，企业规模，理论上可能是早期产权改革政策进程中的资产拨付结果。虽然世界银行的数据没有提供必要的信息控制这种影响（见表9.2），但是其他观测数据否定了这一想法。首先，企业规模与我们采用的政治资本测度仅仅为中度相关，企业规模与企业中前政府官员的数量则为负相关；其次，即使不把企业规模作为控制变量，也不会显著地影响政治资本的结果。因此，国家样本似乎与我们对长三角地区样本的调查结果一样。这意味着，有政治关联的企业在前期的潜在资产积累并没有带来永久性的经济优势。[51]

结 论

特别是在西方国家，"红色资本家"形象是对中国企业家刻板印象的普遍认知；我们的实证研究则揭示了更为复杂的情况。很明显，政治权力寻租现象似乎仍旧存在，这在西方市场中监管最为严格的领域尤为常见；而舆论调查的结果也与我们的分析一致。结果显示，战略地位优势在监管严格的领域非常普遍，比如房地产业、建筑业、银行业和外贸业。在这些行业，"正确的关系"能够带来巨大的盈利。所以，像中国前国家副主席荣毅仁，其创办的中国国际信托投资公司成为中国对外开放的一个窗口，创造了巨大的财富。[52] 然而，这种常被引用的例子，在商业世界中并不是特例；它们也不代表社会主义市场经济的具体形式。[53]

中国经济还处于市场经济的早期阶段，与美国19—20世纪早期的经济并无大异。当时，加利福尼亚州州长利兰·斯坦福（Leland Stanford）在建设中央太平洋铁路时，就获取了政府支撑的垄断权、巨额州政府拨款及土地划拨，以建设联合太平洋铁路。北太平洋铁路公司的创立，其背后也有政治关联的存在。我们能想到的不仅仅是历史案例，在当今监管严格的机构，也依然存在权力寻租现象。就举一个近期发生的案例。参议员汤姆·达施勒（Tom Daschle）从参议院离任后，获得了520万美元的巨额收入，这导致他在美国卫生及公共服务部部长的任命听证会上遭受极大争议。"真实情况是，巨大的权力和财富正从私营企业流向政治阶层。达施勒先生可以获得如此巨大的财富和名望的真正原因是，他就是财富转移的中间经纪人……如果达施勒先生被任命为卫生及公共服务部部长，那么他将成为该领域最为显赫的人物。预计到 2009 年，卫生服务行业规模将达到 2.5 万亿美元，比整个法国的经济规模还要大。"[54]

不管在中国还是在美国，政治关联都被企业视作确保竞争优势及获取国家控制的资源的最直接手段。但是很重要的一点是，我们不能仅仅凭借企业的发展状况和经济表现，就得出有政治关联的企业都拥有竞争优势的结论。所谓的"红色资本家"和政治权力寻租者，在他们的领域中并非都是主导者。这就意味着从长远来看，那些仅仅依靠政治资本从事非生产性寻租的企业，不会成为中国激烈市场竞争的赢家。首先，从参与市场竞争的企业业务的经营总范围来看，与国有机构的交易额并不是影响企业生存的关键因素，也不构成企业盈利的主要部分；其次，即使有政治关联的企业相当依赖与国有机构的交易，决定企业能否通过市场检验的前提条件，还是企业发现市场机遇并做出反应的管理层能力。

这些发现印证了先前的预测，即市场经济社会的出现，导致政治资本的价值持续下跌。这种结果导致政治与经济领域的关系，逐渐朝着相对自主的方向进行变革转型，而不是完全不同于已经建立的市场经济。[55] 总体来说，政治活动参与者与经济活动参与者之间相对力量可预见的变化，不仅解释了自下而上的创业活动，也解释了市场经济的出现。市场不仅激励盈利行为，还促使企业家从非生产型的寻租人向生产型的企业家转变，为其与政治领域脱钩提供了机会。

总 论

我们能从中国市场经济兴起的研究中得到什么启示呢？我们对长三角地区经济制度内生性崛起的理论阐释，得到的结论是具有一般性的。我们用社会能动性和社会结构的二元视角整理如下：企业家在促进制度创新、进而保障市场经济发展方面是核心的能动者；一旦建立起制度，这些新兴的经济制度反过来又会促进创业行为的蓬勃发展，进而打破民营经济扩张的临界点。商业社群中，多元的关系为人们相互信任提供了重要来源，也为信息流动提供了渠道，这些要素确保了创业行为得到持续和稳定的发展。通过认可（声誉、地位）和惩罚（双向制裁、负面小道消息）等一般性社会机制，进一步强化了逐渐涌现出来的社会规范。所以，令人惊讶的是，在很短的一段时间内，一小部分处于社会边缘的经济活动参与者的创业活动，导致一个区域经济在整体范围内出现了社会运动般的创业浪潮。

在民营经济机制中，一家企业从初创期到发展期，成功所需要的关键因素，都可以从社会网络纽带和自下而上的制度安排中寻求并获得。生产者聚集形成产业集群，从中获得稳定的供应商所提供的技术支持和原材料供给，其生产活动的灵活性和适应性得到保障。同样有益的是，生产者能够进入供应链下游的分销网络，进而链接到本地市场和国际市场。因为它们大多是中小型企业而且缺乏成熟的品牌，所以在区域性产业集群中，共同身份认同和合作性社会规范为企业提供了整体竞争优势。尽管大多数企业缺乏内部研发部门，但是产业集群中复杂的联系和企业间网络关系，加之能够轻松地获取关键性原材料，使企业的创新行为拥有了便利的条件。经由制造经验所累积的地方性知识与新技术的地方性市场，共同加快了创新的循环发展；而 B2B 在线交易，进一步增加了地方性资源。因此，尽管企业面临地方和国际市场激烈竞争的压力，但产业集群中民营企业间的社会规范可以成为其竞争优势的制度来源。

通过供应链上下游企业之间的网络联系，产业集群的竞争优势远远超过了专业化分工所带来的益处。同样重要的是，产业集群的地理相近性为企业间开展社会互动提供了丰富土壤，进而发展出可靠的信任关系和持续性的企业合作行为，并最终达成交易。正如前文所描述的，人际间的交换、复杂商业网络中的相互依赖关系、商业社群内的惩罚等机制，为隐性契约中的委托者和代理者提供了社会黏合剂，并形成了解决冲突的合作性社会规范。如果没有密集的网络纽带和高度专业化的商业社群，企业家们不一定能够如此有效地发展出使他们在国有经济体制之外得以存活并蓬勃发展的社会规范。换句话说，产业集群帮助具有相似心智模式的经济活动参与者克服了集体行动的障碍，并且共同发展出合作性的社会规范。这些要素在民营经济从主流的国有经济体系中脱离出来并自发成长的过程中，起到了决定性作用。

长三角地区的民营经济和地区竞争优势为什么会发展得如此之快？在这里，小规模创业可以扩展得很快并导致制度变革，进而催生了以自我强化的经济增长和私人财富累积为特征的市场经济的崛起。这是为什么？一般可以看到：去集体化农业生产带来了创造财富的机遇。受此诱惑，一些人在农村地区办起了自己的私人作坊，希望以此摆脱贫穷并进行个体经营。城镇中，没有工作的年轻人、退伍军人和其他社会边缘者也做起小生意，同样也从国有部门中脱离出来。这些先行创业者中的很多人会经历多次失败，并反复失去创业的资本。但是，这并不仅仅是因为他们创业的想法或产品质量不好，而是因为他们缺乏做生意的经验和支持创业的制度。通过不断的试错过程，这些创业者改进了流程，并最终创造出支持民营企业发展的地方性制度。他们学会了如何绕开国家控制的银行体系并积累创业资本；他们学会了如何在国家控制的供销渠道体系中建立供应商和客户的社会关系网络；他们学会了如何招聘、培训、保留员工，并与社会主流经济相竞争；他们学会了如何开发和调整新产品和生产流程，快速适应市场条件的变化；他们还学会了如何在商业风险和不确定性下保护自己的生意。最重要的是，他们将自己的声誉视为最重要的资产。公平的交易可以得到相应的回报；而不公平的交易，违约或者有意的赖账等行为，不仅威胁企业与现有合作伙伴之间的商业关系，还可能招致地方性商业网络中其他成员严厉的制裁。"因为你只能骗别人一次。"如果一个人违背当地做生意的社会规范，那么他最终是不可能生存下来的。

被先行创业者所获得的巨大经济成功吸引，跟随者——刚开始是这些创业者的邻居和朋友，后来是其员工和其他地区的观望者——以加速的方式进入市场。最初的商业规范在跨区域地演进和扩散。随着一波稳定增长的创业者都服从相同的规范，民营企业的市场进入方式以一种自我强化的过程发展起来，并逐渐从那些具有主流社会背景的群体中吸引新的创业者。随着民营企业获得合法性及其不确定性下降，国有企业和政府中的技术人才与管理人才逐渐地开始愿意离开，并在民营企业中寻找新的工作机会。

正如本书所描述的，只有在民营经济成长为中国社会和经济主体的构成部分之后，中央和地方政府的政治家们才开始制定法律和规则，把民营企业视为一种合法性组织和发展经济的模式。像中国第一部《物权法》这样的法律条款，以及一整套强化私营企业作为一种合法性组织模式的法律规定和制度，是在民营经济兴起的很多年后才出台的。这种顺序——由非正式商业规范兴起所表现出来的自下而上的制度变革过程，引发正式制度的变革以保障和强化已获得的经济利益——将国家中心论的理论预测颠倒过来了。国家中心论认为，政治家是制度变革的主要裁定者，而非正式规范仅仅作为文化因素起作用——保有旧行为模式，所以国家发起的制度变革进展缓慢。与这种观点相反，我们的分析强调，制度变革是一种自下而上的涌现和扩散过程。在我们的叙述中，与国家中心论相反，政治家们保持一个观望的姿态，只有在经济主导权已经转变得非常明显，以至于不能再推迟制度变革的情形下才开始介入。

总之，中国市场化改革之后，民营经济自下而上的制度创新，起初是保障了市场经济的活跃发展；而后，政治家们紧跟着推行制度变革，合法化已经发生的经济行为，从而确保了生产所得能够成为国家税收的一部分。尽管在沿海省份活跃的民营经济快速兴起，但是国家却花了二十多年的时间对规范私营企业和产权保护做出反应。这包括了制定法律法规保障私营企业的政治和社会的合法性，以及保护其合法权益。

社会规范——人们对于特定情境下期望行为的共同信仰——作为一种行为标准，可以解释为什么人们能够实现大范围的合作。对法律的服从也依赖于此。"除非法律是基于被广泛认同的规范合法性规则（法律规则为社会规范所支持），否则法律的强制机制不可能起作用。"[1] 信息共享、互相监督和社区内惩罚等一般性机制，可以解释委托－代理关系的治理效率问题。然而，我们还不是很清楚：在法律和规制结构都对私营企业不利的制度环境中，社会规范是如何保障和引导商业行为的？

对长三角地区的研究表明，制度变革中的集体行动问题被过分夸大了。长三角地区兴起的创业行为及其相应的商业规范证明，社会规范转变和偏好可能是制度变革的一个充分条件；事实上，也不需要太多其他的条件了。如第2章的模型所示，只要脱胎于已有正式规范的国家监督是有限的且预期收益足够大，用社会性机制解决问题和促进合作就是大有可为的。显然，作为制度变革的动力，社会规范的兴起再不能依托部落和农业社会，也不能基于只由很有限的企业构成的高度专业化细分市场。自下而上的制度创新及其引起的国家正式规则的适应性变革，是一个超出以往研究的更为普遍的规律。

长三角地区对社会规范的依赖，不仅仅局限于市场和销售在地理范围上的扩张。比起供应商网络，客户市场远远不限于本地；跨省贸易和出口贸易也广泛地依赖于社会规范。民营企业作为中国经济的市场主体涌现出来，创造了 70% 的 GDP。他们不再局限于地方性社会网络的边缘区域，而成为当前经济增长的主要推动力。这一点，实际上在号召我们对社会规范和网络的意外出现及整合成为内生制度变革的源泉进行更深入的研究。

附录1 企业调查

2006年企业调查
总经理（所有者或职业经理）访谈问卷

问卷编号：_____

企业名称：_____

受访者姓名：_____

访谈日期：_____年_____月_____日

行业类别：_____

企业地址：_____

城市：_____

受访者的电子邮箱：_____

是否坐落于产业园区内？　　（1）是____　　（2）否____

访谈人姓名：

　（1）主访谈人_____

　（2）副访谈人_____

访谈时间：_____分钟

受访者是否同意被记录？　　（1）是____　　（2）否____

个人背景

A1 性别

　　（1）男____　　　　　　　　　　　（2）女____

A2 出生日期?　　　　　　　　　　　　　　　　　　　　_____年

A3 出生所在地?

　　_____省_____ / 市 / 县　　邮政编码_____

A4 出生时的户口类型?

　　（1）农村____　　　　　　　　　　（2）城镇____

A5 您父母是否曾经拥有或经营一家私营企业?

　　（1）是____　　　　　　　　　　　（2）否____

A6.1 已获得的最高学历水平?（单选）

　　（1）国外博士学位　　　　　　　　（2）国内博士学位

　　（3）国外硕士学位　　　　　　　　（4）国内硕士学位

　　（5）国外本科学历　　　　　　　　（6）国内本科学历

　　（7）大专　　　　　　　　　　　　（8）职业学校 / 高中

　　（9）初中　　　　　　　　　　　　（10）小学

　　（11）未受过正规教育

A6.2 您接受过多少年的正规教育?　　　　　　　　　　　　_____年

A7.1 您是否接受过任何专门的职业培训?（如果否，则跳至 A8）

　　（1）是____　　　　　　　　　　　（2）否____

A7.2 您接受过以下哪种培训?（可多选）

　　（1）MBA　　　　　　　　　　　　（2）EMBA

　　（3）公共行政管理　　　　　　　　（4）其他（请注明最重要的）

A8.1 您在这家公司是哪一年开始担任总经理 /CEO 职位的?　　_____年

A8.2 您在总经理 /CEO 的职位 (包括在其他公司担任 CEO) 上从事过多少年?　_____年

A9.1 您是这家企业的所有者之一吗？（如果否，则跳至 A9.6）

（1）是____　　　　　　　　　　　　（2）否____

A9.2 您是这家企业最大的股东吗？

（1）是____　　　　　　　　　　　　（2）否____

A9.3 您是这家企业的创始人吗？（如果否，则跳至 A10）

（1）是____　　　　　　　　　　　　（2）否____

A9.4 这是您创立的第一家企业吗？（如果否，则跳至 A10）

（1）是____　　　　　　　　　　　　（2）否____

A9.5 在此之前您开办了多少家企业？　　　　　　　　　　　　_____家

（受访者回答完之后跳至 A10）

A9.6 您是所有者聘请来的吗？

（1）是____　　　　　　　　　　　　（2）否____

A9.7 据您所知，招聘第一个 CEO 是什么时候？　　　　　　　_____年

A10 您的劳动合同里包含绩效激励吗？

（1）是____　　　　　　　　　　　　（2）否____

A11.1 在这家公司担任 CEO 之前，您在哪工作？（单选）

（1）国有企业，同一行业　　　　　　（2）国有企业，不同行业

（3）非国有企业，同一行业　　　　　（4）非国有企业，不同行业

（5）研究机构　　　　　　　　　　　（6）高等教育机构

（7）政府机构　　　　　　　　　　　（8）其他（请注明）_____

A11.2 您是否担任过国有企业的管理者？

（1）是____　　　　　　　　　　　　（2）否____

A12.1 您是否曾在政府机构担任过干部？（如果否，则跳至 A13）

（1）是____　　　　　　　　　　　　（2）否____

A12.2 请指明您曾担任的政府干部级别？（单选）

（1）省/部级　　　　　　　　　　　　（2）司厅/局级

（3）县/处级　　　　　　　　　　　　（4）乡镇/科级

A13.1 您有亲属在政府机构担任干部吗？（如果否，则跳至 A14）

（1）是____　　　　　　　　　　（2）否____

A13.2 请指明您亲属担任的最高干部级别。（单选）

（1）省/部级　　　　　　　　　　（2）局级

（3）处级　　　　　　　　　　　　（4）科级

A13.3 您亲属在何种行政级别上获得了干部职位？

（1）省/部级　　　　　　　　　　（2）司厅/局级

（3）县/处级　　　　　　　　　　（4）乡镇/科级

A14 一周里，您通常花多少时间在以下活动上？

（1）阅读一篇国内新闻　　　　　　　　　　　____时____分

（2）阅读一篇国际新闻　　　　　　　　　　　____时____分

（3）阅读中国商业书籍　　　　　　　　　　　____时____分

（4）阅读外国商业书籍　　　　　　　　　　　____时____分

（5）上网　　　　　　　　　　　　　　　　　____时____分

（6）观看电视上的商业新闻　　　　　　　　　____时____分

A15 一个月内，您通常花多少时间在专业/职业团体或其他商业协会组织的活动、会议等上面，在那里您能遇到其他的企业家和管理者吗？　　　　　　_____时

A16.1 您是中国共产党党员吗？（如果否，则跳至 A17）

（1）是____　　　　　　　　　　（2）否____

A16.2 您在哪一年加入中国共产党？　　　　　　　　　　_____年

A16.3 您目前在中国共产党组织中的职位是什么？

（1）党委书记　　　　　　　　　　（2）党委副书记

（3）党委委员　　　　　　　　　　（4）党总支书记

（5）党总支副书记　　　　　　　　（6）党总支委员

（7）党支部书记　　　　　　　　　（8）党支部副书记

（9）党支部委员　　　　　　　　　（10）普通党员

A16.4 您之前在中国共产党组织中担任过什么职务吗?

（1）党委书记　　　　　　　　（2）党委副书记

（3）党委委员　　　　　　　　（4）党总支书记

（5）党总支副书记　　　　　　（6）党总支委员

（7）党支部书记　　　　　　　（8）党支部副书记

（9）党支部委员　　　　　　　（10）普通党员

A17 您对不同类型的人的信任程度是多少？评价等级从1—5，1代表非常不信任，5代表非常信任。在以下类型的人当中，您对其有多大程度的信任？

零售商	
教师	
地方政府官员	
银行职员	
中央政府官员	
陌生人	
您自己的供应商	
警察	
您自己的客户	
法官和法院人员	
企业家/商人	

企业信息

B1 企业在哪一年注册为民营企业？　　　　　　　　　　＿＿＿＿＿＿年

B2.1 在注册为民营企业之前，企业是否存在？（如果否，则跳至B3）

（1）是＿＿＿　　　　　　　　（2）否＿＿＿

B2.2 企业之前以何种所有权形式存在？（单选）

（1）国有企业　　　　　　　　（2）城镇集体所有企业

（3）农村集体所有企业　　　　（4）民营企业

（5）其他（请注明）＿＿＿＿＿＿＿＿

B3 在企业注册为民营企业的当年，有多少投资者加入？　　　　＿＿＿＿＿＿人

B4 在企业创立时，全职员工的总计人数是多少？ _____人

B5 企业创立当年的年销售额是多少？ _____万元

B6 民营企业是以哪种法定的组织形式成立的？（单选）

（1）独资企业 （2）合资企业

（3）有限责任公司 （4）股份有限公司

（5）一家国内企业的子公司/分公司 （6）其他（请注明）_____

B7.1 自从民营企业成立后，其法定的组织形式改变过吗？（如果否，则跳至B8）

（1）是____ （2）否____

B7.2 作为民营企业成立后，企业法定地位发生过多少次变化？ _____次

B7.3 最后一次法定组织形式变化发生在哪一年？ _____年

B7.4 企业目前是哪一种法定组织形式？（单选）

（1）独资企业 （2）合资企业

（3）有限责任公司 （4）股份有限公司

（5）一家国内企业的子公司/分公司 （6）其他（请注明）_____

B8 贵公司在股票市场（国内或国外）上市了吗？

（1）是____ （2）否____

公司治理

C1.1 企业的有些股东是否担任公司的管理职务？（如果否，则跳至C2.1）

（1）是____ （2）否____

C1.2 目前有多少股东担任管理职务？ _____人

C1.3 担任管理职务的股东持有多少比例的股份？ _____%

C2.1 贵公司是否有股东大会？

（1）是____ （2）否____

C2.2 每年举行多少次股东大会？ _____次

C3.1 贵公司是否有董事会？（如果否，则跳至C4）

（1）是____ （2）否____

C3.2 董事会有多少成员? ＿＿＿＿＿＿人

C3.3 董事会成员里有独立董事吗?（如果否,则跳至 C3.5）

　　（1）是＿＿＿　　　　　　　　（2）否＿＿＿

C3.4 董事会里有多少独立董事成员? ＿＿＿＿＿＿人

C3.5 董事会有退休高管吗?

　　（1）是＿＿＿　　　　　　　　（2）否＿＿＿

C3.6 董事会每年召开多少次? ＿＿＿＿＿＿次

C3.7 您是否也是董事会主席?

　　（1）是＿＿＿　　　　　　　　（2）否＿＿＿

C3.8 有多少董事会成员同时持有与贵公司业务相关的其他企业的股份? ＿＿＿＿＿＿人

C3.9 有多少董事会成员在与贵公司业务相关的其他企业中担任着平行的职位?（如董事会成员、监事会成员、管理职位等） ＿＿＿＿＿＿人

C4 贵公司有监事会吗?

　　（1）是＿＿＿　　　　　　　　（2）否＿＿＿

C5.1 企业作为民营企业创立以来,CEO 的职位有过变化吗?（如果否,则跳至 C6）

　　（1）是＿＿＿　　　　　　　　（2）否＿＿＿

C5.2 包括目前在职的,企业任命过多少位 CEO? ＿＿＿＿＿＿人

C6 在以下决策类型当中,谁行使着主要决策权?（单选。如果企业并未发生特殊的活动,则填"无"）

决策类型	CEO	最大股东	股东大会	董事会	分区经理
劳动关系问题（雇用/解雇）					
投资					
研发					
新建子公司					
内部组织变革/重组					
日常运营决策（价格、销量、供应）					
兼并/收购					

供应商关系

D1 2005 年，贵公司物力的投入和供应的百分比是

从国内购买	
通过进口购买	
总计	100%

D2 您最大的供应商的所有权类型是什么？

（1）国有企业　　　　　　　　（2）集体所有企业

（3）民营企业　　　　　　　　（4）外资（全资）企业

（5）合资企业　　　　　　　　（6）合营企业

（7）其他（注明）_____

D3 请提供有关贵公司最重要的投入信息：

投入名称	对这一投入所使用的供应商总数

D4 想一想贵公司在重要投入（上面列出的）上的主要供应商，关于这一关系我们可以问一些问题吗？

该供应商是通过您的家人、亲戚、朋友或熟人介绍给您的吗？（如果是，填"1"；如果否，填"2"）	您与该供应商的关系维持多久了（年数）？	您赊购吗？（如果是，填"1"；如果否，填"2"）	如果您赊购，在供应商催促您支付之前有多少天的时限？	如果该供应商收取利息，利率是多少？	供应商施以罚款前的平均天数是多长？

D5 在一个 1—7 分量表（从非常少到非常多）上，请圈出能够最好地描述贵公司在与供应商的联系中利用关系程度的数值。

1—2—3—4—5—6—7

D6 贵公司重要的供应商都位于哪里？请在以下位置给出相应的百分比：

（1）与贵公司在同一地方 _____%

（2）与贵公司在同一区域 _____%

（3）在中国境内但不在同一省份 _____%

（4）海外（包括中国香港、中国澳门和中国台湾） _____%

D7 贵公司原材料供应商中是否有贵公司所有者的亲戚？

（1）是____ （2）否____

D8.1 在过去两年里，您们是否与供应商产生过纠纷（如延期、暂停付款、货物退回、取消未来的发货）？（如果否，则跳至D9）

（1）是____ （2）否____

D8.2 如果是，产生过多少次纠纷？ _____次

D8.3 贵公司一般如何处理与供应商的纠纷？（单选）

（1）忽视 （2）尽最大努力谈判，并将其解决

（3）将此事诉诸当地政府或行政部门 （4）去法院提起诉讼

（5）利用个人关系解决 （6）其他方式（请注明）_____

D8.4 在过去两年里，您们通过法院解决了多少次纠纷？ _____次

D9 如果您们供应商当中有的欺骗了另一家公司，您们是否能够发现？

（1）是____ （2）否____

D10 贵公司总供应量（价值）中有多少基于与供应商的书面合同？ _____%

D11 在选择一个关键投入原材料的新供应商之前，您是基于什么决策的？（单选）

（1）仅依赖个人经验

（2）根据其在长期商业伙伴中良好的声誉

（3）根据其在工商管理信息中良好的声誉

（4）根据其在朋友和家人信息中良好的声誉

（5）产品的质量、价格和供应时间

（6）其他（请注明）_____

客户关系

E1 您们主要产品的主要市场在哪里?

（1）您们城市　　　　　　　　　　（2）您们省份

（3）中国　　　　　　　　　　　　（4）海外（出口）

E2 2005 年，下列各对象占贵公司国内销量的百分比大约是多少?

（1）政府 _____%

（2）国有企业 _____%

（3）位于中国境内的跨国公司 _____%

（4）贵公司的母公司或附属子公司 _____%

（5）大型国内民营企业（300+ 名员工） _____%

（6）小型民营企业或个体 _____%

（7）其他（请注明） _____%

E3.1 为了确保重要的合同，您是否和客户参加社交活动?（如果否，则跳至 E4）

（1）是____　　　　　　　　　　（2）否____

E3.2 您通常在宴请、礼物、差旅费等方面的花费占合同价值的百分比是多少? _____%

E4 您的销售额中来自老客户的百分比是多少? _____%

E5 您当面（如在街上能够认出他们并停下来聊一会）能认识多少客户? _____%

E6 在一个 1—7 分量表（从非常少到非常多）上，请圈出能够最好地描述贵公司在与客户的联系中利用关系程度的数值。

1—2—3—4—5—6—7

E7 在主营业务上，贵公司平均多久能够与客户做成生意?

（1）少于 1 年　　　　　　　　　（2）1 年或 1—2 年

（3）2 年或 2—3 年　　　　　　　（4）3 年或 3—4 年

（5）4 年或以上

E8 以销量衡量，贵公司主营业务产品购买者的地理位置分布?（给出百分比）

（1）与贵公司在同一地方 _____%

（2）与贵公司在同一省份或市区　　　　　　　　　　　　＿＿＿＿＿＿%

（3）在中国境内但不在同一省份　　　　　　　　　　　　＿＿＿＿＿＿%

（4）海外（包括中国香港、中国澳门和中国台湾）　　　　＿＿＿＿＿＿%

E9.1 在过去的两年里，您们是否与客户产生过商业纠纷？（如果否，则跳至E10）

（1）是＿＿＿　　　　　　　　（2）否＿＿＿

E9.2 如果是，发生过多少次纠纷？　　　　　　　　　　　　＿＿＿＿＿＿次

E9.3 贵公司一般如何处理与客户的纠纷？（单选）

（1）忽视

（2）尽最大努力谈判，并将其解决

（3）将此事诉诸当地政府或行政部门

（4）去法院提起诉讼

（5）利用个人关系解决

（6）其他方式（请注明）＿＿＿＿＿＿＿＿＿＿＿＿＿＿＿＿＿＿＿＿＿＿

E9.4 在过去的两年里，您们通过法院解决了多少次纠纷？　＿＿＿＿＿＿次

E10 贵公司总销量（价值）中有多少是基于与客户的书面合同的？　＿＿＿＿＿＿%

E11.1 贵公司是通过社会交往找到第一个客户的吗？（如果否，则跳至E12）

（1）是＿＿＿　　　　　　　　（2）否＿＿＿

E11.2 如果贵公司是通过社会网络找到第一个客户的，请指明联系方式。（可多选）

（1）家人和亲戚　　　　　　　（2）朋友

（3）熟人

E12.1 贵公司是通过社会网络找到目前最重要（最大规模）的客户吗？（如果否，则跳至E13）

（1）是＿＿＿　　　　　　　　（2）否＿＿＿

E12.2 如果是这样，请指明这种联系的方式。（可多选）

（1）家人和亲戚　　　　　　　（2）朋友

（3）熟人

E13 现在我想问您一些有关战略定位的问题。在 1—7 分（1 代表完全不赞成，7 代表完全赞成）的量表上，您如何对贵公司进行划分？

在制定战略决策时，我们不断寻求在市场上推出新的品牌或新产品	1—2—3—4—5—6—7
在制定战略决策时，我们迅速响应市场机遇信号	1—2—3—4—5—6—7
我们寻求一个巨大的市场机遇，并支持冒险性的决策，即便其结果存在着不确定性	1—2—3—4—5—6—7

E14 根据对贵公司的重要性（1 代表最不重要的，7 代表最重要的），对以下销售方面的策略进行排序。（首先阅读所有选项，然后让受访者回答。注意：除了 0 值，不允许有两个或以上选项是同一排名，并且每一项都必须排序）

销售策略	排名 0，1—7
低价	
高产品质量	
快速交货	
提供卖方赊销	
销售地点	
声誉	
售后支持	

E15 组织绩效

1. 2005 年的销售增长率：____

　　（1）<5%　　　　　　　　（2）5%—10%

　　（3）10%—15%　　　　　　（4）15%—20%

　　（5）20%—30%　　　　　　（6）30%—50%

　　（7）>50%

2. 2005 年的净利润增长率：____

　　（1）<5%　　　　　　　　（2）5%—10%

　　（3）10%—15%　　　　　　（4）15%—20%

　　（5）20%—30%　　　　　　（6）30%—50%

　　（7）>50%

E16 回想贵公司创立阶段,根据对贵公司的重要性(1代表最不重要的,7代表最重要的),对以下销售方面的策略进行排序。(首先阅读所有选项,然后让受访者回答。注意:除了0值,不允许有两个或以上选项是同一排名,并且每一项都必须排序)

销售策略	排名0,1—7
低价	
高产品质量	
快速交货	
提供卖方赊销	
销售地点	
声誉	
售后支持	

劳动关系

F1 以下各类员工数量占贵公司总员工数的比例是多少?

管理人员	技术人员	非技术员工	其他	总计
				100%

F2 在这些不同类型的员工招聘中,贵公司通常采用何种招聘渠道?(给出在过去三年内采用的各渠道的比例)

招聘渠道	管理人员	技术人员	非技术员工
市场			
通过家人或亲属			
通过朋友			
通过熟人			
来自所有权变更前的先前企业			
其他(请注明)			
总计	100%	100%	100%

F3 提供贵公司采用的合同类型信息。(给出相应的百分比)

合同类型	管理人员	技术人员	非技术员工
1 年期合同			
2 年期合同			
3 年期合同			
5 年期合同			
其他(请注明)			
总计	100%	100%	100%

F4 在过去的三年里,贵公司平均每年劳动力的流动率是多少?(离职员工数量 + 新雇员工数量)

管理人员	
技术人员	
非技术员工	

创　新

G1 在过去的两年里,贵公司(包括所有子公司)采取过下列举措吗?

创新类型	是否采取	
	是	否
获得一项新专利		
推出一种新产品		
升级现有的产品线		
中断至少一条产品(非生产)线		
同意与外国合作伙伴建立一家新的合资企业		
获得一份新的许可协议		
将一项主要生产活动外包		
新的生产工艺改进		
新的管理技术		
生产中新的质量控制体系		

G2.1 贵公司是否开展了自己的研发活动/有一个研发部门?(如果否,则跳至 G3)

(1)是____   (2)否____

G2.2 贵公司每年在研发活动上的预算是多少?   _____万元

G3 贵公司是否拥有专利(产品或技术方面)?

(1)是____   (2)否____

G4 请评估贵公司的技术和管理优势,采用 1—5 分量表,区间为从行业最低的 20% 到最高的 20%。

据您所知,关于技术、技能和能力方面,贵公司相比贵行业最近的(直接的)竞争对手如何?

_____

据您所知,关于管理和组织能力方面,贵公司相比贵行业最近的(直接的)竞争对手如何?

_____

制度环境

政府关联

H1 贵公司接受过来自以下国家、地区、当地政府机构或帮助过您的政府官员的任何正式或非正式援助吗?(在"是"或"否"方格中打√)

援助来源	是	否
获得银行贷款		
国外投资者		
获得国外技术许可		
潜在的国外客户		
潜在的国外消费者		

（续表）

援助来源	是	否
国内客户		
获得土地使用权		
获得厂房租赁、设备等折扣		
获得税收优惠		
其他（请注明）		

H2.1 您是否担任或曾经担任政府职位？（如果否，则跳至 H3）

（1）是____　　　　　　　　（2）否____

H2.2 您担任或曾经担任的政府职位级别是什么？（在对应的答案中打√）

级别	现在	之前
省/部级或更高		
局级		
处级		
科级或更低		

H3 您目前是以下组织的成员吗？位于什么级别？（请在对应的级别上打√，然后详细介绍）

| 组织 | 是 | 否 | 级别 | | | | | 职位详情 |
			乡镇	县	市	省份	中央	
人民代表大会								
中国人民政治协商会议								
所有的商业协会								
民营企业协会								
行业协会								
其他（请注明）								

H4 您之前是以下组织的成员吗？位于什么级别？（请在对应的级别上打√，然后详细介绍）

组织	是	否	级别					职位详情
			乡镇	县	市	省份	中央	
人民代表大会								
中国人民政治协商会议								
所有的商业协会								
民营企业协会								
行业协会								
其他（请注明）								

H5.1 除了您本人（如果您持有一些股份），其他一些股东担任或曾经担任政府职位吗？（如果否，则跳至 H6）

（1）是___   （2）否___

H5.2 如果是，指明最高的职位级别。（在相应的答案中打√，每列单选）

级别	现在	之前
省/部级或更高		
局级		
处级		
科级或更低		

H6.1 贵公司内是否有中国共产党组织？（如果否，则跳至 H7）

（1）是___   （2）否___

H6.2 评估党委在以下决策中的影响。（在相应的答案中打√，每行单选）

决策类型	没影响	中等影响	强烈影响
劳动关系问题			
投资			
生产			

H7.1 您经常资助党组织的活动吗？（如果否，则跳至 H8）

（1）是___   （2）否___

H7.2 对于这种资助，您期望每年总共留出多少资金？　　　　_____万元

H8.1 贵公司是否有工会？（如果否，则跳至 H9）

（1）是___   （2）否___

H8.2 评估工会在以下决策中的影响。(在相应的答案中打√,每行单选)

决策类型	没影响	中等影响	强烈影响
劳动关系问题			
投资			
生产			

H9.1 贵公司是否与外部专家有咨询合同,其是否向管理层和董事会提供重要的企业决策建议?(如果否,则跳至 H10)

(1)是____ (2)否____

H9.2 指明咨询合同持有人的专业背景。(可多选)

(1)研究机构 / 高等教育机构 (2)政府决策制定者和行政部门

(3)商业部门 (4)其他(请注明)_____

H10 贵公司偶尔会被政府部门和地方行政部门要求提供有关经济与社会发展的信息吗?

(1)是____ (2)否____

H11.1 贵公司是否组织社会活动(如宴会、节日或短假期)庆祝公司的周年纪念日或重大中国节日(如春节)?(如果否,则跳至 H12)

(1)是____ (2)否____

H11.2 请指明通常什么类型的宾客会出席这些活动。(多选)

(1)员工 (2)客户

(3)供应商 (4)股东

(5)地方行政人员 (6)地方官员

(7)其他(指明)_____

H12 在一个 1—7 分量表上(1 代表非常少,7 代表非常多),请圈出能够最好地描述您和贵公司在与政府机构的联系中利用关系程度的数值。

与各级政府	1—2—3—4—5—6—7
与行业机构	1—2—3—4—5—6—7
与其他政府机构,如税务局、银行、工商行政管理部门等	1—2—3—4—5—6—7

官僚主义

I1 在过去几年内，贵公司被检查了多少次或在贵公司受到监管的情形下，您（或您的员工）多少次被强制性要求与以下机构的官员谈话？对贵公司处罚了多少罚款或被查封的货物价值是多少？

政府机构	检查次数	谈话次数	罚款（万元）
税务稽查			
劳动和社会保障			
消防和建筑安全			
环境保护			
其他（请注明）			
总计			

I2 政府机构或官员是否参与贵公司以下类型的决策？

决策类型	是	否
投资决策		
招聘/裁员决策		
销售		
定价		
兼并与收购		
分红		
子公司的选址		
工资		
其他（请注明）		

组 织

J1.1 贵公司的发展是否遵循一些组织蓝图？（如果否，则跳至 J2）

    （1）是____　　　　　　　　　　（2）否____

J1.2 您在组织蓝图的设计上应考虑哪些方面？（可多选）

    （1）所有者/创始人的理念　　　（2）专业管理人员

（3）企业管理教育和培训计划　　（4）自主学习／读书

（5）模仿成功的国内企业　　　　（6）模仿成功的国际企业

（7）从自身失败中学习　　　　　（8）从其他企业失败中学习

（9）专业顾问　　　　　　　　　（10）其他

J2 请告诉我们贵公司组织的正规化程度。

正式规则	企业内的规章（如果是，打√）	决策者（请写下他们的职位）	执行或制度化年份
正式的、书面的组织规则			
正式的、书面的工作描述			
正式的、书面的绩效评估			
正式的、书面的工资标准			
正式的、书面的晋升流程			
企业账目的外部财务审计			
国际认证（包括ISO 9000、ISO 9001、ISO 9002、ISO 9003或ISO 9004）			

J3 请告诉我们贵公司在过去五年内重大的内部组织变革。

变革类型	如果是，打√	变革的年份
企业使命的转变		
区域／部门重组		
新技术实施		
兼并		
重大合作		
企业规模的调整		
外包		
新的管理计划（如全面质量管理、企业再造）		
其他（请注明）		

J4 您一般提前做多少年的企业战略／组织发展计划？（单选）

（1）没有发展计划　　　　　　　（2）1个月至4个月的计划

（3）4 个月至 1 年的计划　　　　　（4）5 年或更长

J5 贵公司成立时的商业战略是什么？（单选）

　　（1）为新的潜在市场创造新产品

　　（2）改进产品以维持目前的市场份额

　　（3）产品的营销和销售

　　（4）创新及增强市场竞争力

　　（5）降低产品成本

J6.1 如今贵公司是否仍采取同样的商业战略？（如果是，则跳至 J7）

　　（1）是____　　　　　　　　　　（2）否____

J6.2 最初的商业战略是在什么时候改变的？　　　　　　　　_____年

J6.3 贵公司目前的商业战略是什么？（单选）

　　（1）为新的潜在市场创造新产品

　　（2）改进产品以维持目前的市场份额

　　（3）产品的营销和销售

　　（4）创新及增强市场竞争力

　　（5）降低产品成本

J7 贵公司最初的用工模式是什么？（单选）

　　（1）尽力降低员工的工资成本

　　（2）通过双向承诺与员工保持长期友好的合作关系

　　（3）吸引行业内非常优秀的人才

　　（4）团队合作建设

J8.1 如今贵公司采用的还是同样的用工模式吗？（如果是，则跳至 J9）

　　（1）是____　　　　　　　　　　（2）否____

J8.2 在哪一年您改变了最初的用工模式？　　　　　　　　_____年

J8.3 您目前的用工模式是什么？（单选）

　　（1）尽力降低员工的工资成本

　　（2）通过双向承诺与员工保持长期友好的合作关系

（3）吸引行业内非常优秀的人才

（4）团队合作建设

J9 目前，为了吸引管理人才和技术人才，以下各项对贵公司来说有多重要？（请在相应的答案上打√，每行单选）

吸引方式	不重要	重要	最重要
薪酬与福利			
有吸引力的工作			
工作中的社会关系			

J10 目前，在选择管理人才和技术人才上，以下各项对贵公司来说有多重要？（请在相应的答案上打√，每行单选）

选择方式	不重要	重要	最重要
技能			
潜力			
与组织文化相适合			
社会关系管理			

J11 目前，在协调管理人才和技术人才上，以下各项对贵公司来说有多重要？（请在相应的答案上打√，每行单选）

协调方式	不重要	重要	最重要
直接监督			
同事间相互监督			
企业规则制度			

J12 在一个1—7分量表上（1代表非常低，7代表非常高），请圈出能够最好地描述贵公司在与竞争者的联系中利用关系程度的数值。

1—2—3—4—5—6—7

企业家的社会地位

K1 设想社会地位类似一个阶梯，等级从1—10（1代表最低，10代表最高）。您认为

普通大众会把民营企业家排在哪？（单选）

　　排名_____

K2 您认为贵公司在所在行业内的排名是多少？

　　排名_____

K3 您在贵公司获得的年收入（包括企业分红和奖金）是多少？（请在相应的类别上打√，单选）

　　（1）少于 100 000 元　　　　　（2）100 000—250 000 元

　　（3）250 000—500 000 元　　　（4）500 000—750 000 元

　　（5）750 000—1 000 000 元　　 （6）1 000 000—1 500 000 元

　　（7）1 500 000—2 000 000 元　 （8）多于 2 000 000 元

L1 非常感谢您腾出宝贵的时间参与我们的调查！在结束之前，我们想再多问一个问题。如果在一年内我们研究小组中的教授想对您进行访谈，您愿意参加吗？

　　（1）愿意　　　　　　　　　　（2）不愿意

　　（3）届时看情况

2006 年企业调查
首席财务官访谈问卷

问卷编号：_____

企业名称：_____

受访者姓名：_____

访谈日期：____年____月____日

行业类别：_____

企业地址：_____

城市：_____

受访者的电子邮箱：_____

是否坐落于产业园区内？　　（1）是____　　（2）否____

访谈人姓名：

　（1）主访谈人_____

　（2）副访谈人_____

访谈时间：_____分钟

受访者是否同意被记录？　　（1）是____　　（2）否____

财务信息

A1 请提供贵公司以下四个会计年度的信息。(如果企业在这三年中还未成立,在企业创立之前的年份上请填"无"。后续题项的填写规则亦如此)

项目	2005 年	2004 年	2003 年	成立之年
总资产价值(万元)				

A2 贵公司成立时的注册资本是多少? _____万元

B1 贵公司以下三个年度在职职工(包括合同员工)的平均总人数是多少?

项目	2005 年	2004 年	2003 年
在职职工平均总人数			

B2 您的员工当中大学毕业生占多少百分比? _____%

B3 请提供以下三个年度中贵公司的下列信息。(如果企业没有支付这些资金,请填"0")

项目	2005 年	2004 年	2003 年
全年工资总额(万元)			
全年退休养老保险(万元)			
全年健康保险(万元)			
全年失业保险(万元)			
全年就业保险(万元)			
全年其他保险(万元)			

C1 请提供贵公司以下三个年度的总销量和出口信息。(单位:万元。如果企业在特定年份内没有出口,则填"0";如果企业是在之后年份创立的,则填"无")

项目	2005 年	2004 年	2003 年	成立之年
销售总额(产品和服务,包括出口)				
出口总额(产品和服务,包括出口代理销量)				

D1 请报告贵公司以下三个年度的生产总成本,以总销售额的百分比或实际数值(万元)衡量。

项目	2005 年	2004 年	2003 年
生产总成本			

在下列选择一个打√：

____报告销量的百分比　　　　　　　　　　　　　____报告数值

E1 请报告贵公司在以下三个年度内新固定资产投资价值，应报告实际数值。（未进行投资的，请填"0"）

项目	2005 年	2004 年	2003 年
新固定资产总投资（万元）			

E2 贵公司新固定资产投资的平均折旧期限（以年为单位）是多少？　_____年

F1 请估计贵公司在以下三个年度内的旅游和娱乐费用总额。

项目	2005 年	2004 年	2003 年
旅游和娱乐费用总额（万元）			

企业结构

G1 贵公司在中国有多少家子公司（分厂、销售或服务网点）？　_____家

G2.1 贵公司是否隶属于一个企业集团？（如果否，则跳至 H1）

　（1）是____　　　　　　　　　　　（2）否____

G2.2 请写出企业集团的名称。

_____

G2.3 贵公司销售额中多少比例来自与同企业集团中其他企业的业务？　_____%

G2.4 供应量中多少比例来自同企业集团中的其他企业？　_____%

所有权

H1 以下每一个投资者持有贵公司的股份比例是多少？

投资者	股份比例（%）
高管或其家庭成员	
其他国内个体	
国内机构投资者	

(续表)

投资者	股份比例（%）
国内国有企业	
国内民营企业	
国内集体企业	
国内银行	
国外个体	
国外机构投资者	
国外企业	
国外银行	
国家/中央政府	
省政府	
市/县政府	
其他政府机构，包括合作社和集体企业	
总计	100%

H2 贵公司最大股东的持股比例是多少？ _____%

H3 如果有的话，海外华人（包括中国香港、中国澳门和中国台湾）的投资者持有的股份比例是多少？（如果没有，则填"0"） _____%

H4.1 2003年以来，贵公司的股权结构是否发生了改变？（如果否，则跳至I1）

（1）是____ （2）否____

H4.2 在哪一年，贵公司的股权结构变至现今的结构形式？

（1）2003年 （2）2004年

（3）2005年 （4）2006年

H4.3 在股权结构改变前，以下每一个投资者持有贵公司的股份比例是多少？

投资者	股份比例（%）
高管或其家庭成员	
其他国内个体	
国内机构投资者	
国内国有企业	
国内民营企业	
国内集体企业	

（续表）

投资者	股份比例（%）
国内银行	
国外个体	
国外机构投资者	
国外企业	
国外银行	
国家／中央政府	
省政府	
市／县政府	
其他政府机构，包括合作社和集体企业	
总计	100%

企业绩效

I1 贵公司在过去三年的利润是多少？

利润项目	2005年	2004年	2003年	成立之年
税后利润（万元）				
息税前利润（万元）				
留存收益（未分配给股东的利润）（万元）				

J1 包括所有子公司，贵公司在过去三年间的总负债是多少？

负债项目	2005年	2004年	2003年	成立之年
总负债（万元）				

竞争／市场地位

K1 建立一家完全像您当前企业的新企业，需要花费多少？ _____万元

税　收

L1 在以下会计年度内，您缴纳了多少税额？

项目	2005 年	2004 年	2003 年
税收总额（万元）			

L2 贵公司是否受益于任何税收减免政策？

（1）是____　　　　　　　　　　（2）否____

融　资

M1 在 2005 年和企业成立之年，总资本中多少比例是通过外部融资获得的？（如果为"0"，则跳过 M2）

项目	2005 年	成立之年
外部融资比例（%）		

M2.1 请在以下年度上注明贵公司外部融资来源的比例。

融资来源	2005 年	成立之年
国内商业银行		
外资商业银行		
投资基金 / 国家补贴		
贸易出口退税		
家人和亲戚的贷款		
朋友的贷款		
商业伙伴的贷款		
其他非正式来源（如借贷机构、非正规银行、典当行）		
其他		
总计	100%	100%

M2.2 贵公司 2005 年的外部融资总额是多少？　　　　　　　　　　_____万元

M3.1 您是否使用供应商信贷（即应付账款）购买原材料？（如果否，则跳至 M3.3）

（1）是____　　　　　　　　　　（2）否____

M3.2 贵公司多少比例的原材料是赊购的？　　　　　　　　　　　　_____%

M3.3 您的供应商提供给您赊购吗？

（1）是____　　　　　　　　　　（2）否____

M3.4 贵公司成立当年依靠贷款购买原材料的比例是多少? _____%

付款条件 / 客户信用

N1 平均来说,贵公司月销量中百分之多少是

  (1)先款后付 _____%

  (2)款货同清 _____%

  (3)赊销 _____%

   总计 100%

2009 年企业调查
总经理（所有者或职业经理）访谈问卷

问卷编号：_____

企业名称：_____

受访者姓名：_____

访谈日期：_____年_____月_____日

行业类别：_____

企业地址：_____

城市：_____

企业坐落于：

（1）城市

（2）县

（3）城镇

（4）乡村

受访者的电子邮箱：_____

企业是否坐落于产业园区内？　（1）是____　（2）否____

访谈人姓名：

（1）主访谈人_____

（2）副访谈人_____

访谈时间：_____分钟

受访者是否同意被记录？　（1）是____　（2）否____

个人背景

A 您是否在第一轮调查中被采访过？（如果是，则直接从 A6 开始）

　　（1）是____　　　　　　　　　（2）否____

A1 性别？

　　（1）男____　　　　　　　　　（2）女____

A2 出生日期？　　　　　　　　　　　　　　　　　　　　　_____年

A3 出生所在地？

　　_____省_____/市/县　　　邮政编码_____

A4 出生时的户口类型？

　　（1）农村____　　　　　　　　（2）城镇____

A5 您父母是否拥有或经营一家私营企业？

　　（1）是____　　　　　　　　　（2）否____

A6.1 您已获得的最高学历水平？（单选）

　　（1）国外博士学位　　　　　　（2）国内博士学位

　　（3）国外硕士学位　　　　　　（4）国内硕士学位

　　（5）国外本科学历　　　　　　（6）国内本科学历

　　（7）大专　　　　　　　　　　（8）职业学校/高中

　　（9）初中　　　　　　　　　　（10）小学

　　（11）未受过正规教育

A6.2 您接受过多少年的正规教育？　　　　　　　　　　　　　_____年

A7.1 您是否接受过任何专门的职业培训？（如果否，则跳至 A8）

　　（1）是____　　　　　　　　　（2）否____

A7.2 您接受过以下哪种培训？（可多选）

　　（1）MBA　　　　　　　　　　（2）EMBA

　　（3）公共行政管理　　　　　　（4）其他——请注明最重要的

A8 您在这家公司是哪一年开始担任总经理/CEO 职位的？　　　　　　_____年

A9.1 您现在是这家企业的所有者之一吗？（如果否，则跳至 A9.6）

（1）是____　　　　　　　　　　（2）否____

A9.2 您是这家企业最大的股东吗？

（1）是____　　　　　　　　　　（2）否____

A9.2.1 您的持股比例是多少？　　　　　　　　　　　　　　　　　_____%

A9.2.2 您个人的总财富中多少比例来自您在这家企业中的价值？　　_____%

A9.3 您是这家企业的创始人吗？（如果否，则跳至 A10）

（1）是____　　　　　　　　　　（2）否____

A9.3.1 您最初开办这家企业最重要的原因是什么？（单选）

（1）与之前组织领导者的关系不好　　（2）我的能力在此之前不能得到完全发挥

（3）为了获得更高的收入

（4）为了扩大之前的企业或使其多元化经营（如果您之前已经开办了另一家企业）

（5）没有工作，处于失业状态　　（6）工作不稳定

（7）想摆脱农业生产　　　　　　（8）其他（请指明）

A9.3.2 他人创立和经营企业的经验是否促使您开办自己的企业？

（1）是____　　　　　　　　　　（2）否____

A9.3.3 企业的创始资本来源是什么？

资本来源	初始投资比例
创始人自己的钱	
家庭成员的贷款	
朋友的贷款	
熟人的贷款	
地方政府的贷款	
国内银行贷款	
非正式来源（如借贷机构、非正规银行、典当行）	
其他	
总计	100%

A9.4 这是您创立的第一家企业吗？（如果否，则跳至 A10）

（1）是____　　　　　　　　　　（2）否____

A9.5 在此之前您开办了多少家企业？　　　　　　　　　　　　　_____家

A9.6 您是所有者聘请来的吗？

（1）是____　　　　　　　　　　（2）否____

A9.7 据您所知，招聘第一个 CEO 是什么时候？　　　　　　　　_____年

A10 您的劳动合同里包含绩效激励吗？

（1）是____　　　　　　　　　　（2）否____

A11.1 请您提供有关您成为这家企业的所有者/CEO 之前的两项工作信息。（如果之前从未工作过，则填"无"）

	时间段 （年到年）	职　位： （1）技术人员 （2）销售/营销人员 （3）会计/财务人员 （4）行政主管 （5）企业董事 （6）普通员工 （7）零售服务员工 （8）农民 （9）军人 （10）失业者 （11）其他	您的职位包括管理性工作吗？如果是，您的职位级别： （1）非管理人员 （2）基层管理人员 （3）中层管理人员 （4）高级管理人员
上个工作	从_____ 到_____		
上上个工作	从_____ 到_____		
	组　织： （1）研究机构 （2）高等教育机构 （3）党/政府组织 （4）国有企业 （5）"红顶"企业 （6）集体企业 （7）民营企业 （8）个体企业 （9）农村集体企业 （10）中外合资企业 （11）其他	部　门： （1）与目前企业同行业 （2）与目前企业不同的制造行业 （3）零售业 （4）批发业 （5）农业 （6）其他	在离职当年，您的年收入（包括奖金，万元）

A11.2 您是否担任过国有企业的管理者？

　　（1）是____　　　　　　　　　　　　（2）否____

A12.1 您是否担任过政府机构的干部职位？（如果否，则跳至 A13）

　　（1）是____　　　　　　　　　　　　（2）否____

A12.2 请指明您曾担任的政府干部级别？（单选）

　　（1）省 / 部级　　　　　　　　　　　（2）司厅 / 局级

　　（3）县 / 处级　　　　　　　　　　　（4）乡镇 / 科级

A13.1 您有亲属在政府机构担任干部职位吗？（如果否，则跳至 A14）

　　（1）是____　　　　　　　　　　　　（2）否____

A13.2 请指明您亲属担任的最高干部级别。（单选）

　　（1）省 / 部级　　　　　　　　　　　（2）司厅 / 局级

　　（3）县 / 处级　　　　　　　　　　　（4）乡镇 / 科级

A14 一周里，您通常花多少时间在以下活动上？

　　（1）阅读一篇国内新闻　　　　　　　　　　　　　　____时____分

　　（2）阅读一篇国际新闻　　　　　　　　　　　　　　____时____分

　　（3）阅读中国商业书籍　　　　　　　　　　　　　　____时____分

　　（4）阅读外国商业书籍　　　　　　　　　　　　　　____时____分

　　（5）上网　　　　　　　　　　　　　　　　　　　　____时____分

　　（6）观看电视上的商业新闻　　　　　　　　　　　　____时____分

A15 一个月内，您通常花多少时间在由专业 / 职业团体或其他商业协会组织的活动、会议等上面，在那里您能遇到其他的企业家和管理者吗？　　　　　　　　____时

A16.1 您是中国共产党党员吗？（如果否，则跳至 A17）

　　（1）是____　　　　　　　　　　　　（2）否____

A16.2 您在哪一年加入中国共产党？　　　　　　　　　　　　　　_____年

A16.3 您目前在中国共产党组织中的职位是什么？

　　（1）党委书记　　　　　　　　　　　（2）党委副书记

　　（3）党委委员　　　　　　　　　　　（4）党总支书记

（5）党总支副书记　　　　　　（6）党总支委员

（7）党支部书记　　　　　　　（8）党支部副书记

（9）党支部委员　　　　　　　（10）普通党员

A16.4 您之前在中国共产党组织中担任过什么职位?

（1）党委书记　　　　　　　　（2）党委副书记

（3）党委委员　　　　　　　　（4）党总支书记

（5）党总支副书记　　　　　　（6）党总支委员

（7）党支部书记　　　　　　　（8）党支部副书记

（9）党支部委员　　　　　　　（10）普通党员

A17 您对不同类型的人的信任程度是多少。评价等级从 1—5，1 代表非常不信任，5 代表非常信任。在以下类型的人当中，您对其有多大程度的信任?

零售商	
教师	
地方政府官员	
银行职员	
中央政府官员	
陌生人	
您自己的供应商	
警察	
您自己的客户	
法官和法院人员	
企业家／商人	

附录1 企业调查

A18 我们想更好地理解您的个人社会网络。我们对特别的人或人名并不感兴趣，但是我们想获得一些一般性的信息。

关系人	(1) 在这些人当中您认识多少? (如果受访者回答0,则跳至(6)列)	(2) 现在请告诉我们更多的关于您最有可能向其寻求帮助的人。此人与您是什么关系? (1)家人 (2)亲属 (3)朋友 (4)朋友的朋友 (5)同学 (6)同事 (7)邻居 (8)其他	(3) 您认识这个人多久? (1)少于1年 (2)1-5年 (3)多于5年 (4)无	(4) 您通常平均多久和这个人联系一下感情? (1)几乎每天 (2)每周至少1次 (3)每月至少1次 (4)每月不到1次	(5) 您是否需要给予其一定的奖励或礼物以寻求此人的帮助? (1)是 (2)否(回答后,跳至A19)	(6) 如果您对任何下列的官员都不熟悉,您需要帮助时,您会求助谁? (1)家人 (2)亲属 (3)朋友 (4)朋友的朋友 (5)同学 (6)同事 (7)邻居 (8)其他	(7) 这个人是否认识本来就这位官员中的一位? (1)是 (2)否	(8) 您是否需要给予其一定的奖励或礼物以寻求这些人的帮助? (1)是 (2)否
县/处级党干部								
市(或以上)级党委干部								

A19 想您想的五个最有价值的商业伙伴,请列出你们的关系。(可多选;对所有符合的打√)

最重要的关系人	关系人是您的客户	关系人是您的竞争者	关系人是您的供应商	联合购买原材料(买方集体)	如有需要,相互借贷	联合技术开发/技术问题解决	销售或营销/合作销性分销渠道上的相互协助	新客户推荐/介绍	关于市场发展(如新的市场趋势等)的信息共享	关于政府法规(如标准、税收等)的信息共享
1										
2										
3										
4										
5										

A20 非正式借贷（可多选）

假设当地商业界的老张遇到生意上的老熟人老李，并请他帮助解决一项投资的短期贷款问题。老李知道老张的公司经营得很好且有能力借钱给他。根据您对当地商业界的认识，如果老张仍然不同意老李的贷款请求，将会发生什么事？（请注意：如果受访者选择了选项1及其他选项，提醒他/她选项1的意思是什么都不会发生，并且在这一问题上标记 ×）

（1）什么都不会发生

（2）老李将把他的经历告诉其他人

（3）老李在未来也不会借钱给老张

（4）老张与老李的商业关系将产生质的变化（如减少交易等）

（5）除了老李，其他人也会区别对待老张

A21 帮助其他人创办企业（可多选）

假设一位长期员工老李想创办自己的公司，而且向他的老板老张寻求建议和帮助。老张对老李总是很满意且欣赏他的工作。尽管他们的关系很好，但是老张拒绝帮助或支持老李的决定。根据您对当地商业界的认识，将会发生什么事？（请注意：如果受访者选择了选项1及其他选项，提醒他/她选项1的意思是什么都不会发生，并且在这一问题上标记 ×）

（1）什么都不会发生

（2）老李将告诉其他人老张的这种严格立场

（3）老李将试图使老张的生意受损（如挖走客户等）

（4）老张与老李的个人关系将产生质的变化（如未来没有业务合作、信息共享等）

（5）除了老李，其他人也会区别对待老张

A22 有关父母的上一份工作信息

亲属	所受正式教育的最高水平 （1）没受过正式教育 （2）小学 （3）初中 （4）职业学校／高中 （5）本科 （6）硕士学位及以上	退休前职业或目前工作 （1）技术人员 （2）销售／营销人员 （3）会计／财务人员 （4）行政主管 （5）企业董事 （6）普通员工 （7）零售服务员工 （8）农民 （9）军人 （10）失业者 （11）其他	组织 （1）研究机构 （2）高等教育机构 （3）党／政府组织 （4）国有企业 （5）"红顶"企业 （6）集体企业 （7）民营企业 （8）个体企业 （9）农村集体企业 （10）中外合资企业 （11）其他
父亲			
母亲			

企业信息

B 该企业是否参加过第一轮调查？（如果是，则直接从 B7 开始）

　　（1）是____　　　　　　　　　　（2）否____

B1 企业在哪一年注册为民营企业？　　　　　　　　　　　　　　　　_____年

B2.1 在注册为民营企业之前，企业是否存在？（如果否，则跳至 B3）

　　（1）是____　　　　　　　　　　（2）否____

B2.2 企业之前以何种所有权形式存在？（单选）

　　（1）国有企业　　　　　　　　　（2）城镇集体所有企业

　　（3）农村集体所有企业　　　　　（4）民营企业

　　（5）其他（请注明）_____

B3 在企业注册为民营企业的当年，有多少投资者加入？　　　_____人

B4 在企业创立时，全职员工的总计人数是多少？　　　　　　　_____人

B5 企业创立当年的年销售额是多少？　　　　　　　　　　　　_____万元

B6 民营企业是以哪种法定的组织形式成立的？（单选）

（1）独资企业　　　　　　　　（2）合资企业

（3）有限责任公司　　　　　　（4）股份有限公司

（5）一家国内企业的子公司/分公司

（6）其他（请注明）_____

B7.1 自从民营企业成立后，其法定的组织形式改变过吗？（如果否，则跳至B8）

（1）是____　　　　　　　　　（2）否____

B7.2 作为民营企业成立后，企业法定地位发生过多少次变化？　　　_____次

B7.3 最后一次法定组织形式变化发生在哪一年？　　　　　　　　　_____年

B7.4 企业目前是哪一种法定组织形式？（单选）

（1）独资企业　　　　　　　　（2）合资企业

（3）有限责任公司　　　　　　（4）股份有限公司

（5）一家国内企业的子公司/分公司

（6）其他（请注明）_____

B8 贵公司在股票市场（国内或国外）上市了吗？

（1）是____　　　　　　　　　（2）否____

B9 在注册为民营企业之前，企业是否曾经作为一家"红顶"企业在经营？

（1）是____　请指出经营时段：从____年到____年

（2）否____

B10 假设一个意想不到的投资机会出现了，您将去何处筹集资金？列出三个最有可能的融资来源。

（1）国内商业银行　　　　　　（2）外资商业银行

（3）投资基金/国家补贴　　　　（4）贸易出口退税

（5）家人和亲戚的贷款　　　　（6）朋友的贷款

（7）商业伙伴的贷款

（8）其他非正式来源（如借贷机构、非正规银行、典当行）

（9）其他

B11 假设老李以一种非正式贷款的形式借款给老张,从而进一步投资老张的公司。当贷款到期时,老张无能力还款给老李。进一步假设老张"以实物"偿付拒绝还款给老李。根据您对当地商业界的认识,将会发生什么事?(请注意:如果受访者选择了选项1及其他选项,提醒他/她选项1的意思是什么都不会发生,并且在这一问题上标记×)

(1)什么都不会发生

(2)老李将把这一经历告诉其他人(如商界的朋友、客户、供应商)

(3)老李将尽力弥补他的损失(例如,从老张处索取原材料或商品)

(4)老李和老张的商业关系将发生质的变化

(5)除了老李,其他人也会对老张的行为有所反应(例如,未来不会贷款,仅现金交易;或者不再进行更多的商业交易)

公司治理

C1.1 企业的有些股东是否担任公司的管理职位?(如果否,则跳至C2.1)

(1)是____   (2)否____

C1.2 目前有多少股东担任管理职位? _____人

C1.3 目前担任管理职位的股东持有多少比例的股份? _____%

C2.1 贵公司是否有股东大会?

(1)是____   (2)否____

C2.2 每年举行多少次股东大会? _____次

C3.1 贵公司是否有董事会?(如果否,则跳至C4)

(1)是____   (2)否____

C3.2 董事会有多少成员? _____人

C3.3 董事会成员里有独立董事吗?(如果否,则跳至C3.5)

(1)是____   (2)否____

C3.4 董事会里有多少独立董事成员? _____人

C3.5 董事会有退休高管吗?

（1）是____　　　　　　　　　　　　（2）否____

C3.6 董事会每年召开多少次?　　　　　　　　　　　　　　　_____次

C3.7 您是否也是董事会主席?

（1）是____　　　　　　　　　　　　（2）否____

C3.8 有多少董事会成员同时持有与贵公司业务相关的其他企业的股份?　_____人

C3.9 有多少董事会成员在与贵公司业务相关的其他企业中担任着平行的职位?（如董事会成员、监事会成员、管理职位等）　　　　　　　　　_____人

C4 贵公司有监事会吗?

（1）是____　　　　　　　　　　　　（2）否____

C5 企业作为民营企业创立以来，CEO 的职位有过变化吗?

（1）是____　　　　　　　　　　　　（2）否____

供应商关系

D1 2008 年，贵公司物力的投入和供应的百分比是

从国内购买	
通过进口购买	
总计	100%

D2 您最大的供应商的所有权类型是什么?

（1）国有企业　　　　　　　　　　　（2）集体所有企业

（3）民营企业　　　　　　　　　　　（4）外资（全资）企业

（5）合资企业　　　　　　　　　　　（6）合营企业

（7）其他（请注明）_____

D3 请提供有关贵公司最重要的投入信息:

投入	对这一投入所使用的供应商总数量

D4.1 想一想贵公司目前在重要投入（上面列出的）上的主要供应商，关于这一关系我们可以问一些问题吗？

该供应商是否通过以下渠道中的一种被介绍给您（单选）： （1）家人 （2）亲戚 （3）朋友 （4）生意上的熟人 （5）未通过个人推荐介绍	您与该供应商的关系维持多少年了？	该供应商是否给您提供贸易信贷？ （1）是 （2）否	您赊购吗？ （1）是 （2）否	如果您赊购，在供应商催促您支付之前有多少天的时限？	如果该供应商收取利息，利率是多少？	供应商施以罚款前的平均天数是多长？

D4.2 您与贵公司成立当年在重要投入上的主要供应商还保持商业关系吗？（如果否，则跳至 D5）

　　（1）是____　　　　　　　　　　（2）否____

D4.3 涉及贵公司成立当年在重要投入上的主要供应商，关于这一关系我们想了解以下问题。

该供应商是否通过以下渠道中的一种被介绍给您（单选）： （1）家人 （2）亲戚 （3）朋友 （4）生意上的熟人 （5）未通过个人推荐介绍	您与该供应商的关系维持多少年了？	该供应商是否给您提供贸易信贷？ （1）是 （2）否	您赊购吗？ （1）是 （2）否	如果您赊购，在供应商催促您支付之前有多少天的时限？	如果该供应商收取利息，利率是多少？	供应商施以罚款前的平均天数是多长？

D5 在一个 1—7 分（从非常少到非常多）量表上，请圈出能够最好地描述贵公司在与供应商的联系中利用关系程度的数值。

1—2—3—4—5—6—7

D6 贵公司重要的供应商都位于哪里？请在以下位置给出相应的百分比：

（1）与贵公司在同一地方 _____%

（2）与贵公司在同一区域 _____%

（3）在中国境内但不在同一省份 _____%

（4）海外（包括中国香港、中国澳门和中国台湾） _____%

D7 贵公司原材料供应商中是否有贵公司所有者的亲戚？

（1）是____ （2）否____

D8.1 2006—2008年，您们是否与供应商产生过纠纷（如延期、暂停付款、货物退回、取消未来的发货）？（如果否，则跳至D9）

（1）是____ （2）否____

D8.2 如果是，产生过多少次纠纷？ _____次

D8.3 贵公司如何处理与供应商的纠纷？（单选）

（1）忽视

（2）尽最大努力谈判，并将其解决

（3）将此事诉诸当地政府或行政部门

（4）去法院提起诉讼

（5）利用个人关系解决

（6）其他方式（请注明）_____

D8.4 2006—2008年，您们通过法院解决了多少次纠纷？ _____次

D9 如果您们供应商当中有的欺骗了另一家公司，您们是否能够发现？

（1）是____ （2）否____

D10 贵公司总供应量（价值）中有多少是基于与供应商的书面合同的？ _____%

D11 在选择一个关键投入原材料的新供应商之前，您是基于什么决策的？（单选）

（1）仅依赖个人经验

（2）根据其在长期商业伙伴中良好的声誉

（3）根据其在工商管理信息中良好的声誉

（4）根据其在朋友和家人信息中良好的声誉

（5）产品的质量、价格和供应时间

（6）其他（请注明）_____

D12 准时交货（可多选）

假设老张交付老李的供货明显发生了延迟；相应地，老李失去了其中一个客户的合同。而老张拒绝弥补老李的损失。根据您对当地商业界的认识，将会发生什么事？（请注意：如果受访者选择了选项1及其他选项，提醒他/她选项1的意思是什么都不会发生，划掉选项1并且在这一问题上标记×）

（1）什么都不会发生

（2）老李将这一经历告诉其他人（如商界的朋友、客户、供应商）

（3）老李在未来与老张的交易中将尽力弥补他的损失（例如，在未来的交易中协商一个更好的价格等）

（4）老李和老张的商业关系将发生质的变化（如未来没有业务来往、信息共享等）

（5）除了老李，其他人也会对老张的商业行为有所反应（例如，减少或切断与老张的商业往来）

D13 保持质量（可多选）

假设老张已交付（有意行为）劣质的产品给老李且拒绝解决问题。很据您对当地商业界的认识，将会发生什么事？（请注意：如果受访者选择了选项1及其他选项，提醒他/她选项1的意思是什么都不会发生，划掉选项1并且在这一问题上标记×）

（1）什么都不会发生

（2）老李将这一经历告诉其他人（如商界的朋友、客户、供应商）

（3）老李在未来与老张的交易中将尽力弥补他的损失（如对未来的交易不必支付等）

（4）老李和老张的商业关系将发生质的变化（如未来没有业务往来等）

（5）除了老李，其他人也会区别对待老张（例如，减少或切断与老张的商业往来）

D14 按时支付（可多选）

假设老李根据合同明细已按时将商品交付老张；但是在合理的时段之后，老张仍然没有支付该商品。根据您对当地商业界的认识，将会发生什么事？（请注意：如果受访者选择了选项1及其他选项，提醒他/她选项1的意思是什么都不会发生，划掉

选项 1 并且在这一问题上标记 ×）

（1）什么都不会发生

（2）老李将这一经历告诉其他人（如商界的朋友、客户、供应商）

（3）老李和老张的商业关系将发生质的变化（如未来没有业务往来等）

（4）除了老李，其他人也会区别对待老张（例如，减少或切断与老张的商业往来）

客户关系

E1 您们主要产品的主要市场在哪里？

（1）您们城市　　　　　　　　（2）您们省份

（3）中国　　　　　　　　　　（4）海外（出口）

E2 2008 年，下列各对象占贵公司国内销量的百分比大约是多少？

（1）政府　　　　　　　　　　　　　　　　　　　　_____%

（2）国有企业　　　　　　　　　　　　　　　　　　_____%

（3）位于中国境内的跨国公司　　　　　　　　　　　_____%

（4）贵公司的母公司或附属子公司　　　　　　　　　_____%

（5）大型国内民营企业（300+ 名员工）　　　　　　　_____%

（6）小型民营企业或个体　　　　　　　　　　　　　_____%

（7）其他（请注明）　　　　　　　　　　　　　　　_____%

E3.1 为了确保重要的合同，您是否和客户参加社交活动？（如果否，则跳至 E4）

（1）是____　　　　　　　　（2）否____

E3.2 您在宴请、礼物、差旅费等方面的花费占合同价值的比例大约是多少？_____%

E4 您的销售额中来自老客户的百分比是多少？　　　　　　　　　　_____%

E5 您当面（如在街上能够认出他们并停下来聊一会）能认识多少客户？_____%

E6 在一个 1—7 分（从非常少到非常多）量表上，请圈出能够最好地描述贵公司在与客户的联系中利用关系程度的数值。

1—2—3—4—5—6—7

E7 在主营业务上,贵公司平均多久能够与客户做成生意?

(1)少于1年 (2)1年或1—2年

(3)2年或2—3年 (4)3年或3—4年

(5)4年或以上

E8 以销量衡量,贵公司主营业务产品购买者的地理位置分布?(给出百分比)

(1)与贵公司在同一地方 _____%

(2)与贵公司在同一省份或市区 _____%

(3)在中国境内但不在同一省份 _____%

(4)海外(包括中国香港、中国澳门和中国台湾) _____%

E9.1 2006—2008年,您们是否与客户产生过商业纠纷?(如果否,则跳至E10)

(1)是____ (2)否____

E9.2 如果是,产生过多少次纠纷? _____次

E9.3 贵公司一般如何处理与客户的纠纷?(单选)

(1)忽视

(2)尽最大努力谈判,并将其解决

(3)将此事诉诸当地政府或行政部门

(4)去法院提起诉讼

(5)利用个人关系解决

(6)其他方式(请注明)_____

E9.4 2006—2008年,您们通过法院解决了多少次纠纷? _____次

E10 贵公司总销量(价值)中有多少是基于与客户的书面合同的? _____%

E11.1 贵公司是通过社会交往找到第一个客户的吗?

(1)是____ (2)否____

E11.2 如果是,请指明这种联系的方式。(单选)

(1)家人和亲戚 (2)朋友

(3)熟人

E12.1 贵公司是通过社会网络找到目前最重要（最大规模）的客户的吗？（如果否，则跳至 E13）

　　（1）是____　　　　　　　　　　（2）否____

E12.2 如果是，请指明这种联系的方式。（单选）

　　（1）家人和亲戚　　　　　　　　（2）朋友

　　（3）熟人

E13 现在我想问您一些有关战略定位的问题。在 1—7 分（1=完全不赞成，7=完全赞成）量表上，您如何对贵公司进行划分？

在制定战略决策时，我们不断寻求在市场上推出新的品牌或新产品	1—2—3—4—5—6—7
在制定战略决策时，我们迅速响应市场机遇信号	1—2—3—4—5—6—7
我们寻求一个巨大的市场机遇，并支持冒险性的决策，尽管其结果存在着不确定性	1—2—3—4—5—6—7

E14 根据对贵公司的重要性（1 代表最不重要的，7 代表最重要的），对以下销售方面的策略进行排序。（首先阅读所有选项，然后让受访者回答。注意：除了 0 值，不允许有两个或以上选项是同一排名，并且每一项都必须排序）

销售策略	排名 0，1—7
低价	
高产品质量	
快速交货	
提供卖方赊销	
销售地点	
声誉	
售后支持	

E15.1 2008 年的销售增长率：_____%

E15.2 2008 年的净利润增长率：_____%

E16 回想贵公司创立阶段，根据对贵公司的重要性（1 代表最不重要的，7 代表最重要的），对以下销售方面的策略进行排序。（首先阅读所有选项，然后让受访者回答。注

意：除了0值，不允许有两个或以上选项是同一排名，并且每一项都必须排序）

销售策略	排名0，1—7
低价	
高产品质量	
快速交货	
提供卖方赊销	
销售地点	
声誉	
售后支持	

E17 假设老张和老李已经维持了多年的商业信任关系；突然，老李主动地尝试挖走老张的客户。根据您对当地商业界的认识，将会发生什么事？（请注意：如果受访者选择了选项1及其他选项，提醒他/她选项1的意思是什么都不会发生，划掉选项1并且在这一问题上标记×）

（1）什么都不会发生

（2）老张将这一经历告诉其他人（客户及其他人）

（3）老张也将尝试挖走老李的客户以弥补这一损失

（4）老李和老张的商业关系将发生质的变化（如更少的信息共享等）

（5）其他人也将区别对待老李

E18 您对其他人有什么期盼？在1—7分（1代表完全不同意，7代表完全同意）量表上排序。

我相信我的大多数生意伙伴会提供商业建议给他人	1—2—3—4—5—6—7
我相信我的大多数生意伙伴会借钱给他人，如果他们想创办自己的企业	1—2—3—4—5—6—7
如果我的生意伙伴自身不能够接受订单，我相信他们中的大多数会将客户需求传递给他人	1—2—3—4—5—6—7
如果我的生意伙伴认识的人在做生意上有任何形式的不正当行为，我相信他们中的大多数会告知他人	1—2—3—4—5—6—7

（续表）

如果一个生意上的朋友有重大的技术问题且不解决将面临失去合同的风险，我相信我的大多数生意伙伴会帮助他人解决设备/技术问题	1—2—3—4—5—6—7

劳动关系

F1 以下各类员工数量占贵公司总员工数的比例是多少？

管理人员	技术人员	非技术员工	其他	总计
				100%

F2 在这些不同类型的员工招聘中，贵公司通常采用何种招聘渠道？（请给出在2006—2008年采用各渠道的比例）

招聘渠道	管理人员	技术人员	非技术员工
直接申请			
人力资源交流中心			
就业服务中心			
发布广告			
临时工			
通过家人或亲属			
通过朋友			
通过熟人			
来自所有权变更前的先前企业			
关联招聘（员工推荐他们的朋友和熟人）			
其他（请注明）			
总计	100%	100%	100%

创 新

G1.1 2006—2008年，贵公司（包括所有子公司）采取过下列举措吗？

创新类型	采取? （1）是 （2）否	如果你已有合作者，指明合作的类型(可多选) （1）研究机构 （2）高等教育机构 （3）其他企业 （4）没有合作者
新专利获批		
推出一种新产品		
升级现有的产品线		
中断至少一条产品（非生产）线		
同意与外国合作伙伴成立一家新的合资企业		
获得一份新的许可协议		
将一项之前在组织内部进行的主要生产活动外包		
新的生产工艺改进		
新的管理技术		
生产中新的质量控制体系		

G1.2 如果贵公司在 2006—2008 年推出了一个新产品，那么 2008 年总销售价值中来自新产品的百分比是多少？（如果没有推出新产品，则填"无"）　　　　　　％

G1.3 2006—2008 年，下列作为新的且改进的产品、流程、服务想法或信息来源的重要性程度如何？（指出三个最重要的来源）

　　（1）顾客 / 客户

　　（2）供应商

　　（3）来自企业内部（如员工、自身研发部门）

　　（4）来自同行业的其他国内企业

　　（5）来自其他行业的其他国内企业

　　（6）来自海外企业 / 国际企业

　　（7）行业协会或民营企业协会

　　（8）科学 / 行业 / 贸易的书籍或期刊

(9）会议或贸易展览会

(10）中央/地方政府援助服务

(11）大学、研究机构、研究顾问或服务

(12）技术的、行业的或服务的标准

(13）银行、会计师或财务顾问

(14）其他（请注明）_____

G2.1 贵公司是否开展了自己的研发活动/有一个研发部门？（如果否，则跳至G3.1）

　　（1）是____　　　　　　　　　　（2）否____

G2.2 贵公司每年在研发活动上的预算是多少？　　　　　　_____万元

G3.1 贵公司是否拥有专利（产品或技术方面）？（如果否，则跳至H1）

　　（1）是____　　　　　　　　　　（2）否____

G3.2 如果是，目前拥有多少项专利？　　　　　　　　　　　_____项

G3.3 如果是，请指明每一类别的专利数量：

　　（1）发明专利　　　　　　　　　　　　　　　　　　　_____项

　　（2）设计专利（一种用于功能性物品的装饰设计）　　　_____项

　　（3）实用新型　　　　　　　　　　　　　　　　　　　_____项

制度环境

政府关联

H1 2006—2008年，贵公司接受过来自以下国家、地区、当地政府机构或帮助过您的政府官员的任何正式或非正式援助吗？（在是或否方格中打√）

援助来源	是	否
获得银行贷款		

（续表）

援助来源	是	否
国外投资者		
获得国外技术许可		
潜在的国外客户		
潜在的国外消费者		
国内客户		
获得土地使用权		
获得厂房租赁、设备等折扣		
获得税收优惠		
其他（请注明）		

H2.1 您是否担任或曾经担任政府职位？（如果否，则跳至 H3）

（1）是____ （2）否____

H2.2 您担任或曾经担任的政府职位级别是什么？（在对应的答案中打√）

级别	现在	之前
省／部级或更高		
局级		
处级		
科级或更低		

H3 您目前是以下组织的成员吗？

组织	（1）是 （2）否	如果是， 从哪一年开始？
人民代表大会		
中国人民政治协商会议		
所有的商业协会		
民营企业协会		
行业协会		
其他（请注明）		

H4 您之前是以下组织的成员吗？位于什么级别？（请在对应的级别上打√，然后详细介绍）

组织	是	否	级别					职位详情
			乡镇	县	市	省份	中央	
人民代表大会								
中国人民政治协商会议								
所有的商业协会								
民营企业协会								
行业协会								
其他（请注明）								

H5 除了您本人（如果您持有一些股份），其他一些股东担任或曾经担任政府职位吗？

（1）是____   （2）否____

H6 贵公司内是否有中国共产党组织？

（1）是____   （2）否____

H7.1 2006—2008年，您经常资助党组织的活动吗？

（1）是____   （2）否____

H7.2 对于这种资助，您平均每年总共留出多少资金？　　　　　　_____万元

H8 贵公司是否有工会？

（1）是____   （2）否____

H9.1 贵公司是否与外部专家有咨询合同，其是否向管理层和董事会提供重要的企业决策建议？（如果否，则跳至H10）

（1）是____   （2）否____

H9.2 指明咨询合同持有人的专业背景。（可多选）

（1）研究机构/高等教育机构　　（2）政府决策制定者和行政部门

（3）商业部门　　（4）其他（请注明）_____

H10 贵公司偶尔会被政府部门和地方行政部门要求提供有关经济与社会发展的信息吗？

（1）是____   （2）否____

H11 贵公司是否组织社会活动（如宴会、节日或短假期）庆祝公司的周年纪念日或重大中国节日（如春节）？

（1）是____ （2）否____

H12 在一个1—7分（1代表非常少，7代表非常多）量表上，请圈出能够最好地描述您和贵公司在与政府机构的联系中利用关系程度的数值。

与各级政府	1—2—3—4—5—6—7
与行业机构	1—2—3—4—5—6—7
与其他政府机构，如税务局、银行、工商行政管理部门等	1—2—3—4—5—6—7

组 织

J1.1 贵公司的发展是否遵循一些组织蓝图？（如果否，则跳至J2）

（1）是____ （2）否____

J1.2 您在组织蓝图的设计上应考虑哪些方面？（可多选）

（1）所有者/创始人的理念　　（2）专业管理人员

（3）企业管理教育和培训计划　（4）自主学习/读书

（5）模仿成功的国内企业　　　（6）模仿成功的国际企业

（7）从自身失败中学习　　　　（8）从其他企业失败中学习

（9）专业顾问　　　　　　　　（10）其他

J2 请告诉我们贵公司组织的正规化程度。

正式规则	企业内的规章（如果是，打√）	执行或制度化年份
正式的、书面的组织规则		
正式的、书面的工作描述		
正式的、书面的绩效评估		
正式的、书面的工资标准		
正式的、书面的晋升流程		
企业账目的外部财务审计		
国际认证（包括ISO 9000、ISO 9001、ISO 9002、ISO 9003或ISO 9004）		

J3 请告诉我们贵公司在 2006—2008 年的任何重要的内部组织变革。

变革类型	如果是，打√	变革的年份
企业使命的转变		
区域／部门重组		
新技术实施		
兼并		
重大合作		
企业规模的调整		
外包		
新的管理计划（如全面质量管理、企业再造）		
其他（请注明）		

J4 您一般提前做多少年的企业战略／组织发展计划？（单选）

（1）没有发展计划　　　　　　　（2）1 个月至 4 个月的计划

（3）4 个月至 1 年的计划　　　　（4）1—3 年计划

（5）5 年及以上计划

J5 贵公司成立时的商业战略是什么？（单选）

（1）为新的潜在市场创造新产品　　（2）改进产品以维持目前的市场份额

（3）产品的营销和销售　　　　　　（4）创新及增强市场竞争力

（5）降低产品成本

J6.1 如今贵公司是否仍采取同样的商业战略？（如果是，则跳至 J7）

（1）是____　　　　　　　　　　（2）否____

J6.2 贵公司目前的商业战略是什么？（单选）

（1）为新的潜在市场创造新产品　　（2）改进产品以维持目前的市场份额

（3）产品的营销和销售　　　　　　（4）创新及增强市场竞争力

（5）降低产品成本

J7 贵公司最初的用工模式是什么？（单选）

（1）尽力降低员工的工资成本

（2）通过双向承诺与员工保持长期友好的合作关系

（3）吸引行业内非常优秀的人才

（4）团队合作建设

J8.1 如今贵公司采用的还是同样的用工模式吗？（如果是，则跳至 J9）

　　（1）是____　　　　　　　　　　（2）否____

J8.2 在哪一年您改变了最初的用工模式？　　　　　　　　　_____年

J8.3 您目前的用工模式是什么？（单选）

　　（1）尽力降低员工的工资成本

　　（2）通过双向承诺与员工保持长期友好的合作关系

　　（3）吸引行业内非常优秀的人才

　　（4）团队合作建设

J9 目前，为了吸引管理人才和技术人才，以下各项对贵公司来说有多重要？（请在相应的答案上打√，每行单选）

吸引方式	不重要	重要	最重要
薪酬与福利			
有吸引力的工作			
工作中的社会关系			

J10 目前，在选择管理人才和技术人才上，以下各项对贵公司来说有多重要？（请在相应的答案上打√，每行单选）

选择方式	不重要	重要	最重要
技能			
潜力			
与组织文化相适合			
社会关系管理			

J11 目前，在协调管理人才和技术人才上，以下各项对贵公司来说有多重要？（请在相应的答案上打√，每行单选）

协调方式	不重要	重要	最重要
直接监督			
同事间相互监督			
企业规则制度			

J12 在一个 1—7 分（1 代表非常少，7 代表非常多）量表上，请圈出能够最好地描述贵公司在与竞争者的联系中利用关系程度的数值。

1—2—3—4—5—6—7

企业家的社会地位

K1 设想社会地位类似一个阶梯，等级由 1 至 10（1 代表最低，10 代表最高）。您认为普通大众会把民营企业家排在哪？（单选）

排名_____

K2.1 您认为贵公司在所在行业内的排名是多少。

排名_____

K2.2 您认为其他人对您有什么期盼？由 1 至 7 排列以下各项（1 代表完全不同意，7 代表完全同意）。

我相信我的大多数生意伙伴会希望我提供商业建议	1—2—3—4—5—6—7
我相信我的大多数生意伙伴会希望我借钱给他人，如果他们想创办一家企业	1—2—3—4—5—6—7
如果我自身不能够接受订单，我相信我的大多数生意伙伴会希望我传递客户的需求	1—2—3—4—5—6—7
如果我认识的某些人做生意中有任何的不正当行为，我相信我的大多数生意伙伴会希望我告知他们	1—2—3—4—5—6—7
我相信我的大多数生意伙伴会希望我帮助他们解决设备/技术问题，如果他们有重大的技术问题且不解决将面临失去合同的风险	1—2—3—4—5—6—7

K3 您目前在贵公司获得的年收入（包括企业分红和奖金）是多少？（请在相应的类别上打√，单选）

（1）少于 50 000 元　　　　　　（2）50 000—100 000 元

（3）100 000—150 000 元　　　　（4）150 000—200 000 元

（5）200 000—250 000 元　　　　（6）250 000—375 000 元

（7）375 000—500 000 元　　　　（8）500 000—750 000 元

（9）750 000—1 000 000 元　　　　　（10）1 000 000—1 500 000 元

（11）1 500 000—2 000 000 元　　　　（12）多于 2 000 000 元

K4.1 是否有人受到您的创业和经历的鼓舞而创办了一家企业？

　　（1）是____　　　　　　　　　　（2）否____

K4.2 在这些人中，多少人是家人、亲属、朋友和熟人（员工、邻居等）？_____人

L1 非常感谢您腾出宝贵的时间参与我们的调查！在结束之前，我们想再多问一个问题。如果在一年内我们研究小组中的教授想对您进行访谈，您愿意参加吗？

　　（1）愿意____　　　　　　　　　（2）不愿意____

　　（3）届时看情况

2009 年企业调查
首席财务官访谈问卷

问卷编号：_____

企业名称：_____

受访者姓名：_____

访谈日期：_____年_____月_____日

行业类别：_____

企业地址：_____

城市：_____

受访者的电子邮箱：_____

企业是否坐落于产业园区内？　　（1）是____　　（2）否____

访谈人姓名：

　（1）主访谈人_____

　（2）副访谈人_____

访谈时间：_____分钟

受访者是否同意被记录？　　（1）是____　　（2）否____

财务信息

A1 请提供贵公司以下四个会计年度的信息。市场价值是指您把企业转让给他人所产生的价值。（如果企业在这三年中还未成立，则在企业成立之前的年份上填"无"。以下题项的填写规则亦如此）

项目	2008 年	2007 年	2006 年	成立之年
总资产的账面价值（万元）				
总资产的市场价值（万元）				

A2 贵公司成立时的注册资本是多少？　　　　　　　　　　　　＿＿＿＿＿＿万元

A3 请提供贵公司以下四个会计年度的信息。

项目	2008 年	2007 年	2006 年	成立之年
总资产净值的账面价值（总资产 - 总负债）（万元）				
总资产净值的市场价值（总资产 - 总负债）（万元）				

A4 请提供贵公司以下四个会计年度的信息。

项目	2008 年	2007 年	2006 年	成立之年
总营运资本的价值（万元）				

B1 贵公司以下三个年度在职职工（包括合同员工）的平均总人数是多少？

项目	2008 年	2007 年	2006 年
在职职工平均总人数			

B2 您的员工当中大学毕业生占多少百分比？　　　　　　　　　　　＿＿＿＿＿＿％

B3 请提供贵公司以下三个年度的信息。（如果企业没有支付这些资金，请填"0"）

项目	2008 年	2007 年	2006 年
全年工资总额（万元）			
全年保险总额（万元）			

C1 请提供贵公司以下四个年度的总销量和出口信息。(如果企业在特定年份内没有出口,则填"0";如果企业是在其之后创立的,则填"无")

项目	2008 年	2007 年	2006 年	成立之年
销售总额(产品和服务,包括出口)(万元)				
出口总额(产品和服务,包括出口代理销量)(万元)				

D1 请报告贵公司以下三个年度的生产总成本,以总销售额的百分比或实际数值(万元)衡量。

项目	2008 年	2007 年	2006 年
生产总成本			

在下列中选择一个打√:

____报告销量的百分比　　　　　　　　　　____报告数值

E1 请报告贵公司在以下三个年度内新固定资产投资价值。(未进行投资的,请填"0")

项目	2008 年	2007 年	2006 年
新固定资产总投资(万元)			

F1 请估计贵公司在以下三个年度内的旅游和娱乐费用总额。

项目	2008 年	2007 年	2006 年
旅游和娱乐费用总额(万元)			

企业结构

G1 贵公司目前在中国有多少家子公司(分厂、销售或服务网点)?　　　_____家

G2.1 贵公司是否隶属同一企业集团?

　　(1)是____　　　　　　　　　(2)否____

G2.2 请写出企业集团的名称。

所有权

H1 以下每一个投资者持有贵公司的股份比例是多少?

投资者	股份比例(%)
高管或其家庭成员	
其他国内个体	
国内机构投资者	
国内国有企业	
国内民营企业	
国内集体企业	
国内银行	
国外个体	
国外机构投资者	
国外企业	
国外银行	
国家/中央政府	
省政府	
市/县政府	
其他政府机构,包括合作社和集体企业	
总计	100%

H2 贵公司目前最大股东的持股比例是多少? _____%

H3 如果有的话,海外华人(包括中国香港、中国澳门和中国台湾)的投资者持有的股份比例是多少?(如果没有,则填"0") _____%

H4.1 2005年以来,贵公司的股权结构是否发生了改变?(如果否,则跳至I1)

 (1)是____   (2)否____

H4.2 在哪一年,贵公司的股权结构变至现今的结构形式?

 (1)2006年   (2)2007年

 (3)2008年   (4)2009年

H4.3 在股权结构改变前,以下每一个投资者持有贵公司的股份比例是多少?

投资者	股份比例(%)
高管或其家庭成员	
其他国内个体	
国内机构投资者	
国内国有企业	
国内民营企业	
国内集体企业	
国内银行	
国外个体	
国外机构投资者	
国外企业	
国外银行	
国家/中央政府	
省政府	
市/县政府	
其他政府机构,包括合作社和集体企业	
总计	100%

企业绩效

I1 贵公司在过去四年的利润是多少?

利润项目	2008年	2007年	2006年	成立之年
税后利润(万元)				
息税前利润(万元)				
留存收益(未分配给股东的利润)(万元)				

J1 包括所有子公司,贵公司在过去三年的总负债是多少?

负债项目	2008年	2007年	2006年	成立之年
总负债(万元)				
长期负债(超过12个月)				
短期负债(不到12个月)				

竞争／市场地位

K1 建立一家完全像您当前企业的新企业，目前需要花费多少？　　＿＿＿＿＿＿＿万元

税　收

L1 在以下三个会计年度内，您缴纳了多少税额？

项目	2008 年	2007 年	2006 年
税收总额（万元）			

L2 贵公司目前是否受益于任何税收减免政策？

　　（1）是＿＿＿　　　　　　　　（2）否＿＿＿

融　资

M1 在 2008 年和企业成立之年，总资本中多大比例是通过外部融资获得的？（如果为"0"，则跳过 M2）

项目	2008 年	成立之年
外部融资比例（%）		

M2.1 请在以下年度上注明贵公司外部融资来源的比例。

融资来源	2008 年	成立之年
国内商业银行		
外资商业银行		
投资基金／国家补贴		
贸易出口退税		
家人和亲戚的贷款		
朋友的贷款		
商业伙伴的贷款		
其他非正式来源（如借贷机构、非正规银行、典当行）		
其他		
总计	100%	100%

M2.2 贵公司 2008 年的外部融资总额是多少？　　　　　　　　_____万元

M2.3 在企业成立当年的年末，外部融资总额是多少？　　　　_____万元

M3.1 您是否使用供应商信贷（即应付账款）购买原材料？（如果否，则跳至 M3.3）

　　（1）是____　　　　　　　　（2）否____

M3.2 2008 年，贵公司的原材料中来自赊购的比例是多少？　　_____%

M3.3 您的供应商提供给您赊购吗？

　　（1）是____　　　　　　　　（2）否____

M3.4 贵公司成立当年依靠借贷购买原材料的比例是多少？　　　_____%

付款条件 / 客户信用

N1 平均来说，贵公司月销量中百分之多少是

　　（1）先款后付　　　　　　　　　　　　　　　　　　　　_____%

　　（2）款货同清　　　　　　　　　　　　　　　　　　　　_____%

　　（3）赊销　　　　　　　　　　　　　　　　　　　　　　_____%

　　　总计　　　　　　　　　　　　　　　　　　　　　　　　100%

附录2 访谈名单

访谈序号	日期	性别	地区	职位
1	2005-6-9	男	上海	董事长
2	2005-6-12	男	上海	风险投资人
3	2005-6-13	男	上海	所有者和CEO
4	2005-6-14	男	上海	副CEO
5	2005-6-14	男	杭州	市级政府官员
6	2005-6-15	男	上海	董事（股东）和副总经理
7	2005-6-16	男	上海	一组政府官员
8	2005-6-16	男	杭州	CEO，董事长，党委书记
9	2005-6-17	女	上海	研究人员，董事
10	2005-6-21	男	杭州	CEO
11	2005-6-21	男	杭州	董事长
12	2005-6-23	男	杭州	CEO
13	2005-6-23	男	杭州	CEO
14	2005-6-24	男	杭州	首席法律顾问
15	2005-6-24	男	杭州	政府官员
16	2005-6-25	男	杭州	政府官员
17	2005-6-25	男	杭州	教授
18	2005-6-27	男	上海	教授
19	2005-6-27	男	上海	管理者
20	2005-10-25	男	北京	政府官员
21	2005-10-26	男	杭州	总经理
22	2005-10-26	男	杭州	董事长
23	2005-10-27	男	杭州	总经理

（续表）

访谈序号	日期	性别	地区	职位
24	2005-10-27	男	杭州	总经理
25	2005-10-28	男	杭州	创始人和 CEO
26	2005-10-31	男	杭州	党委书记
27	2005-11-1	男	杭州	企业所有者
28	2005-11-1	男	杭州	CEO
29	2005-11-1	男	杭州	合伙人 /CEO
30	2005-11-2	男	杭州	企业所有者
31	2005-11-2	男	杭州	董事长
32	2005-11-3	男	杭州	企业所有者
33	2005-11-3	男	杭州	政府官员
34	2005-11-4	男	杭州	政府官员
35	2005-11-7	男	杭州	总经理
36	2005-11-7	男	杭州	副校长
37	2005-11-8	男	杭州	企业所有者
38	2005-11-8	男	杭州	CEO / 董事长
39	2005-11-9	男 + 女	杭州	政府官员
40	2005-11-9	男	杭州	政府官员
41	2005-11-10	男	杭州	政府官员
42	2005-11-10	男	杭州	总经理
43	2005-11-11	女	杭州	总裁
44	2005-11-11	男	杭州	合伙人 /CEO
45	2005-11-14	男	杭州	总裁
46	2005-11-14	男	杭州	资产管理人
47	2005-11-15	男	杭州	副总经理
48	2005-11-15	男	杭州	副总经理
49	2005-11-16	女	杭州	总裁
50	2005-11-16	男	杭州	总经理
51	2005-11-17	男	杭州	教授
52	2005-11-17	男	杭州	总裁和总经理
53	2008-4-28	女	温州	CEO 和所有者
54	2008-4-28	男	温州	CEO 和所有者
55	2008-4-29	男	温州	CEO 和所有者

（续表）

访谈序号	日期	性别	地区	职位
56	2008-4-29	男	温州	副 CEO 和合伙人
57	2008-4-29	男	温州	CEO 和所有者
58	2008-4-30	男	温州	CEO 和所有者
59	2008-5-5	男	宁波	管理者和所有者亲属
60	2008-5-5	男	宁波	CEO 和所有者
61	2008-5-6	女	宁波	所有者妻子
62	2008-5-6	男	宁波	CEO 和所有者
63	2008-5-7	男	宁波	副 CEO
64	2008-5-7	男	宁波	CEO 和所有者
65	2008-5-8	男	宁波	CEO 和所有者
66	2008-5-10	男	永康	CEO 和所有者
67	2008-5-11	男	永康	CEO 和所有者
68	2008-5-12	男	上海	政府官员
69	2008-5-13	男	上海	CEO 和所有者
70	2008-5-13	男	上海	风险投资人
71	2008-5-14	男	丹阳	CEO 和所有者
72	2008-8-25	男	上海	风险投资人
73	2009-12-3	男	上海	管理者
74	2009-12-3	女	上海	教授
75	2009-12-4、5	男	丹阳	CEO 和所有者
76	2009-12-4、5	男	丹阳	管理者
77	2009-12-7	男	常州	CEO 和所有者
78	2009-12-7	男	常州	CEO 和所有者
79	2009-12-8	男	常州	CEO 和所有者
80	2009-12-8	男	常州	CEO 和所有者
81	2009-12-9	男	常州	CEO 和所有者
82	2009-12-9	男	常州	CEO 和所有者
83	2009-12-10	男	常州	CEO 和所有者
84	2009-12-10	男	常州	CEO 和所有者
85	2009-12-11	男	常州	CEO 和所有者
86	2010-5-28	女	上海	教授
87	2010-6-2	男	南京	副 CEO 和所有者
88	2010-6-2	男	南京	CEO

（续表）

访谈序号	日期	性别	地区	职位
89	2010-6-3	男	南京	秘书长
90	2010-6-3	男	南京	CEO
91	2010-6-4	男	南京	秘书长
92	2010-6-4	男	南京	CEO
93	2010-6-7	男	南通	CEO
94	2010-6-7	男	南通	CEO
95	2010-6-8	男	南通	CEO
96	2010-6-8	男	南通	董事长
97	2010-6-9	男	南通	董事长
98	2010-6-9	男	南通	部门经理
99	2010-6-10	男	南通	CEO
100	2010-6-10	男	南通	CEO
101	2010-6-10	男	南通	CEO
102	2010-6-11	男	南通	CEO
103	2011-1-10	男	宁波	CEO 和所有者
104	2011-1-10	男	宁波	CEO 和所有者
105	2011-1-11	女	宁波	CEO 和所有者
106	2011-1-11	男	宁波	CEO 和董事长
107	2011-1-12	男	宁波	CEO 和所有者
108	2011-1-13	男	宁波	副 CEO
109	2011-1-13	男	宁波	生产经理
110	2011-1-14	男	宁波	CEO 和所有者
111	2011-1-14	男	宁波	CEO 和所有者

注：为了保护受访者的个人隐私，在此隐去受访者姓名。

01 经济体制从何而来

1. Justin Yifu Lin, "The Household Responsibility System in China's Agricul-tural Reform: A Theoretical and Empirical Study," *Economic Development and Cultural Change* 36 (1988): S199-224; Susan L. Shirk, *The Political Logic of Economic Reform in China* (Berkeley: University of California Press, 1993); Theodore Groves, Yongmiao Hong, John McMillan, and Barry Naughton, "Autonomy and Incentives in Chinese State Enterprises," *Quarterly Journal of Economics* 109 (1994): 183-210; Barry Naughton, *Growing Out of the Plan: Chinese Economic Reform, 1978-1993* (Cambridge: Cambridge University Press, 1995); Jean C. Oi, "Fiscal Reform and the Economic Foundations of Local State Corporatism in China," *World Politics* 45 (1992): 99-126; Gabriella Montinola, Yingyi Qian, and Barry R. Weingast, "Federalism, Chinese Style: The Political Basis for Economic Success," *World Politics* 48 (1995): 50-81。

2. Jeffrey Sachs, "Poland and Eastern Europe: What Is to Be Done?" in *Foreign Economic Liberalization: Transformation in Socialist and Market Economies*, ed. Andreas Koves and Paul Marer (Boulder, CO: Westview Press, 1991), 235-246; Stanley Fischer, "Russia and the Soviet Union Then and Now," in *The Transition in Eastern Europe:* Vol. 1, *Country Studies*, ed. Olivier J. Blanchard, Kenneth A. Froot, and Jeffrey D. Sachs (Chicago: University of Chicago Press, 1994), 221-258; Peter Murrell, "The Transition According to Cambridge, Mass.," *Journal of Economic Literature* 33 (March 1995): 164-178。

3. World Bank, Development Indicators, http://data.worldbank.org.ludwig.lub.lu.se/news/2010-GNI-income-classifications (accessed July 9, 2011)。

4. Ibid。

5. 参见 Victor Nee, "Social Inequalities in Reforming State Socialism: Between Redistribution and Markets in China," *American Sociological Review* 56 (1991): 267-282; Dennis Tao Yang, "Urban-Biased Policies and Rising Income Inequality in China," *American Economic Review: Papers and Proceedings* 89 (April 1999): 306-310。从全球化来看，世界收入不均在20世纪末期达到峰值；随后，国家之间的收入差距逐渐缩小，部分可归因于东亚尤其是中国经济的崛起。参见 Glenn Firebaugh, *The New Geography of Global Income Inequality* (Cambridge, MA: Harvard University Press, 2003)。

6. Shaohua Chen and Martin Ravillion, "China Is Poorer Than We Thought, But No Less Successful in the Fight against Poverty," *The World Bank: Policy Research Working Paper* 4621 (2008)。根据中国国家贫困线认定标准，贫困人口比例已低于2.8%。参见 World Bank, World Development Indicators, http://data.worldbank.org.ludwig.lub .lu.se/country/china (accessed July 9, 2011)。

7. 值得注意的是，中国上市公司不再只有部分民营化的国有企业。截至2010年，中国证券市场中超过25%的上市公司是完全非国有企业。参见《中国民营经济发展报告 No. 5（2007—2008）》(北京：社会科学文献出版社，2008)，第157页。同时，中国证券市场自20世纪90年代初期建立以来，上市公司中国有股权的份额急剧下降。上海证券交易所报告，截至2011年，可流通股份已占全部股份的78%。参见上海证券交易所，《2011年市场资料》，http://www.sse.com.cn/sseportal/en/pages /pl005/pl005_content/factbook_us2011.pdf (accessed September 4, 2011)。深圳证券交易所报告，可流通股份占全部股份约68%。参见深圳证券交易所，《2010年市场资料》，http:// www.szse.cn/main/files/2011/04/18/935296451656.pdf (accessed Septem-ber 4, 2011)。

8. 数据参考《中国国家统计年鉴》的官方分类原则，以主营业务年收入超500万元的企业为研究对象。State Statistical Bureau, *China Statistical Yearbook 2009* (Beijing: China Statistics Press, 2010), table 14-1。外资企业和港澳台企业各占工业总产值的30%；国有企业占12%。

9. For the helping-hand perspective, refer to Timothy Frye and Andrei Shleifer, "The Invisible Hand and the Grabbing Hand," *American Economic Review: Papers and Proceedings* 87 (1997): 131-155. For studies exploring local state corporatism, refer to Oi, "Fiscal Reform"; Jean C. Oi, "The Role of the Local State in China's Transitional Economy, " *China Quarterly* 144 (1995): 1132-1150; and Andrew Walder, "Local Government as Industrial Firms: An

Organizational Analysis of China's Transitional Economy," *American Journal of Sociology* 101 (1995): 263-301. The developmental state perspective is reflected in Marc Blecher, "Developmental State, Entrepreneurial State: The Political Economy of Socialist Reform in Xinji Municipality and Guanghan County," in *The Chinese State in the Era of Economic Reform: The Road to Crisis'* ed. Gordon White (Houndsmill: Palgrave Macmillan, 1991), 265-291; Jane Duckett, *The Entrepreneurial State in China: Real Estate and Commerce Departments in Reform Era Tianjin* (London: Routledge, Chapman 6c Hall, 1998)。

10. 例如，黄亚生教授认为，虽然中国的制度环境与西方发达国家相比还有较大的差距，但是正式制度改革方向的确立足以释放出一个可靠的政治信号，促进了民营经济的发展。黄教授也承认，他的研究并没有提供支持其假设的实证数据；然而他认为，即便没有正式的财产所有权保护制度，对财产所有者的保护（与对财产的保护相对应）足以刺激民营经济的发展。Yasheng Huang, *Capitalism with Chinese Characteristics: Entrepreneurship and the State* (Cambridge: Cambridge University Press, 2008)。

11. 由于政府管制，学者们通常只能使用政府提供的研究场所、受访对象和数据进行研究。通过小范围、非随机的便利样本是不可能得出关于人口的一般性结论的；而且，这些研究也不涉及普通人如何面对民营企业的发展机会，以及采取怎样的策略去应对快速变革制度环境中的不确定性。参见 Marc Blecher and Vivienne Shue, *Government and Economy in a Chinese County* (Stanford, CA: Stanford University Press, 1996); Jean C. Oi, *Rural China Takes Off: Institutional Foundations of Economic Reform* (Berkeley: University of California Press, 1999)。

12. Robert Ellickson 指出，在现实法律传统中，经济活动参与者看中的并不是法律的具体条文，而是法律是如何被贯彻实施的。例如，如果企业家发现当地政府并未严格地执行民营企业雇员不能超过 7 人的限制，他们就会随机应变而无视此法律条款。Comments at the Conference on Endogenous Institutional Change, Lund University, Sweden, October 1, 2011。

13. Susan H. Whiting, *Power and Wealth in Rural China: The Political Economy of Institutional Change* (Cambridge: Cambridge University Press, 2000); Kellee Tsai, *Capitalism without Democracy: The Private Sector in Contemporary China* (Ithaca, NY: Cornell University Press, 2007); David L. Wank, *Commodifying Communism: Business, Trust, and Politics in a Chinese City* (Cambridge: Cambridge University Press, 1999)。以上研究均未采用随机受访者样本。

14. Douglass C. North, *Understanding the Process of Economic Change* (Princeton, NJ:

Princeton University Press, 2005), 57。

15. Douglass C. North, *Structure and Change in Economic History* (New York: Norton, 1981), 32。North 关于制度变革的理论也被用来解释为什么会发生脱离国家社会主义的现象。参见 Victor Nee and Peng Lian, "Sleeping with the Enemy: A Dynamic Model of Declining Political Commitment in State Socialism, " *Theory and Society* 23 (1994): 253-297。20 世纪 70 年代及 80 年代，中央计划经济国家的生产力及绩效不断下降，而市场经济国家的技术与经济不断发展，两者的共同作用导致了中国、东欧和俄罗斯等经济改革的发生。

16. Merton J. Peck and Thomas J. Richardson, *What Is to Be Done? Proposals for the Soviet Transition to the Market* (New Haven, CT: Yale University Press, 1992)。

17. 参见 Oliver E. Williamson, "Credible Commitments: Using Hostages to Support Exchange," *American Economic Review* 73 (1983): 519-540。根据 Ellickson 关于"法律中央集权"的观点，"国家的作用是，个体行使权利的可操作规则的唯一制定人"。Robert C. Ellickson, *Order without Law* (Cambridge, MA: Harvard University Press), 4。

18. 最近的研究表明，正如中国改革开放后所发生的那样，在产业革命中，农村的家庭式生产会成为民营资本发展的重要因素。参见 Joel Mokyr, *The Enlightened Economy: An Economic History of Britain 1700-1850* (New Haven, CT: Yale University Press, 2009)。

19. 一项关于 1350—1988 年长三角地区的研究表明，即使是在商品经济高度发达的地区，农民商品经济这一传统模式会一直存在。Huang 认为，中国的商品经济并没有完全发展成为现代民营经济，而是一种"退化"，即增长不是建立在总产出增加，而是建立在以牺牲边际效益为代价的基础之上。Philip Huang, *The Peasant Family and Rural Development in the Yangzi Delta, 1350—1988* (Stanford, CA: Stanford University Press, 1990)。

20. Alan P. L. Liu, "The'Wenzhou Model'of Development and China's Modernization," *Asian Survey* 32 (1992): 696-711; Kristin Parris, "Local Initiative and National Reform: The Wenzhou Model of Development, " *China Quarterly* 134 (1993): 242-263。

21. 政府关于乡镇企业的规定也造就了半民营化的"合作企业"（联营合作企业）。截至 1985 年，4% 的乡镇企业以合作企业的形式注册。参见国家统计局，《中国统计年鉴 2003》（北京：中国统计出版社，2004），第 447 页。也可参见《国务院关于城镇非农业个体经济若干政策性规定》（1981 年）；《中国农业年鉴 1985》（北京：农业出版社，1985），第 450 页。

22. Thomas P. Lyons, "Economic Reform in Fujian: Another View from the Villages," in *The Economic Transformation of South China: Reform and Development in the Post-Mao Era,*

23. 参见《中国农业年鉴1989》(北京：农业出版社，1989)，第555-557页。

24. 只有1999年《宪法》修正案最终承认民营经济是经济体中"重要"的组成部分。

25. *Dali L. Yang, Remaking the Chinese Leviathan: Market Transition and the Politics of Governance in China* (Stanford, CA: Stanford University Press, 2004), 152。

26. 陈涛等，"关于加速发展个体私营经济的调查及政策措施建议"，《经济研究参考》1993年Z4期。

27. "The Privately-Run Enterprises," *China News Analysis* 1382 (April 1, 1989): 7。只有一小部分以废水、废气及其他废料为生产原料，掌握相应生产技术的企业享受了税收减免。参见《中华人民共和国私营企业所得税暂行条例》〔国务院令第5号〕，1988年6月25日颁布。

28. Jianwei Bai, "Excessive Tax on Private Enterprises," in *Ningxia Ribao* (September 1, 1994): 2, translation in *JPRS-CAR-94-053* (November 8, 1994): 48; 李欣欣，"改革开放后的中国私营经济"，《经济研究参考》(1994年10月1日)；中国社科院软科院研究课题组，"私营经济发展研究"，《经济研究参考》(1995年9月12日)。

29. Whiting, *Power and Wealth in Rural China*。

30. Huang, *Capitalism with Chinese Characteristics*。

31. Cited in Bangguo Wu, "Several Questions Concerning the Reform and Development of State-Owned Enterprises," *Chinese Economy* 30 (2): 30。与此类似，江泽民在1999年认为，中央政府的政策在于"确保国有企业的保值增值并不断提高国有经济在整个经济体中的比重"。参见 *Foreign Broadcast Information Service,* FBIS-CHI-1999-0805, 3。

32. 例如，2003年上半年，北京未被执行的民事经济诉讼的裁定金额是已被执行的两倍。参见"Business: Winning Is Only Half the Battle: China's Courts," *Economist* (March 26, 2005): 84. See also Mark Findlay, "Independence and the Judiciary in the PRC: Expectations for Constitutional Legality in China," in *Law, Capitalism and Power in Asia,* ed. Kanishka Jayasuriya (London: Routledge, 1999), 281-299; Scott Wilson, "Law Guanxi: MNCs, State Actors, and Legal Reform in China," *Journal of Contemporary China* 17 (2008): 25-51; Barbara Krug, Nathan Betancourt, and Hans Hendrischke, "Rechtsprechung und Vertragsgestaltung in China: Die Folgenlosigkeit des neuen Insolvenz-gesetzes aus vertragstheoretischer Sicht," *Neue Zuercher Zeitung,* March 16, 2011, http://www.nzz.

ch/nachrichten/wirtschaft/aktuell/rechtsprechung_und_vertragsgestaltung_in_china_als_heikler_parcours_fuer_auslaendische_firmen_1.9909790.html (accessed March 20, 2011)。

33. 参见 Economic Freedom Component Scores 2011; Heritage Foundation, http://www.heritage.org/index/explore (accessed July 21, 2011)。

34. World Bank, http://www.doingbusiness.org/rankings (accessed July 9, 2011)。

35. "当制度被认定是政治规则或有效契约时,制度变革被认为是那些制定规则或有效契约的政治家的利益或认知大转移的结果。""那些政治规则下的制度……造就了政治变革的结果。" Avner Greif, *Institutions and the Path to the Modern Economy: Lessons from Medieval Trade* (Cambridge: Cambridge University Press, 2006), 9-10。

36. Joseph A. Schumpeter, *Theorie der wirtschaftlichen Entwicklung: Nachdruck der 1. Auflage von 1912* (Berlin: Duncker Humblot, [1912] 2006)。

37. 例如,上海和深圳两家证券交易所建立的初衷是满足大型国有控股企业的融资需求,并落实中央政府关于国有企业做大、做强的政策主张。参见 Huang, *Capitalism with Chinese Characteristics*。

02 市场和内生制度变革

1. *Annual Report of Non-State- Owned Economy in China, No. 5 (2007-2008)* (Beijing: Social Sciences Academic Press, 2008), 76。

2. Victor Nee, "A Theory of Market Transition: From Redistribution to Markets in State Socialism, " *American Sociological Review* 54 (1989): 663-681; Victor Nee, "The Emergence of a Market Society: Changing Mechanisms of Stratification in China," *American Journal of Sociology* 101 (1996): 908-949。

3. Victor Nee, "Organizational Dynamics of Market Transition: Hybrid Forms, Property Rights, and Mixed Economy in China, " *Administrative Science Quarterly* 37 (1992): 1-27。

4. William J. Baumol, *Entrepreneurship, Management and the Structure of Payoffs* (Cambridge, MA: MIT Press, 1993)。

5. Friedrich A. Hayek, "Competition as a Discovery Procedure, " in *New Studies in Philosophy, Politics, Economics and the History of Ideas,* by Friedrich A. von Hayek (Chicago: University of Chicago Press, 1978); Harrison C. White, *Markets from Networks: Socioeconomic Models of Production* (Princeton, NJ: Princeton University Press, 2002)。

6. Avinash K. Dixit, *Lawlessness and Economics: Alternative Modes of Governance* (Princeton, NJ: Princeton University Press, 2004), 3。

7. 越南民营经济的发展也经历了类似的自下而上的发展过程。缺乏法律保护的企业家们，基于紧密的关系网络而形成的特殊战略进入市场，维持企业的生存。参见 John McMillan and Christopher Woodruff, "Interfirm Relationships and Informal Credit in Vietnam," *Quarterly Journal of Economics* 114 (1999): 1285-1320; and Annette Miae Kim, *Learning to Be Capitalists: Entrepreneurs in Vietnam's Transition Economy* (Oxford: Oxford University Press, 2008)。一项关于波兰、斯洛伐克、罗马尼亚、俄罗斯和乌克兰的民营企业发展的研究表明，在不完善的法律制度环境中，社会网络对于创业行为的成功同样发挥了作用。John McMillan and Christopher Woodruff, "Private Order under Dysfunctional Public Order," *Michigan Law Review* 98 (2000): 2421-2458。

8. 参见附录 2，第 23 个访谈，关于非正式规范在法律体系建立过程中的作用，参见 Stewart Macaulay, "Non-Contractual Relations in Business: A Preliminary Study," *American Sociological Review* 28 (1963): 55-67; Marc Galanter, "Justice in Many Rooms: Courts, Private Ordering, and Indigenous Law," *Journal of Legal Pluralism* 19 (1981): 1-47。

9. Susan H. Whiting, *Power and Wealth in Rural China: The Political Economy of Institutional Change* (Cambridge: Cambridge University Press, 2000)。

10. 中国法院根据非严格定义的"走私"概念（由中国《刑法》第 118 条规定）进行判决，包括应用于再销售货物的长途运输。走私贩面临最长 10 年的有期徒刑，甚至死刑。参见 Zi Ye, "The Sword Hanging above Private Owners: Limita-tions in the Development of the Private Economy in Mainland China," *Kaifang* (August 18, 1993), 39-41, translated in *JPRS-CAR-93-088* (December 14, 1993), 40。

11. George C. Homans, *Social Behavior: Its Elementary Forms* (New York: Harcourt Brace Jovanovich, [1961] 1974), 76。

12. Michael Taylor, *The Possibility of Cooperation* (Cambridge: Cambridge University Press, 1987); Jon Elster, *The Cement of Society: A Study of Social Order* (Cambridge: Cambridge University Press, 1989); James S. Coleman, *Foundations of Social Theory* (Cambridge, MA: Harvard University Press, 1990)。

13. Pamela E. Oliver, "Formal Models of Collective Action," *Annual Review of Sociology* 19 (1993): 274; Gerald Marwell and Pamela E. Oliver, *The Critical Mass in Collective Action* (Cambridge: Cambridge University Press, 1993)。

14. Elinor Ostrom, *Governing the Commons: The Evolution of Institutionsfor Collective Action* (Cambridge: Cambridge University Press, 1990)。

15. Lisa Bernstein, "Opting Out of the Legal System: Extralegal Contractual Relations in the Diamond Industry," *Journal of Legal Studies 21* (1992): 115-152。

16. Robert Ellickson, *Order without Law* (Cambridge, MA: Harvard University Press, 1991)。

17. Douglass C. North, *Structure and Change in Economic History* (New York: Norton, 1981); Douglass C. North, *Institutions, Institutional Change and Economic Performance* (Cambridge: Cambridge University Press, 1990)。关于英国市场经济和现代资本主义的兴起，参见 Karl Polanyi, *The Great Transformation: The Political and Economic Origins of Our Time* (Boston: Beacon Press, 1944)。Polanyi 关注在自我调节的市场构建中，国家和社会之间的互动。尽管国家和社会是单一行为主体，但在处理两者的关系时，他的历史分析仅限于宏观层面，而忽视了网络和规范等微观层面机制。

18. Hernando de Soto, *The Mystery of Capital: Why Capitalism Triumphs in the West and Fails Everywhere Else* (New York: Basic Civitas Books, 2000)。

19. Robert Axelrod, "An Evolutionary Approach to Norms," *American Political Science Review* 80 (1986): 1106. See also H. Peyton Young, "The Economics of Convention,"*Journal of Economic Perspectives* 10 (1996): 105-122。与此类似，1500 年后大西洋贸易的增长，促使商人们推动了限制君主权力和保护私有财产的制度变革。参见 Daron Acemoglu, Simon Johnson, and James Robinson, "The Rise of Europe: Atlantic Trade, Institutional Change, and Economic Growth," *American Economic Review* 95 (2005): 546-579。

20. Edward Stringham, "The Extralegal Development of Securities Trading in Seventeenth-Century Amsterdam," *Quarterly Review of Economics and Finance* 43(2003): 321-344。

21. Peter M. Garber, *Famous First Bubbles* (Cambridge, MA: MIT Press, 2000), 23。

22. Avner Greif, *Institutions and the Path to the Modern Economy: Lessons from Medieval Trade* (Cambridge: Cambridge University Press, 2006), 25; Victor Nee and Sonja Opper, "Bureaucracy and Finance, " *Kyklos* 6Z (2009): 293-315。

23. Edward L. Glaeser, Rafael La Porta, Florencio Lopez-de-Silanes, and Andrei Shleifer, "Do Institutions Cause Growth?" *Journal of Economic Growth* 9 (2004): 271-303。这些学者强调了人力资本的作用——经济增长的源泉之一。然而，在欠缺正式国家规章时，他们并没有涉及长期业务和合同关系是如何被组织与维系的问题。Scully 首先从跨国界的角度，研究了制度质量与经济增长的相关性。在此之后，许多实证研究已证实了政府为了促进经济增长而提供相应的制度保障的重要性。参见 Gerald W. Scully, "The Institutional Framework and Economic Development," *Journal of Political Economy* 96 (1988): 652-662。其他研究也表明，那些法律制度薄弱、腐败盛行、政治独裁的国家将长期处于贫穷不发达状态。参见 Philip Keefer and Stephen Knack, "Why Don't Poor Countries Catch Up? A Cross-National Test of an Institutional Explanation," *Economic Inquiry* 35 (1997): 590-601; Paolo Mauro, "Corruption and Growth, " *Quarterly Journal of*

Economics 110 (1995): 681-713。好的制度不但与高社会生产力相适应，而且通过促进与其他国家的贸易而推动了经济的增长。参见 Robert E. Hall and Charles I. Jones, "Why Do Some Countries Produce So Much More Output per Worker than Others?" *Quarterly Journal of Economics* 114 (1999): 83-116; David Dollar and Aart Kraay, "Institutions, Trade, and Growth,M *Journal of Monetary Economics* 50 (2003): 133-162。在解释一国经济增长方面，制度质量比地理环境和贸易更有说服力。参见 Dani Rodrik, Arvind Subramanian, and Francesco Trebbi, "Institutions Rule: The Primacy of Institutions over Geography and Integration in Economic Development," *Journal of Economic Growth* 9 (2004): 131-165。然而，这些研究并没有提供有力的证据说明正式财产保护制度能促进经济增长。

24. Greif, *Institutions and the Path to the Modern Economy,* 19 and 30。

25. David Stark and Victor Nee, "Towards an Institutional Analysis of State Socialism," in *Remaking the Economic Institutions of Socialism,* ed. Victor Nee and David Stark (Stanford, CA: Stanford University Press, 1989), 14-15。

26. Mary C. Brinton and Victor Nee, eds., *The New Institutionalism in Sociology* (New York: Russell Sage Foundation, 1998); W. Richard Scott, *Institutions and Organizations* (Thousand Oaks, CA: Sage, 2001)。

27. Homans, *Social Behavior,* 68。

28. John McMillan, *Reinventing the Bazaar* (New York: Norton, 2002), 6。

29. Ibid., 6。

30. Harrison C. White, *Markets from Networks: Socioeconomic Models of Production* (Princeton, NJ: Princeton University Press, 2002), 9。

31. Harrison C. White, "Where Do Markets Come From?" *American Journal of Sociology* 87 (1981): 518. For signaling theory, refer to George Akerlof, "The Economics of Caste and of the Rat Race and Other Woeful Tales, " *Quarterly Journal of Economics* 90 (1976): 599-617; Michael A. Spence, *Market Signaling: Informational Transfer in Hiring and Related Screening Processes* (Cambridge, MA: Harvard University Press, 1974)。

32. Oliver E. Williamson, *The Economic Institutions of Capitalism* (New York: Free Press, 1985); Avner Greif, "Contract Enforceability and Economic Institutions in Early Trade: The Maghribi Traders' Coalition," *American Economic Review* 83 (1993): 525-549; Avner Greif, "Cultural Beliefs and the Organization of Society: A Historical and Theoretical Reflection on Collectivist and Individu-alist Societies," *Journal of Political Economy* 102 (1994): 912-950。

33. W. Richard Scott, *Institutions and Organizations* (Thousand Oaks, CA: Sage Publications,

2001), 196, figure 8.1. See also Victor Nee and Paul Ingram, "Embeddedness and Beyond: Institutions, Exchange and Social Struc-ture," in Brinton and Nee, *New Institutionalism in Sociology*, 19-45; Lauren B. Edelman, "Legal Ambiguity and Symbolic Structures: Organizational Mediation of Civil Rights Law," *American Journal of Sociology* 97 (1992): 1531-1576; Lauren Edelman, Christopher Uggen, and Howard S. Erlanger, "The Endogeneity of Legal Regulation: Grievance Procedures as Rational Myth," *American Journal of Sociology* 105 (1999): 406-454; Frank R. Dobbin, John R. Sutton, John W. Meyer, and W. Richard Scott, "Equal Opportunity Law and the Construction of Internal Labor Markets," *American Journal of Sociology* 99 (1993): 396-427。

34. 与微观及中观层面中个体和网络的近因机制（proximate mechanisms）相比，制度机制是完全不同的。制度机制包含更深层次的作用，因为它们形成组织和个体的激励结构以及近因机制的情境。经济学家和社会学家提出的制度层面机制，除了在行为假设和概念用词上的不同，与通常的认知并没有很大的差异。参见 Victor Nee, "The New Institutionalisms in Economics and Sociology," in *The Handbook of Economic Sociology,* ed. Neil J. Smelser and Richard Swedberg (New York and Princeton, NJ: Russell Sage Foundation and Princeton University Press, 2005), 49-74。

35. Robert K. Merton, *Social Theory and Social Structure* (New York: Free Press, 1968)。

36. 我们假设参与者是理性的，即根据成本收益准则做出决策。但是，现实中的人并不像新古典经济学中的理性人假设那样，拥有完全信息和无限认知能力；相反，他们根据当前所能获得的信息做出次优选择。参见 Barnaby Marsh, "Heuristics as Social Tools," *New Ideas in Psychology* 20 (2002): 49-57。

37. Ellickson, *Order without Law*, 167。

38. Woody Powell 提醒我们注意这一点，对此我们表示感谢。实验研究证实，在重复性的公益游戏中，测试者更愿意尝试而不是拒绝合作。参见 R. Mark Isaac, James Walker, and Arlington W. Williams, "Group Size and the Voluntary Provision of Public Goods: Experimental Evidence Utilizing Large Groups," *Journal of Public Economics* 54 (1994): 1-36。

39. H. Peyton Young, *Individual Strategy and Social Structure: An Evolutionary Theory of Institutions* (Princeton, NJ: Princeton University Press, 2001); Young, "Economics of Convention"。

40. George C. Homans, *The Human Group* (New York: Harcourt, Brace, 1950); Mitchel Abolafia, *Making Markets: Opportunism and Restraint on Wall Street* (Cambridge, MA: Harvard University Press, 1996); William Foote Whyte, *Street Corner Society: The Social Structure of an Italian Slum* (Chicago: Univer-sity of Chicago Press, 1943); Chester I.

Barnard, *The Functions of the Execu-tive* (Cambridge, MA: Harvard University Press' 1968); Truman F. Bewley, *Why Wages Don't Fall during a Recession* (Cambridge, MA: Harvard Univer-sity Press, 1999)。

41. 具体可见模拟网络机制运作的"以牙还牙"(tit-for-tat)模型。参见 Robert Axelrod, *The Evolution of Cooperation* (New York: Basic Books, 1984)。

42. Russell Hardin, *Trust and Trustworthiness* (New York: Russell Sage Founda-tion, 2004)。

43. Peter Blau, *The Dynamics of Bureaucracy,* 2nd ed. (Chicago: University of Chicago Press, 1955)。

44. Quoted in Homans, *Social Behavior,* 343。

45. Harrison C. White, *Identity and Control: A Structural Theory of Social Action* (Princeton, NJ: Princeton University Press, 1992)。

46. Charles Tilly, *Identities, Boundaries, and Social Ties* (Boulder, CO: Paradigm, 2005)。

47. Michael Macy, personal communication, June 21, 2011。

48. Victor Nee, "Norms and Networks in Economic and Organizational Performance," *American Economic Review: Papers and Proceedings* 88 (1998): 86。

49. Mancur Olson, The *Rise and Decline of Nations: Economic Growth, Stagflation, and Social Rigidities* (New Haven, CT: Yale University Press, 1982)。

50. 关于对外部制裁的反应的反规范分析,参见 Douglas D. Heckathorn, "Collective Sanctions and Compliance Norms: A Formal Theory of Group-Mediated Social Control," *American Sociological Review* 55 (1990): 366-384。

51. Roger V. Gould, *Insurgent Identities: Class, Community, and Protest in Paris from 1848 to the Commune* (Chicago: University of Chicago Press, 1995)。

52. Janos Kornai, "The Affinity between Ownership Forms and Coordination Mechanisms: The Common Experience of Reform in Socialist Countries," *Journal of Economic Perspectives* 4 (1990): 131-147。

53. Thomas Schelling, *Micromotives and Macrobehavior* (New York: Norton, 1978)。

54. Greif, *Institutions and the Path to the Modern Economy*, 31。

55. Coleman, *Foundations of Social Theory*。

56. 我们可以从北非地中海沿岸国家到中东地区此起彼伏的穆斯林社会抗议运动中看到这种社会变革。一旦达到触发点,随着政府镇压效果不断减弱、参与运动的抗议者人数不断上升,反规范驱动的社会运动逐渐自我强化。

57. Francis Fukuyama, *Trust: The Social Virtues and the Creation of Prosperity* (New York: Free Press, 1996); Greif, *Institutions and the Path to the Modern Economy*。

58. Alejandro Portes and Julia Sensenbrenner, "Embeddedness and Immigration: Notes on the

Social Determinants of Economic Action," *American Journal of Sociology* 98 (1993): 1320-1350; Homans, *Social Behavior*。

59. 与此相关的一个观点认为，中国能够成功转型的部分原因在于，文化大革命对政府管理的大规模破坏。参见 Mancur Olson, *Power and Prosperity: Outgrowing Communist and Capitalist Dictatorship* (New York: Basic Books, 2000)。

60. North, *Institutions, Institutional Change and Economic Performance*。

61. 实验、模拟和实证研究均表明，关系者之间的经常性社会互动会在承诺巩固和限制渎职的非正式约束方面起到积极作用。参见 Edward J. Lawler and Jeongkoo Yoon, "Commitment in Exchange Relations: Test of a Theory of Relational Cohesion," *American Sociological Review* 61 (1996): 89-108; Robert Axelrod and William D. Hamilton, "The Evolution of Cooperation," *Science* 211 (1981): 1390-1396; Ernst Fehr and Klaus M. Schmidt, "A Theory of Fairness, Competition, and Cooperation, " *Quarterly Journal of Economics* 114 (1999): 817-868; McMillan and Woodruff, "Interfirm Relationships"; Paul R. Milgrom, North, and Weingast, "The Role of Institutions in the Revival of Trade: The Law Merchant, Private Judges, and the Champagne Fairs, " *Economics and Politics 2* (1990): 1-23; Karen Clay," Trade without Law: Private-Order Institutions in Mexican California," *Journal of Law, Economics, and Organization* 13 (1997): 202-231; Greif, "Contract Enforceability"。

62. 社会规范扩散的动态过程表现为协调博弈模型。在该模型中，社会创新扩散的速度取决于三个因素：网络拓扑结构，创新与保持现状的相对收益比，参与者的理性程度。与现状相比，创新越先进，创新的扩散速度越快；以小规模本地化群体聚集的人越多，创新的扩散速度越快。参见 H. Peyton Young, "The Dynamics of Social Innovation," *Proceedings of the National Academy of Science,* forthcoming。另一项研究表明，在以地理相似性为特征的低维网络中，创新的扩散速度最快。参见 Andrea Montanari and Amin Saberi, "The Spread of Innovations in Social Networks," *Proceedings of the National Academy of Science* 107 (2010): 20196-20201。

63. Sebastian Heilmann, "Der chinesische Aktienmarkt: Staatliche Regulierung im Wandel," *Asien* 80 (2001): 25-41。

64. Victor Nee and Sijin Su, "Institutional Foundations of Robust Economic Performance: Public Sector Industrial Growth in China," in *Industrial Transformation in Eastern Europe in the Light of the East Asian Experience,* ed. Jeffrey Henderson (Houndmills: Macmillan, 1998), 174。

65. Wolfgang Jamann and Thomas Menkhoff, *Make Big Profits with Small Capital* (Munich:

Minerva, 1988), 183。

66. Quoted in John McMillan and Christopher Woodruff, "The Central Role of Entrepreneurs in Transition Economies," *Journal of Economic Perspectives* 16 (2002): 153。

67. 参见附录2，第37个访谈。

68. White, *Markets from Networks*。

69. 关于斯坦福大学科研商业化自我强化制度变革的类似过程的详细案例，参见 Jeannette A. Colyvas and Walter W. Powell, "Roads to Institutionalization: The Remaking of Boundaries between Public and Private Science," *Research in Organizational Behavior 21* (2006): 305-353。

70. 参见附录2，第21个访谈。

71. William A. Byrd and Qingsong Lin, *Chinas Rural Industry: Structure, Development, and Reform* (Washington, DC: World Bank Publication, 1990)。

72. *Report on the Development of Chinas Private Enterprises No. 6. 2005* (Beijing: Social Sciences Academic Press, 2005), 229-232。

73. 中国的行业协会大都是政府主导而不是民营行为，它们的成员通常都是现任或前任政府官员。但是，这些协会通常会发出独立的声音，为支持其会员的经济利益游说政府进行制度变革。比如，全国工商联积极游说政府更好地保护民营企业，使其免受干涉。参见 Margaret M. Pearson, *Chinas New Business Elite: The Political Consequences of Economic Reform* (Berkeley: University of California Press, 1997); Scott Kennedy, *The Business of Lobbying in China* (Cambridge, MA: Harvard University Press, 2005)。

74. Andrew Atherton, "From Tat Pigs' and 'Red Hats' to a New Social Stratum: The Changing Face of Enterprise Development Policy in China," *Journal of Small Business and Enterprise Development* 14 (2008): 640-655。

75. 2009年之后的数据，参见《中国统计年鉴2010》（北京：中国统计出版社），表14-1；1978年之后的数据，参见郭钟禾，"我国个体、私营企业简析"，《经济研究参考》1993年Z1期。对此数据持保留态度的人认为，真实的民营经济还应包括已实现部分民营化却仍被划为国有或国有控股的上市公司。但是，哪怕把所有的"上市公司"都记为国有或国有控股企业，它们的合计生产总值也不会超过民营企业。

76. *Annual Report of Non-State-Owned Economy in China.No.* 5 (2007-2008), 94。

77. ibid., 233。截至1999年，传统国有企业仅占中国大中型企业的50%。Gary Jefferson, Albert G. Z. Hu, Xiaojing Guan, and Xiaoyun Yu, "Ownership, Performance, and Innovation in China's Large- and Medium-Size Industrial Enterprise Sector, " *China Economic Review* 14 (2003): 95。

78. 参见 U.S. Census Bureau, http://www.census.gov/econ/smallbus.html (accessed May 26, 2011)。

79. Gabriela Montinola, Yingyi Qian, and Barry Weingast, "Federalism Chinese Style: The Political Basis for Economic Success in China," *World Politics* 48 (1995): 50。

80. Ronald Coase, "The Institutional Structure of Production," *American Economic Review* 82 (1992): 714。

81. Douglass C. North, "Economic Performance through Time," *American Economic Review* 84 (1994): 366。

82. Montinola, Qian, and Weingast, "Federalism Chinese Style"; Whiting, *Power and Wealth in Rural China*; Kellee Tsai, *Capitalism without Democracy: The Private Sector in Contemporary China* (Ithaca, NY: Cornell University Press, 2007)。

83. Douglass C. North and Robert Thomas, *The Rise of the Western World: A New Economic History* (Cambridge: Cambridge University Press, 1973)。

03　自下而上的民营经济中心

1. 参见附录 2，第 13 个访谈。

2. Adi Ignatius, "Jack Ma," *Time* magazine, April 30, 2009, http://www.time.com/time/specials/packages/article/0,28804,1894410_1893837_1894188,00.html (accessed May 15, 2009)。

3. 长三角地区包括三省（直辖市）十六市：江苏省的无锡、南京、扬州、镇江、常州、南通和苏州；浙江省的杭州、湖州、绍兴、台州、温州、宁波、舟山和嘉兴；上海（直辖市）。

4. Philip Huang, *The Peasant Family and Rural Development in the Yangzi Delta, 1350-1988* (Stanford, CA: Stanford University Press, 1990), 260-263。

5. Ibid, 263。

6. Debin Ma, "Economic Growth in the Lower Yangzi Region of China in 1911-1937: A Quantitative and Historical Analysis," *Journal of Economic History* 68 (2008): 356。

7. Calculation based on provincial gross industrial output values provided by *China Data Online*, Michigan University, China Data Center。

8. Zhejiang Association for International Exchange of Personnel, April 22, 2007。

9. 史晋川等，《中小金融机构与中小企业发展研究》（杭州：浙江大学出版社，2003）。

10. 1999年，广东省外资制造企业的生产总值大约是浙江省的5倍。参见《中国统计年鉴2000》（北京：中国统计出版社，2000），表13-5。

11. Huang, *Peasant Family*, 25。

12. Alan P. L. Liu, "The 'Wenzhou Model' of Development and China's Modernization," *Asian Survey* 32 (1992): 696-711; Kristin Parris, "Local Initiative and National Reform: The Wenzhou Model of Development," *China Quarterly* 134 (1993): 242-263; Susan H. Whiting, *Power and Wealth in Rural China: The Political Economy of Institutional Change* (Cambridge: Cambridge University Press, 2000)。

13. Jean C. Oi, "Fiscal Reform and the Economic Foundations of Local State Corporatism in China," *World Politics* 45 (October 1992): 99-126。

14. 1989年，全国乡镇企业所获贷款约为960亿元，约为同期个人和民营企业所获贷款的30倍，是所有民营企业注册资本的10倍多。《中国统计年鉴1990》（北京：中国统计出版社，1990）；《中国统计年鉴2004》（北京：中国统计出版社，2004）。

15. Yasheng Huang, *Capitalism with Chinese Characteristics: Entrepreneurship and the State* (Cambridge: Cambridge University Press, 2008), 264; Jianjun Zhang, "Marketization, Class Structure, and Democracy in China: Contrasting Regional Experiences," *Democratization* 14 (2007): 425-445。

16. Huang, *Capitalism with Chinese Characteristics*, 82。

17. 《中国统计年鉴2003》（北京：中国统计出版社，2003），第447页；Shahid Yusuf, Kaoru Nabeshima, and Dwight H. Perkins, *Under New Ownership: Privatizing China's State-Owned Enterprises* (Stanford, CA: Stanford University Press, 2006)。

18. 参见附录2，第53个访谈。

19. 工商局。

20. Liu, "Wenzhou Model"。

21. Kellee Tsai, *Back Alley Banking: Private Entrepreneurs in China* (Ithaca, NY: Cornell University Press, 2002)。

22. Huang, *Capitalism with Chinese Characteristics;* Parris, "Local Initiative and National Reform"。

23. Liu, "Wenzhou Model "。

24. Tsai, *Back Alley Banking*。

25. 基于《温州统计年鉴1999》（北京：中国统计出版社，1999）第277页；《温州统计年鉴2004》（北京：中国统计出版社，2004），第30页。

26. Zhang, "Marketization": Tetsushi Sonobe, Dinghuan Hu, and Keijiro Otsuka, "From Inferior to Superior Products: An Inquiry into the Wenzhou Model of Industrial Development in China," *Journal of Comparative Economics* 32 (2004):542-563。

27. Parris, "Local Initiative and National Reform"; Shi, Huang, He, and Yan, *Zhong xiao jinrong Jigou*。

28. Liu, "Wenzhou Model"; Zhang, "Marketization"; William MacNamara, "How to Get Ahead in Wenzhou," *Far Eastern Economic Review* 169 (2006): 32-37。
29. Liu, "Wenzhou Model"。
30. 宁波人民政府网站，http://english.ningbo.gov.cn/art/2010/3/29/art_87_310152.html (accessed July 23, 2011)。
31. Godfrey Firth, "Critical Eye on Ningbo," *China Business Review* 32 (2005): 32-35。
32. Dali L. Yang, *Remaking the Chinese Leviathan: Market Transition and the Politics of Governance in China* (Stanford, CA: Stanford University Press, 2004)。
33. Jacques Gernet, *Daily Life in China on the Eve of the Mongol Invasion, 1250-1276* (Stanford, CA: Stanford University Press, 1962)。
34. Sally Sargeson and Jianjun Zhang, "Reassessing the Role of the Local State: A Case Study of Local Government Interventions in Property Rights Reform in a Hangzhou District," *China Journal* 42 (1999): 77-99。
35. 排名取决于市场规模、交通基础设施、劳动力质量、商务成本，以及吸引民营投资的成功率。
36. Peter MacInnis and Ruji Ma, "Nanjing Set Its Sights on 2000," *China Business Review* January-February 1995。
37. Yang, *Remaking the Chinese Leviathan*。
38. *China Statistical Yearbook 2003* (Beijing: China Statistics Press, 2003), 204。
39. *Nantong Statistical Yearbook 2007,* 447 and 470, accessed via China Data Online, http://chinadataonline.org/。
40. Whiting, *Power and Wealth in Rural China*。
41. Deborah S. Davis, "Self-Employment in Shanghai: A Research Note," *China Quarterly* 157 (March 1999): 22-43。
42. Huang, *Capitalism with Chinese Characteristics*。
43. 上海市政府明令禁止民营企业参与浦东新区的开发建设。参见 Xinxin Li, "Development of the Private Economy: Problems and Countermeasures," *Jingji Yanjiu* 1994, in *JPRS-CAR-94-001* (October 1994): 48。
44. 例如，如果目标是完成上海15家制药企业的访谈，那么通常需要有105家（7×15）备选企业。考虑到上海共有683家制药企业符合样本标准，我们每6家（683÷105）选择1家放入样本池（随机抽取，类似于第3、9、15…家）。
45. 例如：(1)民营企业的法律地位；(2)企业成立3年以上；(3)企业员工人数在10人以上。
46. MSR最初是上海社科院的调研部门。我们的研究开始时，MSR已完成改制并注册为上海一泓（音译）商务咨询有限公司。

47. 访谈完成率分别为：上海 28.1%，南京 16.1%，南通 36.9%，常州 35.0%，杭州 16.1%，温州 26.9%，宁波 35.6%。

48. 1975 年、1985 年和 1995 年，发表于顶级的管理和行为研究学术期刊的 175 篇文献中，涉及高管层问卷调研的均值为 35.5%（+/-13.3）；且在非西方社会的情境下，均值偏低。参见 Yehua Baruch, "Response Rate in Academic Studies-A Comparative Analysis," *Human Relations* 52 (1999): 421-438。

49. 员工数并不是跨部门测量值的最佳选择，但至少还是个显性指标（transparent indicator）。如果选择产值，则大中型企业的总数会变多。

50. 以几类绩效指标作为结果变量，检验了企业家不同战略和行为选择的影响；同时，还考虑以其他指标作为控制变量，避免分析微观战略时会出现干扰效应。

51. 这些培训课程包括调研模块的详细讨论、模拟访谈，以及能帮助规范访谈者行为的角色扮演演练等。尤为重要的是，访谈者将接受训练，避免给受访者提供额外信息，从而干扰其访谈回答。角色扮演演练强调避免访谈过程中不恰当的反应和行为，如访谈者表示赞同或反对等价值判断。详细书面材料被带到访谈现场，内容包括访谈过程中需要遵循的步骤和行为指导。为了确保访谈顺利地实施，访谈小组组长与现场所有访谈者应保持密切联系，每天召开小组工作会议；访谈完成后与受访者继续保持电话沟通，以确保访谈本身高质有效，且受访者也感到满意。在整个访谈过程中，本书作者与访谈小组组长保持紧密的沟通。

52. 数据集及完整的调查问卷可从 http://www.enterprisesurveys.org/ 下载。

53. 样本包括以下城市：北京、天津、本溪、大连、长春、哈尔滨、成都、上海、杭州、温州、广州、深圳、厦门、南昌、郑州、武汉、长沙、南京、贵阳、重庆、昆明、西安、兰州。

54. Robert Cull and L. Colin Xu, "Institutions, Ownership, and Finance: The Determinants of Profit Reinvestment among Chinese Firms," *Journal of Financial Economics* 77 (2005): 117-146。

04　创业者与制度创新

1. Douglass C. North and Barry R. Weingast, "Constitutions and Commit-ment: The Evolution of Institutions Governing Public Choice in Seventeenth-Century England," *Journal of Economic History* 49 (1989): 824。

2. Gregory Clark, "The Political Foundations of Modern Economic Growth: England, *Journal of Interdisciplinary History* 26 (1996): 588。

3. Joel Mokyr, "Entrepreneurship and the Industrial Revolution in Britain," in David Landes, Joel Mokyr, and William J. Baumol, eds., *The Invention of Enterprise* (Princeton, NJ: Princeton University Press, 2010), 188-189。

4. Winifred B. Rothenberg, "The Emergence of a Capital Market in Rural Massachusetts, 1730-1838, *of Economic History* 45 (1985): 781-808。

5. Ibid., 806。

6. Ibid., 782。

7. Joseph A. Schumpeter, *Theorie der wirtschaftlichen Entwicklung: Nachdruck der 1, Auflage von 1912* (Berlin: Duncker 8c Humblot, [1912] 2006), 147. Translation by Sonja Opper。

8. Joseph A. Schumpeter, *Kapitalismus, Sozialismus und Demokratie* (Tubingen: A. Francke Verlag, [1942] 2005), 214. Translation by Sonja Opper。

9. Ibid" 137, 214, and 226。

10. Schumpeter, *Theorie der wirtschaftlichen Entwicklung,* 187。

11. Schumpeter, *Kapitalismus} Sozialismus und Demokratie*, 215。

12. David C. McClelland, *The Achieving Society* (Princeton, NJ: Van Nostrand, 1961)。

13. Peter Kilby, *Entrepreneurship and Economic Development* (New York: Free Press, 1971)。

14. Richard Swedberg, "The Social Science View of Entrepreneurship," in *Entrepreneurship,* ed. Richard Swedberg (New Delhi: Oxford University Press, 2000), 7-44。

15. Robert M. Solow, "On Macroeconomic Models of Free-Market Innovation and Growth," in *Entrepreneurship, Innovation, and the Growth Mechanism of the Free-Enterprise Economies,* ed. Eytan Sheshinksi, Robert J. Strom, and William J. Baumol (Princeton, NJ: Princeton University Press, 2007), 16。

16. Paul M. Romer, "Increasing Returns and Long-Run Growth." *Journal of Political Economy* 94 (1986): 1002-1038; Philippe Aghion and Peter Howitt, *Endogenous Growth Theory* (Cambridge, MA: MIT Press, 1998)。

17. William J. Baumol, *The Free-Market Innovation Machine: Analyzing the Growth Miracle of Capitalism* (Princeton, NJ: Princeton University Press, 2002)。

18. Solow, "On Macroeconomic Models," 18。

19. 社会学家已用案例研究方法检验了不同制度情境下的内生制度变革。这些研究给经济与组织参与者在本地情境中如何构建制度安排提供了很好的理论解释，这些制度安排是为了确保贸易收益和新型组织行为的合法性。参见 Howard E. Aldrich and Martha Martinez, "Entrepreneurship as Social Construction: A Multi-Level Evolutionary Approach," in *Handbook of Entrepreneurship Research,* ed. Zoltan J. Acs and David B.

Audretsch (Berlin: Springer, 2003), 359-399; Jeanette A. Colyvas and Walter W. Powell, "Road to Institutionalization: The Remaking of Boundaries between Public and Private Science," *Research in Organizational Behavior* 27 (2006): 305-353; Avner Greif and David D. Laitin, "A Theory of Endogenous Institutional Change, " *American Political Science Review* 98 (2004): 633-652。

20. Max Weber, *The Protestant Ethic and the Spirit of Capitalism,* [1904] 2006). Translation by Talcott Parsons (New York: Scribner, 1930)。

21. Ibid., 54-55。

22. Ibid。

23. Ibid., 67-68。

24. Ibid, 69。

25. 参见附录2，第66个访谈。

26. 参见附录2，第71和75个访谈。

27. 数据基于2000年人口普查；《中国统计年鉴2004》（北京：中国统计出版社，2004）。

28. Frank H. Knight, *Risk, Uncertainty and Profit* (Boston: Houghton Mifflin, 1921), 225。

29. Ibid, 226。

30. 参见附录2，第67个访谈。

31. Richard E. Kihlstrom and Jean-Jacques Laffont, "A General-Equilibrium Entrepreneurial Theory of Firm Formation Based on Risk Aversion," *Journal of Political Economy* 87 (1979): 719-748。

32. Hakan Holm, Sonja Opper, and Victor Nee, "Entrepreneurs under Uncertainty: An Economic Experiment, " Scandinavian Working Paper Series in Economics 2012: 4; Daniel Ellsberg, "Risk, Ambiguity, and the Savage Axioms, " *Quarterly Journal of Economics* 75 (1961): 643-669。

33. 郭钟禾，"我国个体、私营企业简析"，《经济研究参考》1993年Z1期；《中国统计年鉴1981》（北京：中国统计出版社，1981）。

34. Dwight H. Perkins, *Market Control and Planning in Communist China* (Cambridge, MA: Harvard University Press, 1966); Susan L. Shirk, "The Politics of Industrial Reform," in *The Political Economy of Reform in Post-Mao China,* ed. Elizabeth J. Perry and Christine Wong (Cambridge, MA: Harvard University Press, 1985), 195-221。改革开放前，重工业投资分别是轻工业投资的5.6倍（1952—1957年第一个五年规划）和11.7倍（1963—1965年）之间。数据来自《中国统计年鉴1993》（北京：中国统计出版社，1993）。

35. Wm. Theodore de Bary, "On Top of 'Bottom-Up Development, '" manu-script, Department of

East Asian Languages and Culture, Columbia University, 2011. See also "Confucianism in the Early Tokugawa Period, " *Sources of Japanese Tradition,* vol. 3, ed. Ryusaku Tsunoda, Wm. Theodore de Bary, and Donald Keene (New York: Columbia University Press, 1958), 28-41, 66-67, 256; Wm. Theodore de Bary, *Neo~Confucian Orthodoxy and the Learning of the Mind and Heart* (New York: Columbia University Press, 1981), 189-215。

36. 参见附录 2，第 13 个访谈。
37. 参见附录 2，第 12 个访谈。
38. 参见附录 2，第 42 个访谈。
39. 访谈于 2005 年 6 月 23 日由杭州的地平线有限公司完成。
40. 参见附录 2，第 42 个访谈。
41. 参见附录 2，第 100 个访谈。
42. 参见附录 2，第 13 个访谈。
43. 参见附录 2，第 72 个访谈。
44. 参见附录 2，第 69 个访谈。
45. 参见附录 2，第 21 个访谈。
46. 参见附录 2，第 100 个访谈。
47. 李欣欣，"改革开放后的中国私营经济"，《经济研究参考》，1994 年。
48. 参见附录 2，第 54 个访谈。
49. 参见附录 2，第 53 个访谈。
50. 参见附录 2，第 10 个访谈。
51. 参见附录 2，第 65 个访谈。
52. 参见附录 2，第 53 个访谈。
53. 参见附录 2，第 56 个访谈。
54. 参见附录 2，第 62 个访谈。
55. 参见附录 2，第 101 个访谈。
56. 参见附录 2，第 63 个访谈。
57. 《浙江日报》，2009 年 7 月 27 日。
58. Alfred R. Oxenfeldt, *New Firms and Free Enterprise: Pre-War and Post-War Aspects* (Washington, DC: American Council on Public Affairs, 1943); see also Ivan H. Light, *Ethnic Enterprise in America: Business and Welfare among Chinese, Japanese, and Blacks* (Berkeley: University of California Press, 1968)。
59. 首先，政府规定了贷款利率上限，不允许银行给风险较高的初创公司上浮贷款利率。

其次，1995 年的《担保法》明确地规定了高达 60% 的强制贷款担保率；同时，银行也规定不接受个人住房或厂房作为贷款抵押物；更何况，许多企业的厂房和机器设备都是租用的。参见 Huang, *Capitalism with Chinese Characteristics*。最后，银行通常也不接受自然人作为商业贷款的担保人。国有银行如此的监管环境意味着，金融市场依然是中国最缺乏自由的市场之一。参见 Susan H. Whiting, *Power and Wealth in Rural China: The Political Economy of Institutional Change* (Cambridge: Cambridge University Press, 2000)。贷款总额数据也说明了民营企业获得银行贷款的难度。2007 年，只有 1.3% 的银行贷款发放给了民营企业，仅比 1984 年增长了 1 个百分点。国有银行贷给民营企业的贷款比例更低，民营企业或个体户获得的贷款大约只占总贷款的 0.7%。参见《中国统计年鉴 2008》（北京：中国统计出版社，2008）；《1949—2005 年中国金融统计》（北京：中国金融出版社，2007）。

60. 《1949—2005 中国金融统计》（北京：中国金融出版社，2007）。

61. Shahid Yusuf, Kaoru Nabeshima, and Dwight H. Perkins, *Under New Ownership: Privatizing China's State-Owned Enterprises* (Stanford, CA: Stanford University Press, 2006)。

62. 尽管法律明确要求，为了帮助中小企业创立和发展，相关部门应提供本地金融支持和服务体系；但实际执行过程却不尽如人意。参见 Andrew Atherton, "From 'Fat Pigs' and 'Red Hats' to a New Social Stratum: The Changing Face of Enterprise Development Policy in*Journal of Small Business and Enterprise Development* 14 (2008): 640-655。

63. Pei, *China's Trapped Transition,* 116。

64. 全球金融危机导致了全球的消费需求快速下降，并波及产业经济的所有领域。为了应对此次金融危机，中央政府于 2008 年宣布了高达四万亿人民币的大规模经济刺激计划。相对于中国的国民生产总值而言，此项刺激计划在主要经济体国家中是最庞大的。政府向国有银行定向注资，银行转而以低息贷款的形式，帮助地方政府上马大规模的基建工程、支持国有企业的发展。与此相比，对于民营企业的支持，大多还是停留在消除歧视的口头承诺上。例如，消灭所谓的"三乱"收费（乱收费、乱罚款、乱摊派），就是一种常见的社会现象。此外，政府减免了新创民营企业的部分注册费和管理费，并积极呼吁放宽民营企业贷款抵押物的范围（《人民日报》，2009 年 8 月 2 日）。即便有了上述措施，且官方数据也表明在 2008 年，中小企业接纳了全国 75% 的就业，生产了全国 68% 的工业品，但民营企业仍被排除在优先获得低息贷款这种直接援助的形式之外。Jason Leow, "Small Chinese Firms Struggle to Tap Banks," *Wall Street Journal* (May 14, 2009), A9。尽管民营企业积极寻求经济刺激项目资金，但国有银行还是习惯性地拒绝它们的贷款申请；与之相反，大量资金被投给地方政府、大型国有企业和上市公司。毫无疑问，这样的政策进一步增强了国有和国有控股企业的实力，这些企业用这些授信额度投资于上海和深圳的股票市场，进行广泛的战略并购，并购对象包括有潜力的国内民营企业、外资企业的股份，以及价格因全球金融危机而大打折扣的矿产。

65. Leow, "Small Chinese Firms"。

66. 张厚义，《中国的私营经济与私营企业主》（北京：知识出版社，1995）。

67. 由于影子贷款和表外贷款在带给借款人更为灵活的贷款流程的同时，又给予放款人比传统储蓄更高的利率，因此近年来此项业务发展迅猛。然而，从 2011 年 9 月 30 日起，中国银监会收紧了对此类非正规借贷的监管，以控制通货膨胀。参见 Linglin Wei, "China Cracks Down on Informal Lending," *Wall Street Journal,* October 15, 2011. http://online.wsj.com/article/SB10001424052970 2040023045766300504 71382610.html (accessed October 17, 2011)。

68. 参见附录 2，第 65 个访谈。

69. 参见附录 2，第 32 个访谈。

70. 参见附录 2，第 21 个访谈。

71. 一项在浙江和江苏两省进行的调研表明，2000 年，76% 的民营企业资金来自民间借贷。参见 Pei, *China's Trapped Transition,* 116。据估计，2000 年温州民间资本超过 1000 亿元，这个数值超过温州所有国有银行的存款总量。参见 Kellee Tsai, *Capitalism without Democracy: The Private Sector in Contemporary China* (Ithaca, NY: Cornell University Press, 2007), 176。

72. Frederik Balfour and Dexter Roberts, "The Leak in Chinas Banking System, " *Business Week* (November 15, 2004): 67。

73. Leow, "Small Chinese Firms"。

74. Kellee Tsai, *Back Alley Banking: Private Entrepreneurs in China* (Ithaca, NY: Cornell University Press, 2002)。

75. 参见附录 2，第 27 个访谈。

76. 参见附录 2，第 21 个访谈。

77. 参见附录 2，第 37 个访谈。

78. 参见附录 2，第 37 个访谈。

79. 参见附录 2，第 23 个访谈。

80. 参见附录 2，第 101 个访谈。

81. Leow, "Small Chinese Firms"。

05 合法性与组织变革

1. William C, Kirby, "China Unincorporated: Company Law and Business Enterprise in Twentieth-Century *China.*" *Journal of Asian Studies* 54 (1995): 56。

2. 合伙企业和有限责任公司的定义并不明确，参见 Yi-Min Lin, *Between Politics and Markets: Firms, Competition, and Institutional Change in Post-Mao China* (Cambridge: Cambridge Univer-sity Press, 2001), 29。

3. Susan Young, "Wealth but Not Security: Attitudes towards Private Business in China in the 1980s, " *Australian Journal of Chinese Affairs 25* (1991): 123。

4. 1983 年出台的中央一号文件明确，由两个及以上股东组成的股份合作制是一种合法的组织形式。参见 Susan H. Whiting, "The Regional Evolution of Ownership Forms: Shareholding Cooperatives and Rural Industry in Shanghai and Wenzhou, " in *Property Rights and Economic Reform in China,* ed. Jean C. Oi and Andrew G. Walder (Stanford, CA: Stanford University Press, 1999), 171-200。

5. Susan H. Whiting, *Power and Wealth in Rural China: The Political Economy of Institutional Change* (Cambridge: Cambridge University Press, 2000); Kellee Tsai, *Capitalism without Democracy: The Private Sector in Contemporary China* (Ithaca, NY: Cornell University Press, 2007)。

6. Whiting, "Regional Evolution of Ownership Forms"; Jean Oi, *Rural China Takes Off: Institutional Foundations of Economic Reform* (Berkeley: University of California Press, 1999)。

7. Whiting, "Regional Evolution of Ownership Forms"。

8. 此案例的详细介绍请参考, *Capitalism with Chinese Characteristics,* 69-72。

9. *Report on the Development of Chinas Private Enterprises No. 6, 2005 (Beijing:* Social Sciences Academic Press, 2005), 246。

10. Paul DiMaggio and Walter W. Powell, "The Iron Cage Revisited: Institu-tional Isomorphism and Collective Rationality in Organizational Fields, " *American Journal of Sociology* 48 (1983): 149。

11. William A. Klein and John C. Coffee, Jr., *Business Organization and Finance: Legal and Economic Principles,* 10th ed. (New York: Foundation Press, 2007)。

12. Howard E. Aldrich and Martin Ruef, *Organizations Evolving* (London; Thousand Oaks, CA: Sage, 1999)。

13. Victor Nee, "Organizational Dynamics of Market Transition: Hybrid Forms, Property

Rights, and Mixed Economy in China," *Administrative Science Quarterly* 37 (1992): 1-27。

14. John W. Meyer and Brian Rowan, "Institutionalized Organizations: Formal Structure as Myth and Ceremony," *American Journal of Sociology* 83 (1977): 340-363; DiMaggio and Powell, "Iron Cage Revisited"; W. Richard Scott, *Institutions and Organizations* (Thousand Oaks, CA: Sage, 2001); Michael T. Hannan and John Freeman, *Organizational Ecology* (Cambridge, MA: Harvard University Press, 1989)。

15. Arthur L. Stinchcombe, "Organizations and Social Structure, " in *Handbook of Organizations,* ed. James G. March (Chicago: Rand-McNally, 1965), 153-193。

16. Young, "Wealth but Not Security"。

17. Howard E. Aldrich and C. Marlene Fiol, "Fools Rush In? The Institutional Context of Industry Creation," *Academy of Management Review* 19 (1994): 645-670。

18. Elisabeth Clemens, "Organizational Repertoires and Institutional Changes: Women's Groups and the Transformation of U.S. Politics, 1890-1920, " American Journal of Sociology 98 (1993): 755-798. Notes to Pages 114-116。

19. Jitendra V. Singh, Robert J. House, and David J. Tucker, "Organizational Change and Organizational Mortality," *Administrative Science Quarterly* 31 (1986): 587-611。

20. Mark Suchman, "Managing Legitimacy: Strategic and Institutional Approaches/,'' *Academy of Management Review* 20.(1995): 571-610; Aldrich *and Ruef,* Organizations Evolving。

21. Glenn R. Carroll, "A Sociological View on Why Firms Differ, " *Strategic Management Journal* 14 (1993): 237-249。

22. Jacques Delacroix and Hayagreeva Rao, "Externalities and Ecological Theory: Unbundling Density Dependence," in *Evolutionary Dynamics of Organizations,* ed. Joel A. C. Baum and Jitendra V. Singh (Oxford: Oxford University Press, 1994), 255-268。

23. 一项关于1940—1989年美国鞋类生产行业的研究表明，地理集中的行业中，高水平的隐性学习是如何发生的。Olav Sorenson and Pino G. Audia, "The Social Structure of Entrepreneurial Activity: Geographic Concentration of Footwear Produc-tion in the United States, 1940-1989, " *American Journal of Sociology* 106 (2000): 424-461。

24. Michael T. Hannan and John Freeman, "Where Do Organizational Forms Come From?" *Sociological Forum 1* (1986): 50-72。

25. Sonja Opper, *Zwischen Political Governance und Corporate Governance: Eine institutionelle Analyse chinedscher Aktiengesellschaften* (Baden-Baden: Nomos Verlagsgesellschaft, 2004); Donald C. Clarke, "Corporate Governance in China: An Overview," *China Economic Review* 148 (2003): 494-507。

26. 关于政治利益对国有企业公司治理体系的形成的重要性，参见 Neil Fligstein, *The Transformation of Corporate Control* (Cambridge, Mass,: Harvard University Press, 1990)。

27. Victor Nee and Sonja Opper, "On Politicized Capitalism," in *On Capitalism,* ed. Victor Nee and Richard Swedberg (Princeton, NJ: Princeton University Press, 2007), 93-127。

28. Doug Guthrie, *Dragon in a Three-Piece Suit: The Emergence of Capitalism in China* (Princeton, NJ: Princeton University Press, 1999)。

29. 直到 2006 年，修订后的《公司法》才大幅减少了对公司资本的要求：股东人数超过一人的有限责任公司为 3 万元，股东只有一人的为 10 万元。之后，一人有限责任公司作为一种新的合法组织形式被引入。

30. Baoshu Wang and Hui Huang, "China's New Company and Securities Law An Overview and Assessment," *Australian Journal of Corporate Law* 19 (2006): 229-242。

31. 以自然人形式运营企业的立法更为落后。第一部《合伙企业法》直到 1997 年才颁布（2007 年进行了修订），之后又于 2000 年颁布了《个人独资企业法》。最初的税收规则进一步加剧了以自然人形式运营的企业的劣势。例如，根据《合伙企业法》的规定，合伙人既要以一个企业整体纳税，合伙人个人还要根据个人收入再纳一次税。一旦企业破产，所涉及的一系列责任问题仍不清晰。

32. 张厚义，"中国私营企业发展报告:NO.6(2005)"（北京：社会科学文献出版社，2005 ）。

33. 参见附录 2，第 77 个访谈。

34. 参见附录 2，第 79 个访谈。

35. 参见附录 2，第 107 个访谈；Lisa A. Keister, *Chinese Business Groups: The Structure and Impact of Interfirm Relations during Economic Development* (Oxford: Oxford University Press, 2000)。

36. 参见附录 2，第 84 个访谈。

37. 参见附录 2，第 83 个访谈。

38. 参见附录 2，第 77 个访谈。

39. 我们无法排除反向内生性的可能性。自我评价较高的个人可能会直接选择合并，而不是自己经营。

40. Meyer and Rowan, "Institutionalized Organizations"。

41. Victor Nee, Sonja Opper, and Sonia Wong, "Developmental State and Corporate Governance in China, " *Management and Organization Review* 3 (2007): 19-53。

42. 参见附录 2，第 77 个访谈。

43. 参见附录 2，第 81 个访谈。

44. 参见附录2，第79个访谈。
45. 参见附录2，第85个访谈。
46. 参见附录2，第80个访谈。
47. 参见附录2，第46个访谈。

06 产业集群及其竞争优势

1. Michael Porter, *The Competitive Advantage of Nations* (London: Macmillan, 1990)。
2. 关于类似的适应性强、灵活度高的德国、意大利和日本生产工艺模式的探讨，参见 Michael Piore and Charles Sabel, *The Second Industrial Divide* (New York: Basic Books, 1984)。
3. 参见附录2，第66个访谈。
4. 关于浙江省织里镇服装产业集群兴起的案例研究，参见 Belton M. Fleisher, Dinghuan Hu, William McGuire, and Xiaobo Zhang, "The Evolution of an Industrial Cluster in China," working papers from Ohio State University, Department of Economics, No. 09-05 (2009)。
5. 参见附录2，第100个访谈。
6. Zhenming Sun and Martin Perry, "The Role of Trading Cities in the Develop-ment of Chinese Business Cluster," *International Business Research* 1 (2008): 69-81。
7. Paul Krugman, "Increasing Returns and Economic Geography,*of Political Economy* 99 (1991): 483-499。20世纪90年代，美国380个产业集群的雇用人数占到劳动力总人数的57%，产出占到全国总量的61%。参见 Stuart A. Rosenfeld, "United States: Business Clusters," in *Networks of Enterprises and Local Development*, ed. OECD (Paris: Organization for Economic Cooperation and Development, Territorial Development Service, 1996)。
8. 有的学者还指出另一种不同的因果关系。尽管各个产业几乎都存在产业集群，但这并不意味着企业会一直根据要素禀赋或运输成本选择区位。参见 Glenn Ellison and Edward L. Glaeser, "Geographic Concentration in U.S. Manufacturing Industries: A Dartboard Approach," *Journal of Political Economy* 105 (1997): 889-927。有关企业家的研究发现，企业家反而会倾向于在家乡环境中进行投资。参见 George Katona and James N. Morgan, "The Quantitative Study of Factors Determining Business Decisions," *Quarterly Journal of Economics* 66 (1952): 67-90; Eva Mueller and James N. Morgan, "Locational Decisions of Manufacturers," *American Economic Review: Papers and Proceedings,* 52 (1962): 204-217; Arnold C. Cooper and William C. Dunkelberg, "Entrepreneurial Research: Old Questions, New Answers and Methodological Issues," *American Journal of Small*

Business 1 (1987): 11-23。一项针对 1972—1992 年美国制造业产业集群发展的动态分析表明，产业集群的稳定性并不是由那些寻求有利生产条件的更大量新企业的流入所造成的。事实上，处于起步阶段的企业本就应该保持充分的分散，以降低地理集中度。相反，与其他地区观测的结果不同，产业集群的稳定程度与更低的企业倒闭率相关，而现有经济理论无法充分解释这一发现。参见 Guy Dumais, Glenn Ellison, and Edward L. Glaeser, "Geographic Concentra-tion as a Dynamic Process," *Review of Economics and Statistics* 84 (2002): 193-204。

9. AnnaLee Saxenian, *Regional Advantage: Culture and Competition in Silicon Valley and Route 128* (Cambridge, MA: Harvard University Press,1994), 44。

10. 也可参见 Walter W. Powell, Kenneth W. Koput, and Laurel Smith- Doerr, "Interorganizational Collaboration and the Locus of Innovation: Networks of Learning in Biotechnology," *Administrative Science Quarterly* 41 (1996): 116-145; Toby E. Stuart and Joel M. Podolny, "Local Search and the Evolution of Technological Capabilities, " *Strategic Management Journal* 17 (1996): 21-38; Joel M. Podolny, Toby E. Stuart, and Michael T. Hannan, "Networks, Knowledge, and Niches: Competition in the Worldwide Semi-conductor Industry, 1984-1991," *American Journal of Sociology* 102 (1996): 659-689。

11. Alfred Marshall, *Principles of Economics,* 8th ed. (London: Macmillan, 1920), 225。

12. Michael Storper and Anthony J. Venables' "Buzz: Face-to-Face Contact and the Urban Economy," *Journal of Economic Geography 4* (2004): 352。

13. Edward L. Glaeser, "The Future of Urban Research: Nonmarket Interac-tions," *Brookings-Wharton Papers on Urban Affairs* 1 (2000): 104。参见 also Edward Glaeser and Joshua D. Gottlieb, "The Wealth of Cities: Agglomera-tion Economies and Spatial Equilibrium in the United States," *Journal of Economic Literature* 47 (2009): 983-1028。

14. Brian Uzzi, "The Sources and Consequences of Embeddedness for the Economic Performance of Organizations: The Network Effect," *American Sociological Review* 61 (1996): 176。参见 also John Humphrey and Hubert Schmitz, "Trust and Interfirm Relations in Developing and Transition Economies," *Journal of Development Studies* 34 (1998): 32-61; Khalid Nadvi, "Shifting Ties: Social Networks in the Surgical Instrument Cluster of Sialkot, Pakistan," *Development and Change* 30 (1999): 143-177。

15. Harrison C. White, *Markets from Networks: Socioeconomic Models of Production* (Princeton, NJ: Princeton University Press, 2002), 7。

16. 参见附录 2，第 90 个访谈。

17. 参见附录 2，第 37 个访谈。

18. Tetsushi Sonobe, Dinghuan Hu, and Keijiro Otsuka, "From Inferior to Superior Products: An Inquiry into the Wenzhou Model of Industrial Development in China," *Journal of Comparative Economics* 32 (2004): 542-563。

19. 利基市场中,能够接触到更多样化的活动、在共同合作方面有经验的参与者,更有能力让自己处在信息资源丰富的地位。参见 Powell, Koput, and Smith-Doerr, "Interorganizational Collaboration"。

20. 参见附录 2,第 23 个访谈。

21. 在金融制度环境较差的国家里,对商业信用依赖度越高的行业,其成长速度越快。参见 Raymond Fisman and Inessa Love, "Trade Credit, Financial Intermediary Development, and Industry Growth," *Journal of Finance* 58 (2003): 353-374。

22. 参见附录 2,第 92 个访谈。

23. 参见附录 2,第 100 个访谈。

24. Mitchell Petersen and Raghuram Rajan, "Trade Credit: Theories and Evidence," *Review of Financial Studies* 10 (1997): 661-691。

25. Robert Cull, L. Colin Xu, and Tian Zhu, "Formal Finance and Trade Credit during China's Trdsvsition," *Journal of Financial Intermediation* 18 (2009): 173-192。

26. 一系列的案例研究着重强调了中国产业集群中商业信用的重要性。参见 Zuhui Huang, Xiaobo Zhang, and Yunwei Zhu, "The Role of Clustering in Rural Industrialization: A Case Study of the Footwear Industry in Wenzhou," *China Economic Review* 19 (2008): 409-420; Jianqing Ruan and Xiaobo Zhang, "Finance and Cluster-Based Industrial Development in China, " *Economic Development and Cultural Change* 58 (2009): 143-164。一项使用了 1995 年及 2004 年全国普查数据的定量研究证实,集群形成过程中确实更为频繁地使用商业信用,这有助于减少企业对外部金融资源的依赖;集群还有助于本地区更多非国有企业的涌现。参见 Cheryl Long and Xiaobo Zhang, "Cluster-Based Industrialization in China: Financing and Performance," *Journal of International Economics* 84 (2011): 112-123。

27. Stewart Macaulay, "Non-Contractual Relations in Business: A Preliminary Study,*American Sociological Review* 28 (1963): 62。

28. Ibid。

29. Camille Schuster, "How to Manage a Contract in China, " *Business Credit* 107 (2005): 69。

30. Patricia Pattison and Daniel Herron, "The Mountains Are High and the Emperor Is Far Away: Sanctity of Contract in China, " *American Business Law Journal* 40 (2003): 459-510。

31. 参见附录2，第38个访谈。
32. 我们的结论与一项2002—2004年针对南京和上海民营企业的研究相一致。该研究发现，92.8%的受访企业在解决商业纠纷时，主要依赖于直接协商。参见Donald Clarke, Peter Murrell, and Susan Whiting, "The Role of Law in China's Economic Development," in *China's Great Transformation,* ed. Loren Brandt and Thomas G. Rawski (Cambridge: Cambridge University Press, 2008), 375-428。
33. 参见附录2，第87个访谈。
34. 当以更一般的形式问及这个问题时，身处上海和南京的受访者（2002—2004年）有74%的人认为，其他企业会意识到与供应商之间潜在的商业纠纷。Clarke, Murrell, and Whiting, "Role of Law"。
35. 参见附录2，第92个访谈。
36. 参见附录2，第97个访谈。
37. 参见附录2，第102个访谈。
38. 参见附录2，第100个访谈。
39. 依靠当地供应商的生产商范围与企业规模（以总资产衡量）呈弱负相关（-0.07）关系。
40. 参见附录2，第92个访谈。
41. 参见附录2，第100个访谈。
42. 参见附录2，第110个访谈。
43. 相比于竞争对手——集体企业和国有企业，民营企业会对自由市场和竞争表现出更高的承诺。该结论可以从国家统计数据中记录的、有关企业管理者的态度数据得到证实。例如，2001年有44%的非国有企业管理者认为，中国加入WTO有利于其企业的发展；相比之下，只有31%的上市企业管理者对中国融入全球经济表示欢迎。李兰，《中国企业家成长15年》（北京：机械工业出版社，2009）。
44. "生产者意识到并在压力下被迫聚集起来形成产业。如此一来，他们就可以参照那些同样面临差异化的买家企业，以及针对不同利基市场提供不同产品的卖家企业的做法，为解决自身问题提供思路。" White, *Markets from Networks*, 7。
45. 参见附录2，第87个访谈。
46. 参见附录2，第93个访谈。
47. 参见附录2，第90个访谈。
48. Donald N. Sull, *Made in China* (Cambridge, MA: Harvard Business School Press, 2005), 137。
49. 参见附录2，第102个访谈。
50. 参见附录2，第97个访谈。

07　劳动力市场的发展

1. Victor Nee and Su Sijin, "Institutional Change and Economic Growth in China: The View from the Villages," *Journal of Asian Studies* 49 (1990): 3-25。

2. 《中国统计年鉴 2007》（北京：中国统计出版社，2007），表 13-6。

3. Justin Yifu Lin, "The Household Responsibility System in China's Agricultural Reform: A Theoretical and Empirical Study," *Economic Development and Cultural Change* 36 (1988): S199-224; John McMillan, John Whalley, and Lijing Zhu, "The Impact of China's Economic Reforms on Agricultural Productivity Growth," *Journal of Political Economy* 97 (1989): 781-807。

4. Jeffrey R. Taylor, "Rural Employment Trends and the Legacy of Surplus Labour, 1978-1986," *China Quarterly* 116 (1986): 736-766; Fang Tian and Fatang Lin, *Zhongguo Renkou Qianyi* [Population migration in China] (Beijing: Zhishi chubanshe, 1986)。

5. 这使得一年一熟谷物的产量，由人均仅 233 磅提升到人均 815 磅。参见《中国统计年鉴 2008》（北京：中国统计出版社，2008），第 473、481 页。

6. Ching Kwan Lee, *Against the Law: Labor Protests in Chinas Rustbelt and Sunbelt* (Berkeley: University of California Press, 2007), 209。

7. Zhonggong Yanjiu, *China's population and employment problems* (Taibei, 1986)。

8. Douglas Heckathorn, "Respondent-Driven Sampling II: Deriving Valid Population Estimates from Chain-Referral Samples of Hidden Populations," *Social Problems* 49 (2002): 11-34。

9. Douglas S. Massey, "Understanding Mexican Migration to the United States," *American Journal of Sociology* 92 (1987): 1372-1403。

10. Zun Tang, "Network Contingencies: Hiring and Job Search in China's Transitional Labor Market," unpublished PhD diss., Department of Sociology, Cornell University, 2007。

11. Douglas S. Massey, Joaquin Arango, Graeme Hugo, Ali Kouaouci, Adela Pellegrino, and J. Edward Taylor, *Worlds in Motion: Understanding International Migration at the End of the Millennium* (New York: Oxford University Press, 1998)。

12. Tang, "Network Contingencies"。

13. John Knight and Lina Song, *Towards a Labour Market in China* (Oxford: Oxford University Press, 2005), 174。

14. Andrew Scheineson, "China's Internal Migrants," *Council on Foreign Relations* (May 14, 2009), http://www.cfr.org/china/chinas-internal-mi-grants/pl2943 (accessed July 27, 2011)。

15. 《中国劳动统计年鉴 2007》（北京：中国统计出版社，2007），第 301 页。

16. 参见附录2，第19个访谈。
17. 参见附录2，第87个访谈。
18. 参见附录2，第101个访谈。
19. William L. Parish, Xiaoye Zhe, and Fang Li, "Nonfarm Work and Marketization of the Chinese Countryside," *China Quarterly* 143 (1995): 697-730。
20. Li Ma, "The Making of the Chinese Working Class: Rural Migrants in Shanghai," unpublished PhD diss., Department of Sociology, Cornell University, 2010。
21. Baker & McKenzie, "China Employment Law Update," June 2011, http:// www.bakermckenzie.com/files/Publication/0d7fe52e-7987-4a63-9bc4 -fa21db8be2a8/ Presentation/PublicationAttachment/0928b376-b7a9-43a3 -8f34-071019dcf3af7nl_china_ chinaemploymentlawupdate_junll.pdf (accessed June 27, 2011)。
22. Harry J. Holzer, "Hiring Procedures in the Firm: Their Economic Determi-nants and Outcomes," *National Bureau of Economic Research Working Paper* No. 2185 (1987); Karen E. Campbell and Peter V. Marsden, "Recruitment and Selection Processes: The Organizational Side of Job Searches," in *Social Mobility and Social Structure)* ed. Ronald L. Breiger (Cambridge: Cambridge University Press, 1990), 59-79。
23. 参见附录2，第96个访谈。
24. 参见附录2，第32个访谈。
25. 参见附录2，第90个访谈。
26. 参见附录2，第22个访谈。
27. Albert Rees and George P. Shultz, *Workers in an Urban Labour Market* (Chicago: University of Chicago Press, 1970)。
28. Mark Granovetter, *Getting a Job: A Study of Contacts and Careers* (Cambridge, MA: Harvard University Press, 1974), 11。
29. 通过社会网络获取潜在候选人的事前信息，为需要专业知识的岗位而招募人才的做法与交易成本的原理是一致的。
30. 参见附录2，第23个访谈。
31. 参见附录2，第21个访谈。
32. Holzer, "Hiring Procedures in the Firm"; Curtis J. Simon and John T. Warner, "Matchmaker, Matchmaker: The Effect of Old Boy Networks on Job Match Quality, Earnings, and *Tenure,*" *Journal of Labor Economics* 10 (1992): 306-330。
33. 在我们的调查中，那些拥有专门研发部门（42%）及至少拥有一项专利（26%）的技术密集型企业，更依赖于从市场招聘管理者。我们使用两阶段最小二乘法回归，以研发部门和专利持有为正式招聘的工具变量，重复了表7.2的数据分析。结果与表7.2的一致，表明我们的结论是正确的。

34. Http://wenda.tiany.cn (accessed September 10, 2010)。与之相似的是，私营企业的安全生产条例没有国有企业的严格。参见 Lee, *Against the Law*。

35. 1996 年，在一项由劳动部组织的、针对四个主要城市的大规模调查中，42% 的人甚至希望在现在的职位上干得越长越好，只有 9% 的人非常不满意。Knight and Song, *Towards a Labour Market in China*, 101。在北京、浙江、山西和广东等地的案例分析也显示了类似的结果。

36. 一般而言，"关于针对现有雇员投资的战略在以下几种企业环境中会受到约束：皮包公司、频临破产的企业，以及忽视"传帮带"学习的企业。"Oliver E. Williamson, *The Economic Institutions of Capitalism* (New York: Free Press, 1985), 261。

37. *Leslie Chang,* Factory Girls: From Village to City in a Changing China *(New York: Spiegel 8c Grau, 2009)*。

38. Ibid。

39. Victor Nee, Jimy M. Sanders, and Scott Sernau, "Job Transitions in an Immigrant Metropolis: Ethnic Boundaries and Mixed Economy," *American Sociological Review* 59 (1994): 849-872。

40. 参见附录 2，第 67 个访谈。

41. Rebecca Matthews, *Where Do Labor Markets Come From? The Emergence of Urban Labor Markets in the Peoples Republic of China*, unpublished PhD diss., Department of Sociology, Cornell University, 1998, 93; see also Rebecca Matthews and Victor Nee, "Gender Inequality and Economic Growth in Rural China," *Social Science Research* 29 (2000): 606-632。

42. 受访者可以选择四种不同类型的用工模式：（1）尽量减少员工的薪资成本；（2）通过双向承诺与员工长期保持良好的关系；（3）吸引本行业最优秀的精英加盟；（4）建立团队合作。

43. 参见附录 2，第 107 个访谈。

44. 参见附录 2，第 103 个访谈。

45. 参见附录 2，第 109 个访谈。

46. 李兰，《中国企业家成长 15 年》（北京：机械工业出版社，2009）。

47. 参见附录 2，第 104 个访谈。

48. 参见附录 2，第 107 个访谈。

49. 参见附录 2，第 108 个访谈。

50. 参见附录2，第103个访谈。
51. 作为对比，2006年6月上海人均月最低工资为690元，浙江为490—670元，江苏为400—690元。参见China Labor Watch的数据，此数据可从网站http://www.zhongguogongren.org/clw20100810/oldwebsite/2006%20Editorials/07-24-2006%20Minimum%20Wage%20Chart.htm浏览，访问时间为2011年7月27日。
52. Friedrich Engels, *The Condition of the Working-Class in England in 1844* (London: George Allen & Unwin, 1892)。
53. The "Tentative Regulations on the Collection and Payment of Social Insurance Premiums" enacted by order of the State Council, No. 259。
54. 个别城市最近才为非本地居民实施强制保险。例如，上海向45岁以下的、拥有专业技能职称资格的非上海居民提供社会保险（颁布于2009年6月12日）。参见Human Rights Watch, "Slow Movement, " http://www.hrw.org/node/87265 (accessed July 27, 2011)。
55. 此处的计算是基于《上海统计年鉴2007》(北京：中国统计出版社, 2007)第42页和《中国统计年鉴2006》(北京：中国统计出版社，2006) 表23-40的数据。
56. 参见附录2，第107个访谈。
57. 中国国家统计局于2003年开展"世界银行投资环境调查"项目。
58. 参见附录2，第104个访谈。
59. 参见附录2，第107个访谈。
60. 参见附录2，第107个访谈。
61. Paul DiMaggio and Walter W. Powell, "The Iron Cage Revisited: Institu-tional Isomorphism and Collective Rationality in Organizational Fields," *American Journal of Sociology* 48 (1983): 147-160。
62. 参见Mark A. Huselid, "The Impact of Human Resource Management Practices on Turnover' Productivity, and Corporate Financial Performance, " *Academy of Management Journal* 38 (1995): 635-672; John W. Meyer, *World Society: The Writings of John W. Meyer,* ed. Georg Kriicken and Gili S. Drori (Oxford: Oxford University Press, 2009); Paul N. Gooderham, Odd Nord- haug, and Kristen Ringdal, "Institutional and Rational Determinants of Organizational Practices: Human Resource Management in European Firms," *Administrative Science Quarterly* 44 (1999): 507-531; Doug Guthrie, *Dragon in a Three-Piece Suit: The Emergence of Capitalism in China* (Princeton, NJ: Princeton University Press, 1999)。
63. 参见附录2，第32个访谈。
64. 在发展初期，民营企业的雇佣关系建立在口头协议之上。经过了30年的统一劳动分配，雇员与雇主之间的双边契约既没有形成传统也没有法律基础。对于城市居民来说，政府的统一劳动分配系统为其在国有企业和集体企业里提供了终身的岗位（俗称"铁饭碗"）。工作单位既没有权力选择自己的员工，也无法根据双边协议支付薪水或设置雇用条件。在改革开放的头 10 年，这种缺乏正式雇用合同及法律保护的劳动关系一直存在。虽然在 1986 年，中央政府准许国有企业管理者按照劳动者的能力和经验招聘员工，但这些企业很久才习惯将正式劳动合同作为公司治理的一种常见形式。根据 1986 年的相关规定，只有雇用新员工时，企业才签订有特定时效的劳动合同。这促使企业逐步过渡到合同制劳动雇佣模式。1995 年，当第一部要求普及双边劳动合同的《劳动法》出台时，只有 40% 的国有企业劳动者转为新的合同体系。之后，国有企业又花费了 5 年时间，才与所有员工建立起完全以合同为基础的雇佣关系。

65. 参见附录 2，第 97 个访谈。

66. 41% 的受访者相信，对于吸引人才来说，"工资和津贴"是"非常重要的"；相比之下，只有 20% 的人认为"有吸引力的工作"，以及 2% 的人认为"工作中的社会关系"是重要的。

67. Donald N. Sull, *Made in China* (Cambridge, MA: Harvard Business School Press, 2005), 113。

68. 参见附录 2，第 109 个访谈。

69. 参见附录 2，第 108 个访谈。

70. 参见附录 2，第 105 个访谈。

71. Sull, *Made in China*, 155。

08　创新的机制

1. Philippe Aghion and Rachel Griffith, *Competition and Growth: Reconciling Theory and Evidence* (Cambridge, MA: MIT Press, 2005)。

2. Joseph A. Schumpeter, *Capitalism, Socialism and Democracy,* 2nd ed. (Lon-don: Allen and Unwin, [1942] 1947), 83. See also William J. Baumol, Robert E. Litan, and Carl J. Schramm, *Good Capitalism, Bad Capitalism and the Economics of Growth and Prosperity* (New Haven, CT: Yale University Press, 2007); Joyce Appleby, *The Relentless Revolution: A History of Capitalism* (New York: Norton, 2010)。

3. William J. Baumol, *The Free-Market Innovation Machine: Analyzing the Growth Miracle of Capitalism* (Princeton, NJ: Princeton University Press, 2002); Eytan Sheshinski, Robert J. Strom, and William J. Baumol, eds., *Entrepreneurshipi, Innovation, and the Growth Mechanism of the Free-Enterprise Economies* (Princeton, NJ: Princeton University Press, 2007)。

4. Organisation for Economic Co-operation and Development (OECD), *China in the World Economy: The Domestic Policy Challenges* (Paris: OECD, 2002), 403。

5. Victor Nee, Jeong-han Kang, and Sonja Opper, "Entrepreneurial Action: Market Transition, Property Rights, and Innovation," *Journal of Institutional and Theoretical Economics* 166 (2010): 397-425。

6. 参见附录2，第35个访谈。

7. 参见附录2，第11个访谈。

8. 参见附录2，第111个访谈。

9. 参见附录2，第12个访谈。

10. 参见附录2，第54个访谈。

11. 参见附录2，第103个访谈。

12. 2005年，当我们去参观不断扩张的郊区工厂时，上海华普已经发展为一家具备现代化公司治理结构的企业，CEO徐刚是一位年轻且能力很强的专业管理者。之后，徐刚还领导了华普与吉利汽车的合并。如今，上海华普汽车（SMA）已经成为一家资本密集型企业，作为吉利集团旗下的一支，依靠技术员工生产奢侈车系列；而吉利集团刚刚从通用汽车手里收购了沃尔沃。

13. 《2008工业企业科技活动统计资料》（北京：中国统计出版社，2008）。剩余部分由外资企业，以及中国香港、中国澳门和中国台湾的投资人创立的企业组成。

14. 例如，联想电脑作为中国科学院一手扶植的项目，自1984年成立以来一直受到国家研发项目的资助和扶持，已成为中国第一的全球计算机品牌。Zhijun Ling, *The Lenovo Affair* (Singapore: John Wiley 8c Sons [Asia], 2005)。有关中央和地方政府对创新的资助，以及有利于大型国有企业的地方经济发展的原因，参见 Adam Segal, *Digital Dragon: High-Technology Enterprises in China* (Ithaca, NY: Cornell University Press, 2003); Dan Breznitz and Michael Murphree, *Run of the Red Queen: Government, Innovation, Globalization, and Economic Growth in China* (New Haven, CT: Yale University Press, 2011)。

15. 其余的研发部门存在于国内的股份有限公司、混合所有制的有限责任公司以及外资企业。《2008工业企业科技活动统计资料》（北京：中国统计出版社，2009），第25页。

16. 《中国统计年鉴2009》（北京：中国统计出版社，2009），第831页。

17. *AnnaLee Saxenian,* Regional Advantage: Culture and Competition in Silicon Valley and Route 128 *(Cambridge, MA: Harvard University Press,* 1994*), 113. See also AnnaLee Saxenian,* The New Argonauts: Regional Advantage in a Global Economy *(Cambridge, MA: Harvard University Press,* 2006*); Rob Koepp,* Clusters of Creativity: Enduring Lessons on Innovation and Entrepre-neurship from Silicon Valley and Europe's Silicon Fen *(West

Sussex, England: John Wiley, 2002)。

18. Michael J. Piore and Charles F. Sabel, *The Second Industrial Divide: Possibili-tiesfor Prosperity* (New York: Basic Books, 1984); Brian Uzzi, "The Sources and Consequences of Embeddedness for the Economic Performance of Organizations: The Network Effect," *American Sociological Review* 61 (1996): 674-698; Francesco Ramella and Carlo Trigilia, "Firms and Territories in Innovation: Lessons from the Italian Case," Cornell University, Center for the Study of Economy and Society, working paper no. 55 (2010)。

19. Michael Polanyi, *The Tacit Dimension* (Garden City, NY: Doubleday Anchor, 1967), 4。

20. Jason Owen-Smith and Walter W, Powell, "Knowledge Networks as Channels and Conduits: The Effects of Spillovers in the Boston Biotechnology Commu-nity," *Organization Science* 15 (2004): 7。

21. David C. Mowery, *International Collaborative Ventures in U.S. Manufacturing* (Cambridge, MA: Ballinger, 1988); Francisco Javier Olleros and Roderick J. MacDonald, "Strategic Alliances: Managing Complementarity to Capitalize on Emerging Technologies, " *Technovation* 7 (1988): 155-176。

22. Walter W. Powell, Kenneth W. Koput, and Laurel Smith-Doerr, "Interor- ganizational Collaboration and the Locus of Innovation: Networks of Learning in Biotechnology," *Administrative Science Quarterly* 41 (1996): 116-145。

23. 参见附录2，第75个访谈。

24. Geert Duysters, Jojo Jacob, Charimianne Lemmens, and jintian Yu, "Interna- tionalization and Technological Catching Up of Emerging Multinationals: A Comparative Case Study of China's Haier Group, " *Industrial and Corporate Change* 18 (2009): 325-349。

25. Qingrui Xu, Ling Zhu, Gang Zheng, and Fangrui Wang, "Haier's Tao of Innovation: A Case Study of the Emerging Total Innovation Management Model," *Journal of Technology Transfer* 32 (2007): 27-47。

26. 参见附录2，第93个访谈。

27. 参见附录2，第55个访谈。

28. Harrison C. White, *Markets from Networks: Socioeconomic Models of Production* (Princeton, NJ: Princeton University Press, 2002)。

29. 参见附录2，第30个访谈。

30. 参见附录2，第35个访谈。

31. 参见附录2，第35个访谈。

32. 参见附录2，第79个访谈。

33. Joseph A. Schumpeter, *Theorie der wirtschaftlichen Entwicklung: Nachdruck der 1.Auflage von 1912* (Berlin: Duncker 8c Humblot, [1912] 2006), 89。

34. 参见 Andrew H. van de Ven, "Central Problems in the Management of Innovation, " *Management Science* 32 (1986): 590-607。

35. Ronald Burt, *Brokerage and Closure: An Introduction to Social Capital* (Oxford: Oxford University Press, 2005), 65。

36. Joel M. Podolny, "Networks as the Pipes and Prisms of the Market," *American Journal of Sociology* 107 (2001): 33-60; Bruce Kogut, "The Network as Knowledge: Generative Rules and the Emergence of Structure," *Strategic Management Journal* 21 (2000): 405-425; Matthew S. Bothner, "Competi- tion and Social Influence: The Diffusion of the Sixth Generation in the Global Computer Industry," *American Journal of Sociology* 108 (2003): 1175-1210。

37. 参见附录2，第76个访谈。

38. 几乎没有企业可以通过内部化的方式，建立一个独立的、能够获得全部领域前沿创新成果的技术部门。美国也是如此。以生物技术行业为例，从一家公司是无法获取全部的科技知识的。由于这类专业知识广泛地分布于大学和各类企业中，生物技术公司必须依赖基于广泛研发网络而建立起来的联营企业，专注于特定领域的小生物技术公司缺乏资源及行内专家做新产品的研发。在这样的情境下，由于创新活动的核心体现在企业间的网络中，因此企业与研究型大学的界限变得模糊；这反过来会促进新技术适时、有效地扩散。

39. 参见附录2，第65个访谈。

40. 参见附录2，第32个访谈。

41. 符合国际知识产权保护标准的法律规范已准备就绪；然而，这类法律却很少被执行。即使得到执行，其罚款额也很少，根本无法起到震慑作用。

42. 参见附录2，第90个访谈。

43. 参见附录2，第87个访谈。

44. Gary P. Pisano, Weijian Shan, and David Teece, "Joint Ventures and Collaboration in the Biotechnology Industry," in *International Collaborative Ventures in U.S. Manufacturing,* ed. David Mowery (Cambridge, MA: Ballinger, 1988), 183-222; Michael Porter and M. Fuller, "Coalitions and Global Strategy," in *Competition in Global Industries,* ed. Michael Porter (Boston, MA: Harvard Business School Press, 1986), 315-344; John Hagedoorn, "Understanding the Rationale of Strategic Technological Partnering: Interorganizational Modes of Cooperation and Sectoral Differ-ences," *Strategic Management Journal* 14 (1993): 371-385。

45. 参见附录2，第78个访谈。

46. 参见 Ronald Burt, "Structural Holes and Good Ideas," *American Journal of Sociology* 110 (2004): 349-399。

47. 参见附录 2，第 105 个访谈。

48. 全球企业广泛运用战略联盟促进研发合作。参见 John Hagedoorn and Joseph Schankenraad, "The Effect of Strategic Technology Alliances on Company Performance," *Strategic Management Journal* 15 (1994): 291-309; Weijian Shan, Gordon Walker, and Bruce Kogut, "Interfirm Cooperation and Startup Innovation in the Biotechnology Industry," *Strategic Management Journal* 15 (1994): 387-394; Kathleen M. Eisenhardt and Claudia B. Schoonhoven, "Resource-Based View of Strategic Alliance Formation: Strategic and Social Effects of Entrepreneurial Firms," *Organizational Science 1* (1996): 136-150; Ranjay Gulati, "Alliances and Networks," *Strategic Management Journal* 19 (1998): 293-317; Toby E. Stuart, "Network Positions and Propensities to Collabo-rate: An Investigation of Strategic Alliance in a High-Technology Industry," *Administrative Science Quarterly* 43 (1998): 668-698; Toby E. Stuart, "Interorganizational Alliance Formation in a High-Technology Industry," *Strategic Management Journal* 43 (2000): 668-698; Gautam Ahuja, "Collaboration Networks, Structural Holes, and Innovation: A Longitudinal Study," *Administrative Science Quarterly* 45 (2000): 425-455。

49. 参见附录 2，第 81 个访谈。

50. 参见附录 2，第 108 个访谈。

51. 参见附录 2，第 94 个访谈。

52. 参见附录 2，第 32 个访谈。

53. 参见附录 2，第 94 个访谈。

54. 参见附录 2，第 79 个访谈。

55. Jiapeng Wang, "BYD Signs Electric Auto Agreement with Daimler," *Caixin Online,* April 3, 2010, http://english.caixin.cn/2010-03-04/100122662.html (accessed August 10, 2010); Fangfang Li, "Daimler Drives to Take Advantage of Prospects," *China Daily Online,* http://www.chinadaily.com.cn/bizchina/2011-03/07/content_12130727.htm (accessed July 28, 2011)。

56. 国家统计数据表明，截至 2006 年，合资企业的科研投入为 274 亿元（1995 年只有 21 亿元）。参见《中国科技统计年鉴 2007》(北京：中国统计出版社，2007)，第 127 页；《中国科技统计年鉴 1996》(北京：中国统计出版社，1996)，第 137 页。

57. 参见附录 2，第 103 个访谈。

58. Powell, Koput, and Smith-Doerr, "Interorganizational Collaboration," 120-121。

59. 李兰，《中国企业家成长 15 年》(北京：机械工业出版社，2009)。

60. 同上。
61. 同上。
62. 中国国家统计局，2004 年。
63. 为了避免混淆市场作用与所有权作用，我们特意控制了市场作用。为了反映垄断的作用，我们设置了一个二分变量，表示企业的国内市场份额是否超过 10%。参见 Joseph A. Schumpeter, *Capitalism, Socialism and Democracy* (London: Allen and Unwin, [1942]1947); Kenneth J. Arrow, "Economic Welfare and the Allocation of Resources for Invention," in *The Rate and Direction of Inventive Activity: Economic and Social Factors*, ed. Richard Nelson (Princeton, NJ: Princeton University Press, 1962), 609-626。我们还控制了主观竞争的影响，即计量企业在主要细分市场中的自报竞争对手数量。在不同竞争程度的市场中，竞争对创新可能产生不同的影响。因此，我们允许出现非线性关系，并认为竞争对手个数为平方数。参见 Fredrick M. Scherer, "Market Structure and the Employment of Scientists and Engineers," *American Economic Review* 57 (1967): 524-531; Philippe Aghion, Nick Bloom, Richard Blundell, Rachel Griffith, and Peter Howitt, "Competition and Innovation: An Inverted-U Relationship," *Quarterly Journal of Economics* 120 (2005): 701-728。最后，我们还控制了企业是否有出口。
64. 首先，为了与 China Data Online 及《中国劳动统计年鉴》的行业分类相一致，我们把世界银行数据库的行业分类重新划分为 15 个互不相关的行业。然后，我们为每一个行业的民营企业活动构建了一个省级层次的测量基准。我们把民营企业定义为没有以国有或集体身份注册的企业，包括全资外资企业和合资企业。为了得到民营企业市场份额的近似值，制造业使用的是 China Data Online 中的行业产值，服务业使用的是《中国劳动统计年鉴》中的员工收入。测量采用的是 2000 年和 2002 年的数据，前者用于 2002 年的调研，后者用于 2003 年的调研。我们依照企业所在省份和世界银行数据库的调查年份，把上述数据与每家企业配对。
65. 在我们的样本中，民营份额最低的是 14% 的"交通运输及仓储业"，最高的是 92% 的"日用电器业"。
66. 我们的结果与之前的另一项研究结果一致，该项研究采用的是 1994—1999 年、涵盖中国 22000 家大中型企业的面板数据。统计分析表明，民营企业的采用新产品销售收入占总销售收入比例衡量的业绩要好于国有企业和集体企业，只有外国企业和外资企业报告的新产品销售份额相比而言更高。Gary Jefferson, Albert G. Z. Hu, Xiaojing Guan, and Xiaoyun Yu, "Ownership, Performance, and Innovation in China's Large- and Medium-Size Industrial Enterprise Sector, " *China Economic Review* 14 (2003): 89-113。
67. Boston Consulting Group, "Innovation 2010: A Return to Prominence-And the

Emergence of a New World Order, " http://www.bcg.com/documents /file42620.pdf (accessed June 6, 2011)。

09　政治经济学的视角

1. Joel Mokyr, "Entrepreneurship and the Industrial Revolution in Britain, " in *The Invention of Enterprise,* ed. David Landes, Joel Mokyr, and William J. Baumol (Princeton, NJ: Princeton University Press, 2010), 183-210。
2. Karl Polanyi, *The Great Transformation: The Political and Economic Origins of Our Time* (Boston: Beacon Press, 1944), 140。
3. Dali L. Yang, *Remaking the Chinese Leviathan: Market Transition and the Politics of Governance in China* (Stanford, CA: Stanford University Press, 2004), 18。李岚清副总理简明扼要地说明了监管改革的方向:"政府应当从并不擅长的企业微观管理中退出……政府,应该关注宏观问题,关注市场规则的设置,关注作为管理者和监管人如何有效地执行这些规则。"
4. Donald Clarke, Peter Murrell, and Susan Whiting, "The Role of Law in China's Economic Development, " in *Chinas Great Transformation,* ed. Loren Brandt and Thomas G. Rawski (Cambridge: Cambridge University Press, 2008), 420。该结论与很多有关民营企业发展的研究相一致。这些研究强调,民营企业的出现早于正式监管。参见 Alan P. L. Liu, "The 'Wenzhou Model' of Development and China's Modernization," *Asian Survey* 32 (1992): 696-711; Susan Young, "Wealth but Not Security: Attitudes towards Private Business in China in the 1980s, " *Australian Journal of Chinese Affairs* 25 (1991): 115-137; Susan Young, *Private Business and Economic Reform in China* (Armonk, NY: M. E. Sharpe, 1995)。
5. 国家财政和地方财政的相关理论,长久以来都强调财政分权对政府活动及公共物品供给的自律效应。在财政分权体制下,两种机制约束了经济中的掠夺性政治干预。首先,在要素流动的假设下,联邦主义系统会在地方政府之间引入竞争机制,这会增加机会成本,包括对于政府救助及任何导致较差的企业绩效的行为。如果地方政府无法提供适宜的商业环境,它们就无法吸引促进当地经济繁荣所需的投资者和企业家。竞争最终会限制自由决定权、掠夺与寻租行为。其次,财政地方分权会强化管辖权的预算制约性,并有效地提高当地政府活动的效率,促使地方政府建立起有利于民营资本的商业环境。参见 Barry Weingast, "The Economic Role of Political Institutions," *Journal of Law, Economics and Organization* 11 (1995): 1-31; Yingyi Qian and Gerard Roland, "Federalism and the Soft Budget Con-straint, *American Journal of Economics* 88 (December 1998): 1143-1162。

6. Whiting, *Power and Wealth in Rural China, 21*。1978—1995 年，省级领导的升迁与其经济业绩正相关且统计显著。参见 Hongbin Li and Li-An Zhou, "Political Turnover and Economic Performance: The Incentive Role of Personnel Control in China," *Journal of Public Economics* 89 (2005): 1743-1762。

7. Margaret Levi, *Of Rule and Revenue* (Berkeley and Los Angeles: University of California Press, 1989); Gabriella Montinola, Yingyi Qian, and Barry R. Weingast, "Federalism, Chinese Style: The Political Basis for Economic Success," *World Politics* 48 (1995): 50-81; Yingyi Qian and Barry R. Weingast, "Federalism as a Commitment to Preserving Market *Incentives,*" *Journal of Economic Perspectives* 11 (1997): 83-92; David D. Li, "Changing Incentives of the Chinese Bureaucracy," *American Economic Review: Papers and Proceedings* 88 (1998): 393-397。

8. 利润从 1994 年的 829 亿元下滑到 1996 年的 413 亿元。《中国统计年鉴 1997》（北京：中国统计出版社，1997）。

9. 数据来自《中国工业经济统计年鉴 2007》（北京：中国统计出版社，2007），第 23 页；《中国工业经济统计年鉴 2001》（北京：中国统计出版社，2001），第 11 页。

10.《中国统计年鉴 1997》（北京：中国统计出版社，1997）;《中国统计年鉴 2005》（北京：中国统计出版社，2005）。

11. Yifan Hu, Sonja Opper, and Sonia M. L. Wong, "Political Economy of Labor Retrenchment: Evidence Based on China's State-Owned Enterprises," *China Economic Review* 17 (2006): 281-299。

12. Peter Murrell, "How Far Has the Transition Progressed?" *Journal of Economic Perspectives* 10 (1996): 32。

13. Yi-min Lin, *Between Politics and Markets: Firms, Competition, and Institu-tional Change in Post-Mao China* (Cambridge: Cambridge University Press, 2001); Nan Lin, "Local Market Socialism: Local Corporatism in Action in Rural China," *Theory and Society* 24 (1995): 301-354; William L_ Parish and Ethan Michelson, "Politics and Markets: Dual Transformations," *American Journal of Sociology* 101 (1996): 1042-1059; Katherine R. Xin and Jone L. Pearce, "Guanxi: Connections as Substitutes for Formal Institutional Support, " *Academy of Management Journal* 39 (1996): 1641-1658; Xiaobo Lu, "Booty Socialism, Bureau-preneurs, and the State in Transition, " *Compara-tive Politics* 32 (2000): 273-294; David L. Wank, *Commodifying Communism: Business, Trust, and Politics in a Chinese City* (Cambridge: Cambridge University Press, 1999); Andrew H. Wedeman, *From Mao to Market: Rent Seeking, Local Protectionism, and Marketization in China* (Cambridge: Cambridge University Press, 2003)。

14. George J. Stigler, "The Theory of Economic Regulation,'' *Bell Journal of Economics and Management Science* 2 (1971): 3-21。

15. Ivan Szelenyi, *Urban Inequality under State Socialist Redistributive Economies* (London: Oxford University Press, 1983)。

16. Joseph P. H. Fan, T. J. Wong, and Tianyu Zhang, "Politically Connected CEOs, Corporate Governance, and Post-IPO Performance of China's Newly Partially Privatized Firms," *Journal of Financial Economics* 84 (2007): 330-357。

17. Andrei Shleifer and Robert W. Vishny, "Politicians and Firms," *Quarterly Journal of Economics* 109 (1994): 995-1025。

18. Thomas B. Gold, Doug Guthrie, and David L. Wank, eds., *Social Connec-tions in China: Institutions, Culture' and the Changing Nature of "Guanxi"* (Cambridge: Cambridge University Press, 2002); Doug Guthrie, *Dragon in a Three-Piece Suit: The Emergence of Capitalism in China* (Princeton, NJ: Princeton University Press, 1999)。

19. Yanjie Bian, Xiaoling Shu, and John R. Logan, "Community Party Member-ship and Regime Dynamics in China,'' *Social Forces* 79 (2001): 805-841; Mike W. Peng and Yadong Luo, "Managerial Ties and Firm Performance in a Transition Economy: The Nature of a Micro-Macro Link," *Academy of Management Journal* 43 (2000): 486-501。

20. James S. Coleman, "Social Capital in the Creation of Human Capital," *American Journal of Sociology* 94 (1988): S98; Victor Nee and Sonja Opper, "Political Capital in a Market Economy,'' *Social Forces* 88 (2010): 2105-2135。

21. 参见附录 2，第 21 个访谈。

22. Bruce J. Dickson, *Red Capitalists in China: The Party. Private Entrepreneurs, and Prospects for Political Change* (Cambridge: Cambridge University Press, 2003), 127。

23. Robin Kwong, "China's Billionaires Begin to Add Up,'' *Financial Times,* October 22, 2007. http://www.ft.com/intl/cms/s/0/a759c0de-809c-lldc-9fl4-0000779fd2ac.html#axzzlgnmqlBr3 (accessed October 23, 2007)。

24. Dickson, *Red Capitalists in China*。

25. Minxin Pei, *China's Trapped Transition: The Limits of Developmental Autocracy* (Cambridge, MA: Harvard University Press, 2006), 93。

26. 参见附录 2，第 23 个访谈。

27. 参见附录 2，第 32 个访谈。

28. Yasheng Huang, *Capitalism with Chinese Characteristics* (Cambridge: Cambridge University Press, 2008), 165; Dali Ma and William L. Parish, "Tocquevillian Moments: Charitable

Contributions by Chinese Private Entrepreneurs," *Social Forces* 85 (2006): 943-964。

29. 参见附录 2，第 42 个访谈。

30. 参见附录 2，第 24 个访谈。

31. 中国国民经济研究所开发的省级市场化指标证实，根据所有省份 2006 年度的自由化程度打分，产品市场的得分最高；该指标还说明，要素市场的自由化程度最低。樊纲等，《中国市场化指数：各地区市场化相对进程 2009 年报告》（北京：经济科学出版社，2010）。

32. Tian Zhu, "Ghina's Corporatization Drive: An Evaluation and Policy Implica-tions," *Contemporary Economic Politics* 17 (1999): 530-539; Man-Kwong Leung and Vincent Wai-Kwong Mok, "Commercialization of Banks in China: Institutional Changes and Effects on Listed Enterprises," Journal of*Contem-porary China* 9 (2000): 41-52; Hongbin Li, Lingsheng Meng, Qian Wang, and Li-An Zhou, "Political Connections, Financing and Firm Performance: Evidence from Chinese Private Firms," *Journal of Development Economics* 87(2008): 283-299; Victor Nee and Sonja Opper, "On Politicized Capitalism," in *On Capitalism,* ed. Victor Nee and Richard Swedberg (Princeton, NJ: Princeton University Press, 2007), 93-127。

33. 《中国统计年鉴 2009》（北京：中国统计出版社，2009）。

34. Robert Cull and L. Colin Xu, "Who Gets Credit? The Behavior of Bureau-crats and State Banks in Allocating Credit to Chinese State-Owned Enterprises," *Journal of Development Economics* 71 (2003): 533-559; Thomson Reuters Datastream。

35. 当将一组广泛的变量考虑在内时，老党员的优势是稳健性。这组变量包括对企业规模、成立时间、行业、城市，以及企业创始人的个人特征（如性别，年龄，出身和教育背景等）的控制。

36. 参见附录 2，第 44 个访谈。

37. 参见附录 2，第 107 个访谈。

38. Cheng Li, "Think National, Blame Local: Central-Provincial Dynamics in the Hu Era," *China Leadership Monitor* 17 (2006): 1-24。

39. 参见附录 2，第 28 个访谈。

40. 然而，我们无法完全排除对党的捐赠也许是为了表示感谢的可能性：捐赠发生在获得政府优惠之后，而非之前。

41. Andrew Walder, "Elite Opportunity in Transitional Economies," *American Sociological Review* 68 (2003): 899-916。

42. 参见附录 2，第 28 个访谈。

43. Eric Helland and Michael Sykuta, "Regulation and the Evolution of Corporate Boards: Monitoring, Advising, or Window." *Journal of Law and Economics 47* (2004): 167-193。

44. Gordon Tullock, *The Economics of Special Privilege and Rent-Seeking* (Boston: Kluwer Academic Publishers, 1989)。

45. 以销售利润作为另一种测量，得到了相似的结果。

46. 参见附录2，第37个访谈。

47. 此项调查包括六类典型的地方政府支持形式（寻求国外技术、获取银行贷款、确认国外投资者、国外顾客、国外供应商及国内顾客）。在对这些政治资本的测量中，政府支持是通过正式渠道和途径还是非正式的关系网络提供都是无关紧要的。我们构建了一个从上述所有形式中所获政府支持的指标（取值从0—6）。应当注意的是，政府支持并不一定保证有好的结果，所以我们没有贸然加入重复的自变量。总之，政府支持表明，企业与官员、政治家相处融洽。这也是一种明确地展现企业的政治资本的信号。交叉相关系数从 −0.01—0.23，表明所选的测试变量可以反映出企业政治资本的不同维度。

48. 我们的样本涵盖了制造业和服务业等不同行业，还包括不同的非国有形式。为了控制上述差异，我们设置了一系列的控制变量，包括资本密度、资本结构和部分政府所有权。为了控制企业管理者的专业胜任力和管理的激励结构，我们分别设置了虚拟变量，以表明CEO是否接受过大学教育、是否有明确的任期，以及企业是否与雇员签订具有激励条款的合同。需要注意的是，调查并没有说明，企业的管理者是否也是所有者。地区控制变量把中国分为几个主要地区（沿海、中部、东北部、西北部和西南部）。为了控制制度和经济差异，控制变量还包括省级市场化水平（NERI指数）和市级人均GDP。

49. Daqing Qi, Woody Wu, and Zhang Hua, "Shareholding Structure and Corporate Performance of Partially Privatized Firms: Evidence from Listed Companies," *Pacific-Basin Finance Journal* 8 (2000): 587-610; Fan, Wong, and Zhang, "Politically Connected CEOs"; Li, Meng, Wang, and Zhou, "Political Connections, Financing and Firm Performance"。

50. Wilfried R. Vanhonacker, David Zweig, and Siu Fung Chung, "Transnational or Social Capital? Returnees versus Local Entrepreneurs," in *Chinas Domestic Private Firms: Multidisciplinary Perspectives on Management and Performance*, ed. Anne S. Tsui, Yanjie Bian, and Leonard Cheng (Armonk, NY: M. E. Sharpe, 2006)。

51. 我们考虑了三种稳健性问题，以检验长三角地区企业的政治关联具有可替代性这一结论。我们检验了OLS回归结果是否受极端值及高杠杆预测值（自变量）大幅度变化的影响。稳健性回归大体上支持了我们的结论，即具备政治关联的企业并没有明显的系统性优势。使用横截面数据还会产生反向因果的潜在风险。一种可能性是，企业的经济绩效不同，政治资本具有不同的效果。比如，濒临破产的企业更容易动用政治关联。一种可能性是，政府乐于培养民族品牌和全球市场参与者，所以政治资本对于优秀企业来说更有价值。为了减少反向因果的风险，我们尝试了几种滞后的绩效测量（如总资产回报率）作为额外的控制变量。但大量的验证表明，对结论没有影响。亏损企业的子样本同样证实了我们的结论。从理论上说，在特定市场环境下，绩效差的企业会试图招募具有良好政府关系的 CEO。如果这种选择效应确实存在，政治资本的积极效果就可能不显著。为了排除这种可能性，我们剔除近期聘请 CEO（选取的任期有 5 年、3 年或 1 年）的企业样本后，观察之前的研究结论是否还能成立。总的来说，我们的结论还是被证实了。

52. Dickie Mure, "Obituary: Rong Yiren, the 'Red Capitalists,'" *Financial Times.com*, October 28, 2005, http://www.ft.com/intl/cms/s/0/103cael2 -47d4-llda-a949-00000e2511c8.html#axzzlgnmqlBr3 (accessed October 29, 2005)。

53. 政治资本可替代性的比较研究，参见 Gil Eyal, Ivan Szeldnyi, and Eleanor Townsley, *Making Capitalism without Capitalists:* The New Ruling Elites in Eastern Europe *(London: Verso Press, 1998); also Lawrence Peter King,* The Basic Features of Postcommunist Capitalism in Eastern Europe *(Westport, CT: Praeger, 2001)*。

54. "Tom Daschle's Washington," *Wall Street Journal*, February 4, 2009, http://online.wsj.com/article/SB123371143249046139.html (accessed February 4, 2009)。

55. Janos Kornai, "The Affinity between Ownership Forms and Coordination Mechanisms: The Common Experience of Reform in Socialist Countries," *Journal of Economic Perspectives* 4 (1990): 131-147; Peter Evans, *Embedded Autonomy: States and Industrial Transformation* (Princeton, NJ: Princeton University Press, 1995); Victor Nee, "The Role of the State in Making a Market Economy," *Journal of Institutional and Theoretical Economics* 156 (2000): 64-88; Martin Ricketts, "Comment on 'The Role of the State in Making a Market Economy,'" *Journal of Institutional and Theoretical Econom-ics* 156 (2000): 95-98; Siegwart M. Lindenberg, "A Market Needs a State: Securing Calculability and Market-Induced Values in China," *Journal of Institutional and Theoretical Economics* 156 (2000): 89-94。

10　总　论

1. Ernst Fehr and Urs Fischbacher, "Social Norms and Human Cooperation," *Trends in Cognitive Science* 8 (2004): 185。

REFERENCES

英文参考文献

Abolafia, Mitchel, *Making Markets: Opportunism and Restraint on Wall Street* (Cambridge, MA: Harvard University Press, 1996).

Acemoglu, Daron, Simon Johnson, and James Robinson, "The Rise of Europe: Atlantic Trade, Institutional Change, and Economic Growth," *American Economic Review* 95 (2005): 546-579.

Aghion, Philippe, Nick Bloom, Richard Blundell, Rachel Griffith, and Peter Howitt, "Competition and Innovation: An Inverted-U Relationship," *Quarterly Journal of Economics* 120 (2005): 701-728.

Aghion, Philippe, and Rachel Griffith, *Competition and Growth: Reconciling Theory and Evidence* (Cambridge, MA: MIT Press, 2005).

Aghion, Philippe, and Peter Howitt, *Endogenous Growth Theory* (Cambridge, MA: MIT Press, 1998).

Ahuja, Gautam, "Collaboration Networks, Structural Holes, and Innovation: A Longitudinal Study," *Administrative Science Quarterly* 45 (2000): 425-455.

Akerlof, George, "The Economics of Caste and of the Rat Race and Other Woeful Tales," *Quarterly Journal of Economics* 90 (1976): 599-617.

Aldrich, Howard E., and C. Marlene Fiol, "Fools Rush In? The Institutional Context of Industry Creation," *Academy of Management Review* 19 (1994): 645-670.

Aldrich, Howard E., and Martha Martinez, "Entrepreneurship as Social Construc-tion: A Multi-Level Evolutionary Approach," in *Handbook of Entrepreneurship Research*, ed. Zoltan J. Acs and David B. Audretsch (Berlin: Springer, 2003), 359-399.

Aldrich, Howard E., and Martin Ruef, *Organizations Evolving* (London: Sage, 1999).

Appleby, Joyce, *The Relentless Revolution: A History of Capitalism* (New York: Norton, 2010).

Arrow, Kenneth J., "Economic Welfare and the Allocation of Resources for Invention," in *The Rate and Direction of Inventive Activity: Economic and Social Factors,* ed. Richard Nelson (Princeton, NJ: Princeton University Press, 1962), 609-626.

Atherton, Andrew, "From 'Fat Pigs' and 'Red Hats, to a New Social Stratum: *The* Changing Face of Enterprise Development Policy in China," *Journal of Small Business and Enterprise Development* 14 (2008): 640-655.

Axelrod, Robert, *The Evolution of Cooperation* (New York: Basic Books, 1984).

Axelrod, Robert,"An Evolutionary Approach to Norms," *American Political Science Review* 80(1986): 1095-1111.

Axelrod, Robert, and William D. Hamilton, "The Evolution of Cooperation," *Science 211* (1981): 1390-1396.

Bai, Jianwei, "Excessive Tax on Private Enterprises," in *Ningxia Ribao* (September 1, 1994): 2, translation in *JPRS-CAR-94-053* (November 8, 1994): 48.

Baker 8c McKenzie, "China Employment Law Update, " June 2011, http://www.bakermckenzie.com/files/Publication/0d7fe52e-7987-4a63-9bc4-fa21db8be2a8 /Presentation/PublicationAttachment/0928b376-b7a9-43a3-8f34-071019dcf3af /nl_china_chinaemploymentlawupdate_junll.pdf (accessed June 27, 2011).

Balfour, Frederik, and Dexter Roberts, "The Leak in China's Banking System," *Business Week* (November 15, 2004): 67.

Barnard, Chester I., *The Functions of the Executive* (Cambridge, MA: Harvard University Press, 1968).

Baruch, Yehua, "Response Rate in Academic Studies-A Comparative Analysis, " *Human Relations* 52 (1999): 421-438.

Bates, Robert H., *Beyond the Miracle of the Market: The Political Economy of Agrarian Development in Kenya* (Cambridge: Cambridge University Press, 1989).

Baumol, William J., *Entrepreneurship, Management, and the Structure of Payoffs* (Cambridge, MA: MIT Press, 1993).

Baumol, William J., *The Free-Market Innovation Machine: Analyzing the Growth Miracle of*

Capitalism (Princeton, NJ: Princeton University Press, 2002).

Baumol, William J., Robert E. Litan, and Carl J. Schramm, *Good Capitalism, Bad Capitalism, and the Economics of Growth and Prosperity* (New Haven, CT: Yale University Press, 2007).

Bernstein, Lisa. "Opting Out of the Legal System: Extralegal Contractual Relations in the Diamond Industry," *Journal of Legal Studies* 21(1992): 115-157.

Bewley, Truman F., *Why Wages Don't Fall during a Recession* (Cambridge, MA: Harvard University Press, 1999).

Bian, Yanjie, Xiaoling Shu, and John R. Logan, "Community Party Membership and Regime Dynamics in China, " *Social Forces* 79 (2001): 805-841.

Blau, Peter, *The Dynamics of Bureaucracyy* 2nd ed. (Chicago: University of Chicago Press, 1955).

Blecher, Marc, "Developmental State, Entrepreneurial State: The Political Economy of Socialist Reform in Xinji Municipality and Guanghan County," in *The Chinese State in the Era of Economic Reform: The Road to Crisis,* ed. Gordon White (Houndsmill: Palgrave Macmillan, 1991), 265-291.

Blecher, Marc, and Vivienne Shue, *Government and Economy in a Chinese County* (Stanford, CA: Stanford University Press, 1996).

Boston Consulting Group, "Innovation 2010: A Return to Prominence-And the Emergence of a New World Order, " http://www.bcg.com/documents/file42620 .pdf (accessed June 6, 2011).

Bothner, Matthew S., "Competition and Social Influence: The Diffusion of the Sixth Generation in the Global Computer Industry/' *American Journal of Sociology* 108 (2003): 1175-1210.

Breznitz, Dan, and Michael Murphree, *Run of the Red Queen: Government' Innova-tion, Globalization, and Economic Growth in China* (New Haven, CT: Yale University Press, 2011).

Brinton, Mary C., and Victor Nee, *The New Institutionalism in Sociology* (New York: Russell Sage Foundation, 1998).

Burt, Ronald, *Brokerage and Closure: An Introduction to Social Capital* (Oxford: Oxford University Press, 2005).

Burt, Ronald, "Structural Holes and Good Ideas," *American Journal of Sociology* 110 (2004): 349-399"Business: Winning Is Only Half the Battle: China's Courts," *Economist* (March 26, 2005): 84.

Byrd, William A" and Qingsong Lin, *China's Rural Industry: Structure, Development, and Reform* (Washington, DC: World Bank Publication, 1990).

Campbell, Karen E., and Peter V. Marsden, "Recruitment and Selection Pro-cesses: The

Organizational Side of Job Searches," in *Social Mobility and Social Structure,* ed. Ronald L. Breiger (Cambridge: Cambridge University Press,1990), 59-79.

Carroll, Glenn R., "A Sociological View on Why Firms Differ," *Strategic Manage-ment Journal* 14 (1993): 237-249.

Chandler, Alfred D., Jr., *The Visible Hand: The Managerial Revolution in American Business* (Cambridge, MA: Harvard University Press, 1977).

Chang, Leslie, *Factory Girls: From Village to City in a Changing China* (New York: Spiegel & Grau, 2009).

Chen, Shaohua, and Martin Ravillion, "China Is Poorer Than We Thought, but No Less Successful in the Fight against Poverty," *The World Bank: Policy Research Working Paper* 4621 (2008).

Clark, Gregory, "The Political Foundations of Modern Economic Growth: England, 1540-1800," *Journal of Interdisciplinary History* 26 (1996): 563-588.

Clarke, Donald C., "Corporate Governance in China: An Overview, " *China Economic Review* 148 (2003): 494-507.

Clarke, Donald C., Peter Murrell, and Susan Whiting, "Hie Role of Law in China's Economic Development, " in *Chinas Great Transformation,* ed. Loren Brandt and Thomas G. Rawski (Cambridge: Cambridge University Press, 2008), 375-428.

Clay, Karen, "Trade without Law: Private-Order Institutions in Mexican Califor- *Journal of Law, Economics , and Organization* 13 (1997): 202-231.

Clemens, Elisabeth, "Organizational Repertoires and Institutional Changes: Women's Groups and the Transformation of U.S. Politics, 1890-1920," *American Journal of Sociology* 98 (1993): 755-798.

Coase, Ronald, "The Institutional Structure of Production," *American Economic Review* 82 (1992): 713-719.

Coleman, James S., *Foundations of Social Theory* (Cambridge, MA: Harvard University Press, 1990).

Coleman, James S, "Social Capital in the Creation of Human Capital," *American Journal of Sociology* 94 (1988): S95-120.

Colyvas, Jeannette A., and Walter W. Powell, "Roads to Institutionalization: The Remaking of Boundaries between Public and Private Science, " *Research in Organizational Behavior 21* (2006): 305-353.

Cooper, Arnold C., and William C. Dunkelberg, "Entrepreneurial Research: Old Questions, New Answers and Methodological Issues," *American Journal of Small Business* 1 (1987): 11-23.

Cull, Robert, and L. Colin Xu, "Institutions, Ownership, and Finance: The Determinants of Profit Reinvestment among Chinese Firms," *Journal of Financial* Economics 77 (2005): 117-146.

Cull, Robert, and L. Colin Xu, "Who Gets Credit? The Behavior of Bureaucrats and State Banks in Allocating Credit to Chinese State-Owned Enterprises," *Journal of Development Economics* 71 (2003): 533-559.

Cull, Robert, L. Colin Xu, and Tian Zhu, "Formal Finance and Trade Credit during China's Transitions," *Journal of Financial Intermediation* 18 (2009): 173-192.

Davis, Deborah S., "Self-Employment in Shanghai: A Research Note," *China Quarterly* 157 (March 1999): 22-43.

de Bary, Wm. Theodore, "Confucianism in the Early Tokugawa Period," *Sources of Japanese Tradition*, vol. 3, ed. Ryusaku Tsunoda, Wm. Theodore de Bary, and Donald Keene (New York: Columbia University Press, 1958), 28-41, 66-67.

de Bary, Wm. Theodore, *Neo-Confucian Orthodoxy and the Learning of the Mind and Heart* (New York, Columbia University Press, 1981), 189-215.

de Bary, Wm. Theodore, "On Top of "Bottom-Up Development, " manuscript, Department of East Asian Languages and Culture, Columbia University, 2011.

Delacroix, Jacques, and Hayagreeva Rao, "Externalities and Ecological Theory: Unbundling Density Dependence," in *Evolutionary Dynamics of Organizations,* ed. Joel A. C. Baum and Jitendra V. Singh (Oxford: Oxford University Press, 1994), 255-268.

de Soto, Hernando, The *Mystery of Capital: Why Capitalism Triumphs in the West and Fails Everywhere Else* (New York: Basic Civitas Books, 2000).

Dickson, Bruce J., *Red Capitalists in China: The Party, Private Entrepreneurs, and Prospects for Political Change* (Cambridge: Cambridge University Press, 2003).

DiMaggio, Paul, and Walter W. Powell, "The Iron Cage Revisited: Institutional Isomorphism and Collective Rationality in Organizational Fields," *American Journal of Sociology* 48 (1983): 147-160.

Dixit, Avinash K., *Lawlessness and Economics: Alternative Modes of Governance* (Princeton, NJ: Princeton University Press, 2004).

Dobbin, Frank R., John R. Sutton, John W. Meyer, and W. Richard Scott, "Equal Opportunity Law and the Construction of Internal Labor Markets," *American Journal of Sociology* 99 (1993): 396-427.

Dollar, David, and Aart Kraay, "Institutions, Trade, and Growth," *Journal of Monetary Economics*

50 (2003): 133-162.

Duckett, Jane, *The Entrepreneurial State in China: Real Estate and Commerce Depart-ments in Reform Era Tianjin* (London: Routledge, Chapman 8c Hall, 1998).

Dumais, Guy, Glenn Ellison, and Edward L. Glaeser, "Geographic Concentration as a Dynamic Process, " *Review of Economics and Statistics* 84 (2002): 193-204.

Duysters, Geert, Jojo Jacob, Charimianne Lemmens, and Jintian Yu, "International- ization and Technological Catching Up of Emerging Multinationals: A Com-parative Case Study of China's Haier Group," *Industrial and Corporate Change* 18(2009): 325-349.

Edelman, Lauren B., "Legal Ambiguity and Symbolic Structures: Organizational Mediation of Civil Rights Law," *American Journal of Sociology* 97 (1992): 1531-1576.

Edelman, Lauren B., Christopher Uggen, and Howard S. Erlanger, "The Endogene-ity of Legal Regulation: Grievance Procedures as Rational Myth, " *American Journal of Sociology* 105 (1999): 406-454.

Eisenhardt, Kathleen M., and Claudia B. Schoonhoven, "Resource-Based View of Strategic Alliance Formation: Strategic and Social Effects of Entrepreneurial Firms, " *Organizational Science* 7 (1996): 136-150.

Ellickson, Robert, *Order without Law* (Cambridge, MA: Harvard University Press, 1991).

Ellison, Glenn, and Edward L. Glaeser, "Geographic Concentration in U.S. Manufacturing Industries: A Dartboard Approach," *Journal of Political Economy* 105 (1997): 889-927.

Ellsberg, Daniel, "Risk, Ambiguity, and the Savage Axioms," *Quarterly Journal of Economics* 75 (1961): 643-669.

Elster, Jon, *The Cement of Society: A Study of Social Order* (Cambridge: Cambridge University Press, 1989).

Engels, Friedrich, *The Condition of the Working-Class in England in 1844* (London: George Allen 8c Unwin, 1892).

Evans, Peter, *Embedded Autonomy: States and Industrial Transformation* (Princeton, NJ: Princeton University Press, 1995).

Eyal, Gil, Ivan Szclenyi, and Eleanor Townsky, *Maimg Capitalism without Capitalists: The New Ruling Elites in Eastern Europe* (London: Verso Press, 1998).

Fan, Joseph P. H., T. J. Wong, and Tianyu Zhang, "Politically Connected CEOs, Corporate Governance, and Post-IPO Performance of China's Newly Partially Privatized Frims," *Journal of Financial Economics* 84 (2007): 330-357.

Fehr, Ernst, and Urs Fischbacher, "Social Norms and Human Cooperation," *Trends in Cognitive*

Science 8 (2004): 185-190.

Fehr, Ernst, and Klaus M. Schmidt, "A Theory of Fairness, Competition, and Cooperation, " *Quarterly Journal of Economics* 114 (1999): 817-868.

Findlay, Mark, "Independence and the Judiciary in the PRC: Expectations for Constitutional Legality in China," in *Law, Capitalism, and Power in Asia*, ed. Kanishka Jayasuriya (London: Routledge, 1999), 281-299.

Firebaugh, Glenn, *The New Geography of Global Income Inequality* (Cambridge, MA: Harvard University Press, 2003).

Firth, Godfrey, "Critical Eye on Ningbo, " *China Business Review* 32 (2005): 32-35.

Fischer, Stanley, "Russia and the Soviet Union *Then* and Now," in *The Transition in Eastern Europe,* Vol. 1, *Country Studies,* ed. Olivier J. Blanchard, Kenneth A. Froot, and Jeffrey D. Sachs (Chicago: University of Chicago Press, 1994), 221-258.

Fisman, Raymond, and Inessa Love, "Trade Credit, Financial Intermediary Development, and Industry Growth," *Journal of Finance* 58 (2003): 353-374.

Fleisher, Belton M., Dinghuan Hu, William McGuire, and Xiaobo Zhang, "The Evolution of an Industrial Cluster in China," working papers from Ohio State University, Department of Economics, No. 09-05 (2009).

Fligstein, Neil, *The Transformation of Corporate Control* (Cambridge, MA: Harvard University Press, 1990).

Frye, Timothy, and Andrei Shleifer, "The Invisible Hand and the Grabbing Hand, " *American Economic Review: Papers and Proceedings* 87 (1997): 131-155.

Fukuyama, Francis, *Trust: Social Virtues and the Creation of Prosperity* (New York: Free Press, 1995).

Galanter, Marc, "Justice in Many Rooms: Courts' Private Ordering, and Indigenous, " *Journal of Legal Pluralism* 19 (1981): 1-47.

Garber, Peter M., *Famous First Bubbles* (Cambridge, MA: MIT Press, 2000).

Gernet, Jacques, *Daily Life in China on the Eve of the Mongol Invasiony 1250-1276* (Stanford, CA: Stanford University Press, 1962).

Glaeser, Edward L., "The Future of Urban Research: Nonmarket Interactions, " *Brookings-Wharton Papers on Urban Affairs* 1 (2000): 101-149.

Glaeser, Edward L., and Joshua D. Gottlieb, "The Wealth of Cities: Agglomeration Economies and Spatial Equilibrium in the United States," *Journal of Economic Literature 47* (2009): 983-1028.

Glaeser, Edward L., Rafael La Porta, Florencio Lopez-de-Silanes, and Andrei Shleifer, "Do Institutions Cause Growth?" *Journal of Economic Growth* 9 (2004): 271-303.

Goffman, Erving, *Stigma: Notes on the Management of Spoiled Identity* (New York: Simon 6c Schuster, 1963).

Gold, Thomas B., Doug Guthrie, and David L. Wank, eds., *Social Connections in China: Institutions, Culture' and the Changing Nature of "Guanxi"* (Cambridge: Cambridge University Press, 2002).

Gooderham, Paul N., Odd Nordhaug, and Kristen Ringdal, "Institutional and Rational Determinants of Organizational Practices: Human Resources Manage-ment in European Firms," *Administrative Science Quarterly* 44 (1999): 507-531.

Gould, Roger V., *Insurgent Identities: Class, Community, and Protest in Paris from 1848 to the Commune* (Chicago: University of Chicago Press, 1995).

Granovetter, Mark, *Getting a Job: A Study of Contacts and Careers* (Cambridge, MA: Harvard University Press, 1974).

Greif, Avner, "Contract Enforceability and Economic Institutions in Early Trade: The Maghribi Traders' Coalition," *American Economic Review* 83 (1993): 525-549.

Greif, Avner, "Cultural Beliefs and the Organization of Society: A Historical and Theoretical Reflection on Collectivist and Individualist Societies," *Journal of Political Economy* 102 (1994): 912-950.

Greif, Avner, *Institutions and the Path to the Modern Economy: Lessons from Medieval Trade* (Cambridge: Cambridge University Press, 2006).

Greif, Avner, and David D. Laitin, "A Theory of Endogenous Institutional Change," *American Political Science Review* 98 (2004): 633-652.

Groves, Theodore, Yongmiao Hong, John McMillan, and Barry Naughton, "Autonomy and Incentives in Chinese State Enterprises," *Quarterly Journal of Economics* 109 (1994), 183-209.

Gulati, Ranjay, "Alliances and Networks," *Strategic Management Journal* 19 (1998): 293-317.

Guseva, Alya, *Into the Red: The Birth of the Credit Card Market in Postcommunist Russia* (Stanford: Stanford University Press, 2008).

Guthrie, Doug, *Dragon in a Three-Piece Suit: The Emergence of Capitalism in China* (Princeton, NJ: Princeton University Press, 1999).

Hagedoorn, John, "Understanding the Rationale of Strategic Technological Partnering: Interorganizational Modes of Cooperation and Sectoral Differences," *Strategic Management Journal* 14 (1993): 371-385.

Hagedoorn, John, and Joseph Schankenraad, "The Effect of Strategic Technology Alliances on Company Performance,*Strategic Management Journal* 15 (1994): 291-309.

Hall, Robert E., and Charles I. Jones, "Why Do Some Countries Produce So Much More Output per Worker Than Othbrs?" *Quarterly Journal of Economics* 114 (1999): 83-116.

Hannan, Michael T., and John Freeman, *Organizational Ecology* (Cambridge, MA: Harvard University Press, 1989).

Hannan, Michael T., and John Freeman, "Where Do Organizational Forms Come From?" *Sociological Forum* 1 (1986):50-72.

Hardin, Russell, *Trust and Trustworthiness* (New York: Russell Sage Foundation, 2004).

Hayek, Friedrich A., "Competition as a Discovery Procedure, " in *New Studies in Philosophy, Politics, Economics and the History of Ideas,* by Friedrich A. von Hayek (Chicago: University of Chicago Press, 1978).

Heckathorn, Douglas D., "Collective Sanctions and Compliance Norms: A Formal Theory of Group-Mediated Social Control," *American Sociological Review* 55 (1990): 366-384.

Heckathorn, Douglas D, "Respondent-Driven Sampling II: Deriving Valid Population Estimates from Chain-Referral Samples of Hidden Populations, " *Social Problems* 49 (2002): 11-34.

Heilmann, Sebastian, "Der chinesische Aktienmarkt: Staatliche Regulierung im Wandel," *Asien* 80 (2001): 25-41.

Helland, Eric, and Michael Sykuta, "Regulation and the Evolution of Corporate Boards: Monitoring, Advising, or Window Dressing?" *Journal of Law and Economics* 47 (2004): 167-193.

Holm, Hakan, Sonja Opper, and Victor Nee, "Entrepreneurs under Uncertainty: An Economic Experiment," Scandinavian Working Paper Series in Economics 2012:4.

Holzer, Harry J., "Hiring Procedures in the Firm: Their Economic Determinants and Outcomes, " *National Bureau of Economic Research Working Paper* No. 2185 (1987).

Homans, George C., *Social Behavior: Its Elementary Forms* (New York: Harcourt Brace Jovanovich, [1961] 1974).

Hu, Yifan, Sonja Opper, and Sonia M. L. Wong, "Political Economy of Labor Retrenchment: Evidence Based on China's State-Owned Enterprises, " *China Economic Review* 17 (2006): 281-299.

Huang, Philip, *The Peasant Family and Rural Development in the Yangzi Delta, 1350—1988* (Stanford, CA: Stanford University Press, 1990).

Huang, Yasheng, *Capitalism with Chinese Characteristics: Entrepreneurship and the State* (Cambridge: Cambridge University Press, 2008).

Huang, Zuhui, Xiaobo Zhang, and Yunwei Zhu, "The Role of Clustering in Rural Industrialization: A Case Study of the Footwear Industry in Wenzhou," *China Economic Review* 19 (2008): 409-420.

Human Rights Watch, "Slow Movement, " http://www.hrw.org/node/87265 (accessed July 27, 2011).

Humphrey, John, and Hubert Schmitz, "Trust and Interfirm Relations in Develop-ing and Transition Economies," *Journal of Development Studies* 34 (1998): 32-61.

Huselid, Mark A., "The Impact of Human Resource Management Practices on Turnover, Productivity, and Corporate Financial Performance," *Academy of Management Journal* 38 (1995): 635-672.

Ignatius, Adi, "Jack Ma, " *Time* magazine, April.30, 2009, http://www.time.com/ time/specials/ packages/article/0,28804,1894410_1893837_1894188,00.html (accessed May 15, 2009).

Isaac, R. Mark, James Walker, and Arlington W. Williams, "Group Size and the Voluntary Provision of Public Goods: Experimental Evidence Utilizing Large Groups," *Journal of Public Economics* 54 (1994): 1-36.

Jamann, Wolfgang, and Thomas Menkhoff, *Make Big Profits with Small Capital* (Munich: Minerva, 1988).

Jefferson, Gary, Albert G. Z. Hu, Xiaojing Guan, and Xiaoyun Yu, "Ownership, Performance, and Innovation in Ghina, s Large- and Medium-Size Industrial Enterprise Sector," *China Economic Review* 14 (2003): 89-113.

Katona, George, and James N. Morgan, "The Quantitative Study of Factors Determining Business Decisions, " *Quarterly Journal of Economics* 66 (1952): 67-90.

Keefer, Philip, and Stephen Knack, "Why Don't Poor Countries Catch Up? A Cross-National Test of an Institutional Explanation, " *Economic Inquiry* 35 (1997): 590-601.

Kennedy, Scott, *The Business of Lobbying in China* (Cambridge, MA: Harvard University Press, 2005).

Keister, Lisa A., *Chinese Business Groups: The Structure and Impact of Interfirm Relations during Economic Development* (Oxford: Oxford University Press, 2000).

Kihlstrom, Richard E., and Jean-Jacques Laffont, "A General-Equilibrium Entre-preneurial Theory of Firm Formation Based on Risk Aversion," *Journal of Political Economy* 87 (1979): 719-748.

Kilby, Peter, *Entrepreneurship and Economic Development* (New York: Free Press, 1971).

Kim, Annette Miae, *Learning to Be Capitalists: Entrepreneurs in Vietnam's Transition Economy*

(Oxford: Oxford University Press, 2008).

King, Lawrence Peter, *The Basic Features of Postcommunist Capitalism in Eastern Europe* (Westport, CT: Praeger, 2001).

Kirby, William C., "China Unincorporated: Company Law and Business Enterprise in Twentieth-Century China," *Journal of Asian Studies* 54 (1995): 43-63.

Klein, William A., and John C. Coffee Jr., *Business Organization and Finance: Legal and Economic Principles,* 10th ed. (New York: Foundation Press, 2007).

Knight, Frank H., *Risk, Uncertainty and Profit* (Boston: Houghton Mifflin, 1921).

Knight, John, and Lina Song, *Towards a Labour Market in China* (Oxford: Oxford University Press, 2005).

Koepp, Rob, *Clusters of Creativity: Enduring Lessons on Innovation and Entrepreneur-shipfrom Silicon Valley and Europe's Silicon Fen* (West Sussex, England: John Wiley, 2002).

Kogut, Bruce, "The Network as Knowledge: Generative Rules and the Emergence of Structure, " *Strategic Management Journal* 21 (2000): 405-425.

Kornai, Janos, "The Affinity between Ownership Forms and Coordination Mecha-nisms: The Common Experience of Reform in Socialist Countries," *Journal of Economic Perspectives* 4 (1990): 131-147.

Krug, Barbara, Nathan Betancourt, and Hans Hendrischke, "Rechtsprechung und Vertragsgestaltung in China: Die Folgenlosigkeit des neuen Insolvenzgesetzes aus vertragstheoretischer Sicht, " *Neue Zuercher Zeitung,* March 16, 2011, http://www.nzz.ch/nachrichten/wirtschaft/aktuell/rechtsprechung_und -vertragsgestaltung _in_china_als_ heikler_parcours_fuer_auslaendische _firmen_1.9909790.html (accessed March 20, 2011).

Krugman, Paul, "Increasing Returns and Economic Geography," *Journal of Political Economy* 99 (1991): 483-499.

Kwong, Robin, "China's Billionaires Begin to Add Up, " *Financial Times.Com,* October 22, 2007, http://www.ft.eom/intl/cms/s/0/a759c0de-809c-lldc-9fl4 -0000779fd2ac.html#axzzlgnmqlBr3 (accessed October 23, 2007).

Lawler, Edward J., and Jeongkoo Yoon, "Commitment in Exchange Relations: Test of a Theory of Relational Cohesion," *American Sociological Review* 61 (1996): 89-108.

Lee, Ching Kwan, *Against the Law: Labor Protests in Chinas Rustbelt and Sunbelt* (Berkeley: University of California Press, 2007).

Leow, Jason, "Small Chinese Firms Struggle to Tap Banks," *Wall Street Journal* (May 14, 2009), A9.

Leung, Man-Kwong, and Vincent Wai-Kwong Mok, "Commercialization of Banks in China: Institutional Changes and Effects on Listed Enterprises," *Journal of Contemporary China* 9 (2000): 41-52.

Levi, Margaret, *Of Rule and Revenue* (Berkeley and Los Angeles: University of California Press, 1988).

Li, Cheng, "Think National, Blame Local: Central-Provincial Dynamics in the Hu Era," *China Leadership Monitor* 17 (2006): 1-24.

Li, David D_, "Changing Incentives of the Chinese Bureaucracy," *American Economic Reviewy Papers and Proceedings* 88 (1998): 393-397.

Li, Fangfang, "Daimler Drives to Take Advantage of Prospects," *China Daily Online*, http://www.chinadaily.com.cn/bizchina/2011-03/07/content_12130727.htm (accessed July 28, 2011).

Li, Hongbin, Lingsheng Meng, Qian Wang, and Li-An Zhou, "Political Connec-tions, Financing and Firm Performance: Evidence from Chinese Private Firms," *Journal of Development Economics* 87 (2008): 283-299.

Li, Hongbin, and Li-An Zhou, "Political Turnover and Economic Performance: The Incentive Role of Personnel Control in China," *Journal of Public Economics* 89 (2005): 1743-1762.

Light, Ivan H., *Ethnic Enterprise in America: Business and Welfare among Chinese' Japanese, and Blacks* (Berkeley: University of California Press, 1968).

Lin, Justin Yifu, "The Household Responsibility System in China's Agricultural Reform: A Theoretical and Empirical Study," *Economic Development and Cultural Change* 36 (1988): S199-224.

Lin, Nan, "Local Market Socialism: Local Corporatism in Action in Rural China, " *Theory and Society* 24 (1995): 301-354.

Lin, Yi-Min, *Between Politics and Markets: Firms, Competition, and Institutional Change in Post-Mao China* (Cambridge: Cambridge University Press, 2001).

Lindenberg, Siegwart M., "A Market Needs a State: Securing Calculability and Market-Induced Values in China," *Journal of Institutional and Theoretical Economics* 156 (2000): 89-94.

Ling, Zhijun, *The Lenovo Affair* (Singapore: John Wiley 6c Sons [Asia], 2005).

Liu, Alan P. L., "The 'Wenzhou Model, of Development and China's Moderniza-tion," *Asian Survey* 32 (1992): 696-711.

Long, Cheryl, and Xiaobo Zhang, "Cluster-Based Industrialization in China: Financing and Performance," *Journal of International Economics* 84 (2011): 112-123.

Lu, Xiaobo, "Booty Socialism, Bureau-preneurs, and the State in Transition, " *Comparative Politics* 32 (2000): 273-294.

Lyons, Thomas P., "Economic Reform in Fujian: Another View from the Villages," in *The Economic Transformation of South China: Reform and Develop-ment in the Post-Mao Era,* Cornell East Asia Series No. 70, ed. Thomas Lyons and Victor Nee (Ithaca, NY: Cornell University East Asia Program, 1994), 141-168.

Ma, Dali, and William L. Parish, "Tocquevillian Moments: Charitable Contribu-tions by Chinese Private Entrepreneurs," *Social Forces* 85 (2006): 943-964.

Ma, Debin, "Economic Growth in the Lower Yangzi Region of China in 1911- 1937: A Quantitative and Historical Analysis," *Journal of Economic History* 68 (2008): 355-392.

Ma, Li, "The Making of the Chinese Working Class: Rural Migrants in Shanghai," unpublished PhD diss., Department of Sociology, Cornell University, 2010.

Macaulay, Stewart, "Non-Contractual Relations in Business: A Preliminary Study," *American Sociological Review* 28 (1963): 55-67.

MacInnis, Peter, and Ruji Ma, "Nanjing Set Its Sights on 2000," *China Business Review* January-February 1995.

MacNamara, William, "How to Get Ahead in Wenzhou," *Far Eastern Economic Review* 169 (2006): 32-37.

Macy, Michael W., "Backward-Looking Social Control." *American Sociological Review* 58 (1993): 819-836.

Marsh, Barnaby, "Heuristics as Social Tools," *New Ideas in Psychology* 20 (2002): 49-57.

Marshall, Alfred, *Principles of Economics,* 8th ed. (London: Macmillan, 1920), 225.

Marwell, Gerald, and Pamela E. Oliver, *The Critical Mass in Collective Action* (Cambridge: Cambridge University Press, 1993).

Massey, Douglas S., "Understanding Mexican Migration to the United States," *American Journal of Sociology* 92 (1987): 1372-1403.

Massey, Douglas S., Joaquin Arango, Graeme Hugo, Ali Kouaouci, Adela Pel-legrino, and J. Edward Taylor, *Worlds in Motion: Understanding International Migration at the End of the Millennium* (New York: Oxford University Press, 1998).

Matthews, Rebecca, "Where Do Labor Markets Come From? The Emergence of Urban Labor Markets in the People's Republic of China, " unpublished PhD diss., Department of Sociology, Cornell University, 1998.

Matthews, Rebecca, and Victor Nee, "Gender Inequality and Economic Growth in Rural China, "

Social Science Research 29 (2000): 606-632.

Mauro, Paolo, "Corruption and Growth," *Quarterly Journal of Economics* 110 (1995): 681-713.

McClelland, David C., *The Achieving Society* (Princeton, NJ: Van Nostrand, 1961).

McMillan, John, *Reinventing the Bazaar* (New York: Norton, 2002).

McMillan, John, John Whalley, and Lijing Zhu, "The Impact of China's Economic Reforms on Agricultural Productivity Growth," *Journal of Political Economy 97* (1989): 781-807.

McMillan, John, and Christopher Woodruff, "The Central Role of Entrepreneurs in Transition Economies," *Journal of Economic Perspectives* 16 (2002): 153-170.

McMillan, John, and Christopher Woodruff, "Interfirm Relationships and Informal Credit in Vietnam," *Quarterly Journal of Economics* 114 (1999): 1285-1320.

McMillan, John, and Christopher Woodruff, "Private Order under Dysfunctional Public Order," *Michigan Law Review* 98 (2000): 2421-2458.

Merton, Robert K., *Social Theory and Social Structure* (New York: Free Press, 1968).

Meyer, John W., *World Society: The Writings of John W. Meyer,* ed. Georg Kriicken and Gili S. Drori (Oxford: Oxford University Press, 2009).

Meyer, John W., and Brian Rowan, "Institutionalized Organizations: Formal Structure as Myth and Ceremony," *American Journal of Sociology* 83 (1977): 340-363.

Milgrom, Paul R., Douglass C. North, and Barry Weingast, "The Role of Institu-tions in the Revival of Trade: The Law Merchant, Private Judges, and the Champagne Pairs," *Economics and Politics* 2 (1990): 1-23.

Mizruchi, Mark S., and Joseph Galaskiewicz, "Network of Interorganizational Relations, " *Sociological Methods and Research* 22 (1993): 46-70.

Mokyr, Joel, *The Enlightened Economy: An Economic History of Britain, 1700-1850* (New Haven, CT: Yale University Press, 2009).

Mokyr, Joel, "Entrepreneurship and the Industrial Revolution in Britain, " in *The Invention of Enterprise,* ed. David Landes, Joel Mokyr, and William J. Baumol (Princeton, NJ: Princeton University Press, 2010), 183-210.

Montanari, Andrea, and Amin Saberi, "The Spread of Innovations in Social Networks, " *Proceedings of the National Academy of Science* 107 (2010): 20196-20201.

Montinola, Gabriella, Yingyi Qian, and Barry R. Weingast, "Federalism, Chinese Style: The Political Basis for Economic Success, " *World Politics* 48 (1995): 50-81.

Mowery, David C., *International Collaborative Ventures in U.S. Manufacturing* (Cambridge, MA: Ballinger, 1988).

Mueller, Eva, and James N. Morgan, "Locational Decisions of Manufacturers," *American Economic Review: Papers and Proceedings* 52 (1962): 204-217.

Mure, Dickie, "Obituary: Rong Yiren, the 'Red Capitalists,'" *Financial Times.comt* October 28, 2005, http://wAvw.ft.com/intl/cms/s/0/103cael2-47d4-llda-a949 -00000e2511c8.html#axzzlgnmqlBr3 (accessed October 29, 2005).

Murrell, Peter, "How Far Has the Transition Progressed?" *Journal of Economic Perspectives* 10 (1996): 25-44.

Murrell, Peter, "The Transition according to Cambridge, Mass," *Journal of Economic Literature* 33 (March 1995): 164-178.

Nadvi, Khalid, "Shifting Ties: Social Networks in the Surgical Instrument Cluster of Sialkot, Pakistan," *Development and Change* 30 (1999): 143-177.

Naughton, Barry. *Growing Out of the Plan: Chinese Economic Reform, 1978—1993* (Cambridge: Cambridge University Press, 1995).

Nee, Victor, "The Emergence of a Market Society: Changing Mechanisms of Stratification in China," *American Journal of Sociology* 101 (1996): 908-949.

Nee, Victor, "The New Institutionalisms in Economics and Sociology," in *The Handbook of Economic Sociology,* ed. Neil J. Smelser and Richard Swedberg (New York and Princeton, NJ: Russell Sage Foundation and Princeton University Press, 2005), 49-74.

Nee, Victor, "Norms and Networks in Economic and Organizational Performance," *American Economic Review:* Papers and Proceedings 88 (1998): 86.

Nee, Victor, "Organizational Dynamics of Market Transition: Hybrid Forms, Property Rights, and Mixed Economy in China," *Administrative Science Quarterly* 37 (1992): 1-27.

Nee, Victor, "The Role of the State in Making a Market Economy," *Journal of Institu-tional and Theoretical Economics* 156 (2000): 64-88.

Nee, Victor, "Social Inequalities in Reforming State Socialism: Between Redistribution and Markets in China," *American Sociological Review* 56 (1991): 267-282.

Nee, Victor, "A Theory of Market Transition: From Redistribution to Markets in State Socialism," *American Sociological Review* 54 (1989): 663-681.

Nee, Victor, and Paul Ingram, "Embeddedness and Beyond: Institutions, Exchange and Social Structure," in *The New Institutionalism in Sociology,* ed. Mary Brinton and Victor Nee (New York: Russell Sage Foundation, 1998), 19-45.

Nee, Victor, Jeong-han Kang, and Sonja Opper, "Entrepreneurial Action: Market Transition, Property Rights, and Innovation," *Journal of Institutional and Theoretical Economics* 166

(2010): 397-425.

Nee, Victor, and Peng Lian, "Sleeping with the Enemy: A Dynamic Model of Declining Political Commitment in State Socialism, " *Theory and Society* 23 (1994): 253-297.

Nee, Victor, and Sonja Opper, "Bureaucracy and Finance," *Kyklos* 62 (2009): 293-315.

Nee, Victor, and Sonja Opper, "On Politicized Capitalism, " in *On Capitalism,* ed. Victor Nee and Richard Swedberg (Princeton, NJ: Princeton University Press, 2007), 93-127.

Nee, Victor, and Sonja Opper, "Political Capital in a Market Economy, " *Social Forces* 88 (2010): 2105-2133.

Nee, Victor, Sonja Opper, and Sonia Wong, "Developmental State and Corporate Governance in China," *Management and Organization Review* 3 (2007): 19-53.

Nee, Victor, Jimy M. Sanders, and Scott Sernau, "Job Transitions in an Immigrant Metropolis: Ethnic Boundaries and Mixed Economy, " *American Sociological Review* 59 (1994): 849-872.

Nee, Victor, and Sijin Su, "Institutional Foundations of Robust Economic Perfor-mance: Public Sector Industrial Growth in China," in *Industrial Transformation in Eastern Europe in the Light of the East Asian Experience,* ed. Jeffrey Henderson (Houndmills: Macmillan, 1998), 167-187.

North, Douglass C., "Economic Performance through Time, " *American Economic Review* 84 (1994): 359-369.

North, Douglass C, *Institutions, Institutional Change and Economic Performance* (Cambridge: Cambridge University Press, 1990).

North, Douglass C, *Structure and Change in Economic History* (New York: Norton, 1981).

North, Douglass C, *Understanding the Process of Economic Change* (Princeton, NJ: Princeton University Press, 2005).

North, Douglass C., and Robert Thomas, *The Rise of the Western World: A New Economic History* (Cambridge: Cambridge University Press, 1973).

North, Douglass C and Barry R. Weingast, "Constitutions and Commitment: The Evolution of Institutions Governing Public Choice in Seventeenth-Century England," *Journal of Economic History* 49 (1989): 803-832.

Oi, Jean C., "Fiscal Reform and the Economic Foundations of Local State Corporatism in China, " *World Politics* 45 (1992): 99-126.

Oi, Jean C, "The Role of the Local State in China's Transitional Economy," *China Quarterly* 144 (1995): 1132-1150.

Oi, Jean C, *Rural China Takes Off: Institutional Foundations of Economic Reform* (Berkeley:

University of California Press, 1999).

Oliver, Pamela E., "Formal Models of Collective Action, " *Annual Review of Sociology* 19 (1993): 274.

Olleros, Francisco Javier, and Roderick J. MacDonald, "Strategic Alliances: Managing Complementarity to Capitalize on Emerging Technologies," *Techno-vation* 7 (1988): 155-176.

Olson, Mancur, *Power and Prosperity: Outgrowing Communist and Capitalist Dictatorship* (New York: Basic Books, 2000).

Olson, Mancur, *The Rise and Decline of Nations: Economic Growth, Stagflation, and Social Rigidities* (New Haven, CT: Yale University Press, 1982).

Opper, Sonja, *Zwischen Political Governance und Corporate Governance: Eine institutionelle Analyse chinesischer Aktiengesellschaften* (Baden-Baden: Nomos Verlagsgesellschaft, 2004).

Organisation for Economic Co-operation and Development (OECD), *China in the World Economy: The Domestic Policy Challenges* (Paris: OECD, 2002).

Ostrom, Elinor, *Governing the Commons: The Evolution of Institutions for Collective Action* (Cambridge: Cambridge University Press, 1990).

Owen-Smith, Jason, and Walter W. Powell, "Knowledge Networks as Channels and Conduits: The Effects of Spillovers in the Boston Biotechnology Community," *Organization Science* 15 (2004): 5-21.

Oxenfeldt, Alfred R., *New Firms and Free Enterprise: Pre-War and Post-War Aspects* (Washington, DC: American Council on Public Affairs, 1943).

Parish, William, and Ethan Michelson, "Politics and Markets: Dual Transforma-tions," *American Journal of Sociology* 101 (1996): 1042-1059.

Parish, William L., Xiaoye Zhe, and Fang Li, "Nonfarm Work and Marketization of the Chinese Countryside, " *China Quarterly* 143 (1995): 697-730.

Parris, Kristin, "Local Initiative and National Reform: The Wenzhou Model of Development," *China Quarterly* 134 (1993): 242-263.

Pattison, Patricia, and Daniel Herron, "The Mountains Are High and the Emperor Is Far Away: Sanctity of Contract in China," *American Business Law Journal* 40 (2003): 459-510.

Pearson, Margaret M., *China's New Business Elite: The Political Consequences of Economic Reform* (Berkeley: University of California Press, 1997).

Peck, Merton J., and Thomas J. Richardson, *What Is to Be Done? Proposals for the Soviet Transition to the Market* (New Haven, CT: Yale University Press, 1992).

Pei, Minxin, *Chinas Trapped Transition: The Limits of Developmental Autocracy* (Cambridge,

MA: Harvard University Press, 2006).

Peng, Mike W., and Yadong Luo, "Managerial Ties and Firm Performance in a Transition Economy: The Nature of a Micro-Macro Link," *Academy of Manage-ment Journal* 43 (2000): 486-501.

Peng, Yusheng, "Kinship, Networks and Entrepreneurs in China's Transitional Economy," *American Journal of Sociology* 105 (2004): 1045-1074.

Perkins, Dwight H., *Market Control and Planning in Communist China* (Cambridge, MA: Harvard University Press, 1966).

Petersen, Mitchell, and Raghuram Rajan, "Trade Credit: Theories and Evidence," *Review of Financial Studies* 10 (1997): 661-691.

Piore, Michael J., and Charles F. Sabel, *The Second Industrial Divide: Possibilities for Prosperity* (New York: Basic Books, 1984).

Pisano, Gary P., Weijian Shan, and David Teece, "Joint Ventures and Collaboration in the Biotechnology Industry," in *International Collaborative Ventures in U.S. Manufacturing,* ed. David Mowery (Cambridge, MA: Ballinger, 1988), 183-222.

Podolny, Joel M., "Networks as the Pipes and Prisms of the Market," *American Journal of Sociology* 107 (2001): 33-60.

Podolny, Joel M., Toby E. Stuart, and Michael T. Hannan, "Networks, Knowledge, and Niches: Competition in the Worldwide Semiconductor Industry, 1984—1991," *American Journal of Sociology* 102 (1996): 659-689.

Polanyi, Karl, *The Great Transformation: The Political and Economic Origins of Our Time* (Boston: Beacon Press, 1944).

Polanyi, Michael, *The Tacit Dimension* (Garden City, NY: Doubleday Anchor, 1967).

Porter, Michael, *The Competitive Advantage of Nations* (London: Macmillan, 1990).

Porter, Michael, and M. Fuller, "Coalitions and Global Strategy," in *Competition in Global Industries,* ed. Michael Porter (Boston: Harvard Business School Press, 1986), 315-344.

Portes, Alejandro, and Julia Sensenbrenner, "Embeddedness and Immigration: Notes on the Social Determinants of Economic Action," *American Journal of Sociology* 98 (1993): 1320-1350.

Powell, Walter W., Kenneth W. Koput, and Laurel Smith-Doerr, "Interorganiza- tional Collaboration and the Locus of Innovation: Networks of Learning in *Administrative Science Quarterly* 41 (1996): 116-145.

"The Privately-Run Enterprises, " *China News Analysis* 1382 (April 1, 1989): 7.

Qi, Daqing, Woody Wu, and Zhang Hua, "Shareholding Structure and Corporate Performance of Partially Privatized Firms: Evidence from Listed Companies," *Pacific-Basin Finance Journal* 8 (2000): 587-610.

Qian, Yingyi, and Gerard Roland, "Federalism and the Soft Budget Constraint, " *American Journal of Economics* 88 (December 1998): 1143-1162.

Qian, Yingyi, and Barry R. Weingast, "Federalism as a Commitment to Preserving Market Incentives," *Journal of Economic Perspectives* 11 (1997): 83-92.

Ramella, Francesco, and Carlo Trigilia, "Firms and Territories in Innovation: Lessons from the Italian Case," Cornell University, Center for the Study of Economy and Society, Working Paper No. 55 (2010).

Rees, Albert, and George P. Shultz, *Workers in an Urban Labour Market* (Chicago: University of Chicago Press, 1970).

Ricketts, Martin, "Comment on 'The Role of the State in Making a Market Journal of Institutional and Theoretical Economics' , "*Journal of Institutional and Theoretical Economics* 156 (2000): 95-98.

Rodrik, Dani, Arvind Subramanian, and Francesco Trebbi, "Institutions Rule: The Primacy of Institutions over Geography and Integration in Economic Develop- ment,"*Journal of Economic Growth* 9 (2004): 131-165.

Romer, Paul M., "Increasing Returns and Long-Run Growth," *Journal of Political Economy* 94 (1986): 1002-1038.

Rosenfeld, Stuart A., "United States: Business Clusters, '' in *Networks of Enterprises and Local Development,* ed. OECD (Paris: Organization for Economic Coopera-tion and Development, Territorial Development Service, 1996).

Rothenberg, Winifred B., "The Emergence of a Capital Market in Rural Massachu-setts, 1730-1838," *Journal of Economic History* 45 (1985): 781-808.

Ruan, Jianqing, and Xiaobo Zhang, "Finance and Cluster-Based Industrial Devel-opment in China," *Economic Development and Cultural Change* 58 (2009): 143-164.

Ruef, Martin, *The Entrepreneurial Group: Social Identities, Relations, and Collective Action* (Princeton, NJ: Princeton University Press, 2010).

Sachs, Jeffrey, "Poland and Eastern Europe: What Is to Be Done?" in *Foreign Economic Liberalization: Transformation in Socialist and Market Economies*, ed. Andreas Koves and Paul Marer (Boulder, CO: Westview Press, 1991), 235-246.

Sargeson, Sally, and Jianjun Zhang, "Reassessing the Role of the Local State: A Case Study of

Local Government Interventions in Property Rights Reform in a Hangzhou District," *China Journal* 42 (1999): 77-99.

Saxenian, AnnaLee, *The New Argonauts: Regional Advantage in a Global Economy* (Cambridge, MA: Harvard University Press, 2006).

Saxenian, AnnaLee,*Regional Advantage: Culture and Competition in Silicon Valley and Route 128* (Cambridge, MA: Harvard University Press, 1994).

Scheineson, Andrew, "China's Internal Migrants, " *Council on Foreign Relations* (May 14,2009), http://www.cfr.org/china/chinas-internal-migrants/pl2943 (accessed July 27, 2011).

Schelling, Thomas, *Micromotives and Macrobehavior* (New York: Norton, 1978). Scherer, Fredrick M., "Market Structure and the Employment of Scientists and Engineers," *American Economic Review* 57 (1967): 524-531.

Schoonhoven, Claudia Bird and Elaine Romanelli (eds.), *The Entrepreneurship Dynamic: Origins of Entrepreneurship and the Evolution of Industries* (Stanford, CA: Stanford Business Books, 2001).

Schumpeter, Joseph A., *Capitalism, Socialism and Democracy,* 2nd ed. (London: Allen and Unwin, [1942] 1947).

Schumpeter, Joseph A, *Theorie der wirtschaftlichen Entwicklung: Nachdruck der 1. Auflage von 1912* (Berlin: Duncker 8c Humblot, [1912] 2006).

Schuster, Camille, "How to Manage a Contract in China," *Business Credit* 107 (2005): 69-70.

Scott, W. Richard, *Institutions and Organizations: Ideas and Interests* (Thousand Oaks, CA: Sage, 2001).

Scully, Gerald W., "The Institutional Framework and Economic Development, " *Journal of Political Economy* 96 (1988): 652-662.

Segal, Adam, *Digital Dragon: High-Technology Enterprises in China* (Ithaca, NY: Cornell University Press, 2003).

Shan, Weijian, Gordon Walker, and Bruce Kogut, "Interfirm Cooperation and Startup Innovation in the Biotechnology Industry," *Strategic Management Journal* 15 (1994): 387-394.

Sheshinski, Eytan, Robert J. Strom, and William J. Baumol, eds., *Entrepreneurship, Innovation, and the Growth Mechanism of the Free-Enterprise Economies* (Princeton, NJ: Princeton University Press, 2007).

Shirk, Susan L., *The Political Logic of Economic Reform in China* (Berkeley: University of California Press, 1993).

Shirk, Susan L, "The Politics of Industrial Reform, " in *The Political Economy of Reform in*

Post-Mao China, ed. Elizabeth J. Perry and Christine Wong (Cambridge, MA: Harvard University Press, 1985), 195-221.

Shleifer, Andrei, and Robert W. Vishny, "Politicians and Firms, " *Quarterly journal of Economics* 109 (1994): 995-1025.

Simon, Curtis J., and John T. Warner, "Matchmaker, Matchmaker: The Effect of Old Boy Networks on Job Match Quality, Earnings, and Tenure," *Journal of Labor Economics* 10 (1992): 306-330.

Simon, Herbert A., *Models of Man: Social and Rational* (New York: John Wiley 5c Sons, 1957).

Simon, Herbert A, "Organizations and Markets," *Journal of Economic Perspectives* 5 (1991): 25-44.

Singh, Jitendra V" Robert J. House, and David J. Tucker, "Organizational Change and Organizational Mortality," *Administrative Science Quarterly* 31 (1986): 587-611.

Solow, Robert M., "On Macroeconomic Models of Free-Market Innovation and Growth," in *Entrepreneurship, Innovation, and the Growth Mechanism of the Free-Enterprise Economies,* ed. Eytan Sheshinksi, Robert J. Strom, and William J. Baumol (Princeton, NJ: Princeton University Press, 2007), 15-19.

Sonobe, Tetsushi, Dinghuan Hu, and Keijiro Otsuka, "From Inferior to Superior Products: An Inquiry into the Wenzhou Model of Industrial Development in China," *Journal of Comparative Economics* 32 (2004): 542-563.

Sorenson, Olav, and Pino G. Audia, "The Social Structure of Entrepreneurial Activity: Geographic Concentration of Footwear Production in the United States, 1940-1989," *American Journal of Sociology* 106 (2000): 424-461.

Spence, Michael A., *Market Signaling: Informational Transfer in Hiring and Related Screening Processes* (Cambridge, MA: Harvard University Press, 1974).

Stark, David, and Victor Nee, "Towards an Institutional Analysis of State Social-ism," in *Remaking the Economic Institutions of Socialism,* ed. Victor Nee and David Stark (Stanford, CA: Stanford University Press, 1989).

Stigler, George J., "The Theory of Economic Regulation," *Bell Journal of Economics and Management Science* 2 (1971): 3-21.

Stinchcombe, Arthur L., "Organizations and Social Structure," in *Handbook of Organizations,* ed. James G. March (Chicago: Rand-McNally, 1965), 153-193.

Storper, Michael, and Anthony J. Venables, "Buzz: Face-to-Face Contact and the Urban Economy," *Journal of Economic Geography* 4 (2004): 351-370.

Stringham, Edward, "The Extralegal Development of Securities Trading in Seventeenth-Century Amsterdam," *Quarterly Review of Economics and Finance* 43 (2003): 321-344.

Stuart, Toby E., "Interorganizational Alliance Formation in a High-Technology Industry," *Strategic Management Journal* 43 (2000): 668-698.

Stuart, Toby E, "Network Positions and Propensities to Collaborate: An Investigation of Strategic Alliance in a High-Technology Industry," *Administrative Science Quarterly* 43 (1998): 668-698.

Stuart, Toby E., and Joel M. Podolny, "Local Search and the Evolution of Techno-logical Capabilities," *Strategic Management Journal* 17 (1996): 21-38.

Suchman, Mark, "Managing Legitimacy: Strategic and Institutional Approaches," *Academy of Management Review* 20 (1995): 571-610.

Sull, Donald N., *Made in China* (Cambridge, MA: Harvard Business School Press, 2005).

Sun, Zhenming, and Martin Perry, "The Role of Trading Cities in the Development of Chinese Business Cluster," *International Business Research* 1 (2008): 69-81.

Swedberg, Richard, "The Social Science View of Entrepreneurship, " in *Entrepreneur- ship*, ed. Richard Swedberg (New Delhi: Oxford University Press, 2000), 7-44.

Szelenyi, Ivan, *Urban Inequality under State Socialist Redistributive Economies* (London: Oxford University Press, 1983).

Tang, Zun, "Network Contingencies: Hiring and Job Search in China's Transitional Labor Market, " unpublished PhD diss., Department of Sociology, Cornell University, 2007.

Taylor, Jeffrey R., "Rural Employment Trends and the Legacy of Surplus Labour, 1978-1986, " *China Quarterly* 116 (1986): 736-766.

Taylor, Michael, *The Possibility of Cooperation* (Cambridge: Cambridge University Press, 1987).

Tilly, Charles, *Identities, Boundaries, and Social Ties* (Boulder, CO: Paradigm, 2005).

"Tom Daschle's Washington," *Wall Street Journal,* February 4, 2009, http://online. wsj.com/article/SB123371143249046139.html (accessed February 4, 2009).

Tsai, Kellee, *Back Alley Banking: Private Entrepreneurs in China* (Ithaca, NY: Cornell University Press, 2002).

Tsai, Kellee, *Capitalism without Democracy: The Private Sector in Contemporary China* (Ithaca, NY: Cornell University Press, 2007).

Tullock, Gordon, *The Economics of Special Privilege and Rent-Seeking* (Boston: Kluwer Academic Publishers, 1989).

Uzzi, Brian, "The Sources and Consequences of Embeddedness for the Economic Performance of Organizations: The Network Effect," *American Sociological Review* 61 (1996): 674-698.

van de Ven, Andrew H., "Central Problems in the Management of Innovation," *Management Science* 32 (1986): 590-607.

Vanhonacker, Wilfried R., David Zweig, and Siu Fung Chung, "Transnational or Social Capital? Returnees versus Local Entrepreneurs," in *China's Domestic Private Firms: Multidisciplinary Perspectives on Management and Performance,* ed. Anne S. Tsui, Yanjie Bian, and Leonard Cheng (Armonk, NY: M. E. Sharpe, 2006).

Walder, Andrew, "Elite Opportunity in Transitional Economies," *American Sociological Review* 68 (2003): 899-916.

Walder, Andrew, "Local Government as Industrial Firms: An Organizational Analysis of Chinas Transitional Economy," *American Journal of Sociology* 101 (1995): 263-301.

Wang, Baoshu, and Hui Huang, "China's New Company and Securities Law: An Overview and Assessment," *Australian Journal of Corporate Law* 19 (2006): 229-242.

Wang, Jiapeng, "BYD Signs Electric Auto Agreement with Daimler, " *Caixin Online,* April 3, 2010, http://english.caixin.cn/2010-03-04/100122662.html (accessed August 10, 2010).

Wank, David L., *Commodifying Communism: Business Trust, and Politics in a Chinese City* (Cambridge: Cambridge University Press, 1999).

Weber, Max, *The Protestant Ethic and the Spirit of Capitalism.* Translation by Talcott Parsons (1904; New York: Scribner, [1930] 2006).

Wedeman, Andrew H., *From Mao to Market: Rent Seeking, Local Protectionism, and Marketization in China* (Cambridge: Cambridge University Press, 2003).

Wei, Linglin, "China Cracks Down on Informal Lending," *Wall Street Journal,* October 15, 2011, http://online.wsj.com/article/SB10001424052970204002304576630050471382610.html (accessed October 17, 2011). Weingast, Barry, "The Economic Role of Political Institutions,"*Journal of Law, Economics and Organization* 11 (1995): 1-31.

White, Harrison C., *Identity and Control: A Structural Theory of Social Action* (Princeton, NJ: Princeton University Press, 1992).

White, Harrison C, *Markets from Networks: Socioeconomic Models of Production* (Princeton, NJ: Princeton University Press, 2002).

White, Harrison C, "Where Do Markets Come From?" *American Journal of Sociology* 87 (1981): 517-547.

Whiting, Susan H., *Power and Wealth in Rural China: The Political Economy of Institutional Change* (Cambridge: Cambridge University Press, 2000).

Whiting, Susan H, "The Regional Evolution of Ownership Forms: Shareholding Cooperatives and Rural Industry in Shanghai and Wenzhou, " in *Property Rights and Economic Reform in China,* ed. Jean C. Oi and Andrew G. Walder (Stanford, CA: Stanford University Press, 1999), 171-200.

Whyte, William Foote, *Street Corner Society: The Social Structure of an Italian Slum* (Chicago: University of Chicago Press, 1943).

Williamson, Oliver E., "Credible Commitments: Using Hostages to Support Exchange," *American Economic Review* 73 (1983): 519-540.

Williamson, Oliver E, *The Economic Institutions of Capitalism* (New York: Free Press, 1985).

Wilson, Scott, "Law Guanxi: MNCs, State Actors, and Legal Reform in China," *Journal of Contemporary China 17* (2008): 25-51.

Wu, Bangguo, "Several Questions Concerning the Reform and Development of State-Owned Enterprises," *Chinese Economy* 30 (1997): 6-47.

Xin, Katherine R., and Jone L. Pearce, "Guanxi: Connections as Substitutes for Formal Institutional Support," *Academy of Management Journal* 39 (1996): 1641-1658.

Xu, Qingrui, Ling Zhu, Gang Zheng, and Fangrui Wang, "Haier's Tao of Innova-tion: A Case Study of the Emerging Total Innovation Management Model, " *Journal of Technology Transfer* 32 (2007): 27-47.

Yang, Dali L., *Remaking the Chinese Leviathan: Market Transition and the Politics of Governance in China* (Stanford, CA: Stanford University Press, 2004).

Yang, Dennis Tao, "Urban-Biased Policies and Rising Income Inequality in China," *American Economic Review: Papers and Proceedings* 89 (April 1999): 306-310.

Ye, Zi, "The Sword Hanging above Private Owners: Limitations in the Develop-ment of the Private Economy in Mainland China, " *Kaifang* (August 18, 1993), 39-41, translated in *JPRS-CAR-93-088* (December 14, 1993), 40.

Young, H. Peyton, "The Dynamics of Social Innovation, " *Proceedings of the National Academy of Science,* forthcoming.

Young, H. Peyton, "The Economics of Convention," *Journal of Economic Perspectives* 10 (1996): 105-122.

Young, H. Peyton, *Individual Strategy and Social Structure: An Evolutionary Theory of Institutions* (Princeton, NJ: Princeton University Press, 2001).

Young, Susan, *Private Business and Economic Reform in China* (Armonk, NY: M. E. Sharpe, 1995).

Young, Susan, "Wealth but Not Security: Attitudes towards Private Business in China in *the*

1980s," *Australian Journal of Chinese Affairs* 25 (1991): 115-137.

Yusuf, Shahid, Kaoru Nabeshima, and Dwight H. Perkins, *Under New Ownership: Privatizing Chinas State-Owned Enterprises* (Stanford, CA: Stanford University Press, 2006).

Zhang, Jianjun, "Marketization, Class Structure, and Democracy in China: Contrasting Regional Experiences," *Democratization* 14 (2007): 425-445.

Zhonggong Yanjiu, *China's population and employment problems* (Taibei, 1986).

Zhu, Tian, "China's Corporatization Drive: An Evaluation and Policy Implications," *Contemporary Economic Politics* 17 (1999): 530-539.

中文参考文献

《1949—2005 中国金融统计》（北京：中国金融出版社，2007）。

《2008 工业企业科技活动统计资料》（北京：中国统计出版社，2009）。

《中国民营经济发展报告：No.5（2007—2008）》（北京：社会科学文献出版社，2008）。

陈涛等，"关于加速发展个体私营经济的调查及政策措施建议"，《经济研究参考》，1993 年 Z4 期。

樊纲等，《中国市场化指数：各地区市场化相对进程 2009 年报告》（北京：经济科学出版社，2010）。

各年度《中国工业经济统计年鉴》（北京：中国统计出版社）。

各年度《中国科技统计年鉴》（北京：中国统计出版社）。

各年度《中国农业年鉴》（北京：农业出版社）。

各年度《中国统计年鉴》（北京：中国统计出版社）。

郭钟禾，"我国个体、私营企业简析"，《经济研究参考》，1993 年 Z1 期。

国家统计局，《中国劳动统计年鉴 2007》（北京：中国统计出版社，2007）。

国务院《关于城镇非农业个体经济若干政策性规定》（1981 年）。

李兰，《中国企业家成长 15 年》（北京：机械工业出版社，2009）。

李欣欣，"改革开放后的中国私营经济"，《经济研究参考》（1994 年）。

李欣欣,"私营经济的发展:问题与对策",《经济研究参考》(1994年10月1日)。

上海统计局,《上海统计年鉴2007》(北京:中国统计出版社,2007)。

史晋川等,《中小金融机构与中小企业发展研究》(杭州:浙江大学出版社,2003)。

田方,林发棠,《中国人口迁移》(北京:知识出版社,1986)。

温州统计局,各年度《温州统计年鉴》(北京:中国统计出版社)。

载自《中国农业年鉴1985》(北京:农业出版社,1985)。

张厚义,《中国私营企业发展报告:NO.6(2005)》(北京:社会科学文献出版社,2005)。

张厚义,《中国的私营经济与私营企业主》(北京:知识出版社,1995)。

中国社科院软科院研究课题组,"私营经济发展研究",《经济研究参考》(1995年9月12日)。